Ursel Wicke-Reuter
Göttliche Providenz und menschliche Verantwortung
bei Ben Sira und in der Frühen Stoa

Beihefte zur Zeitschrift für die alttestamentliche Wissenschaft

Herausgegeben von
Otto Kaiser

Band 298

Walter de Gruyter · Berlin · New York
2000

Ursel Wicke-Reuter

Göttliche Providenz
und menschliche Verantwortung
bei Ben Sira und in der Frühen Stoa

Walter de Gruyter · Berlin · New York
2000

♾ Gedruckt auf säurefreiem Papier,
das die US-ANSI-Norm über Haltbarkeit erfüllt.

Die Deutsche Bibliothek – *CIP-Einheitsaufnahme*

Wicke-Reuter, Ursel:
Göttliche Providenz und menschliche Verantwortung bei Ben Sira
und in der frühen Stoa / Ursel Wicke-Reuter. – Berlin ; New York :
de Gruyter, 2000
(Beihefte zur Zeitschrift für die alttestamentliche Wissenschaft ;
Bd. 298)
Zugl.: Marburg, Univ., Diss., 2000
ISBN 3-11-016863-4

Printed in Germany
Umschlaggestaltung: Christopher Schneider, Berlin
Druck und buchbinderische Verarbeitung: Hubert & Co., Göttingen

Für Peter

Vorwort

Die vorliegende Studie wurde vom Fachbereich Evangelische Theologie der Philipps-Universität Marburg im Frühjahr 2000 als Dissertation angenommen.

Die Anregung zur Auseinandersetzung mit Ben Sira und dem Vergleich mit der stoischen Philosophie verdanke ich meinem Doktorvater, Herrn Professor Dr. Dres. h.c. mult. Otto Kaiser. Durch zahlreiche kritische Gespräche hat er die Entstehung der Arbeit sehr gefördert. Sehr herzlich bedanken möchte ich mich auch für die Aufnahme der Studie in die von Professor Kaiser herausgegebene Reihe der Beihefte zur Zeitschrift für die Alttestamentliche Wissenschaft. In gleicher Weise danke ich Herrn Professor D. Dr. Jörg Jeremias für die Übernahme des Korreferats. Meinem Mentor, Herrn Pfarrer Manfred Hallaschka von der Kirchengemeinde Kassel-Jungfernkopf, habe ich zu danken für das Verständnis und den Freiraum, den er mir für die Fertigstellung der Dissertation während des Vikariats gewährt hat.

Der Studienstiftung des Deutschen Volkes danke ich für die Förderung während des Studiums und für die ideelle Unterstützung im Rahmen der Doktorandenförderung während der Promotion. Der Evangelischen Kirche von Kurhessen-Waldeck bin ich zu Dank verpflichtet, weil sie durch die Gewährung des Bischof D. Erich Vellmer-Stipendiums die Finanzierung der Promotion sehr erleichtert hat.

Viel verdanke ich meinen Eltern. Sie haben mir das Studium ermöglicht und mich bei der Bewältigung der Doppelaufgabe von Familie und Promotion ‚moralisch' und durch praktische Hilfe unterstützt. Letzteres gilt ebenso für meine Schwiegereltern. Zum Gelingen der Arbeit hat in besonderer Weise schließlich die Ermutigung durch meine Geschwister und Freunde beigetragen. Auch ihnen sei herzlich gedankt.

Widmen möchte ich die Arbeit meinem Mann, Dr. med. Peter Reuter, als Dank für die selbstverständliche Hilfe und Unterstützung während der gesamten Zeit der Promotion, die unser Familienleben nicht unerheblich beeinflußt hat.

Vellmar, den 28. August 2000   Ursel Wicke-Reuter

Inhaltsverzeichnis

Einführung

I

Die vorliegende Studie hat einen Vergleich zwischen der frühen Stoa und dem Werk des jüdischen Gelehrten Ben Sira zum Ziel. Beide verbindet zunächst der historische Kontext, das hellenistische Zeitalter. So fällt die Epoche der sogenannten Frühen oder Alten Stoa in das dritte vorchristliche Jahrhundert. Gegründet wurde die Schule im Jahre 301/300 von Zenon (*333/2, +262/1). Ihm folgte nach seinem Tod Kleanthes als Schuloberhaupt (*331, +232).[1] Den Höhe- und Schlußpunkt findet die frühe Stoa schließlich mit Chrysipp (Schuloberhaupt ab ca. 232 bis zu seinem Tod im Jahre 208/4).[2] Nur wenig später, zwischen 190 und 180 v. Chr. entstand die Weisheitsschrift Ben Siras. Da es sich vermutlich um ein Alterswerk handelt,[3] trennt den Stoiker Chrysipp und den Siraciden kaum ein Lebensalter voneinander.

Bekanntlich ist der Hellenismus durch die Ausbreitung der griechischen Zivilisation im Orient gekennzeichnet.[4] Alexander hatte mit seinem legendären Feldzug im Jahre 333 die politischen Bedingungen geschaffen, die diesen Prozeß begünstigten, der freilich schon zuvor im Gange war.[5] Bis weit in die römische Kaiserzeit hinein war die geistige Auseinandersetzung im Orient von dieser Begegnung bestimmt. Sie erwies sich in geistesgeschichtlicher Hinsicht als außerordentlich fruchtbar, so daß das mit den Begriffen „Synkretismus" und „Epigonentum" verbundene Negativurteil der Forschung inzwischen längst revidiert wurde.

---

1 Vgl. DL VII, 167f., zur vita des Kleanthes insgesamt 168-176.
2 Vgl. zu Leben und Werk DL VII, 179-202
3 Vgl. dazu Hengel, Judentum, 242.
4 Gehrke, Hellenismus, 1. Vgl. auch Hengel, „Hellenisierung", 2. Den Begriff Hellenismus hat der Historiker Gustav Droysen im Anschluß an 2 Makk 4,13 geprägt, vgl. zum Problem Bichler, „Hellenismus"; Bengtson, hellenistische Weltkultur, 9f.; Bilde, ,hellenisme'.
5 Vgl. Maier, Zwischen den Testamenten, 35 und zur Bedeutung des Hellenismus als „Weltkultur" Bengtson, hellenistische Weltkultur und auch Griffith / Tarn, Hellenistic Civilisation.

Von dem Einströmen griechisch-hellenistischer Bildung, Kultur und Le-
bensart blieb auch Palästina nicht ausgenommen.[6] In Jerusalem fand diese
Entwicklung ihren vorläufigen Abschluß, als im Jahre 175 v. Chr. der Hohe-
priester Jason Gymnasium und Ephebie gründete und das Recht zur Erstellung
einer sog. Bürgerliste von Antiochus IV. erwirkte.[7] Er verfolgte damit das
Ziel, Jerusalem in eine griechische Polis zu verwandeln.[8] Dieses Ereignis fand
erst nach Ben Siras Tod statt. Andernfalls hätte es mit Sicherheit einen Nachhall in seinem Werk gefunden. Da das Vorhaben Jasons zwar nicht unumstritten war, aber gleichwohl die Unterstützung großer Teile der Jerusalemer Aristokratie fand, ist davon auszugehen, daß bereits zuvor die griechische
Bildung und Kultur in Jerusalem eine nicht geringe Anhängerschaft besaß.[9]
Die wichtigste Voraussetzung hierfür, die Verbreitung der griechischen Sprache, war erfüllt, wie die bereits aus dem 3. vorchristlichen Jahrhundert stammenden Zenonpapyri belegen.[10] Davon zeugen zudem die zahlreichen griechischen Grabinschriften in Jerusalem[11] und besonders der griechischsprachige
sogenannte samaritanische Anonymus, dessen palästinisch-jüdischer Autor in
etwa ein Zeitgenosse Ben Siras war.[12]

In diesem geistigen Klima konnte sich ein Gelehrter wie Ben Sira kaum der
Auseinandersetzung mit dem Neuen entziehen, wenn anders er seine Leser
erreichen wollte. So stellt sich die Frage, in welcher Weise er auf die Herausforderung reagierte, die die Begegnung mit dem Hellenismus in seinen vielfältigen Facetten bedeutete. Sie enthält zwei Aspekte. Erstens ist Ben Siras
grundsätzliche Einstellung zum Hellenismus zu klären. War sie eher von dem
Versuch der Abgrenzung oder von einem produktiven inhaltlichen Interesse
bestimmt? Zweitens gilt es zu überprüfen, ob und in welcher Form Einflüsse

---

6   Vgl. hierzu Bickermann, Gott der Makkabäer, 59-65; Hengel, Judentum, 1-195;
    Bringmann, Reform, 66-74; Tcherikover, Hellenistic Civilization, 39-174; Rostovtzeff,
    Wirtschaftsgeschichte I, 368-411.
7   Vgl. 1 Makk 1,13; 2 Makk 4,9.
8   Vgl. dazu Bringmann, Reform, 66f.; Bickermann, Gott der Makkabäer, 59-65 und
    Tcherikover, Hellenistic Civilization, 152-174; Habicht, Seleucids, 346-350.
9   Hengel, „Hellenisierung", 40 beurteilt die Situation folgendermaßen: „Man muß schon
    damals zu Beginn des 2. Jh.s v. Chr. in Jerusalem eine recht effektive griechische
    Elementarschule voraussetzen, da die griechische ‚Grundausbildung' conditio sine qua
    non für ein Gymnasium und die Ausbildung der Epheben gemäß ‚griechischer Sitte'
    war." Anders urteilt Bringmann, Reform, 82ff.
10 Vgl. Hengel, Judentum, 108-120 und auch Schürer, History 2, 1-28.29-80.
11 Vgl. Hengel, „Hellenisierung", 17f. und die dort Anm. 36 angegebenen Quellen.
12 Vgl. dazu Hengel, Judentum, 162-169; ders., „Hellenisierung", 39; Marböck, Weis-
    heit, 167f.; zum Text vgl. Jacoby, Fragmente, 678f. (Nr.724) = Euseb, praep. ev. 9,17;
    18,2.

der griechisch-hellenistischen Literatur, Bildung und Kultur im Werk Ben Siras festzustellen sind.

Der erste Aspekt des Themas wird in der Forschung durchaus kontrovers beurteilt, wobei die entgegengesetzten Pole durch die Arbeiten von M. Hengel und Th. Middendorp markiert werden.[13] In dem Ben Sira gewidmeten Kapitel seiner bahnbrechenden Studie „Judentum und Hellenismus" vertritt Hengel in der Nachfolge von R. Smend sen. die These, das Werk des Siraciden sei von einer dezidiert antihellenistischen Tendenz bestimmt,[14] die er auf das „Eindringen hellenistischen Lebensstils und fremder Denkformen in die jüdische Oberschicht" zurückführt.[15] Ben Sira habe gegen diese Tendenzen Stellung bezogen, da er durch sie die überlieferte Religion und das in ihr gründende Ethos gefährdet sah. Zu Sir 5,8 bemerkt er:

„Die ... Sentenz zeigt, daß sich seine Polemik gegen die in ihrer religiösen Überzeugung laxe, reiche Aristokratie wendet, für die der Glaube der Väter seine bindende Kraft verloren hatte und die in der Gefahr stand, dem Libertinismus zu verfallen"[16]

Anders als Smend schließt Hengel dabei jedoch hellenistische *Einflüsse* im Werk des Siraciden nicht aus:

„Auch wenn man ... anerkennt, daß er (= Ben Sira, Verf.) bona fide der Meinung war, die ursprüngliche Intention der alttestamentlichen Offenbarung zu verteidigen, kann man nicht übersehen, daß gerade in seiner Schöpfungslehre und Theodizee ein der hellenistischen Popularphilosophie verwandter Geist zutage tritt."[17]

Konkret benennt Hengel u. a. „Anklänge" an die Stoa,[18] an Heraklit[19] und an die Gnomik des Theognis.[20] Er sieht darin jedoch keinen Widerspruch zu der „im ganzen antihellenistische[n] Tendenz Ben-Siras".[21]

---

13 Vgl. Hengel, Judentum, 241-275; Middendorp, Stellung; aber auch Marböck, Die jüngere Weisheit, 16ff.; Kaiser, Judentum, 79-86 = ders., Mensch, 146-152; ders., Anknüpfung, 54-62; Smend, XX-XXIV; Skehan / Di Lella, 46-50; Kieweler, Ben Sira.
14 Vgl. Hengel, Judentum, 252.270 und Smend, XX-XXIV.
15 Hengel, Judentum, 252.
16 Hengel, Judentum, 258.
17 Hengel, Judentum, 265.
18 Vgl. Hengel, Judentum, 265-269.
19 Vgl. Hengel, Judentum, 267.
20 Vgl. Hengel, Judentum, 269 und zu Ben Sira und Theognis auch Sanders, Demotic Wisdom, 29-38.55-59.
21 Dies wendet Hengel, Judentum, 270 gegen die Auffassung ein, die R. Pautrel in seinem Aufsatz mit dem Titel „Ben Sira et le Stoïcisme" vertreten hat: „Es wäre nun jedoch falsch, wie R. Pautrel versucht, wegen der Übernahme gewisser Gedanken aus

Hengel hat in seiner Analyse das Potential der kritischen Auseinandersetzung und Abgrenzung in der Lehre Ben Siras richtig erkannt. Allerdings wird zu prüfen sein, inwieweit es tatsächlich als dezidiert anti*hellenistisch* zu bewerten ist.

Im Gegensatz dazu steht die Deutung, die Th. Middendorp in seiner im Jahre 1973 erschienenen Dissertation dem Sirachbuch gegeben hat.[22] Er hält Ben Sira für einen griechenfreundlichen Kosmopoliten. Sein Werk deutet er als eine Anthologie,[23] die als Schulbuch Verwendung finden sollte.[24] Im übrigen sieht er es von dem Versuch getragen, zwischen der griechischen Bildung und der alttestamentlich-jüdischen Tradition zu vermitteln.[25] Von dieser Absicht zeugt nach Middendorp nicht nur die vermeintlich große Anzahl von Entlehnungen aus der griechischen Literatur.[26] Middendorp sieht Parallelen zu einigen Stellen aus Xenophons Memorabilien,[27] zu Theognis, zur Ilias und zur Odyssee, Aristophanes' Wolken, Sophokles und Euripides[28] und zur Stoa,[29] um nur einiges herauszugreifen. Ben Siras Intention der Vermittlung spiegelt sich dem Autor zufolge auch in der Art und Weise, wie er biblisches Material verarbeitet. Hier sieht Middendorp das Interesse, „ein 'vernünftiges', einem griechisch geschulten Leser verständliches Bild ... von den biblischen Texten [zu] geben."[30] Besonders im Gebrauch der Proverbien meint er das Interesse Ben Siras zu erkennen, vornehmlich solche Themen aufzugreifen, die „auch bei griechischen Schriftstellern nachzuweisen sind."[31] Auch Middendorp geht kurz auf eine mögliche antihellenistische Tendenz Ben Siras ein. Er sieht sie allein darin durchscheinen, „dass er (= der Siracide, die Verfasserin) das Gesetz des Höchsten und damit die Priesterherrschaft als Staatsgrundlage beibe-

---

der griechischen Welt, speziell aus der Stoa, die im ganzen antihellenistische Tendenz Ben-Siras abzuleugnen..."

22   Th. Middendorp, Die Stellung Jesu Ben Siras zwischen Judentum und Hellenismus, Leiden 1973.

23   So bezeichnet er a.a.O., 28 Ben Sira als „Zitatensammler".

24   Vgl. Middendorp, Stellung, 32f. Diese Deutung stützt sich auf das Vorbild eines von O. Guéraud und T. Jouquet herausgegebenen Schulbuches für den Elementarunterricht, das aus dem späten 3. vorchristlichen Jahrhundert stammt. Im Gegensatz dazu ist das Werk des Siraciden nach Middendorps Auffassung jedoch für den „fortgeschrittenen Unterricht" gedacht (ebd.).

25   Vgl. Middendorp, Stellung, 174.

26   Im Blick auf die Frage nach der Überlieferung hält er es für wahrscheinlich, daß Ben Sira „aus Anthologien reichlich geschöpft hat" (a.a.O., 33).

27   Vgl. Middendorp, Stellung, 13.15f.

28   Vgl. Middendorp, Stellung, 13-26.

29   Vgl. Middendorp, Stellung, 29ff.

30   Middendorp, Stellung, 57.

31   Middendorp, Stellung, 84.

halten wollte gegen eine Gruppe, die aus Jerusalem eine griechische Polis zu machen gedachten (sic)".[32] Auf dem Hintergrund des so entstandenen Bildes beurteilt Middendorp das Werk Sirachs folgendermaßen:

> *„Die Bedeutung Ben Siras für seine Zeit lag m.E. in dem Versuch, zwischen griechischer Bildung und alttestamentlich-jüdischer Überlieferung eine Brücke zu schlagen."[33]*

Während Hengels Darstellung von einer differenzierten und vorsichtigen Beurteilung möglicher griechischer Einflüsse im Werk des Siraciden bestimmt ist, hat Middendorp diese Vorsicht aufgegeben. Gegen sein Urteil über die Tendenz des Sirachbuches ist daher an erster Stelle einzuwenden, daß es auf einem methodisch problematischen Umgang mit den Parallelstellen beruht.[34] Damit kommen wir zu dem zweiten oben genannten Aspekt des Themas, der Frage nach hellenistischen Einflüssen im Werk Ben Siras. Zunächst ist festzustellen, daß das Buch in der Tat einige „unleugbare Zeichen einer positiven Integration von Denken und Praxis des Hellenismus" enthält.[35] Hierzu zählen die Lehren über das Gastmahl (Sir 31,12-32,13) sowie die Perikope über den Arzt (Sir 38,1-15).[36] Auch die Bedeutung, die Ben Sira dem Reisen beimißt (vgl. 34,9-13; 39,4), wird man dazu rechnen dürfen.[37] Daß der Siracide selbst ein Kind des Hellenismus war, verrät weiterhin die Tatsache, daß er als Autor namentlich in Erscheinung tritt (vgl. Sir 50,27) sowie einige Eigenheiten der literarischen Form.[38]

Über die Frage, in welchem Umfang Ben Sira darüber hinaus auch von der griechischen *Literatur* beeinflußt wurde, ist nicht so leicht ein Konsens zu erzielen. Methodische Überlegungen sind dabei entscheidend. In der Vergangenheit wurden mehrfach längere Listen mit vermeintlichen 'Parallelstellen' zusammengestellt. Hier ist zunächst I. Lévi zu nennen. In dem im Jahre 1901 erschienenen zweiten Teil seines Sirachkommentars hat er in großem Umfang entsprechende Abhängigkeiten Ben Siras von der griechischen Literatur be-

---

32   Middendorp, Stellung, 173.
33   Middendorp, Stellung, 174.
34   Kieweler, Ben Sira, hat den kritischen Nachweis im einzelnen geführt. Seine Studie stellt im Kern eine Auseinandersetzung mit den Thesen von Middendorp dar. Vor ihm hatte bereits Kaiser, Judentum, 82 = ders., Mensch, 149 die von Middendorp genannten „Parallelen" einer kritischen Nachprüfung unterzogen. Zur Kritik an Middendorp vgl. auch Hengel, Rezension, 83-87. Positiver bewertet Marböck, Gesetz, 20 = ders., Gottes Weisheit, 71
35   Marböck, Die jüngere Weisheit, 17.
36   Vgl. Marböck, Weisheit, 154ff.162ff.; Hengel, Judentum, 270; Lührmann, Arzt, 67-73.
37   Vgl. auch Marböck, Weisheit, 160ff. und ders., Die jüngere Weisheit, 17.
38   Vgl. hierzu Hengel, Judentum, 242 und bereits Bigot, Ecclésiastique, 2047.

nannt.[39] Zu den Autoren, aus deren Werken der Siracide nach Lévis Auffassung reichlich Anregungen aufgenommen hat, zählen Epikur, Euripides, Aristophanes, Menander und Theognis. Eine in methodischer Hinsicht vergleichbare, aber noch längere Liste von Parallelstellen lieferte M. Treves im Jahre 1956.[40] Zuletzt hat Th. Middendorp, wie bereits angedeutet, diesen Weg noch einmal beschritten.

Bei den genannten Arbeiten war eine Methodik bestimmend, nach der primär einzelne Verse Ben Siras einzelnen Sätzen griechischer Autoren mit ähnlichen Formulierungen gegenübergestellt wurden. Auf dieser Basis schloß man dann auf eine Abhängigkeit Ben Siras von griechischen Texten. Zur Verdeutlichung sei ein Beispiel aus der Arbeit von Middendorp genannt: Sir 4,28 *Laß dich nicht doppelzüngig nennen* sieht er inspiriert von Theognis 91 *Wer doppelten Sinn in einer Sprache verbirgt, ist ein übler Gefährte*. Die Engführung dieser Methodik läßt sich an dem Beispiel gut veranschaulichen: Die beiden Sentenzen sind so allgemein formuliert und enthalten eine derart fundamentale Aussage, daß sich die Frage stellt, ob die Parallele nicht auch durch einen gemeinsamen Erfahrungshintergrund zu erklären ist. Kaiser formuliert daher den folgenden grundsätzlichen Einwand gegen eine entsprechende Methode des Vergleichs:

> *„Es bleibt jedoch zu bedenken, ob diese Konkordanzen notwendig in der Kenntnis dieser Autoren begründet sind oder sich nicht vielmehr daraus ergeben, daß es sich hier wie dort um eine sich den Grundfragen des Lebens beobachtend und reflektierend zuwendende Literatur handelt, der das Leben selbst die gemeinsamen Themen stellt und der analoge oder identische Zeitgeist eine vergleichbare Sicht freigibt. "[41]*

Zudem ist der Weg der Überlieferung ungeklärt. So ist auch eine mündliche Verbreitung der zumeist kurzen Sprüche denkbar und wahrscheinlich. Di Lella weist auf ähnliche Vorgänge in der Gegenwart hin. Er stellt fest, daß bei weitem nicht jeder, der den Satz „die Religion ist das Opium des Volkes" zitiert, Karl Marx' Kritik der Rechtsphilosophie Hegels gelesen hat.[42]

Kaiser hat daher Middendorps Liste einer erneuten Prüfung unterzogen und dabei eine sehr reduzierte Zahl an Parallelen beibehalten.[43] Danach kann man davon ausgehen, daß Ben Sira mit der Ilias und der Odyssee und mit der

---

39   Vgl. Lévi 2, LX-LXVII und dazu Bigot, Ecclésiastique, 2048.
40   Vgl. ders., Studi, 464-470.
41   Kaiser, Judentum, 73, ähnlich urteilt Hengel, Judentum, 269. Vgl. auch Kieweler, Ben Sira, 14f.
42   Vgl. Skehan / Di Lella, 47.
43   Vgl. Kaiser, Judentum, 82f. = ders., Mensch, 149f.

Gnomik des Theognis vertraut war. Im Blick auf Theognis hat Sanders diese Einschätzung bestätigt.[44]

Bei einem Vergleich mit den frühen Stoikern kommt erschwerend hinzu, daß deren Werke bis auf wenige Fragmente verloren sind. Die Forschung ist hier auf das sekundäre Zeugnis von antiken Doxographien sowie von Zitaten und Paraphrasen stoischer Gedanken in den Werken anderer antiker Autoren angewiesen.[45] Berücksichtigt man zusätzlich die komplizierte Überlieferung des hebräischen Sirachtextes,[46] so scheint schon deshalb eine sichere Aussage über direkte literarische Abhängigkeiten nahezu ausgeschlossen.[47]

Die beschriebene Form des Vergleichs hat sich allerdings noch aus einem anderen Grund als unzureichend erwiesen: Bei der Parallelisierung einzelner Verse werden die größeren gedanklichen Kontexte in der Regel nicht berücksichtigt.[48] Auf der Basis einer bloßen Aufzählung aus dem Zusammenhang gelöster sinnverwandter Verse läßt sich jedoch nicht ermitteln, ob und in welcher Weise Ben Sira in seinen Grundgedanken und in seinem systematischen Ansatz durch die griechische Literatur angeregt und evtl. auch beeinflußt wurde und wie er sich von ihnen unterscheidet, worin mithin das Proprium seines Ansatzes besteht. In dieser Frage liegt jedoch das eigentlich Interessante eines Vergleichs. So kann erst die Gegenüberstellung ganzer Vorstellungszusammenhänge zu einem tieferen Verständnis von Ansatz und Ziel des Sirachbuches beitragen. Auf dieser Basis ergeben sich in der Tat interessante und aufschlußreiche Parallelen. Nur auf der Grundlage eines Systemvergleichs lassen sich darüber hinaus auch begründet Schlüsse über Ben Siras *Einstellung* zum Hellenismus ziehen.

II

Der thematische Ansatzpunkt für den Vergleich resultiert aus einer Problemstellung, die das Werk des Sirociden selbst aufgibt: die Frage nach dem Verhältnis von Determination und Freiheit, göttlicher Providenz und menschlicher Verantwortung und, damit eng verknüpft, nach der Ursache bzw. dem

---

44 Vgl. Sanders, Demotic Wisdom, 29-38.55-59. Zum Vergleich zwischen Ben Sira und dem Komödiendichter Menander vgl. Wildberg, Ursprung.

45 Vgl. hierzu Long, Hellenistic Philosophy, 116f.; Gerson, God, 143 und u. S. 19.

46 Vgl. dazu Di Lella, Hebrew Text; Rüger, Textform; Reiterer, Urtext; Wright, Difference; Nelson, Syriac Version; Beentjes, Text Edition (1997), 1-10 und die einschlägigen Kommentare.

47 Vgl. auch Pautrel, Stoïcisme, 540.

48 Vgl. auch Loader, Structures, 129: „How do these elements of Greek influence function in the actual thought patterns constructed in the various structural units of the book?" und Kaiser, Judentum, 77 = ders. Mensch, 144.

Urheber des Bösen. Den Kern des Problems bilden zwei gegensätzliche Texte. Während Ben Sira in 15,11-20 vehement für die Freiheit des menschlichen Willens eintritt, scheint er sich in einen Widerspruch zu verwickeln, indem er mit 33,7-15 anscheinend ein deterministisches Moment in sein Werk einfließen läßt. Bei der Lösung des Problems erhält der Gedanke von einer Mensch und Schöpfung umgreifenden göttlichen Ordnung eine zentrale Bedeutung. Dieser größere Themenkomplex enthält zugleich wichtige Übereinstimmungen mit der Stoa und ihrer Vorstellung vom Kosmos als einem geordneten Ganzen.

Das Thema selbst ist bereits in zwei Studien angesprochen worden, ohne daß dabei jedoch die Stoa zum Vergleich herangezogen wurde.

Zunächst hat sich G. Maier in seiner im Jahr 1971 erschienenen Dissertation mit dem Problem der Willensfreiheit bei Jesus Sirach befaßt. Maiers Beitrag zu Ben Sira steht im Rahmen einer größeren Studie mit dem Titel „Mensch und freier Wille. Nach den jüdischen Religionsparteien zwischen Ben Sira und Paulus",[49] in der er neben Ben Sira die Sadduzäer, Pharisäer und Qumran betrachtet. Maiers Ausgangspunkt ist die Darstellung der jüdischen Religionsparteien bei Josephus.[50] Dieser machte die Unterschiede zwischen den verschiedenen Gruppen in erster Linie an deren Stellung zur 'Heimarmene' fest. Da die Heimarmene jedoch ein Begriff aus der stoischen Philosophie ist und im entsprechenden jüdischen Schrifttum fehlt, überprüft Maier die Berechtigung dieser Systematik. Zu diesem Zweck nimmt er eine begriffliche Korrektur vor: an die Stelle von Josephus' Heimarmene stellt er die Konzeption der Prädestination, die er offenbar mit der Heimarmene gleichsetzt (21).

Das Werk Ben Siras wird von dem Autor als Vorläufer der drei genannten Richtungen an den Anfang seiner Untersuchung gestellt (23). Dabei konzentriert er sich vor allem auf die zwei genannten Texte, Sir 15,11-20 und 33,7-15 und kommt zu dem Ergebnis, daß sich hier zwei gegenläufige Linien finden.

Auf der einen Seite, so Maier, argumentiert Sir 15,11-20 eindeutig für die Willensfreiheit. Dem steht mit Sir 33,7-15 auf der anderen Seite eine „prädestinatianische Linie" gegenüber, indem hier die gleichzeitige Existenz von Sündern und Gerechten auf eine Setzung Gottes zurückgeführt wird.[51] Wenngleich Maier einräumt, daß die von ihm in 33,7-15 herausgearbeitete Tendenz im Werk Ben Siras isoliert steht, sieht er darin dennoch die 'systemtreue' Linie. So hält er die Prädestination für eine Weiterentwicklung des weisheitlichen Denkens, dessen Erbe Ben Sira antritt (114f.). Daß dennoch die Wil-

49 WUNT 12, Tübingen 1971.
50 Vgl. Josephus, De bello Judaico II 119-166; Antiquitates XIII 171-173; XVIII, 11-25.
51 S. dazu ausführlich im sechsten Kapitel dieser Arbeit, u. S. 225.

lensfreiheit im Vordergrund steht, erklärt er primär als Reaktion auf das geistige Klima in der Umgebung Ben Siras (85.113). Es stellt sich jedoch die Frage, ob mit dieser Beurteilung die Grundintention des Siraciden in seiner Verwurzelung in der Tradition richtig erfaßt ist.

Zu anderen Ergebnissen gelangt Prato im Rahmen seiner im Jahre 1975 erschienenen umfangreichen Studie zum Problem der Theodizee bei Ben Sira.[52] Prato legt einen weiten Begriff von Theodizee zugrunde: Die Theodizeefrage entsteht nach seiner Definition, wenn Erfahrungen von Disharmonien in der Wirklichkeit mit Gott in Verbindung gebracht werden (3.381). Daher sucht der Autor in seiner Abhandlung jene Kapitel auf, die der Auseinandersetzung mit Gegensätzen (gut und böse), Widersprüchen und Ambivalenzen (Leid und Tod) in der Erfahrung des Menschen gewidmet sind und fragt, wie Ben Sira diese vermittelt.[53]

Ben Siras Lösungsansatz besteht Prato zufolge in dem Versuch, die anthropologische Frage im größeren Horziont der Schöpfung zu beantworten. Dabei soll die Zuordnung zur Schöpfung zeigen, daß die beobachteten Gegensätze ursprünglich sind und mithin einer Gesetzmäßigkeit entsprechen, die der Welt im Moment der Schöpfung beigegeben wurde. (60.385 u. ö.) Damit ist aber nach Pratos Auffassung die Verantwortung des Menschen für sein Handeln und sein Ergehen nicht ausgeschlossen. Selbst in 33,7-15 findet Prato eindeutige Anspielungen auf den Zusammenhang zwischen Ergehen und menschlichem Verhalten.[54] Auf die komplexen Beziehungen zur Stoa geht Prato jedoch durch seinen Ansatz bedingt nicht ein.

Als hermeneutischen Rahmen der Untersuchung legt der Autor das Alte Testament zugrunde: „in pratica, la nostra sarà un'esegesi di Ben Sira attraverso l'Antico Testamento." (11). Sehr detailliert überprüft er die Bezüge zu alttestamentlichen Texten mit dem Ziel, das Neue und Originelle in Ben Siras Umgang mit der Tradition herauszuarbeiten. Dabei setzt er eine direkte und gewollte Bezugnahme voraus, so daß er Abweichungen vom jeweils angenommenen alttestamentlichen 'Grundtext' als bewußte Neuakzentuierungen sieht. In ihnen erkennt er eine Tendenz zur gedanklichen Systematisierung (359).

---

52 Il problema della teodicea in Ben Sira. Composizione dei contrari e richiamo alle origini, AnBib 65, Rom 1975. Vgl. auch den im selben Jahr erschienen Aufsatz von J.L. Crenshaw, The Problem of Theodicy in Sirach: On Human Bondage, JBL 94 (1975), 47-64.

53 Seine Textbasis bilden dabei vor allem Sir 33,7-15; 39,12-35; 42,15-43,33; 15,11-18,14; 40,1-17; 41,1-13; 4,20-6,17; 9,17-11,28.

54 S. dazu ausführlich u. S. 225f. und 246.

Während Prato damit wichtige Einsichten über Ben Siras Wurzeln in der alttestamentlichen Tradition vermittelt, zieht er andere Quellen und Einflußmöglichkeiten nicht in Erwägung bzw. lehnt sie ab.[55] Gerade die Tatsache jedoch, daß er bei Ben Siras Differenz zur alttestamentlichen Tradition ansetzt, läßt die Frage nach möglichen außerhalb der alttestamentlichen Tradition liegenden Quellen wach werden. Prato hat sie damit unbeabsichtigt selbst gestellt.

In einer Reihe von kürzeren Beiträgen ist dieser Schritt jedoch bereits vollzogen und das Fenster für den Blick auf thematische Bezüge zur Stoa geöffnet worden.

Den Reigen hat R. Pautrel im Jahre 1963 mit seinem Aufsatz „Ben Sira et le Stoïcisme" eröffnet.[56] Pautrel hat darin die Grenze erkannt, die die fragmentarische Überlieferung der Stoa den Möglichkeiten eines Vergleichs mit Ben Sira auf der literarischen Ebene setzt. Stattdessen fragt er nach „sujets abordés" (540), nach verwandten Themen also und stellt fest, daß sie in reicher Fülle vorhanden sind (540f.). Er teilt sie in drei Bereiche ein: die Bedeutung des Menschen, die Einheit der Welt und die Einheit der Menschheit (541). Allerdings zählt er die Berührungen nur summarisch auf. Wenn er auf dieser Basis Ben Sira als jüdischen Stoiker bezeichnet (547), zeigt sich, daß er methodisch in jene Sackgasse gelangt ist, in die vor ihm Lévi im Bereich der literarischen Abhängigkeiten geriet: Pautrel isoliert die genannten Themen aus ihrem jeweiligen Kontext und erfaßt daher das besondere Profil Ben Siras in Abgrenzung zur Stoa nicht in ausreichendem Maße. Seine Gesamtbeurteilung bedarf daher einer sorgfältigen Überprüfung.

Marböck hat im dritten Teil seiner Studie „Weisheit im Wandel. Untersuchungen zur Weisheitstheologie bei Ben Sira, BBB 37, Bonn 1971" ein Kapitel dem Thema „Weisheitsdenken und Schöpfung" gewidmet und im Rahmen einer Kurzauslegung die Grundgedanken von Sir 16,24-17,14; 39,12-35 und 42,15-43,33 skizziert. Marböcks erkenntnisleitendes Interesse ist dabei der Zusammenhang, den das weisheitliche Denken zwischen der Schöpfungsordnung und der Ordnung im Bereich des menschlichen Lebens herstellt. In dieser Fragestellung liegt eine Berührung mit der Arbeit Pratos. Unterschiede finden sich jedoch im Ergebnis. Marböck stellt fest, daß Ben Sira über den weisheitlichen Rahmen des Alten Testaments hinausgeht, indem er nicht nur einzelne Aspekte, sondern das gesamte göttliche Handeln von der umfassenden Kategorie der Ordnung in der Schöpfung her erklärt. Diesen „Rationalismus" (143)

---

55 Vgl. z. B. S. 299, wo es in bezug auf den Gedanken der Ordnung bei Ben Sira heißt: „ma l'unica spiegazione valida che si dà ad essi è quella del VT."
56 RSR 51 (1963), 535-549.

nimmt Marböck daher zum Anlaß für die Frage, ob Ben Sira in seinem umfassenden systematischen Ansatz äußere Einflüsse aufgenommen hat. Er kommt zu dem Ergebnis, daß sich einige thematische Berührungspunkte zwischen Ben Sira und der stoischen Philosopie finden:

> *„Die Probleme der Sünde (Sir 15,11-20: Sünde und freier Wille des Menschen) und des Übels in der Welt (Sir 19,28; 40,10) in ihrem Verhältnis zur Weltordnung und insbesondere zur Vorsehung waren tatsächlich brennende Zeitfragen, mit denen sich auch die zeitgenössische stoische Philosophie des ausgehenden dritten und des zweiten vorchristlichen Jahrhunderts auseinanderzusetzen hatte."*[57]

Zum Beleg zitiert er einige stoische Fragmente zur göttlichen Pronoia. Wichtig ist Marböcks Bewertung:

> *„Damit sollte und konnte ... keine direkte Abhängigkeit Ben Siras vom Stoizismus behauptet und bewiesen werden: aber es scheint außer Zweifel, daß sich der Sirazide dieses seines geistesgeschichtlichen Horizontes bewußt war und daß er ihn auch als echter Weiser in sein Werk einfließen ließ. Und nur im Rückgriff auf diese seine Situation kann sein weisheitliches und theologisches Denken voll gewürdigt und verstanden werden."*[58]

Da der Schwerpunkt von Marböcks Studie jedoch woanders liegt, beschränkt er sich auf diese wenigen Beobachtungen.[59] Seinen vorsichtigen Hinweisen auf die Stoiker hat er jedoch später noch einmal Nachdruck verliehen, indem er in einem im Jahre 1995 veröffentlichten Beitrag feststellte, daß eine „gründliche Überprüfung der Bezüge zur Stoa sehr wohl wünschenswert" sei.[60]

Den jüngsten Versuch, Ben Sira und die Stoa miteinander ins Gespräch zu bringen, hat Winston in einem kurzen Aufsatz mit dem Titel „Theodicy in Ben Sira and Stoic Philosophy" unternommen, der im Rahmen einer Festschrift im Jahre 1989 erschienen ist.[61] Winston hat dazu beigetragen, die thematischen Berührungspunkte zu präzisieren. Er sieht sie vor allem in dem Versuch, das Problem des Bösen durch den Gedanken der „harmony of opposites" zu lösen

---

57 Marböck, Weisheit, 144.
58 Marböck, Weisheit, 145.
59 Im Rahmen eines Beitrags über Weisheit und Gesetz bei Ben Sira hat er die Frage nach stoischen Einflüssen erneut aufgegriffen, vgl. Marböck, Gesetz, 19ff. = ders., Gottes Weisheit, 70ff. und dazu u. S. 199f.
60 Marböck, Die jüngere Weisheit, 17. Ähnliche thematische Berührungen zwischen Ben Sira und der Stoa hat Hengel, Judentum, 256.260-267 benannt und sich dabei, dem Rahmen der Studie entsprechend, wie Marböck auf einige wenige Bemerkungen beschränkt.
61 in: Link-Salinger, R. (Hg.), Of Scholars, Savants, and their Texts. Studies in Philosophy and Religious Thought, FS A. Hyman, New York/ Bern/ Frankfurt/ Paris 1989, 239-249.

(240), und in der Vorstellung, daß die Schöpfung Gottes die beste aller möglichen Welten darstellt (242). Die These jedoch, daß Ben Sira „in his formulation of the paradox of freedom and determinism" „followed the Stoic lead" (243), spiegelt ein Mißverständnis, das in einer nicht ausreichenden Wahrnehmung des stoischen Naturbegriffs begründet zu sein scheint. Sie zeigt, daß auch Winston bei der Außenperspektive stehenbleibt und nicht in die gedanklichen Systeme der Stoiker und des Siraciden eindringt.

III

Für die vorliegende Arbeit ergibt sich folgende Aufgabenstellung. Zunächst ist eine Darstellung der stoischen Position notwendig (c. 1). Darauf folgt die Auslegung der entsprechenden Texte Ben Siras zum Thema. Dabei handelt es sich um Sir 39,12-35 (c. 2), 15,11-16,14(16) (c. 3), 16,17-18,14 (c. 4) und 33,7-15 (c. 6). An die Auslegung schließt sich jeweils der Vergleich mit der Stoa unmittelbar an. Das fünfte Kapitel ist der Frage nach dem Verhältnis von Weisheit und Gesetz gewidmet und kehrt wiederum zum systematischen Vergleich mit der Stoa zurück. Hier werden verschiedene Texte zur Sprache kommen. Besonders ein weiterer Hymnus in Sir 42,15-43,33 ist in diesem Zusammenhang noch zu nennen. Auch dort geht es um die providentielle Einrichtung der Welt. Allerdings wird der Gedanke dort nicht auf die Anthropologie hin zugespitzt, um die es in unserer Studie wesentlich geht. Der Hymnus bedarf daher keiner ausführlichen Besprechung in einem eigenen Kapitel. Er wird vielmehr in den übrigen Kapiteln in die Auslegung einbezogen, sofern er zur Entwicklung des Gedankens beiträgt.

1 Göttliche Providenz und menschliche Verantwortung in der Frühen Stoa

1.1 Vorbemerkung

In diesem Kapitel geht es darum, die stoische Position zu den im Einleitungsteil genannten Fragestellungen darzulegen. Der Problemhorizont, in dem Ben Sira und die frühe Stoa einander gegenübergestellt werden, ist die Situation des Menschen im Spannungsfeld zwischen sittlicher Verantwortung und göttlicher Allmacht.

Sucht man nach der stoischen Lösung dieses Problems, so trifft man auf einen Widerspruch. Zunächst begegnet in der stoischen Ethik das Ideal vom selbstbestimmten Menschen, der aus einer inneren „Freiheit" heraus lebt, die er seiner Tugend (ἀρετή / virtus) verdankt. Überraschenderweise tritt ihm aber das Problem einer Bestimmung entgegen, deren er selbst nicht mächtig ist. Mythologisch ist es das Schicksal, die Heimarmene, deren Fügungen sich der Mensch nicht entziehen kann. Aber schon in der frühen Stoa wurde die Heimarmene als universales Kausalitätsprinzip interpretiert, das den ganzen Kosmos durchwaltet. Der systematische Ort dieser Lehre ist die stoische Physik. Damit entsteht eine Spannung zwischen Physik und Ethik.

Im Brennpunkt der Frage, ob und wie diese Aporie aufzuheben ist, steht der Naturbegriff der Stoa. Die Natur, die φύσις, ist nach stoischer Auffassung ein göttlich-rationales Prinzip, das den Kosmos durchwirkt und ihn bis in jede Einzelheit hinein bestimmt. In ihrer teleologischen Ausrichtung verbindet sie alles im Kosmos zu einer sinnvollen Einheit.

In diesem Sinnhorizont erhält nun einerseits die Heimarmene ihre Bedeutung, indem sie als eine Eigenschaft der göttlichen Natur teil an der rationalen Gestaltung des Kosmos hat. Sie ist damit kein willkürliches, blindes Schicksal, sondern die Vernunft (λόγος), nach der sich im Kosmos alles ereignet, auch wenn es für den Menschen selbst nicht unmittelbar einsichtig ist.

Andererseits liefert die Physik aber auch für das Selbstverständnis des Menschen und seine Rolle in der Welt einen maßgeblichen Ansatzpunkt. So ist der Mensch zwar Teil der kosmisch-universalen Natur, aber in einer gegenüber der übrigen Schöpfung herausgehobenen Stellung, indem ihm allein die bewußte Teilhabe an der Vernunft, dem universalen Logos, gewährt wird.

Beides ist vorausgesetzt im Telos, dem Ziel der stoischen Ethik:

Das Ziel ist das Leben im Einklang mit der Natur.[1]

Ein von Diogenes Laertius überlieferter ausführlicherer Abriß über das stoische Telos gibt einen ersten Aufschluß, in welcher Hinsicht die Natur zum Zielkriterium des menschlichen Lebens wird:

> *Daher erklärte Zenon als erster in dem Buch über die Natur des Menschen, daß das Ziel das Leben im Einklang mit der Natur ist, was dasselbe wie das tugendgemäße Leben ist. Denn dazu führt uns die Natur... Weiter ist aber das tugendgemäße Leben dasselbe wie das Leben im Einklang mit der Erfahrung dessen, was sich von Natur ereignet, wie Chrysipp in 'Über die Ziele' Buch 1 sagt. Denn unsere Naturen sind Teile der Natur des Ganzen. Deshalb ist es auch so, daß das Ziel das der Natur gemäße Leben ist, und zwar gemäß der eigenen Natur wie auch der Natur des Ganzen, wobei man nichts tut, was das allgemeine Gesetz verbietet. Dieses ist die rechte Vernunft, die durch alles hindurchgeht und identisch ist mit Zeus, dem Herrscher über die Ordnung dessen, was existiert. Darin besteht die Tugend des Glückseligen und der gelungene Lauf des Lebens, daß man alles in Übereinstimmung des eigenen Genius mit dem Willen des Allherrschers tut... Unter der Natur aber, der gemäß man leben muß, versteht Chrysipp sowohl die allgemeine wie auch die eigentümlich menschliche.*[2]

Zwei Aspekte können unterschieden werden.

1. Das Leben im Einklang mit der Natur wird mit der Begründung: „Denn zu diesem leitet uns die Natur" als das tugendhafte Leben beschrieben. So führt nach stoischer Auffassung die „Erfahrung dessen, was sich von Natur ereignet", zu der Erkenntnis, daß nur das sittlich Gute ein wahres Gut ist. Den entsprechenden Begriff des Guten gewinnt der Mensch durch Analogieschluß aus der Betrachtung der Natur.[3]

2. Der zweite Aspekt folgt in gewissem Sinn aus dem ersten. Die oben angesprochene Tugend besteht darin, daß derjenige, der das Telos erkennt, sich dem Gang der Ereignisse nicht widersetzt, sondern sich willig fügt. Es ist ein

---

1   SVF III 4 = DL VII,87; SVF III 5-9.12.
2   SVF III 4 = DL VII,87.
3   Vgl. Cicero, de finibus III,33f. Wie sich die Stoiker diesen Vorgang im einzelnen vorstellten, ist Gegenstand der Diskussion, vgl. G. Striker, Origins; dies., Following Nature; Ph. Mitsis, Natural Law.

Leben im 'Zusammenklang' (συμφονία), in harmonischer Übereinstimmung des je eigenen Willens des Menschen mit dem des Herrschers über das All. Dies beinhaltet den Gehorsam gegen das universale Gesetz der Vernunft. Beide, universales Gesetz und Allherrscher, werden, in religiös-mythologischer Sprache, mit Zeus und, in philosophisch-spekulativer Terminologie, mit dem göttlichen Prinzip des Kosmos identifiziert.[4] Daß ein jüdischer Gelehrter im Gedanken des göttlich-universalen Gesetzes durchaus Anknüpfungspunkte finden konnte, sei hier nur am Rande bemerkt.[5]

Die Ethik, die Lehre vom Handeln des Menschen, baut demnach auf der Physik als der „Lehre vom Kosmos und was darin ist" auf. Dabei setzt sie vor allem die Erkenntnis voraus, daß und wie die göttliche Vernunft im Kosmos wirkt. Die theologische Perspektive der stoischen Physik ist demnach von eminenter Bedeutung für die stoische Ethik. Aus dieser Perspektive heraus soll im folgenden die oben genannte Fragestellung erörtert werden.

1.2 Die stoische Physik als Theologie

1.2.1 Zum Stand der Forschung

Die stoische Theologie ist ein Stiefkind der Stoaforschung. Nur sehr wenige Untersuchungen befassen sich mit diesem Thema. Der Grund mag darin liegen, daß die Theologie in der Systematik der stoischen Philosophie nicht als eigenes Gebiet ausgewiesen ist. Diese sind Logik, Physik und Ethik. Die Theologie als Gegenstand ist hingegen lediglich eine Teildisziplin der stoischen Physik, der Lehre von der Natur (φύσις).[6] Schwerer wiegt aber vermutlich, was Forschner als Grund nennt:

> „Eine solche Konzentration (scil. auf die stoische Theologie) liegt nicht im Zentrum des Interessenbereichs der angelsächsischen Forschung, die zur Zeit die Diskussionslage zur stoischen Philosophie beherrscht."[7]

In der jüngsten Forschung wird jedoch zunehmend darauf hingewiesen, daß die stoische Physik als ganze von ihrer impliziten Theologie her zu interpretieren ist. Dabei sind an erster Stelle die Arbeiten von Antony Long zu nennen.[8]

---

4 Vgl. den Zeus-Hymnus des Kleanthes, SVF I 537.
5 Vgl. dazu das fünfte Kapitel dieser Arbeit.
6 Vgl. auch Gerson, God, 144.
7 Forschner, Ethik, 246.
8 Als eine „Ausnahme" bezeichnet in dieser Hinsicht daher Forschner, Ethik, 247 Anm. 9 das Werk von Long. Ergänzend zu den von Forschner ebd. genannten Aufsät-

Er hat den theologischen Impetus der stoischen Physik immer wieder besonders betont. So vertritt er die These, daß die stoische Physik „in the final analysis, is theology".[9] In dieser „rationalist theology"[10] sieht Long gar die Motivation der stoischen Physik begründet:

> „What fired the Stoics' imagination, in their observation of the world, was a total commitment to the rationalist theology just described."[11]

Eine längere Untersuchung hat jedoch auch Long diesem Thema nicht gewidmet. Jedoch scheint die Bedeutung der theologischen Perspektive für ein Verständnis der Physik und insbesondere auch der stoischen Ethik in jüngster Zeit breitere Anerkennung zu finden.

Monographisch wurde die stoische Theologie in jüngerer Zeit lediglich in einem einzigen Werk behandelt, in der aus dem Jahre 1976 stammenden Abhandlung über die stoischen Argumente für die Existenz und die Providenz der Götter von Dragona-Monachou.[12] Allerdings befaßt die Autorin sich mit der Theologie als Teilgebiet der Physik, d. h. mit der *expliziten* Theologie. Die Deutung der Physik im Horizont einer *impliziten* Theologie ist hingegen nicht ihr Thema. Die genannte Lücke schließt sie folglich nicht.[13]

Die Arbeit ist, wenn wir recht sehen, bislang ohne Nachfolger geblieben.[14] Einen entsprechenden Richtungswechsel fordert Forschner 1995 im Nachwort der sonst unveränderten Neuauflage seines 1981 erstmals erschienen Werkes zur stoischen Ethik. Er bezeichnet die Berücksichtigung der Theologie als den entscheidenden Punkt, an dem auch seine eigene Studie der Fortentwicklung

---

zen Longs, die diese Akzentuierung zeigen, sei besonders auf seine Kommentierungen der stoischen Physik in dem gemeinsam mit Sedley herausgegebenen Quellenband „The Hellenistic Philosophers, Bd. 1: Translations of the Principal Sources, with Philosophical Commentary, Cambridge 1987 (4. ND 1992)" hingewiesen.

9   So im Kommentarteil von Long / Sedley, Philosophers 1, 267. Dieser Teil des Werkes geht wesentlich auf Long zurück, vgl. a.a.O., XIV.

10 Long / Sedley, Philosophers 1, 267.

11 Long / Sedley, Philosophers 1, 267.

12 M. Dragona-Monachou, The Stoic Arguments for the Existence and the Providence of the Gods, Athen 1976

13 Gegenstand der Untersuchung sind die logischen Argumentationsmuster, deren sich die Stoiker bei den Beweisen für die Existenz und die Providenz der Götter bedienen. Das Interesse der Autorin ist daher in erster Linie analytisch und weniger systematisch auf den Gesamtzusammenhang der stoischen Physik bezogen.

14 Einen wichtigen Beitrag zu Ciceros Darstellung der stoischen Theologie (Cicero, ND II) bietet zudem P. Boyancée, Les preuves stoïciennes de l'existence des dieux d'après Cicéron, Hermes 90 (1962), 46-71.

bedürfe.[15] Dabei unterstreicht Forschner nachdrücklich, daß hier eine Lücke klafft, die den Blick auf wichtige Zusammenhänge verstellt:

„Eine umfassende Studie zur stoischen Theologie und theologischen Natur-philosophie ist denn auch nach wie vor ein Desiderat.“[16]

Er betrachtet das fehlende Bewußtsein für die Bedeutung der stoischen Theologie geradezu als das Defizit der gegenwärtigen Stoaforschung:

„Den wesentlichen Mangel der neueren Publikationen zur stoischen Ethik sehe ich jedenfalls darin, daß sie in ihrer Diskussion von Teilaspekten teils ohne Sinn für die theologischen Perspektiven dieser Philosophie geschrieben sind, teils auf den naturphilosophisch-theologischen Hintergrund zwar ausdrücklich verweisen, aber dann doch nicht näher auf ihn und seine Beziehungen zur Ethik eingehen bzw. ihn für die Interpretation der stoischen Ethik nicht hinrei-chend fruchtbar machen.“[17]

Daher macht der Autor bei seiner Besprechung der jüngeren Arbeiten zur Stoa die Berücksichtigung dieses Themas zum entscheidenden Beurteilungskriteri-um. Dabei zeigt er, daß gerade das Ausblenden der theologischen Perspektive zu Fehldeutungen auf dem Gebiet der Ethik führt.[18]

Ansätze zu einem Aufbruch in die genannte Richtung beobachtet Forschner hingegen im Werk von Gisela Striker. Ihr hält er eine entsprechende Neuak-zentuierung und Korrektur bisheriger Auffassungen in der 1991 erschienenen Abhandlung „Following Nature: A Study in Stoic Ethics" zugute.[19] Sie hat erkannt, daß sich die Bedeutung des Telos, im Einklang mit der Natur zu le-ben, nur im Zusammenhang mit der stoischen Theologie verständlich machen läßt.[20] Wenngleich Forschner Strikers Arbeit zu Recht von dieser Grundein-sicht her positiv bewertet, muß darauf hingewiesen werden, daß ihr eigentli-ches Interesse dem Problem gilt, inwiefern es möglich ist, im Ausgang von der Natur zu einer inhaltlichen Bestimmung der Tugend zu gelangen.[21]

---

15 Forschner, Ethik, 246f.
16 Forschner, Ethik, 246.
17 Forschner, Ethik, 246f.
18 Vgl. Forschner, Ethik, 252 zu B. Inwood, dem er vorwirft, daß er „den theologischen Kontext nicht ungestraft ausklammert."
19 Oxford Studies in Ancient Philosphy 9 (1991), 1-73.
20 Vgl. Striker, Following Nature, 9.
21 Vereinzelt finden sich darüber hinaus kurze Bemerkungen, die die Auslegung der Physik in die genannte Richtung weisen. Welchen Einfluß die theologische Ausrich-tung der stoischen Physik auf das Selbstverständnis des Stoikers hatte, hebt beispiels-weise Todd, Monism, 159 hervor: „Finally we can acknowledge that the greatest ori-ginality of Stoic physics, and perhaps its greatest interest for the modern student, lies in its attempt, paralleled most closely in Plato's *Timaeus*, to make physics the embo-diments of metaphysics. The Stoic God, it has often been noted, is like a Platonic de-

Forschners Liste der positiven Beispiele kann inzwischen um den Hinweis auf die aus dem Jahre 1994 stammende Arbeit von Ph. Mitsis zum stoischen Gesetzesverständnis ergänzt werden.[22] Er bezeichnet die stoische Ethik als „nature-based, theological ethics"[23] und baut auf dieser Einsicht seine Überlegungen zum Gesetzesbegriff der Stoiker auf.[24]

Die von Forschner geforderte 'Trendwende' der Stoaforschung kommt dem Thema dieser Arbeit sehr entgegen: Ein Verständnis des stoischen Systems aus der theologischen Perspektive schafft eine breitere Basis für den Vergleich mit dem Theologen Ben Sira. Allerdings hat der Richtungswechsel in der Forschung bislang noch kaum Früchte getragen, auf die hier zurückgegriffen werden könnte. Eine umfassende, systematische Studie zur stoischen Theologie in ihrer Bedeutung für das stoische System als Ganzes, unter Berücksichtigung vor allem auch ihres teleologischen Ansatzes, liegt in jüngerer Zeit nicht vor. Die einschlägigen Arbeiten von Striker und Mitsis haben zudem einen anderen Forschungsschwerpunkt. Während sie die Möglichkeiten einer Ableitung der konkreten Ethik aus der Physik untersuchen, soll es hier darum gehen, in umgekehrter Richtung nach der Rolle und dem Ort des Menschen im Gesamtplan der göttlichen Natur zu fragen und von daher die Aufgabe des Menschen zu bestimmen. Dies macht es erforderlich, zunächst das Werk der (göttlichen) Natur, dessen Teil auch der Mensch ist, darzustellen, um dann in dieses Bild einige grundlegende Aspekte der stoischen Anthropologie einzuzeichnen.

Die folgenden Überlegungen werden sich an der These orientieren, daß die stoische Physik als *Theologie* zu explizieren ist. Dafür soll zunächst der stoische Naturbegriff mit dem Ziel skizziert werden, die teleologische Struktur

---

miurge who does not however copy a pattern but brings himself as a pattern to the creation and structuring of a universe that directly embodies his identity. This inspiring notion of the physical immanence of the deity is at the root of a Stoic's self-confidence about his place in nature, and receives its most eloquent expression in the Stoic moralists of the early Roman Empire." Todd geht dieser Zielrichtung der Physik jedoch nicht weiter nach, sondern klammert den theologischen Aspekt aus seiner Untersuchung explizit aus (vgl. ebd., 138.).

22 Natural Law and Natural Right in Post-Aristotelian Philosophy. The Stoics and their Critics, ANRW II 36.7, 4812-4850.

23 Mitsis, Natural Law, 4815.

24 Das Hauptanliegen dieser Studie liegt in dem Nachweis, daß der vor allem durch Ciceros Schrift de legibus bezeugte stoische Begriff des Naturgesetzes nicht erst spätstoisch ist, sondern „is no less fundamental to early Stoics who found in Socrates their inspiration for a morality governed by nature's laws" (4850). Mitsis' Bewußtsein um den theologischen Hintergrund dieser Vorstellung offenbart sich in der Fortsetzung des Zitates: „... - laws cognizable by reason and available to all human beings by virtue of divine providence." (ebd.)

des stoischen Weltverständnisses sichtbar zu machen. Daran schließt sich die Darstellung der Werke der Pronoia wie der Heimarmene als zwei Aspekten des teleologischen Weltenplanes der Natur an. Darauf soll auf das Problem des Bösen und die Frage nach der menschlichen Freiheit als Konsequenz aus dem Verständnis der Welt als Werk der göttlichen Pronoia und der Heimarmene eingegangen werden. Eine zusammenfassende Beurteilung der Aufgabe und Stellung des Menschen gegenüber der göttlichen Providenz beschließt das Kapitel.

Die skizzierte Forschungslage bringt es mit sich, daß sich die Auseinandersetzung sehr stark auf die Quellen stützen muß. Neben den bei von Arnim zusammengestellten Fragmenten[25] sind Cicero, De natura deorum II und Sextus Empiricus, adversus Mathematicos IX die wichtigsten Zeugen. Dabei hat Ciceros Werk den besonderen Vorzug, daß hier stoische Gedanken in seltener systematischer Geschlossenheit präsentiert werden. In bezug auf den Zeugniswert dieses Werkes für die Alte Stoa hat Dragona-Monachou plausibel machen können, daß der für die vorliegende Untersuchung in erster Linie relevante dritte Teil über das Werk der göttlichen Pronoia (Cicero, ND II,73-168) im wesentlichen auf Chrysipps Abhandlungen „Über die Vorsehung" zurückgehen.[26]

Darüber hinaus verdankt die Darstellung vor allem den Beiträgen von Long und Forschner wichtige Anregungen und Hinweise.

1.2.2 Zum teleologischen Naturbegriff der Stoa

„Die systematische Grundfrage der stoischen Naturphilosophie ist die Frage nach der Einheit der Welt in der Mannigfaltigkeit ihrer Erscheinungen und Bewegungen, nach dem Grund ihrer Ordnung, nach der Quelle des gesamten Weltprozesses. "[27]

In der Beantwortung dieser von Forschner formulierten Grundfrage ist eine der besonderen Leistungen der stoischen Philosophie zu sehen. So gelingt es der Stoa, alle Vorgänge im Kosmos, einschließlich des menschlichen Lebens, auf ein einheitliches Prinzip zurückzuführen und als Teil *einer* Zwecksetzung zu explizieren.

---

25 Vgl. zur Physik insgesamt SVF I 85-177.493-551; II 299-1216, zur Götterlehre, Heimarmene und Pronoia im besondern vgl. SVF I 152-177.527-551; II 912-1216. Vgl. auch die Fragmente aus Chrysipps Werk περὶ προνοίας, die von Gercke, Chrysippea, 710f. dargeboten werden und deren Inhalt Philippson, Cicero, 8-39 bespricht.

26 Dragona-Monachou, Arguments, 133f.

27 Forschner, Ethik, 33.

Mit ihrem Naturbegriff knüpft die Stoa an Vorangegangenes an und schafft etwas Neues, indem sie verschiedene Vorstellungszusammenhänge vereint.[28] Die Verarbeitung entlehnter Gedanken trug den Stoikern für lange Zeit den Ruf des epigonenhaften Eklektizismus ein, der die wissenschaftliche Strenge und Tiefe eines Plato oder Aristoteles vermissen ließe.[29] Inzwischen haben jedoch genauere Einzeluntersuchungen gezeigt, daß die Synthese, die der stoische Naturbegriff darstellt, einen sehr komplexen Aneignungsprozeß voraussetzt. Zudem wird gerade die in ihr liegende Originalität betont.[30] Die Wurzeln des stoischen Naturbegriffs werden dabei auf der einen Seite bei den primär philosophischen Vorläufern der Stoa wie Heraklit, Platon, Aristoteles und dessen Nachfolgern Theophrast und Straton, auf der anderen Seite bei zeitgenössischen medizinischen und biologischen Theorien gesucht.[31] Die daraus entstandene in der Tat originelle Synthese ermöglicht den Stoikern die konsequente Durchführung ihres monistischen Weltverständnisses.[32]

Aus dem komplexen Geflecht, das der stoische Naturbegriff demnach repräsentiert, sollen hier nur jene Aspekte angesprochen werden, die eine theologisch-teleologische Ausrichtung aufweisen.

Die Stoiker führen das ganze Universum auf die Wirksamkeit der einen Natur zurück.[33] Dabei ist die Natur sowohl die schöpferische Kraft, die Leben und Wachstum verursacht, als auch die Kraft, die den Kosmos in seiner ge-

---

28   Vgl. dazu Hahm, Stoic Cosmology, 200-215; Long, Hellenistic Philosophy, 150ff.; Forschner, Ethik, 17-22; Todd, Monism, 137ff.; Lapidge, Stoic Cosmology, 162f.

29   So würdigt beispielsweise Zeller, Philosophie 3.1, 372 zwar die Leistung der Stoa im Vergleich zu den übrigen „nacharistotelischen Systemen", findet aber gleichwohl auch bei ihr Züge, die sie als Kind einer Zeit ausweist, „in welcher der Sinn für die rein wissenschaftliche Forschung und die Freudigkeit des praktischen Schaffens gebrochen war" (ebd.).

30   Vgl. Hahm, Stoic Cosmology, 200-212.

31   Dieser Synthese sind folgende Arbeiten gewidmet: Hahm, Stoic Cosmology; Todd, Monism; Lapidge, Stoic Cosmology.

32   Es sei darauf hingewiesen, daß Theiler, Geschichte, 57-61 einige Bezüge der Stoa zu der Lehre des Diogenes von Apollonia nachgewiesen hat und daher folgert, daß „auch einiges Teleologische in der Stoa von ihm herstammen [möchte]" (57). Theiler zeigt in seiner Studie zur Geschichte der Teleologie im griechischen Denken, die leider mit Aristoteles endet und die Stoa nur mit einem Seitenblick streift, daß die Anfänge des teleologischen Denkens nicht bei Anaxagoras, sondern erst bei dessen Schüler Diogenes von Apollonia liegen.

33   Vgl. Long, Hellenistic Philosophy, 152; Forschner, Ethik, 21f.

ordneten Ganzheit erhält.[34] Die Stoiker definieren sie als „ein künstlerisches Feuer, das methodisch zur Zeugung fortschreitet".[35]

Damit liegen sie mit dem Peripatetiker Straton, einem Zeitgenossen Zenons, auf einer Linie. Dieser hatte die aristotelische Vorstellung einer „transzendenten göttlichen Wirksamkeit (als Finalursache) aufgegeben und die spontane Physis zum alleinigen Prinzip aller Bewegung erhoben".[36]

Anders als Straton haben die Stoiker dabei jedoch die Idee der göttlichen Teilhabe am Weltprozeß nicht aufgegeben. Vielmehr wird in ihrem System die Natur selbst mit dem göttlichen Logos identifiziert[37] und damit das göttliche Prinzip in den Kosmos selbst verlegt.[38] Eindrücklich bringt Seneca diesen Gedanken zum Ausdruck:

> *quid enim alia est natura quam deus et divina ratio toti mundo partibusque eius inserta.*[39]

Wie die Natur wird daher auch Gott selbst als schöpferisches Feuer aufgefaßt.[40]

Diese Verbindung von Gott und Natur bringt es mit sich, daß die Stoiker ihren Naturbegriff einerseits in physikalischen und biologischen Kategorien explizieren,[41] daß aber andererseits in ihrer Rede von der Natur ein stark metaphysisch-spekulativer Zug enthalten ist.[42] Interessant ist auch hierbei die Verschränkung beider Aspekte. Sie wird besonders deutlich erkennbar, wenn biologische Vorstellungen nicht nur auf die Natur, sondern auf Gott selbst angewandt werden. Die Ineinssetzung von Gott und Natur wird dadurch indirekt bestätigt.

---

34 Vgl. SVF II 1132 und dazu Lapidge, Stoic Cosmology, 161.
35 SVF I 171 = D.L. VII 156: τὴν μὲν φύσιν εἶναι πῦρ τεχνικὸν ὁδῷ βαδίζον εἰς γένεσιν. Vgl. auch I 172; II 422.744.1133.1134 und Hahm, Stoic Cosmology, 200-215.
36 Forschner, Ethik, 22. Die spärlichen Quellen zu Straton sind bei Wehrli, Schule versammelt.
37 Zum Verhältnis zwischen Physis und Logos vgl. Long, Hellenistic Philosophy, 148f.
38 Nach Forschner, Ethik, 22 besteht Unklarheit darüber, inwieweit bereits Straton „der Physis göttliche Kaft zugesprochen" hat.
39 SVF II 1024 = Seneca, de beneficiis IV 7: „Was ist die Natur anderes als Gott und die göttliche Vernunft, die in der Welt und in all ihren Teilen enthalten ist?"
40 Vgl. SVF I 157; II 423.
41 Zur stoischen „cosmobiology" (Hahm) vgl. Hahm, Stoic Cosmology, 136-184.
42 Vgl. Long, Hellenistic Philosophy, 119.

Die theoretische Grundlage für den Leitgedanken der 'Vergöttlichung der Natur' bildet die Prinzipienlehre.[43] Im Anschluß an Aristoteles unterscheiden die Stoiker zwei Prinzipien (ἀρχαί), ein passives (τὸ πάσχον) und ein aktives (τὸ ποιοῦν). Das passive Prinzip wird, in aristotelischer Terminologie, als Stoff (ὕλη) bezeichnet,[44] während das aktive mit dem Logos[45] und mit Gott gleichgesetzt wird.[46] Die Prinzipien sind dabei in der Weise aufeinander bezogen, daß das aktive Prinzip für die Gestalt und die Bewegung der qualitäts- und bewegungslosen Materie verantwortlich ist.[47]

Entscheidend ist nun, daß das tätige, vernünftig-gestalterische Prinzip immer schon in der Materie gegenwärtig ist. Die beiden Prinzipien existieren ausschließlich gemeinsam.[48] Sie stellen lediglich „begriffliche Unterscheidungen dar, mit denen wir Seiendes immer schon ansprechen, distinkte Bedeutungen, denen in der Wirklichkeit nicht real getrennte oder trennbare Entitäten korrespondieren."[49] Es gibt demnach keine qualitäts- und gestaltlose Materie, so daß man mit Forschner von der „Immanenz des Logos in der Hyle" sprechen kann.[50]

Ausgehend von den Prinzipien erklären die Stoiker die Weltentstehung. Im Vordergrund steht auch hierbei der Gedanke, daß das aktive Prinzip als Schöpferkraft und Vitalität in der Welt wirkend anwesend ist. Der stoische Gott steht daher nicht wie der Demiurg in Platons Timaios der Welt gegenüber. Als schöpferisches Feuer verwirklicht er sich vielmehr in der Welt und setzt diese aus sich heraus. Er ist selbst der Same (λόγος σπερματικός), der keimhaft die Welt in ihrer Ganzheit in sich enthält und aus dem die Welt sich

---

43   Zur stoischen Prinzipienlehre vgl. SVF I 85-96.493-496; II 299-328; Forschner, Ethik, 25-42; Hahm, Stoic Cosmology, 29-56; Sandbach, The Stoics, 71-75; Long, Hellenistic Philosophy, 153ff.; Long / Sedley, Philosophers 1, 268-272; Todd, Monism, 139-159; Lapidge, Archai, 240-278; Lapidge, Stoic Cosmology, 163-167; Graeser, Zenon, 94-108.

44   Zum Begriff der Hyle bei Aristoteles vgl. Solmsen, Nature, 492ff.

45   Diese Interpretation des aktiven Prinzips als Logos ist vermutlich durch die Logosphilosophie des Heraklit inspiriert, vgl. Forschner, Ethik, 25 u.a.

46   Vgl. SVF II 300-305. Zu der durch eine Unstimmigkeit in der Überlieferung entstandenen Frage, ob die Prinzipien körperlich sind oder nicht vgl. Todd, Monism, 139f.; Long / Sedley, Philosophers 1, 270; Sandbach, The Stoics, 74; Forschner, Ethik, 30ff. Zur geistesgeschichtlichen Herleitung der stoischen Prinzipienlehre vgl. Forschner, Ethik, 27ff.; Hahm, Stoic Cosmology, 29-56.

47   Vgl. SVF II 303.310.311.1044.1168 und Hahm, Stoic Cosmology, 31f.

48   Vgl. SVF I 88; II 313.

49   Forschner, Ethik, 31.

50   Forschner, Ethik, 28.

entwickelt.[51] So ist Gottes „own life-history ... coextensive with that of the world which he creates."[52] Dem entspricht es, daß die Welt von den Stoikern als Substanz Gottes aufgefaßt wird.[53]

Ausgangspunkt der stoischen Kosmogonie ist die Interpretation des aktiven Prinzips als „schöpferisches Feuer".[54] Dieser Gedanke ist abgeleitet aus der Annahme, daß in allem, was lebt, Wärme als Ursache der Vitalität vorhanden ist:

Denn alles, was heiß und feurig ist, wird durch seine eigene Bewegungskraft bewegt und getrieben.[55]

Das aktive Prinzip als Feuer wirkt nun so auf die passive Substanz ein, daß daraus die vier Elemente Feuer, Luft, Wasser und Erde entstehen. Sie bilden die Grundlage für die Genese von allem, was im Kosmos existiert.[56]

Vermutlich hat Chrysipp als erster Stoiker nun den Begriff des Pneumas (Atem: πνεῦμα) eingeführt, um die Funktion und Wirkung des schöpferischen Feuers in der Welt zu deuten.[57] Zugrundeliegt die aus der zeitgenössischen Biologie und Medizin entlehnte Vorstellung, „daß das Pneuma dem Organismus Gestalt, Bewegung, Selbstempfindung und Leben verleihe."[58] Diese Funktion erfüllt das Pneuma im Kosmos, indem es ihn gleichsam als Motor

---

51   Vgl. dazu Long / Sedley, Philosophers 1, 277 und SVF I 102 = DL VII,136; SVF II 1027.

52   Long / Sedley, Philosophers 1, 277. Vgl. auch SVF II 1041: „Denn mitunter vermischen sie (=Gott und Welt) so, daß Gott selbst der Geist der Welt ist und die Welt der Körper Gottes.

53   Vgl. SVF I 102 = DL VII,135f.; SVF I 163 = DL VII,148; SVF II 1022 und dazu Hahm, Stoic Cosmology, 32ff.; Lapidge, Stoic Cosmology, 164-167; Todd, Monism, 143-148.

54   Zum vorsokratischen Hintergrund vgl. Long, Hellenistic Philosophy, 155f.; Hahm, Stoic Cosmology, 58ff. Das ‚schöpferische Feuer' wird vom Element Feuer unterschieden.

55   Cicero, ND II,23. Zum Zusammenhang mit zeitgenössischen biologischen Theorien vgl. Hahm, Stoic Cosmology, 57-90.

56   Vgl. SVF II 413 und zu diesem komplexen Vorgang Hahm, Stoic Cosmology, 57ff.; vgl. auch Forschner, Ethik, 54f.; Long / Sedley, Philosophers 1, 286-289. Es sei darauf hingewiesen, daß in Diogenes Laertius' Beschreibung dieses Vorgangs das Feuer fehlt, vgl. DL VII,135f.

57   Vgl. Long, Hellenistic Philosophy, 155. Für Kleanthes ist der Begriff mit einem Fragment in lateinischer Übersetzung (*spiritus*) in diesem Zusammenhang belegt, vgl. SVF I 533. Zur Bedeutung des Pneumas und zu seiner Funktion im Kosmos insgesamt vgl. SVF II 416.439-462.471.473.638.

58   Forschner, Ethik, 55.

durchdringt.[59] So ermöglicht es die Deutung des aktiven Prinzips als Pneuma, die Welt als lebendigen Organismus zu erklären.

Zwei Momente sind hieran besonders wichtig: Einerseits stiftet das alles durchdringende Pneuma die Einheit des Kosmos. Andererseits ist es aber auch für die Individuation in sich abgegrenzter Dinge im Ganzen der einheitlichen Physis verantwortlich. Diese Funktion erfüllt das Pneuma, indem es der Materie Qualität im Sinn der differenzierenden Individuierung verleiht.[60] Dabei ist die sogenannte „Spannungsbewegung" (τονικὴ κίνησις) des Pneumas für die qualitative Beschaffenheit eines Gegenstandes ausschlaggebend[61] und bedingt eine hierarchische Differenzierung im Kosmos, indem sie in unterschiedlicher Intensität in der Physis vorhanden ist. Damit erklären die Stoiker, wie aus dem einheitlichen Ganzen der Natur Einzelnes, vom Ganzen zu Unterscheidendes heraustritt, ohne die Einheit der Physis aufzuheben. Individuation ist demnach auf unterschiedliche Zustände der einen Physis zurückzuführen. Sie sind verursacht durch die veränderliche Intensität der pneumatischen Spannung, die in der Selbstbewegung eines Dinges besteht. Hierbei wird das Modell vom Organismus ganz wörtlich aufgefaßt, so daß die Teile des Kosmos wie die Glieder eines Körpers verschiedene Funktionen erfüllen.[62]

Auf diese Weise ist alles im Kosmos hierarchisch in vier Stufen gegliedert, wobei „das höherstehende Ding die niederen in sich hat und durch neue überbietet."[63] Die vier Stufen verwirklichen sich als Anorganisches, Pflanzen, Tiere und auf der obersten Stufe als vernünftiges Lebewesen.[64] Die höchste Stufe nimmt der Mensch ein, der allein das Pneuma in seiner bewußten, vernünftigen Logos-Qualität in sich enthält und selbst zum Gebrauch der Vernunft fähig ist. So können die Stoiker alles im Kosmos als Teil der einen Physis und des Lo-

---

59 Ein weiterer Begriff, mit dem die Stoiker dieselbe Vorstellung zum Ausdruck bringen, ist der der Seele. Dabei ist der Logos die Seele des Kosmos, der als ihr Körper fungiert, vgl. dazu Hahm, Stoic Cosmology, 61f.70f.136-184 und SVF I 111-114.495; II 618.633.634.636.1076 und Cicero, ND II,23-32.

60 Vgl. SVF II 449 = Plutarch, SR 1053f-1054a = L/S 47M.

61 Vgl. L/S 47J; SVF II 449 = Plutarch, SR 1053f-1054b; SVF II 451.

62 Ricken, Philosophie, 166 bringt die Bedeutung dieses Gedankens für die Kosmologie auf den Punkt: „Daß der Kosmos ein Organismus ist, erklärt auch, weshalb trotz der Allgegenwart des Logos nicht alle Wesen vernünftig sind. Die Natur oder der Logos durchdringt die Materie als Feuer (so die frühen Stoiker) oder Pneuma (Hauch; so seit Chrysipp), aber in unterschiedlichem Grad, ebenso wie die verschiedenen Organe des menschlichen Körpers mehr oder weniger beseelt sind (DL VII,138)."

63 Forschner, Ethik, 56.

64 Vgl. SVF II 458 und dazu Lapidge, Stoic Cosmology, 171 und zur Bedeutung des Stufenmodells für die Ethik Rieth, Grundbegriffe, 120-133.

gos auffassen und dennoch allein dem Menschen zusprechen, unmittelbar Teilhaber an der Vernunft zu sein.

Wichtiger noch ist im vorliegenden Zusammenhang jedoch die Bedeutung, die den Prinzipien für die Begründung der Ordnung und Zweckmäßigkeit im Kosmos zukommt. Die in der Kosmogonie in substanzhaften Kategorien explizierte Immanenz des göttlichen Logos in der Materie gewährleistet, daß nichts im Kosmos von der zweckmäßigen Gestaltung durch das göttliche Prinzip ausgenommen ist. Diesen Gedanken hat auf prägnante Weise Forschner zusammengefaßt:

> *„Für die Stoa sind alle Bewegungen und Bewegungszusammenhänge in der Welt zurückgebunden an die eine Quelle aller Vorgänge und Differenzierungen, die causa formalis, finalis und efficiens ineins ist.*[65] *Dies führt zum Gedanken einer teleologisch vollkommen durchgeordneten Welt, in der alles aufeinander hingeordnet ist. Erst die stoische Prinzipienlehre erlaubt die direkte Übertragung des Modells zweckmäßig planenden Herstellens und Ordnens auf die Naturgeschehnisse und Naturgebilde im einzelnen und das Weltgeschehen im ganzen, weil Physis als* eine vernünftig tätige Instanz *erscheint."*[66]

Damit ist die Grundlage für eine teleologische Deutung der Vorgänge im Kosmos gelegt. Das ganze Universum ist durchdrungen von dem einen göttlichen gestaltenden Prinzip,[67] Gott geht durch alles hindurch.[68] So können die Stoiker den Kosmos als beseelt und lebendig, als denkenden Geist und als vernunftbegabtes Lebewesen bezeichnen.[69]

Das Fundament, auf dem die stoische Kosmologie ruht, ist die Annahme, „daß die Welt Gott ist" und daß sie „beseelt und im Besitz von Empfindungsvermögen, Verstand und Vernunft" ist.[70] Long bringt dies in der Charakterisierung der stoischen Physik als „rationalist theology" treffend zum Ausdruck.[71] Die 'Theologisierung' der Natur bzw. naturwissenschaftlicher Vorstellungen und Begriffe stellt daher den hermeneutischen Rahmen dar, von dem her die stoische Physik zu interpretieren ist. Ein Abschnitt aus einer Arbeit von Long mag dies abschließend verdeutlichen:

---

65 Anders als Aristoteles unterscheiden die Stoiker keine vier Ursachen. Vielmehr entwickeln sie einen Ursachenbegriff, der in seiner schöpferischen Kraft alle Funktionen der aristotelischen Ursachen umfaßt, vgl. dazu Long, Hellenistic Philosophy, 165f.; ders., Evil, 332; Hahm, Stoic Cosmology, 43ff.
66 Forschner, Ethik, 41.
67 Vgl. SVF II 1027.1029.
68 Vgl. SVF II 475.
69 Vgl. die Beweise für die Existenz der Götter in Cicero, ND II,3-44; Sext. Emp. IX 13-194 und SVF II 1011-1027 und dazu Dragona-Monachou, Arguments, 37-129.
70 Cicero, ND II,47.
71 Vgl. Long / Sedley, Philosophers 1, 267 und o. S. 16.

„Nature is not merely a physical power causing stability and change; it is also
something endowed with rationality par excellence. *That which holds the world*
together is a supreme rational being, God, who directs all events for purposes
which are necessarily good. Soul of the world, mind of the world, Nature, God
- these terms all refer to one and the same thing - the 'artistic fire' going on its
way to create. "[72]

1.3 Vorsorge für Mensch und Welt als Wesen der Gottheit

1.3.1 Die stoische Theologie

Daß sich das Interesse der stoischen Physik nicht in erster Linie auf eine na-
turwissenschaftliche Welterklärung richtet, wird auf dem Hintergrund des
oben Dargestellten hinreichend deutlich.[73] Ihre Intention liegt vielmehr in der
Begründung eines einheitlich strukturierten und rationalen Kosmos, in dem
alles zielgerichtet und zweckmäßig eingerichtet ist. Diese teleologische Verfaßtheit der Welt wird dabei durch das göttliche Prinzip in der Natur bewirkt.
Es ist der göttliche Logos als eine Eigenschaft der Natur, der die Natur selbst
zur Künstlerin macht.[74] In der 'Vergöttlichung der Physis' liegt daher der
Kern der teleologischen Ausrichtung des stoischen Naturbegriffs.

Die auf diese Weise naturphilosophisch fundierte Teleologie deuten die
Stoiker nun als das Werk der göttlichen Pronoia, der Vorsehung. Dabei beinhaltet der Begriff πρόνοια sowohl das Moment der Voraussicht als auch der
Fürsorge. Beides greift ineinander, indem die planende Fürsorge für die Welt
das Vorherwissen künftiger Ereignisse voraussetzt.

Mit diesem Thema wenden wir uns der eigentlichen Theologie der Stoiker
zu. Denn obgleich man mit Long zwar die stoische Physik im ganzen als rationalistische Theologie bezeichnen kann,[75] entwickeln die Stoiker auch explizit
eine Gotteslehre, eine Theo-logie im engeren Sinne.[76] Nach der Darstellung
bei Cicero besteht sie aus vier Teilen:

---

72   Long, Hellenistic Philosophy, 148.
73   Zu den naturwissenschaftlichen Leistungen der stoischen Physik, vor allem auch auf
     dem Hintergrund moderner Naturwissenschaft, vgl. die Studie von Sambursky, Physics
     of the Stoics. Eine kurze Zusammenfassung wichtiger Aspekte findet sich bei Sand-
     bach, The Stoics, 71.
74   Zur Natur als Künstlerin vgl. Cicero, ND II,57f.81.
75   S. o. S. 16.
76   Die stoische Theologie ist der systematische Ort wesentlicher Aussagen über die Phy-
     sis: Sowohl Sextus Empricus als auch Cicero ordnen die Bestimmung des stoischen

Zuerst lehren sie, daß es Götter gibt, daraufwie sie beschaffen sind,
dann daß die Welt von ihnen geleitet wird und schließlich daß sie sich
der menschlichen Angelegenheiten annehmen.[77]

Auf den ersten Blick bezieht sich nur der dritte und der vierte Teil auf die
göttliche Pronoia. Sie spielt jedoch auch in den ersten beiden Teilen eine herausragende Rolle. So dient die auf die Vorsehung zurückgeführte zweckmäßige Einrichtung der Welt als wichtigster Beleg für die Existenz der Götter.[78]
Die Beweiskraft der sichtbaren Werke der Pronoia reicht so weit, daß Kleanthes sie zu den „Ursachen, aus denen sich die Vorstellungen von der Existenz
der Götter gebildet haben",[79] zählt.[80] Aufschlußreich ist ferner, was Balbus
über Chrysipps Methodik der Gottesbeweise bemerkt:

Chrysipp versteht zwar durchaus scharfsinnig zu denken, spricht dar-
über aber so, daß es den Anschein erweckt, er habe 'dies alles' von der
Natur selbst gelernt und nicht selbst entdeckt.[81]

Chrysipp nimmt mithin den Kosmos, wie er sich dem analytischen Blick darstellt, zum Beweis für die Existenz der Götter in Anspruch und gelangt so zur
aposteriorischen Form der Gottesbeweise. Wie sich beides in seiner Argumentation verbindet, zeigt folgendes von Cicero überliefertes Zitat:

Naturbegriffs in den theologischen Kontext ein, vgl. Sext. Emp. IX 13-194; Cicero,
ND II,81-90. Auch v. Arnim gruppiert Aussagen über die Natur entsprechend ein, vgl.
SVF II 1132-1140.

77 Cicero, ND II,3. Zur Authentizität dieser Klassifizierung vgl. Dragona-Monachou,
Arguments, 23.

78 Mit ihren Gottesbeweisen haben die Stoiker in den Grundzügen die mittelalterlichen
Gottesbeweise vorweggenommen. Im Vordergrund stehen dabei a-posteriorische
Schlußverfahren wie der kosmologisch-teleologische Gottesbeweis. Aber auch den An-
satz zum a-priorischen ontologischen Gottesbeweis, für den der Name Anselms von
Canterbury steht, kann Dragona-Monachou, Arguments, 41-50.92-96 nachweisen.
Vgl. zum Thema insgesamt die entsprechenden Kapitel bei Dragona-Monachou,
a.a.O.

79 Cicero, ND II,13.

80 Kleanthes nennt vier Ursachen: die Vorahnung der zukünftigen Dinge, die zweckmäßige Beschaffenheit des Klimas bzw. die Fruchtbarkeit der Erde, Naturerscheinungen,
die die Furcht der Menschen hervorrufen, wie z. B. Erdbeben und Unwetter und die
geordneten Bahnen bzw. der Nutzen und die Schönheit am gestirnten Himmel. (Vgl.
Cicero, ND II,13ff.)

81 Cicero, ND II,16 (Übersetzung Gerlach / Bayer).

*Wenn es nämlich im Weltall etwas gibt, was der Verstand, die Denkfä-
higkeit, die körperliche Kraft und das Können eines Menschen nicht
fertigzubringen vermag, dann ist das, was dies zustandezubringen vermag, bestimmt vorzüglicher als der Mensch; nun können aber die
Himmelskörper und all die Dinge, bei denen eine ewige Ordnung besteht, unmöglich vom Menschen hervorgebracht werden; folglich ist
das, was sie zustande bringt, vorzüglicher als der Mensch. Welch besseren Namen aber könnte man dafür gebrauchen als 'Gott'? Denn
wenn es keine Götter gibt, was kann dann im Weltall vorzüglicher sein
als der Mensch; er allein besitzt ja die Fähigkeit zu denken und damit
das Beste, was es überhaupt geben kann; anzunehmen aber, es gäbe einen Menschen, der nichts in der ganzen Welt für vorzüglicher hielte als
sich selbst, ist eine törichte Anmaßung; demnach gibt es etwas Vorzüg-
licheres. Also existiert tatsächlich ein göttliches Wesen.*[82]

Umgekehrt erklärt nach stoischer Auffassung allein die Existenz der Götter
ihre Vorsorge für Welt und Menschen.[83] In der Pronoia liegt geradezu das
Wesen der Gottheit:

*Was bleibt denn vom Schnee übrig, wenn du die Helligkeit und die
Kälte entfernst, was vom Feuer, wenn du die Hitze löschst, was vom
Honig, wenn du die Süße wegnimmst und vom Leben die Fähigkeit der
Bewegung und von Gott das Vorsorgetragen?*[84]

Die Lehre von der göttlichen Pronoia zählt daher zu den „most basic tenets of
Stoicism".[85] Dies gilt nicht nur für Kleanthes, dessen religiös motivierte philosophische Poesie ihn als den zweifellos religiösesten Denker der Stoiker ausweist.[86] Auch für die übrigen Vertreter der Stoa liegt hier das Herzstück der

---

82 Cicero, ND II,16 (Übersetzung Gerlach / Bayer).
83 Dieser Interdependenz entsprechend hat Cicero beide Themen in seiner Darstellung
    miteinander verschränkt (vgl. Cicero, ND II,3.75). Philo, de providentia, hat die The-
    men der Existenz und der Providenz der Götter sogar zusammengefaßt. So argumen-
    tiert er für die Existenz von Göttern, deren Wesen in der Vorsorge besteht, vgl. Dra-
    gona-Monachou, Arguments, 137.
84 SVF II 1118. Vgl. auch SVF II 1117.1120 und Cicero, ND II,44. Dem entspricht der
    ‚Vorbegriff' (πρόληψις), den die Menschen von den Göttern haben: „Nicht nur als un-
    sterblich und glücklich, sondern auch als menschenfreundlich und fürsorglich und
    nützlich wird Gott vorhererkannt und erfaßt." (SVF II 1126) Zum stoischen Begriff
    der πρόληψις vgl. SVF II 83.105.841; L/S 39E.40A.40N und dazu Long / Sedley, Phi-
    losophers 1, 249-253.
85 Dragona-Monachou, Arguments, 131.
86 Vgl. besonders den Zeushymnus SVF I 537.

Physik. Aus der stoischen Beschreibung der Werke der Pronoia, wie sie sich im Kosmos offenbaren, spricht dementsprechend eine Bewunderung, die den sonst eher sachlichen syllogistischen Stil der Stoiker an Kraft und Begeisterung weit übertrifft.

Im philosophiegeschichtlichen Kontext des Hellenismus wird die Lehre von der göttlichen Pronoia vor allem vehement gegen die Epikureer verteidigt und dient geradezu als Abgrenzung gegen den 'Garten' Epikurs. So berichtet Plutarch über Chrysipp:

> *Gegen Epikur und gegen die, die die Vorsehung aufheben, kämpft er sehr, indem er sich auf die Begriffe stützt, die wir von den Göttern haben, nach denen wir sie als wohltuend und menschenfreundlich vorstellen. Da hierüber von ihnen viel geschrieben und gesagt wurde, ist es nicht nötig, hier Beispiele zu geben.*[87]

Die epikureische Gottesvorstellung steht konträr zur stoischen Götterlehre, wenn nicht sogar kontradiktorisch der stoischen Theologie gegenüber. Während es für die Stoiker in der Natur der Gottheit liegt, für die Welt zu sorgen,[88] besteht das Wesen der epikureischen Götter gerade in der Unabhängigkeit vom Weltgeschehen. Die Behauptung der Beziehungslosigkeit zwischen Menschen- und Götterwelt ist eine Grundannahme der epikureischen Physik und folgt aus ihrem mechanistischen Weltbild.[89]

Diese Position hat in der sogenannten Popularphilosophie in freilich vereinfachter Form ihre Wirkung erzielt und sich als religiöse Skepsis in der von bedeutenden politischen Umbrüchen gekennzeichneten Zeit des Hellenismus Raum verschafft.[90] Auch bei Ben Sira finden sich Spuren dieses Motivs des Desinteresses der Götter am Leben der Menschen, und zwar in der Position der Gegner,[91] die Ben Sira zitiert und von denen er sich abgrenzt (vgl. Sir 16,17-23). Der Siracide spitzt es vor allem auf die Konsequenzen im

---

87 SVF II 1115.
88 Vgl. SVF II 1117.
89 Vgl. Quellen und Kommentare bei Long / Sedley, Philosophers 1, 57-65.139-149. Ausdrücklich gegen die göttliche Vorsorge gerichtet sind L/S 13E-H = Lucretius, De rerum natura IV 823-57; V 56-234 und Cicero, ND I,18-23.52-53.
90 Vgl. zur Wirkung der politischen Verhältnisse auf das Leben des Einzelnen Gehrke, Hellenismus, 71ff. Wichtig ist vor allem Gehrkes Hinweis, daß sich der Hellenismus von vorangegangenen Zeiten politischer Umstürze und Umbrüche unterschied, insofern durch die Auflösung der Poleis Geborgenheit und die Möglichkeit der aktiven Teilhabe am politischen Geschehen aufgehoben waren (S. 71).
91 Inwiefern sich die von Ben Sira zitierten Gegner freilich von den Epikureern unterscheiden, wird u. S. 181-182 zu zeigen sein.

ethischen Libertinismus hin zu. In welcher Form er in seiner Gegenposition dabei die Sorge Gottes um die Welt zum Argument für den Aufruf zum Gehorsam gegen das göttliche Gebot wendet, wird uns in den folgenden Kapiteln beschäftigen. An dieser Stelle mag der Hinweis genügen, daß bei Ben Sira wie in der Stoa die Lehre von der göttlichen Providenz mit dem Ansatz und der Begründung der Ethik eng verknüpft ist.

1.3.2 Die teleologische Gestalt der Welt als Werk der Pronoia

Das stoische Lehrstück von der göttlichen Pronoia verbindet (wie die Argumentation für die Existenz der Götter) den logisch-argumentativen Beweisgang mit der Darstellung der Werke der Vorsehung. Die logischen Schlußverfahren, mit denen die Stoiker zu beweisen suchen, daß die Welt von der göttlichen Pronoia geleitet wird, sind jedoch für den vorliegenden Fragenzusammenhang weniger bedeutsam. Es genügt der Hinweis, daß von der im Kosmos erfahrbaren Rationalität, die sich in besonderem Maße in der menschlichen Vernunft manifestiert, auf die Existenz der göttlichen Providenz geschlossen wird.[92]

Wichtiger ist hingegen, worin nach stoischer Auffassung das Werk der Pronoia besteht. Zwei Seiten der Tätigkeit der Vorsehung werden immer wieder erwähnt: die Schönheit des Kosmos und seine vernünftig-zweckmäßige Gestalt, die in der Harmonie des Ganzen gipfelt.[93] Beides manifestiert sich in überwältigender Weise an den Himmelskörpern. Welches Staunen die Bewegungen am Himmel hervorriefen, zeigt ein Lehrgedicht des Zenon-Schülers Aratus, das in einer großartigen Sprache die Wunder der Gestirnswelt besingt.[94] Cicero zitiert diese Dichtung in seiner Darstellung der Stoiker. Sie ist in ihrer poetischen Überhöhung der Bewegungen am Himmel als Zeichen der

---

92 Vgl. SVF II 1107-1126; Cicero, ND II,75-97 und zur Aufschlüsselung der einzelnen Argumente Dragona-Monachou, Arguments, 131-159. Die Abhängigkeit dieses Kapitels stoischer Physik von Xenophons Memorabilien (vgl. Buch I,4 und IV,3) ist hinlänglich bekannt und kann hier übergangen werden, vgl. dazu Dragona-Monachou, Arguments, 138. Auf den Zusammenhang mit Xenophon weist bereits der antike Autor Sextus Empiricus hin, vgl. Sext. Emp. IX 92-94.101.

93 Vgl. SVF II 1113. Zum Gedanken der Harmonie bei den Stoikern vgl. Long, Harmonics.

94 Vgl. Arati Phaenomena und dazu Effe, Hellenismus, 132-143; James, Zeus Hymns, 28 und die dort Anm. 3 angegebene Literatur.

göttlichen Providenz ein treffendes Zeugnis für die stoische Auffassung und ihre weite Verbreitung.[95]

Aber auch die irdischen Erscheinungen lassen erkennen, daß sie alle einer höchsten Vernunft folgen. So sind den Tieren und den Pflanzen von der Natur die Voraussetzungen für ihre Erhaltung und ihren Fortbestand mitgegeben.[96] Mit welcher Umsicht die Pronoia dabei Fürsorge und Voraussicht vereint, läßt sich daran erkennen, wie sie für unvermeidbare naturgegebene Schwächen bzw. Benachteiligungen Ausgleich schafft. So sind beispielsweise jene Tiere, die anderen als Beute dienen, besonders fruchtbar. Denn die Natur „kommt allem zuvor, indem sie die Heilmittel vorbereitet."[97]

Ebenso begegnet die *Schönheit* als Zweck der göttlichen Pronoia nicht nur am gestirnten Himmel, sondern auch auf der Erde. Vielfach ist die stoische Sicht überliefert, daß der Pfau nur seines bunten Schwanzes wegen geschaffen wurde.[98] Weitere Beispiele sind die bunten Federn der Tauben sowie Bart und Brustwarzen beim Mann.[99] Daran zeigt sich, daß die Schönheit der Zweckmäßigkeit keineswegs untergeordnet ist. Daß Ben Sira in einem längeren Hymnus[100] gerade auf die Schönheit der Gestirnswelt, aber auch auf die anderer Naturphänomene abhebt, um Gott als den Schöpfer zu preisen, sei hier im Vorgriff bemerkt.[101]

1.3.3 Die Stellung des Menschen im Kosmos

Dieses in sich stimmige und schöne Wunderwerk der göttlichen Pronoia besteht jedoch nicht für sich, sondern ist als ganzes so eingerichtet, daß es einem bestimmten Zweck dient: Alles ist nach stoischer Auffassung zum Nutzen der Menschen geschaffen:[102]

Die einen Dinge sind vorzugsweise entstanden, andere aber in der
Folge wegen der vorgezogenen Dinge. Vorgezogen ist das vernünftige

---

95 Die Tatsache, daß Cicero, ND II,104-114 Teile dieses Gedichts wiedergibt, bezeugt seine Verbreitung.
96 Hierzu zählt auch der Impuls zur Selbsterhaltung, der den Tieren ebenso wie den Menschen von der Natur gegeben wurde, vgl. dazu SVF III 178 = DL VII,85f.
97 SVF II 1136. Vgl. auch SVF II 1139.
98 Vgl. SVF II 1163.1166.1167.
99 Vgl. SVF II 1166 = Cicero, de finibus III,18, vgl. auch SVF II 1167.
100 Vgl. Sir 42,15-43,33.
101 S. dazu u. S. 149.277f.
102 Vgl. hierzu SVF II 1152-1163.

*Lebewesen, zu dessen Nutzen aber das Vieh und das, was auf der
Erde wächst.*[103]

Die Konsequenz, mit der die Stoiker die Hinordnung aller Dinge auf den Menschen vertreten, führt zu einigen grotesken Spitzen wie z. B. der Auffassung,
daß das Schwein ausschließlich zur Speise da sei, so daß auch seine Seele lediglich die Funktion hat, das Fleisch zu konservieren.[104] Andererseits zeigen
die Beispiele aber auch, daß nicht das geringste in diesem Weltenplan ohne
Funktion bleibt. Die Mäuse erfüllen ihren Zweck, indem sie die Menschen zur
Ordnung anhalten. Fliegen hingegen dienen als natürliche Wecker.[105] Nichts
hat die Natur nutzlos oder ohne Überlegung geschaffen. In der Oikonomia des
Ganzen hat alles seinen Platz. Auch dort, wo der Nutzen oder Zweck einer
Sache nicht evident ist und sich der menschlichen Erkenntnis entzieht, rechnen
die Stoiker damit, daß dennoch alles vernünftig und wohlgeordnet ist. Wäre
dem Menschen der Blick auf das Ganze möglich, so die Argumentation, würde er sehen, daß auch das, was ihm sinnlos erscheint, im Ganzen seinen Zweck
erfüllt und so zur Ordnung und Harmonie des Kosmos beiträgt.

Der Mensch, der an der Spitze der hierarchischen Gliederung des Kosmos
steht,[106] ist selbst der beeindruckendste Beweis für die Existenz einer providentiellen Gottheit. So schildert Balbus bei Cicero, wie alles in der kompli-
zierten menschlichen Physiologie so aufeinander abgestimmt ist, daß es dem
Menschen zum größten Nutzen gereicht und darüber hinaus dazu geeignet ist,
ihm Tiere und Pflanzen dienstbar zu machen. Was den Menschen aber vor
allem auszeichnet, ist die Gabe der Vernunft. Durch sie erhält er Anteil am
göttlichen Logos, der Vernunft des Kosmos:

> *Denn es geht darum, daß dieses vorausschauende, verständige, vielsei-
> tige, scharfsinnige, erinnerungsfähige, von planender Vernunft erfüllte
> Lebewesen, das wir 'Mensch' nennen, mit vorzüglichen Eigenschaften
> vom höchsten Gott geschaffen wurde. Denn als einziges Wesen unter so
> vielen Arten und Geschöpfen der belebten Natur hat er teil an der Ver-
> nunft und dem Denken, während alle übrigen Wesen davon ausge-
> schlossen sind. Was aber ist, um nicht zu sagen im Menschen, sondern
> im gesamten Kosmos und auf der Erde, göttlicher als die Vernunft?*[107]

---

103 SVF II 1156, vgl. auch SVF II 1162.
104 Vgl. SVF II 1152.1154 = Cicero, ND II,160.
105 Vgl. SVF II 1163 = Plutarch, SR 1044d.
106 S. dazu o. S. 24.
107 SVF III 339 = Cicero, de legibus I,22 (Übersetzung Nickel).

Nur der Mensch ist daher in der Lage, die Schönheit der Himmelskörper zu erfassen, ihre Umläufe zu berechnen und daraus Folgerungen für den Lebensrhytmus zu ziehen. Auch die landwirtschaftliche Nutzung von Pflanzen und Tieren gehört zu den Privilegien des Menschen, die als Beweis für seine besondere Begünstigung durch die göttliche Pronoia dienen.

Von der Teilhabe an der göttlichen Vernunft her ist auch der Passus im Zeushymnus des Kleanthes zu verstehen, in welchem der Mensch als 'göttlichen Geschlechts' bzw. als Abbild der Sonne[108] bezeichnet wird.[109] Die Stoiker gehen sogar so weit, wegen der Partizipation des Menschen an der göttlichen Vernunft von einer *Verwandtschaft* zwischen Göttern und Menschen zu sprechen. Der Mensch ist demnach mehr als nur ein Abbild Gottes.[110] Auf der gleichen Linie liegt es, wenn sie den griechischen Polis-Gedanken auf die Welt übertragen und den Kosmos als eine Stadt deuten, in der Götter und Menschen nach demselben Gesetz leben. Auch hierbei ist die Grundlage die Gemeinschaft, die auf der gemeinsamen Teilhabe am Logos beruht.[111]

1.4 Die stoische Heimarmenelehre

Die pantheistische Kosmologie der Stoiker, nach der die Welt als Entfaltung der einen göttlichen Substanz zu verstehen ist, bringt es mit sich, daß ausnahmslos alle Vorgänge im Kosmos auf den Plan und die Anordnung der göttlichen Physis zurückgeführt werden.

---

108 Im Weltbild des Kleanthes ist die Sonne der Sitz des Hegemonikon, des Steuerungsorgans des Kosmos, vgl. SVF I 499 und Hahm, Stoic Cosmology, 150-152. Ebenbildlichkeit der Sonne bedeutet daher Gottebenbildlichkeit.

109 Vgl. SVF I 537, V. 4 und dazu Neustadt, Zeushymnos, 390; Zuntz, Kleanthes-Hymnus, 292ff.

110 In der Auffassung darüber, in welcher Weise bzw. in welchem Maße der Mensch an der göttlichen Vernunft partizipiert, unterscheiden sich Ben Sira und die Stoa, s. dazu u. S. 222f. Auch die alttestamentliche Vorstellung vom Menschen als der *imago Dei* bezieht sich freilich auf „den Geistcharakter des Menschen" (Kaiser, Ebenbild, 103 = ders., Gottes und der Menschen Weisheit, 47), der sich, wie Kaiser, Ebenbild, 103f. = ders., Gottes und der Menschen Weisheit, 47f. gezeigt hat, aus dem Herrschaftsauftrag des Menschen (Gen 1,28) ableiten läßt (vgl. auch ders., Theologie des AT 2, 308: „Denn Herrschaft setzt voraus, daß sich der Mensch einen Überblick über seinen Machtbereich und seine Machtmöglichkeiten verschaffen, die Situation erkennen, einen Entschluß fassen und dank seines Willens durchsetzen kann. Diese Konstitution des Menschen bezeichnet man als Geist. Sie schließt nach dem Gesagten Vernunft, Urteilskraft und Willen ein.")

111 Vgl. SVF II 1129.1131.

Die Stoiker bezeichnen dies als das Werk der Heimarmene, was im Lateinischen durch *fatum* und im Deutschen als *Schicksal* wiedergegeben wird. Ebenso wie die Pronoia ist die Heimarmene jedoch keine eigenständige Gottheit. Vielmehr steht der Begriff für eine besondere Funktion, für eine Eigenschaft der einen göttlichen Physis. Chrysipp bezeichnet sie (dem biologischen Modell der stoischen Physik folgend) als δύναμιν πνευματικὴν ... τάξει τοῦ παντὸς διοικητικήν.[112] Sie ist die „Vernunft der Welt" und durchdringt als organisierende Kraft das Universum.[113] So ist sie das rationale Prinzip, das den konkreten Gang der Ereignisse im Kosmos gemäß der Vernunft ordnet und bestimmt. Ihr obliegt die Weltverwaltung (διοίκησις τοῦ κόσμου)[114]

Dieser 'Weltenplan' der Heimarmene entrollt sich gleichsam, indem alles im Kosmos wie in einer Kette in einen ursächlichen Zusammenhang eingebunden ist.[115] Jedes Ereignis hat eine vorangehende Ursache (αἰτία), aus der es hervorgeht, und wird selbst wieder zur Ursache für ein nachfolgendes Ereignis.[116] Nichts geschieht ohne Ursache.

Da dieser universale Ursachenzusammenhang einem Plan, einer rationalen Ordnung folgt, die den Gesamtverlauf des Universums planend vorwegnimmt, stehen alle Geschehnisse von Anbeginn der Welt fest. In der Allnatur sind sämtliche Ursachen bereits vorhanden, ehe sie die Natur aus sich heraussetzt.[117] Daraus folgt, daß die ewige Ordnung unumstößlich ist und alles mit Notwendigkeit so geschieht, wie es geschieht.[118] Alle Ereignisse im Kosmos sind damit determiniert.

Zwei Beispiele mögen die Konsequenz, mit der die Stoiker an der notwendigen Abfolge von Ursache und Wirkung festhielten, illustrieren:

1. Nach stoischer Ansicht muß ein Ereignis, wenn alle Ursachen, die es herbeigeführt haben, in derselben Konstellation vorhanden sind, auf genau dieselbe Weise wieder ablaufen.[119]

2. In Abhängigkeit von der Lehre der Heimarmene steht der stoische Glaube an Mantik und Divination. Die Auffassung, daß künftige Ereignisse vorhersehbar sind, fußt auf der Voraussetzung, daß der Geschehensablauf durch die

---

112 „eine Atemkraft, die die geordnete Regierung über das All ausübt." (SVF II 913). Zur Bedeutung des Pneumas in der stoischen Naturlehre vgl. o. S. 23.
113 SVF II 913.
114 Vgl. SVF II 1005 = Alex. Aphr. 210.14ff.
115 Vgl. SVF I 175 (mit einem Hinweis auf die Etymologie); II 945.946.1000.
116 Vgl. SVF II 917.919.921.945.
117 Vgl. SVF II 921.
118 Vgl. SVF II 945.
119 Vgl. SVF II 945 = Alex. Aphr. 22. Im Hintergrund steht freilich auch der Gedanke der ewigen Wiederkehr des Gleichen, der für das Thema der Untersuchung jedoch ohne Bedeutung ist, vgl. SVF II 596-632.

Ursachenverkettung feststeht. So würde das Wissen um die Ursachen ausrei-
chen, um die Zukunft vorherzusagen.[120] Umgekehrt dient die - zutreffende -
Vorhersage künftiger Ereignisse, für die die Stoiker reichlich Belege nennen,
als Beweis für die Heimarmene: Daß der Ablauf künftiger Ereignisse feststeht,
ist die notwendige Bedingung für deren Vorhersage.[121] Irrtümer beruhen hingegen auf Fehldeutungen durch die Menschen.

Der Determinismus der stoischen Heimarmene-Lehre ist von der Antike bis
zur Gegenwart immer wieder zum Ansatz der Kritik an der Stoa geworden.
Ehe jedoch die Aporien besprochen werden, in welche diese Lehre das stoische System führt, soll zu einem besseren Verständnis ihr Beitrag zur rationalistischen Theologie der Stoa beleuchtet werden. Dies ist notwendig, um die
Position des Menschen gegenüber der Heimarmene angemessen bestimmen zu
können.

Die Ausführungen zum stoischen Naturbegriff im allgemeinen und zur Pronoia im besonderen haben gezeigt, daß das Ziel der stoischen Physik die Erklärung der Welt als eines geordneten Ganzen ist, in dem alles vom göttlichen
Logos initiiert und von dieser Quelle her auf eine rationale Struktur angelegt
und in einen nach vernünftiger Gesetzmäßigkeit organisierten Zusammenhang
eingeordnet ist. Wie in einem Organismus ist alles Teil der einen Physis und
teleologisch auf das Ganze hin konzipiert. In diesem Erklärungszusammen-
hang erfüllt die Heimarmenelehre eine doppelte Funktion. Durch die Annahme, daß der universale Ursachenzusammenhang sämtliche Ereignisse im Kosmos miteinander verknüpft, liefert sie erstens das Fundament für den
Gedanken der Einheit des Kosmos.[122] Indem die Physis als Heimarmene alles
in einem Kausalzusammenhang verbindet, ist nicht nur alles auf ein Ziel hingeordnet. Vielmehr verwirklichen die Einzelereignisse, indem sie in einem gegenseitigen Bedingungsverhältnis stehen, gemeinsam die teleologische Struktur des Kosmos. Daß zweitens die göttliche Pronoia die beste aller möglichen
Welten hervorbringt, läßt sich nur behaupten, wenn nichts im Kosmos aus
ihrem Werk herausfällt. Nur wenn die schöpferische Natur als der göttliche
Logos über ausnahmslos jedes Vorkommnis im Kosmos bestimmt, wenn sie
ihn in seiner Gesamtheit ordnend durchdringt, ist gewährleistet, daß sich unter
ihrer Herrschaft alles zum Besten wendet.[123] Der Zufall hat in einem solchen

---

120 Vgl. SVF II 944.

121 Vgl. SVF II 939.

122 Vgl. auch die Definition der Heimarmene als Pneuma in SVF II 913. In der mittleren
Stoa wird dieser Ansatz zum Gedanken der kosmischen συμπάθεια fortentwickelt, vgl.
dazu Sambursky, Physics, 41f..

123 Diesen Zusammenhang benennt auch Forschner, Ethik, 99: „Daraus ergibt sich der
Gedanke einer teleologisch vollkommen durchgeordneten Welt, in der der Zusam-

teleologischen Weltentwurf keinen Raum und keine Berechtigung. Was als Zufall erscheint, ist daher nichts anderes als ein Ereignis, dessen Ursachen nicht bekannt, aber gleichwohl vorhanden sind.[124] So kann man sagen, daß die Heimarmene der Garant für die Vollendung des Werkes der Pronoia ist, die alles zum Besten lenkt.

Der Zusammenhang der Lehre von der Heimarmene mit dem Werk der Pronoia wird nach u. E. in der Regel nicht ausreichend hervorgehoben. Die einschlägigen Darstellungen zum Thema werden von der freilich notwendigen Analyse und Bewertung der Versuche Chrysipps beherrscht, auf logisch-argumentativem Wege das Problem der Vereinbarkeit von universalem Ursachenzusammenhang und menschlicher Freiheit bzw. Verantwortung zu lösen.[125] Dabei wird der Gegenstand häufig isoliert betrachtet, so daß die Funktion der Heimarmene auf dem Hintergrund des Zusammenhangs mit der Physik in ihrer teleologischen Zuspitzung kaum gesehen wird.[126] Dieser Zusammenhang ist jedoch gerade für die Anthropologie bzw. für die anthropologischen Konsequenzen der Lehre von der Heimarmene entscheidend. Er soll daher im folgenden besonders berücksichtigt werden.

1.5 Zum Problem des Bösen

Der teleologische Weltentwurf der Stoiker ist gerade in seiner Geschlossenheit nicht frei von Kritik geblieben. Die Auffassung, daß der göttliche Logos alles durchdringt und in seiner Eigenschaft als Pronoia den Kosmos in schönster

---

menhang von allem eine sinnvolle Ordnung darstellt, die von einer einzigen göttlichen Kraft geplant und schrittweise ins Werk gesetzt wird."

124 Vgl. SVF II 967 und Long, Hellenistic Philosophy, 164.

125 Das Interesse an dieser Perspektive der stoischen Heimarmenelehre läßt sich von der vorwiegend im angelsächsischen Raum geführten zeitgenössischen Diskussion um die philosophische Problematik des Determinismus her erklären, vgl. dazu u. S. 50.

126 Vgl. Botros, Freedom; Gould, Fate; Inwood, Ethics, 44-91; Long, Stoic Determinism; ders., Moral Choice; Reesor, Fate and Possibility; dies., Necessity; Sharples, Soft Determinism; Sorabji, Causation; Stough, Determinism. Ausnahmen sind Long, Freedom und Forschner, Ethik, 98-113. Long betont einerseits, daß der Zusammenhang des Menschen mit der universalen Vernunft durch seine Partizipation am Logos wesentlich ist für das Verständnis der Heimarmenelehre (194). Zum anderen hebt er hervor, daß „the primary motive behind the Stoics advocacy of a closed and ordered system was teleological, the desire to refer all events to divine purpose." (178) Forschner, Ethik, 99.106f. weist wie Long auf den teleologischen Sinnhorizont der Heimarmenelehre hin, ebenso Botros, Freedom, 280.299.303.

Ordnung und Zweckmäßigkeit gestaltet, erzeugt einen besonderen Klärungs-
bedarf angesichts des Bösen in der Welt. „Gott muß", in den Worten von
Blumenberg, „in seiner Verantwortung für den Weltzustand gerechtfertigt
werden."[127] Das Problem des Bösen wurde daher auch bereits in der Antike
zum Ansatzpunkt für die Kritiker der Stoa, deren Protagonisten in den Reihen
der Epikureer und der Anhänger der Akademie zu suchen sind.[128] Die Kritik
konzentrierte sich auf den Vorwurf, daß der stoische Gott, indem er alles
durchdringt und als Allursache alles hervorbringt, letztlich auch die Ursache
des Bösen ist:

*Sie (scil. die Stoiker) aber machen Gott, obwohl er gut ist, zur Ursache
der Übel. Denn die Materie hat nicht aus sich selbst das Böse hervorgebracht. Sie ist nämlich eigenschaftslos und hat alle Veränderungen
von dem, der sie bewegt und gestaltet. Es bewegt und gestaltet sie aber
der Logos, der in ihr ist; denn weder sich selbst zu bewegen noch zu
gestalten ist ihre Natur.*[129]

Der Vorwurf bezieht sich sowohl auf das außermoralische wie das moralische
Böse.[130]
    Die Stoiker haben verschiedene Antworten auf diesen kritischen Einwurf
bereit. Zunächst begegnen sie dem Vorwurf auf einer allgemeinen Ebene und
erklären, warum es *überhaupt* Übel gibt. Ihre überraschende Antwort lautet,
daß das Böse nicht nur mit der Güte des Kosmos vereinbar ist, sondern daß es
sowohl moralisches wie außermoralisches Übel geben *muß*, daß es unverzichtbarer Bestandteil des geordneten Ganzen ist:

*Das Böse gänzlich abzuschaffen ist jedoch nicht möglich, und es ist
auch nicht gut, daß es abgeschafft wird.*[131]

---

127 Blumenberg, Teleologie, 674.
128 Vgl. Long / Sedley, Philosophers 2, 331.
129 SVF II 1168 = Plutarch, CN 1076c. Vgl. auch die verschiedenen in SVF I 159 zu-
     sammengefaßten Belege und SVF II 1169.1172.1183.
130 Zu dieser Unterscheidung vgl. Forschner, Glück, 22, der sie im Anschluß an die ana-
     lytische Ethik vornimmt. Die als klassisch zu bezeichnende Unterteilung des Bösen in
     drei Arten, die auf Leibniz' im Jahre 1710 erschienene Theodizee zurückgeht, kennt
     darüber hinaus das metaphysische Übel. Es bezieht sich auf Unvollkommenheiten, die
     durch den Gegensatz und die Differenz zwischen dem Endlichen und dem Unendli-
     chen bedingt sind. Dieses Problem hat die Stoiker und ihre Gegner offenbar nur am
     Rande interessiert, nur wenige Hinweise deuten in den Texten in diese Richtung, vgl.
     SVF II 1139.
131 SVF II 1182 = Plutarch, SR 1051a.

Der Grund hierfür liegt im Gedanken der polaren Struktur der Wirklichkeit, in der alles in Gegensatzpaaren vorhanden ist.

Diese Polarität ist einerseits eine ontologische Notwendigkeit: Im Anschluß an Platon[132] vertreten die Stoiker die Auffassung, „that opposites necessarily come into being out of each other."[133] Das Gute kann es ohne das Böse nicht geben.[134]

Andererseits ist die Existenz des Bösen auch eine erkenntnistheoretische Notwendigkeit. So kann das Gute nur an seinem Gegenteil, dem Bösen, erkannt werden. Für die Realisierung der Tugend, die die Erkenntnis des Guten voraussetzt, ist daher auch das Böse notwendig. Beide Aspekte des produktiven Gegensatzes vereint das folgende von Gellius überlieferte Chrysipp-Zitat:

> *Chrysipp sagt dazu im vierten Buch seines Werkes 'Über die Vorsehung': „Es gibt durchaus nichts Dümmeres als die, die meinen, es könne Gutes geben, wenn es nicht ebenso das Schlechte gäbe. Denn da Gutes dem Schlechten entgegengesetzt ist, ist es notwendig, daß beide in Opposition gegeneinander, gleichsam einander entgegengesetzt und durch den Gegendruck gestützt, existieren. Es gibt eben keinen Gegensatz, ohne daß etwas anderes entgegengesetzt ist. Wie könnte es nämlich die Wahrnehmung der Gerechtigkeit geben, wenn es nicht auch Unrecht gäbe? Oder was ist Gerechtigkeit anderes als die Befreiung vom Unrecht? Und wie könnte, ebenso, die Tapferkeit erkannt werden, wenn nicht durch den Gegensatz zur Feigheit? Wie die Selbstbeherrschung wenn nicht durch die Zügellosigkeit? Wie könnte es, wiederum, Klugheit geben, wenn es nicht auch die Dummheit als Gegensatz gäbe? Warum", sagt er, „wünschen die Törichten daher nicht auch, daß es Wahrheit gibt, nicht aber Lüge? Denn auf die gleiche Weise existieren Gutes und Böses, Glück und Unglück, Schmerz und Lust; eins nämlich entsteht aus dem anderen, wie Plato sagt, durch den polaren Gegensatz sind sie miteinander verbunden; wenn du eines entfernst, entfernst du beide.[135]*

Über diesen grundsätzlichen Ansatz hinaus gehen die Stoiker gesondert auf das moralische und das außermoralische Übel ein.

---

132 Vgl. Platon, Phaidon 60b.
133 Long / Sedley, Philosophers 1, 332.
134 Vgl. SVF II 1181.
135 SVF II 1169 = Gellius NA VII 1.

1.5.1 Das außermoralische Übel

Das außermoralische, „physische" Übel[136] besteht in Krankheiten, Naturkatastrophen und vergleichbaren Schicksalsschlägen, welche die äußeren Bedingungen des menschlichen Lebens betreffen. Für diese Übel haben die Stoiker drei Erklärungen bereit.

1. Die einfachste Antwort ist nicht original stoisch:[137] Krankheiten und andere physische Übel dienen zur Bestrafung der Bösen, wobei die Stoiker zusätzlich die abschreckende Beispielwirkung betonen und damit der Strafe einen weitergehenden Zweck verleihen.[138]

2. Da Böses nicht nur die Schlechten trifft, reicht diese Antwort jedoch nicht aus. Daß auch der Gerechte leidet, ist nach stoischer Auffassung allerdings kein Argument gegen die göttliche Pronoia, sondern das Umgekehrte ist der Fall: Die Vorsehung ist der Grund, warum das Leiden des Gerechten kein Übel ist. So erklären die Stoiker das Böse, das den Menschen unverdientermaßen trifft, als Teil des sinnvollen Gesamtzusammenhangs des Kosmos:

Aber in der Tat sagt er, daß Gott das Böse bestraft und viel tut im Blick auf die Bestrafung der Bösen, wie er im zweiten Buch über die Götter sagt: 'wenn unliebsame (unnütze) Dinge den Guten zustoßen, dann nicht auf die gleiche Weise wie den Schlechten, nämlich wegen der Strafe, sondern gemäß einer anderen Ordnung' ... Weiter sagt er (=Chrysipp), daß 'dies (= das Übel) zugeteilt wird gemäß der Vernunft des Zeus, entweder im Blick auf Strafe oder gemäß einer anderen Ordnung, die irgendwie in Beziehung zum Universum als ganzem steht.'[139]

Vom Ganzen her erhält auch einzelnes scheinbar Böses seine positive Bedeutung und kann folglich nicht als schlecht im eigentlichen Sinn betrachtet werden.[140] Es erfährt eine Relativierung vor dem Hintergrund der Vernunft des Ganzen. *Objektiv* betrachtet ist daher das physische Übel kein wirkliches Übel.[141]

Mit gewissem Unbehagen angesichts dieser Lösung mag man jedoch die Frage stellen, was dies *subjektiv* für den einzelnen Menschen bedeutet, der

---

136 Zur Terminologie vgl. oben Anmerkung 131.
137 Vgl. Hesiod, Werke und Tage, 238-247.
138 Vgl. SVF II 1175 = Plutarch, SR 1040b-c.
139 SVF II 1176 = Plutarch, SR 1050e.
140 Vgl. auch SVF II 1171 = Philo de fortitudine II 413.
141 Dieser Gedanke ist für die stoische Güterlehre entscheidend und deutet daher auf den Zusammenhang zwischen stoischer Physik und Ethik hin, vgl. dazu Abschnitt 1.7, u. S. 50-54.

unverschuldet vom Unglück getroffen wird. Die Antwort hierauf liegt in der stoischen Ethik, deren Abhängigkeit von der Physik sich an diesem Punkt besonders deutlich herauskristallisiert. Da dieses Thema später aufgegriffen wird,[142] sei hier nur folgendes vorweggenommen: Nach stoischer Auffassung zeichnet es den Weisen aus, daß er seine individuelle Situation aus der übergeordneten Perspektive des Ganzen heraus beurteilt und folglich Schicksalsschläge als Ausdruck einer höheren Vernunft, die seine Einzelexistenz transzendiert, annehmen kann. Er begreift sich als Teil der einen Physis und erkennt, daß sein Geschick für die Ordnung des Ganzen notwendig und unabänderlich ist. Dieser Gedanke steht hinter dem 'Telos' der stoischen Ethik, das im „Leben im Einklang mit der Natur" besteht.[143]

3. Mit einer vom Ansatz her ähnlichen Begründung begegnen die Stoiker Unvollkommenheiten in der Natur. So sind Krankheiten und gewisse andere Mängel unvermeidbare Begleiterscheinungen von Dingen, die an sich gut sind. Gellius überliefert Chrysipps Argumentation hierzu in ungewohnter Vollständigkeit:

> *Ebenso behandelt und erwägt Chrysipp im selben Buch die Frage, 'ob die Krankheiten der Menschen gemäß der Natur entstehen', d.h. ob die Natur der Dinge selbst oder die Providenz, die diese Struktur der Welt und das Menschengeschlecht geschaffen hat, auch die Krankheiten und Schwächen und Gebrechen der Körper, an denen die Menschen leiden, hervorgebracht hat. Er ist aber der Ansicht, daß es nicht der primäre Plan der Natur gewesen sei, die Menschen der Krankheit ausgesetzt zu erschaffen, niemals nämlich würde dies zur Natur, der Urheberin und Mutter aller guten Dinge, passen. Aber, sagt er, wenn sie vieles und Großes hervorbringt und es sehr passend und nützlich hervorbringt, sind auch zugleich andere unbequeme (Dinge) mit den Dingen selbst verbunden, die sie eigentlich geschaffen hat. Und er sagt, daß diese nicht aufgrund der Natur entstehen, sondern wegen gewisser notwendiger Folgeerscheinungen, die er als zufälliges Ergebnis bezeichnet (κατὰ παρακολουθῆσιν).*
> *Ebenso, sagt er, war es, als die Natur die Körper der Menschen bildete, wegen der feineren Vernunft und der Zweckmäßigkeit des Werkes selbst erforderlich, daß der Kopf mit sehr feinen und kleinen Knöchelchen zusammengesetzt wurde. Aber diesem größeren Nutzen der Sache folgte eine gewisse Unannehmlichkeit außerhalb ihrer, nämlich daß der Kopf*

---

142 S. u. S. 50-54.
143 S. dazu u. S. 48-49.

nur schwach geschützt ist und zerbrechlich bereits durch kleine Schläge und Stöße. Auf die gleiche Weise sind auch Krankheiten und Gebrechen zugleich mit der Gesundheit hervorgebracht worden. Ebenso, sagt er, sind, während die Tugend für die Menschen durch den Ratschluß der Natur hervorgebracht wurde, zur gleichen Zeit die Laster wegen der Beziehung des Gegensatzes entstanden. "[144]

1.5.2 Das moralische Übel

Die Stoiker haben sich auch der Frage gestellt, wie die Existenz des *moralischen* Übels mit der göttlichen Pronoia und dem als prinzipiell gut gedachten Ganzen vereinbar sei. Dabei blieb das Problem der Verantwortung des Menschen zunächst ausgeklammert.

Wie wir gesehen haben, wurde durch das Grundgesetz der Polarität dem Bösen als notwendiger Bedingung für das Gute im vernünftigen Plan der Welt eine von der Struktur her mit den Absichten der Pronoia konforme Funktion zugewiesen. Die Leistung des ordnenden Handelns der göttlichen Pronoia beschränkte sich jedoch nicht auf diesen grundsätzlichen Aspekt. Die Stoiker sahen die Pronoia auch gegenüber jeglicher konkreten Manifestation des Bösen ordnend am Werk. Die besondere Kunst der göttlichen Providenz zeigt sich nach ihrer Ansicht gerade darin, daß jene jede einzelne Verfehlung und jeden einzelnen Verstoß gegen das Gute auszugleichen und so die Harmonie des Ganzen wiederherzustellen vermag:

Es ist das größte Werk der göttlichen Vorsehung, daß sie das Böse, das aus einem freiwilligen Abfall folgt, nicht unnütz sein läßt und nicht zuläßt, daß es im Blick auf das Ganze schädlich wird. Denn das Werk der göttlichen Weisheit und Tugend und Macht besteht nicht nur im Gutestun, wie es die Natur des Feuers ist zu erhitzen und des Lichtes zu erleuchten. Sondern das ist das größte Werk, auf ein Gut hinzielen durch die Handlungen der Schlechten und das, was schlecht erscheint, zum Nutzen zu gebrauchen. [145]

---

144 SVF II 1170 = Gellius NA VII 1.
145 SVF II 1184 = Clemens Al. Stromat.

Eine ähnliche Anschauung bezeugt auch der Zeushymnus des Kleanthes:

Kein Werk entsteht auf Erden ohne dich, Daimon,
weder am göttlichen Himmelsgewölbe noch im offenen Meer,
außer dem Vielen, das die Schlechten aus ihrem eigenen
Unverstand heraus tun.
Aber du verstehst, auch das Krumme gerade zu machen
und das Ungeordnete zu ordnen. Du liebst das Ungeliebte,
denn du hast zu einem alles verbunden, das (sittlich) Gute
mit dem Schlechten,
so daß alles an ein und derselben ewig währenden Vernunft
partizipiert.[146]

Blicken wir auf die stoische Auseinandersetzung mit der Frage nach Gottes „Verantwortung für den Weltzustand"[147] zurück, so entdecken wir hinter der differenzierten und komplexen Argumentation *ein* Motiv, das alle Antworten verbindet: Das Werk der Pronoia als ein geordnetes, harmonisches Ganzes[148] bietet eine hinreichende Erklärung für das Böse in der Welt. Das Vertrauen in die rationale Gesamtstruktur des vom Logos durchwirkten Kosmos lehrt, das Böse in der Welt als *notwendigen, unverzichtbaren* Bestandteil des Ganzen zu verstehen. Long bezeichnet diese Erklärungsform als „optimistic teleology".[149] Objektiv, von der göttlichen Physis aus gesehen, gibt es daher strenggenommen kein Übel. Selbst das moralische Böse kann die Harmonie des Ganzen nicht stören.

1.6 Göttliche Providenz und menschliche Verantwortung

Im Vorhergehenden wurde das Problem des Bösen primär aus einer kosmologischen Perspektive heraus behandelt. Damit ist jedoch nur seine eine Seite angesprochen. In den oben zitierten Versen des Kleanthes-Hymnus klang bereits an, daß es in besonderer Weise auch einen anthropologischen Aspekt enthält. Mit diesem Perspektivenwechsel steht das Problem des Bösen unmittelbar im Übergangsbereich zwischen stoischer Physik und Ethik.

---

146 SVF I 537; Übersetzung in Anlehnung an L/S 54I.
147 Blumenberg, Teleologie, 674.
148 Zur Bedeutung des Gedankens der Harmonie im stoischen System vgl. Long, Harmonics.
149 Long, Evil, 331.

Wenngleich die Stoiker zwar dem moralischen Übel im Gesamtplan der göttlichen Physis eine sinnvolle Funktion zuweisen können, streiten sie dennoch ab, daß der göttliche Logos selbst die Ursache des Bösen sei:

Und derselbe (=Chrysipp) sagt auch im Buch über das Richten und im zweiten Buch über die Götter: „Es ist nicht vernünftig, das Göttliche als Mitursache des Schändlichen zu bezeichnen; wie nämlich das Gesetz nicht zur Mitursache der Gesetzesübertretung wird, so auch nicht die Götter zur Mitursache der Gotteslästerung; ebenso ist es vernünftig, daß sie von nichts Schändlichem die Mitursache sind."[150]

Demnach muß die Verantwortung für das moralische Übel beim Menschen liegen. Dabei ist vorausgesetzt, daß der Mensch frei ist, sich für oder gegen das sittlich Gute oder Schlechte zu entscheiden. Nur unter dieser Voraussetzung ist eine Ethik sinnvoll,[151] und entsprechend ist dies in der Tat eine der grundlegenden Annahmen auch der stoischen Ethik. Die Ansicht Chrysipps und Kleanthes', daß Tugend lehrbar sei mit der empirischen Begründung, „weil aus Schlechten Gute werden",[152] ist ein Beweis für diese Grundannahme.

Allerdings ist der stoische Tugendbegriff und das dabei vorausgesetzte Freiheitsmoment im menschlichen Handeln durch die stoische Heimarmenelehre gefährdet. Wenn alle Ereignisse im Kosmos determiniert sind und alles mit Notwendigkeit geschieht,[153] scheint dies die Freiheit des menschlichen Willens auszuschließen. Ein notwendiger universaler Geschehensablauf, so die naheliegende Folgerung, läßt keinen Raum für menschliche Entscheidungen. Daher überrascht es nicht, daß bereits die antiken Gegner der Stoa diese Aporie beanstandet haben, allen voran Plutarch, Karneades und der Aristoteliker Alexander von Aphrodisias.[154]

---

150 SVF II 1125 = Plutarch, SR 1049e.

151 Vgl dazu Ricken, Ethik, 77: „Die Ethik geht aus von der Frage nach dem richtigen Handeln. Wenn diese Frage für den Menschen unausweichlich ist, dann setzt dieses Faktum Freiheit voraus. Denn die Forderung, sein Handeln zu verantworten, kann sinnvoller Weise nur an den gerichtet werden, der für sein Handeln verantwortlich ist, und verantwortlich ist nur der, der sich selbst zu seinem Handeln bestimmt."

152 SVF III 223 = DL VII,91.

153 Siehe dazu Abschnitt 1.4, oben S. 33-36.

154 Die Argumentation des Karneades dokumentiert Cicero „de fato". Alex. Aphr. und Plutarch, SR und CN gehören zugleich zu den Hauptzeugen für die stoische Auseinandersetzung mit dem Verhältnis von Determination und Verantwortung. Hier machen sich die Quellenprobleme, die die Erforschung der frühen Stoa insgesamt betreffen, besonders bemerkbar. Neben der zeitlichen Distanz zu den Stoikern gibt vor allem

Die Stoiker selbst sahen offenbar kein Problem darin, trotz der mit dem Schicksal gleichgesetzten Determination dem Menschen die Verantwortung für sein Tun zuzuschreiben.[155] So verdienen nach ihrer Auffassung bestimmte Handlungen Lob und andere Tadel und sind mithin einem Handlungssubjekt zuzurechnen.[156] Besonders eindrücklich zeigt dies eine kleine Anekdote, die über Zenon berichtet wird:

> *Man erzählt sich, daß Zenon einst einen Sklaven schlug, weil dieser gestohlen hatte. „Zu stehlen war es mir vom Schicksal bestimmt", verteidigte sich der Sklave. „Und dafür geschlagen zu werden", erwiderte Zenon.*[157]

Worauf sich die Verantwortung des Menschen im stoischen System gründet und worin seine Rolle im Weltgeschehen besteht, soll im folgenden anhand der wichtigsten Argumente gezeigt werden.

Die Diskussion wurde im wesentlichen von Chrysipp geführt.[158] Das Problem scheint sich für Zenon und Kleanthes noch nicht in voller Schärfe gestellt zu haben. So ist es wahrscheinlich, daß „'fate' for them corresponded to a fairly traditional Greek picture of human destiny",[159] wonach einige Eckpunkte des Lebens durch das Schicksal festgelegt waren, nicht aber ausnahmslos das Wollen und Handeln des Menschen. Die bereits zitierte Anschauung des Kleanthes, daß nichts auf der Erde ohne göttliches Zutun geschieht, „außer dem Vielen, das die Schlechten aus ihrem eigenen Unverstand heraus tun",[160] zeigt, daß das Kausalitätsprinzip hier noch nicht zur äußersten Konsequenz vorangetrieben worden war.[161] Diese gedankliche Inkonsequenz hat erst Chrysipp mit der Ausarbeitung der Lehre von der Heimarmene auszuräumen versucht.

---

die Voreingenommenheit der Tradenten Anlaß zu der Vermutung, daß die Argumente der Stoiker nicht immer ohne Entstellungen wiedergegeben wurden. Vgl. dazu auch Long, Freedom, 173.

155 Vgl. Botros, Freedom, 275.
156 Vgl. SVF II 1002.1003 = Alex. Aphr. 34 und 35.
157 SVF I 298 = DL VII,23 (Übersetzung Wildberg, Manuskript).
158 Wie differenziert Chrysipp dabei vorging, zeigt Sorabji, Causation, 263-278, der insgesamt acht verschiedene Versuche Chrysipps aufzeigt, den Konsequenzen der Notwendigkeit für die Anthropologie zu entgehen. Sorabji gelangt allerdings zu dem Urteil, „that in the end none of these attempts at escape was successful." (261)
159 Long / Sedley, Philosophers1, 392.
160 SVF I 537, V. 17.
161 Vgl. auch SVF II 933.

Die äußere Klammer der Argumentation bildet Chrysipps Unterscheidung zwischen Notwendigkeit und Zwang:[162] Was sich nach dem Plan der Heimarmene notwendig ereignet, geschieht nicht unbedingt durch Zwang (κατ' ἀναγκην οὐ τὴν ἐκ βίας).[163] Chrysipp begründet dies damit, daß die jeweilige Natur des Gegenstandes oder Lebewesens, die in ein durch die Heimarmene initiiertes Ereignis eingebunden oder dessen Gegenstand ist, Anteil am Verlauf des Geschicks hat. So stellt sich ein Ereignis als das Zusammenspiel einer äußeren Einwirkung mit den Bedingungen der je eigenen Natur des Bewegten dar.

Übertragen auf die menschliche Natur bedeutet dies, daß der Mensch in seiner spezifischen Differenz als vernunftbegabtes Wesen Anteil am Gang der Ereignisse hat.

Im Blick auf die Frage nach der moralischen Verantwortung des Menschen stellt dies den entscheidenden Faktor dar. So ermöglicht es die Vernunft dem Menschen, nicht wie die Tiere einfach instinktiv auf seine Umwelt zu reagieren, sondern sich aufgrund eines rationalen Urteils bewußt zu den Dingen und Ereignissen zu verhalten. Allein der Mensch ist fähig zur Intentionalität und damit in der Lage, Handlungen auszuführen.[164]

Nach stoischer Auffassung erfolgt eine Handlung durch das Zusammenspiel von drei Elementen, einem von außen kommenden Eindruck (φαντασία), der Zustimmung (συγκατάθεσις) bzw. deren Verweigerung und einem durch die Zustimmung gelenkten Impuls zum Handeln (ὁρμή).[165] Die Zustimmung ist dabei als eine Funktion des menschlichen Logos das intellektuelle Steuerungsmittel des Handlungsimpulses. Ihre Aufgabe ist es, den Eindruck zu beurteilen und zu entscheiden, ob eine Handlung folgen soll.[166]

---

162 Vgl. Forschner, Ethik, 108.

163 Vgl. SVF II 979 = Alex. Aphr. 13. Derselbe Gedanke ist auch durch Cicero, de fato 41f. bezeugt, jedoch in einer anderen Terminologie: Cicero stellt nicht Notwendigkeit und Zwang gegenüber, sondern Schicksal und Notwendigkeit (fatum und necessitas), wobei ‚Notwendigkeit' dem entspricht, was Alexander als ‚Zwang' bezeichnet. Da die Stoiker Schicksal und Notwendigkeit jedoch gleichsetzen, ist die Verwendung dieser Begrifflichkeit daher irreführend, wenn nicht unsachgemäß. Wir geben daher Alexanders Terminologie den Vorzug.

164 Zum Handlunsbegriff vgl. Ricken, Ethik, 67-74; Preul, Problemskizze, 5-8. Ricken, Ethik, 64 vertritt die These, „daß primärer Gegenstand der moralischen Beurteilung Handlungen sind".

165 Vgl. dazu Inwood, Ethics, 18-41.42-101.

166 Es sei darauf hingewiesen, daß der stoische Begriff des Impulses (ὁρμή), bezogen auf den Menschen, selbst bereits ein rationales Element beinhaltet. Von Plutarch ist Chrysipps Definition des Impulses als „der Logos, der dem Menschen zu handeln befiehlt", überliefert (SVF III 170 = Plutarch, SR 1037f). Dem entspricht es, daß die Stoiker es

Von diesen drei Elementen schreiben die Stoiker lediglich den äußeren Eindruck, die φαντασία, der Heimarmene zu. Sie provoziert eine Reaktion und ist damit eine notwendige Bedingung jeder Handlung. Allerdings ist sie nicht hinreichend. Für das Zustandekommen einer Handlung sind darüber hinaus Zustimmung und Impuls notwendig. Diese liegen allein beim Menschen. Folglich trägt er die Verantwortung für sein Tun.

Nach Ciceros Zeugnis expliziert Chrysipp diesen Gedanken auch im Modell der Kausalität um auf diese Weise darzulegen, daß die universale Ursachenkette durch seinen Handlungsbegriff nicht unterbrochen wird. Der Ansatzpunkt ist dabei die Unterscheidung von vollkommenen Hauptursachen (causae perfectae et principales) und mitwirkenden Nebenursachen (causae adiuvantes et proximae). Letztere sind die notwendige aber nicht hinreichende Bedingung für ein Ereignis.[167] Man kann sie treffender auch als einleitende, den Anstoß gebende Ursachen beschreiben.[168] Als äußere Nebenursache fungiert dabei der Eindruck, während Zustimmung und Impuls die innere, beim Menschen liegende Hauptursache darstellen. Chrysipp erläutert dies am Beispiel des Zylinders, der durch einen Anstoß von außen ins Rollen gebracht wird, dann aber allein aufgrund seiner Natur oder Art, rund zu sein, von selbst weiterrollt. Dabei ist der äußere Anstoß die Nebenursache, die Rundung des Zylinders Hauptursache des Rollens, oder, anders formuliert, der äußere Anstoß ist die notwendige, die 'Natur' des Zylinders die hinreichende Bedingung des Rollens. Gleiches gilt für den Menschen:

Wie also, sagt er, der, der den Zylinder angestoßen hat, ihm den Anfang der Bewegung gab, nicht aber die (Fähigkeit zur) Kreisbewegung, so wird jener vorliegende Eindruck zwar gleichsam der Seele sein Bild aufprägen, aber die Zustimmung dazu wird in unserer Macht liegen, und sie wird sich von da an aus eigener Kraft und Natur bewegen, ebenso wie es eben in bezug auf den Zylinder gesagt wurde.[169]

---

als vornehmliche Aufgabe der Entwicklung des Menschen ansehen, daß sich der Impuls, den die Menschen zunächst mit den Tieren teilen, durch die Vernunft bestimmen läßt, so daß sie die Vernunft geradezu als den „Bildner" (τεχνίτης) des Impulses bezeichnen können (vgl. SVF III 178 = DL VII,86).

167 Vgl. SVF II 974 = Cicero, de fato 40 und dazu Görler, Hauptursachen; Ioppolo, cause antecedenti; Long / Sedley, Philosophers 1, 393f.; Forschner, Ethik, 109; Kaiser, Determination, 264f. = ders., Gottes und der Menschen Weisheit, 119f.

168 Vgl. Long / Sedley, Philosophers 1, 393, die von „‚primary' and ‚triggering' causes" sprechen.

169 SVF II 974 = Cicero, de fato 43.

Demnach besteht die Schicksalhaftigkeit der Ereignisse, in denen Menschen als Handlungssubjekte erscheinen, in der notwendigen Verbindung mit vorausgehenden Ursachen und findet beim Menschen hieran zugleich ihre Grenze. Der eigentliche Akt freier Selbstbestimmung, die Zustimmung, bleibt über diesen Anstoß hinaus von der schicksalhaften Determination ausgenommen.

Daß mit dieser Antwort freilich nicht alle Probleme gelöst sind, liegt auf der Hand. Das vorgestellte Modell vermittelt zwar den Eindruck, als sei der Mensch frei in der Wahl seiner Handlungen. Ob er aber tatsächlich Handlungsfreiheit besitzt, so daß er auch anders handeln könnte, als er es tatsächlich tut, ist schwer vorstellbar, wenn der äußere Geschehensablauf determiniert ist. So überrascht es kaum, daß die Stoiker einer Antwort auf diese Frage ausweichen, indem sie sie lediglich auf den Charakter des Menschen beziehen und auf dieser Grundlage verneinen: Wer gut ist, kann aufgrund seines guten Charakters nicht schlecht handeln und umgekehrt.[170] Forschner betont daher mit Recht, „daß wir kein altstoisches Zeugnis besitzen, das den Bereich des vom Menschen Beeinflußbaren vom Bereich des Nichtveränderbaren in der Welt abgrenzt und klar bestimmt."[171]

Die deterministische Begrenzung der Handlungsfreiheit des Menschen ist auch der Gegenstand des bekannten stoischen Gleichnisses vom Hund, der vor einen Karren gespannt ist:

Ist ein Hund an einen Karren gebunden und er folgt willig, so wird er gezogen und folgt, wobei seine spontane Handlung mit der Notwendigkeit übereinstimmt. Ist er aber nicht zu folgen bereit, so wird er dennoch dazu gezwungen. So steht es auch mit dem Menschen.[172]

Den äußeren Verlauf des Lebens kann der Mensch folglich kaum selbst bestimmen. Dennoch trägt das Gleichnis dazu bei, den stoischen Freiheitsbegriff noch genauer zu präzisieren.

Wenngleich der Mensch vom Schicksal „vor den Karren gespannt" wird, so ist er, wie das Beispiel zeigt, diesem doch nicht zwangsläufig ausgeliefert. Im Idealfall befreit er sein Geschick vom Charakter der Fremdbestimmung und entgeht dem gewaltsam Gezogenwerden, indem er die Notwendigkeit des Geschehens und die Unabänderlichkeit des Schicksals erkennt und das ihm zugeteilte Lebenslos, seinen Standort im universalen Kausalzusammenhang, für sich annimmt und es sich gleichsam zu eigen macht.

---

170 Vgl. SVF II 984 = Alex. Aphr. 26 und dazu Stough, Determinism, 208-214.
171 Forschner, Ethik, 111.
172 SVF II 975. Vgl. auch SVF I 527.

Allerdings erhält diese Auffassung einen falschen Akzent, wenn man die Unterordnung unter das Schicksal negativ als resignatio in das Unabänderliche interpretiert. Denn: „Following willingly can only be the best if one is convinced that it is good to be led in this way."[173] Man muß sie daher im Horizont des teleologischen Naturbegriffs der Stoa deuten, der in der Gestalt des 'Telos' (τέλος), des Ziels, in der Ethik zum Tragen kommt.

Wie die übrigen philosophischen Richtungen der Antike entwirft die Stoa eine eudämonistische Ethik, d. h. ihr Ziel ist es, dem Menschen den Weg zur Glückseligkeit, zur εὐδαιμονία, zu weisen. Dieser Intention dient die Formulierung des Telos, des obersten Ziels der Ethik.[174] Das stoische Telos besteht im „Leben im Einklang mit der Natur."[175] Hierbei ist der oben beschriebene teleologische Naturbegriff vorausgesetzt, wonach die Physis als göttliche Vernunft die Welt durchdringt und in ihrer Eigenschaft als Pronoia alles zum Besten und zum größten Nutzen ordnet. Die Heimarmene als Teil der einen göttlichen Natur ist daher kein willkürliches, 'blindes' Schicksal. Sie besteht im Gegenteil im planmäßigen Ablauf der Ereignisse und gründet in der die beste aller möglichen Welten regierenden Vernunft.[176] Die Annahme, daß der Kosmos selbst die Entfaltung der göttlichen Vernunft und damit Inbegriff des Guten ist, stellt den Ausgangspunkt für die stoische Ethik dar.

Dieser Vernunft im Kosmos gegenüber behauptet nach stoischer Auffassung der Mensch seine Freiheit gerade nicht, indem er sich aus ihr herauslöst, sondern indem er sie im Gegenteil als das Prinzip des eigenen Lebens und der eigenen Vernunft erkennt, anerkennt und danach handelt. Dazu gehört es auch, daß er das eigene Geschick als den ihm von der Physis zugewiesenen Ort im Ganzen begreift.[177] Da er die Güte des Ganzen erkannt hat, hält er

---

173 Striker, Following Nature, 10.
174 Vgl. dazu Aristoteles, Nikomachische Ethik, 1094a18 und dazu Forschner, Glück, 3-5. Nach seiner formalen Bestimmung ist das Telos dasjenige, um dessentwillen alles getan wird, das aber selbst keinem anderen Zweck untergeordnet ist, vgl. SVF III 2.16. Die inhaltliche Bestimmung des Telos divergiert freilich in den verschiedenen Ethiken. Vgl. dazu insgesamt Forschner, Glück.
175 SVF III 4 = DL VII,87; SVF III 5-9.12.
176 Zwar stammt der Begriff von der besten aller möglichen Welten aus Leibniz' Theodizee, der Gedanke ist aber bei den Stoikern bereits vorhanden, vgl. SVF II 1121 = Seneca, de beneficiis II 29. Gegen eine optimistische Fehlinterpretation der Leibnizschen Formel sei auf Gurwitsch, Leibniz, 458-463 hingewiesen, der Leibniz' Gedanken folgendermaßen erläutert: „Vollkommenheit hat also einen rein quantitativen Sinn: diejenige Kombination möglicher Elemente stellt sich als zu bevorzugend heraus, welche die größte Zahl von Elementen enthält." (459)
177 Vgl. auch Forschner, Ethik, 256: „Die stoische Freiheit und der mit ihr verbundene beglückende Seelenfriede ruhen auf einem *wissenden* Einverständnis und Einklang mit all dem, was von Natur aus unabänderlich geschieht, einem *amor fati*. Das Gute,

auch sein eigenes Geschick als Teil des Ganzen für gut. In diesem Kontext hat auch der Begriff 'Freiheit' bei den Stoikern seinen Ort.[178] Frei ist, wer den Zusammenhang zwischen dem eigenen Leben und der Universalnatur erkannt hat und so über sich verfügt, daß er ausschließlich danach lebt.[179] So vertreten die Stoiker die These, daß allein der Weise frei ist.[180] Eine der sogenannten stoischen Paradoxien[181] veranschaulicht dies:

Nur der Weise ist frei, mag sein Körper auch von tausend Herrschern unterworfen sein.[182]

Dies hat zur Folge, daß die Stoiker die Glückseligkeit vollkommen aus der Bindung an die äußeren Bedingungen des Lebens wie Gesundheit, Wohlstand lösen. Alle unverfügbaren Momente des Lebens sind bedeutungslos für die Erlangung der Eudaimonia. Was allein zählt, ist die Tugend (ἀρετή, virtus) als Haltung, die der Mensch gegenüber der Natur einnimmt.

Versucht man den stoischen Beitrag zum Freiheitsproblem kurz zu bewerten, so ist festzuhalten, daß die grundsätzlich durchaus berechtigte Kritik der Gegner der Stoa gleichwohl die Tatsache verdeckt, daß die stoische Aporie das Problem der menschlichen Freiheit unter den Bedingungen der Endlichkeit spiegelt und damit ein wesentliches Wahrheitsmoment enthält.[183] Indem die Stoiker konsequent sowohl am Kausalitätsprinzip auf der einen als auch an der inneren Freiheit als Möglichkeit des Menschen auf der anderen Seite festhielten, haben sie wesentlich zu einem Problembewußtsein beigetragen, hinter das seither nicht mehr zurückgegangen werden darf und das folglich die Diskussi-

---

dies macht Ciceros *De Natura Deorum* II hinlänglich deutlich, ist für die Stoa zunächst und vor allem der göttliche Geist und die aus ihm resultierende vernünftige Weltordnung; und in zweiter Linie, als Fragment des göttlichen, der menschliche Geist, *insofern er die göttliche Struktur dieser Ordnung erkennend betrachtet, sich mit ihr im Einklang weiß und sie in seinem Empfinden und Verhalten spiegelt* (ND II, 37)."

178 Vgl. dazu SVF III 349-366 und Long, Freedom, 189f., der darauf hinweist, daß sich die Bedeutung des stoischen Freiheitsbegriffs vom Werk Epiktets her angemessen erschließen läßt.

179 Vgl. SVF III 356 = Dio Chrysostomos XIV.18: „Deshalb muß Freiheit definiert werden als das Wissen darum, was erlaubt ist und was verboten, Knechtschaft aber als Unkenntnis darüber, was erlaubt ist und was nicht."

180 Vgl. SVF I 218.222; III 355.362.363.364.

181 Vgl. hierzu Cicero, Paradoxa Stoicorum, Paradoxon V.

182 SVF III 364 = Philo de poster. Caini § 138 Vol. II p. 30,17.

183 Vgl. dazu Kaiser, Determination, 269f. = ders., Gottes und der Menschen Weisheit, 124f.

on bis in die Gegenwart bestimmt.[184] So sei beispielhaft auf die jüngste, durch Einsichten der modernen Naturwissenschaften und der Soziologie initiierte philosophische Diskussion im angelsächsischen Raum hingewiesen, deren 'Fronten' im Gegensatz zwischen „compatibilism" und „incompatibilism" auf den Begriff gebracht sind. Hierbei geht es um die Frage, ob die moralische Verantwortung mit einem deterministischen Weltbild vereinbar ('compatible') sei oder nicht.[185] Es erübrigt sich der Hinweis, daß ein einstimmiges Ergebnis in dieser Debatte nicht erzielt werden konnte.[186]

1.7 Die Stellung des Menschen im Kosmos: Folgerungen

Von hier aus läßt sich der Ort des Menschen im Ganzen der teleologisch verfaßten Natur und damit das Verhältnis von göttlicher Providenz und menschlicher Verantwortung abschließend genauer bestimmen. Wegen der zentralen Stellung des Menschen im Kosmos wird die stoische Teleologie gelegentlich als anthropozentrisch bezeichnet.[187] Dieses Urteil trifft den Sachverhalt jedoch nur teilweise. Zwar ist es richtig, daß der Mensch der Nutznießer dessen ist, was die Pronoia im Kosmos ins Werk gesetzt hat.[188] Nicht übersehen werden darf dabei jedoch, daß auch der Mensch selbst wieder einem Zweck untergeordnet ist. Der eigentliche Zweck ist die Gottheit selbst, die sich im Weltall entfaltet. In diesem Weltprozeß ist auch dem Menschen eine besondere

---

184   Vgl. auch Long, Freedom, 193.

185   Eine informative und wertende Übersicht über die Diskussion bietet Berofsky, Freedom. Es sei darauf hingewiesen, daß die moderne Debatte auch in die Stoikerauslegung hineingewirkt und diese beeinflußt hat, S. o. S. 36. Zur kritischen Auseinandersetzung mit entsprechenden Lesarten der Stoa vgl. Botros, Freedom und dazu Sharples, Soft Determinism.

186   Aus der umfangreichen Diskussion um die Themen der Freiheit des Willens bzw. der Handlungen und die Frage der moralischen Verantwortung seien nur einige Titel (in chronologischer Abfolge) genannt: H. G. Frankfurt, Freedom of the Will and the Concept of a Person, JPh 68 (1971), 5-20; R. Audi, Moral Responsibility, Freedom, and Compulsion, American Philosophical Quarterly 11 (1974), 1-14; G. Watson, Free Agency, JPh 72 (1975), 205-220 ; D. Locke, H. G. Frankfurt, Three Concepts of Free Action, Proceedings of the Aristotelian Society SV 49 (1975), 95-125; S. Wolf, Understanding Free Will, JPh 77 (1980), 136-166; P. Benson, Freedom and Value, JPh 84 (1987), 465-486; W. Glannon, Responsibility and the Principle of Possible Action, JPh 92 (1995), 261-274. Vgl. auch den Aufsatzband von F. Schoeman (Hg.), Responsibility, Character, and the Emotions. New Essays in Moral Psychology, Cambridge u.a. 1987.

187   Vgl. Dragona-Monachou, Arguments, 156, die diese Auffassung jedoch korrigiert.

188   Vgl. SVF II 1131 = Cicero, ND II,133.154.

Aufgabe und Funktion zugewiesen. Er ist dazu geschaffen, „das Weltall zu betrachten und nachzuahmen".[189]

Für beides, die contemplatio und die imitatio des Weltalls, ist wiederum die Vernunft des Menschen entscheidend. Sie befähigt den Menschen zur Erkenntnis der Wunder der göttlichen Pronoia und mündet in „einer durch Theoria vermittelten Einstellung zur Weltordnung",[190] deren Bedeutung als Ausgangspunkt der stoischen Ethik Forschner unlängst bekräftigt hat.[191] Entsprechend definieren die Stoiker die Weisheit als „Erkenntnis der göttlichen und menschlichen Dinge."[192] Die Vernunft ist damit gleichsam die notwendige Bedingung für die Frömmigkeit des Menschen, die die angemessene Reaktion auf die Gotteserkenntnis darstellt.[193] Selbst der Körperbau des Menschen ist diesem Ziel entsprechend eingerichtet:

Sie (scil. die Götter) haben die Menschen zunächst einmal vom Erdboden aufgerichtet und ihnen eine aufrechte Haltung gegeben, damit sie beim Anblick des Himmels zu einer Erkenntnis der Götter gelangen können.[194]

Kleanthes zieht am Ende seines Zeushymnus daher folgendes Fazit:

Denn weder für Menschen noch für Götter[195] *gibt es eine größere Ehre, als immer in Gerechtigkeit das universale Gesetz zu preisen.*[196]

Dabei ist das „universale Gesetz" (κοινὸς νόμος) Ausdruck des göttlichen Logos und von daher mit dem göttlichen Prinzip im Kosmos bzw. mit der Gottheit gleichzusetzen.[197]

Die preisende Ehrerbietung gegenüber dem universalen Gesetz weist zugleich auf den zweiten Aspekt, die imitatio, hinaus. Sie besteht im Gehorsam

---

189 SVF II 1153 = Cicero, ND II,37: homo ortus sit ad mundum contemplandum et imitandum.

190 Forschner, Ethik, 256.

191 Forschner, Ethik, 256ff.

192 SVF II 35.

193 Vgl. Cicero, ND II,153: „Von der Betrachtung dieser Erscheinungen (= der Bewegungen am Himmel) kommt der Verstand dann zur Erkenntnis der Götter, und aus dieser entsteht die Frömmigkeit." (Übersetzung Bayer / Gerlach)

194 Cicero, ND II,140 (Übersetzung Gerlach / Bayer).

195 Gemeint sind die Dämonen, die von der den Kosmos durchwirkenden göttlichen Pronoia zu unterscheiden sind.

196 SVF I 537.

197 S. dazu unten Abschnitt 5.1.2, S. 192-197.

gegen das universale Gesetz der göttlichen Vernunft, das den Kosmos bestimmt und setzt damit dessen Erkenntnis voraus.[198]

An dieser Stelle laufen Physik und Ethik in der Stoa zusammen. Indem die Vernunft dem Menschen das umfassende Werk der göttlichen Pronoia erschließt, ermöglicht sie ihm zugleich die Sittlichkeit.[199] Denn das universale Gesetz, das den Kosmos lenkt, ist zugleich das Maß des rechten Handelns. Es ist das göttliche Gesetz, das gebietet, was zu tun, und verbietet, was zu unterlassen ist.[200] Im Gehorsam gegen das universale Gesetz besteht daher die Sittlichkeit des Menschen, bzw. umgekehrt mit der Sittlichkeit erfüllt der Mensch die Gehorsamsforderung gegenüber dem allgemeinen Gesetz der Vernunft.[201] Der Wille zur Unterwerfung unter das göttliche Gesetz der Natur oder der Weltvernunft ist dabei eine Folge der Erkenntnis, „that nature's order is the best, or indeed 'what really deserves to be called good'."[202] Der Mensch, der als animal rationale zur höchsten Vervollkommnung der Vernunft strebt, findet diese im Werk der Natur. So ist die Physis sowohl deskriptiv wie normativ:

> „To say of something that it is natural in Stoicism is to combine description with evaluation. Nature embraces both the way things are and the way they should be."[203]

In keinem anderen überlieferten Text ist dieser Zusammenhang so offenkundig wie im Zeushymnus des Kleanthes.[204] Kleanthes stellt hier die universale Ver-

---

198 Welches Maß an Erkenntnis der Welt der Weise zu seiner sittlichen Vollkommenheit benötigt, gehört zu den diskutierten Fragen der Stoaforschung, vgl. Kerferd, Wise Man und White, Physics.

199 Vgl. bereits Platon, Timaios 90a-d.

200 Vgl. SVF II 528.1077.1110; III 314-316.

201 Vgl. SVF III 317.

202 Striker, Following Nature, 11. Striker stellt sich damit gegen Pohlenz' Auffassung, der Grund für den Willen des Menschen zur Übereinstimmung mit der Natur liege in der Tatsache, daß die Vernunft des Menschen Teil der universalen Vernunft des Logos sei (vgl. a.a.O., 8). Sie meint, diese Begründung durch die These ersetzen zu können, daß die Selbstevidenz der unübertreffbaren rationalen Ordnung, die die Natur im Kosmos ins Werk setzt, die menschliche Vernunft zur Übereinstimmung mit der Natur veranlaßt. Allerdings hat die bisherige Darstellung gezeigt, daß beides gilt, mithin Pohlenz' Deutung neben der von Striker den Sachverhalt trifft. So gelangt die menschliche Vernunft, wie wir sahen, zu ihrer Vollendung, indem sie sich als Teil mit dem Ganzen identifiziert.

203 Long, Hellenistic Philosophy, 169.

204 Zum Zeushymnus vgl. (in chronologischer Abfolge) Powell, Collectanea, 227ff.; Neustadt, Zeushymnos; Pohlenz, Zeus-Hymnus; Festugière, révélation, 300-332; Zuntz, Zum Kleanthes-Hymnus; Marcovich, Zeushymnus; James, Zeus Hymns; Zuntz, Kleanthes-Hymnus; Steinmetz, Stoa, 576-578 und die Übersetzung L/S 54I.

nunft und Gottes allgemeines Gesetz gleichbedeutend nebeneinander. Die kosmische und die sittliche Ordnung werden so identifiziert. Wer dem allgemeinen Gesetz Gehorsam zollt, wie Kleanthes es fordert, folgt daher gleichzeitig der göttlichen Weltvernunft. Im tugendhaften, von der Vernunft geleiteten Leben, das in der willigen Unterordnung unter die göttliche Weltvernunft gipfelt, trägt der Mensch folglich zur Harmonie des Ganzen bei. Daher beschließen wir das Kapitel mit dem Zeus-Hymnus des Kleanthes:

Erhabenster der Unsterblichen, der du viele Namen hast,
immer Allmächtiger,
Zeus, Herr und Führer der Natur, der du mit deinem Gesetz
alles lenkst,
sei gegrüsst! Es ist Recht und Pflicht für alle Sterblichen,
dich feierlich anzusprechen;
denn wir sind deines Geschlechts, die wir der Sonne Abbild
erlangt haben
als einzige, was immer an Sterblichen lebt und sich bewegt auf Erden.
Deshalb will ich dich preisen und immer deine Macht besingen.
Ja, dir gehorcht diese Welt, indem sie sich um die Erde dreht,
wie du sie steuerst, und willig lässt sie sich von dir beherrschen.
Einen solchen Gesellen hältst du in deinen unbesiegbaren Händen,
den doppeltgespitzten, feurigen, immer lebendigen Blitz,
unter dessen Schlägen alle Dinge der Natur vollendet werden;
durch ihn richtest du auf das allgemeine Gesetz, das durch alles geht,
beigemischt den grossen und kleinen Lichtern der Welt.
...
Durch ihn bist du so gross, der oberste König des Alls.
Und nichts kommt zustande auf Erden ohne dich, waltender Gott,
noch im göttlichen Bezirk der Luft noch im Meer,
ausser was schlechte Menschen tun auf Grund ihrer Unvernünftigkeit.
Aber du verstehst auch das Krumme gerade zu machen
und zu ordnen das Ungeordnete, und was nicht lieb ist, ist dir schon
lieb.
Denn du bist es, der schon immer so alles zu einem Verbund
zusammengefügt hat, das Gute mit dem Schlechten,
dass nur ein Logos zutage tritt in allem, immer seiend;
diesen meiden und vernachlässigen die Sterblichen, soweit sie
schlecht sind,
die Unglücklichen, die zwar immer nach dem Erwerb des Guten
verlangen,

*aber weder hinblicken auf das allgemeine Gesetz Gottes noch auf es
hören;*
wenn sie ihm mit Vernunft gehorchten, hätten sie ein seliges Leben.
Aber sie selbst drängen ohne Vernunft hierhin und dorthin,
die einen des Ruhmes wegen Mühsal voll üblen Streites erduldend,
die anderen aus Gewinnsucht ohne Ordnung und Ziel umhergetrieben,
wieder andere zu Zügellosigkeit und zu den Genüssen des Körpers.
...
Hierhin und dorthin treiben sie
sich mühend gar sehr darum, dass das Gegenteil des wahren
Guten eintrete.
Wohlan Zeus, gütiger Spender, der du in dunklen Wolken thronst
mit dem helleuchtenden Blitz,
errette du die Menschen vor der unheilvollen Torheit,
verjage sie, Vater, von der Seele! Gib, dass sie die Einsicht
erlangen, auf die gestützt du mit dem Recht alles lenkst,
damit so geehrt wir im Wechsel dich ehren,
stets besingend deine Werke, wie es sich ziemt
für den sterblichen Menschen. Denn weder den Sterblichen ist
eine grössere ehrenvolle Aufgabe
noch den Göttern als immer und zu Recht das allgemeine Gesetz
zu besingen.[205]

---

205 SVF I 537 (Übersetzung Steinmetz, Stoa, 577f.).

2 Ein Hymnus auf die Vorsehung Gottes: Sir 39,12-35

2.1 Überleitung

In den folgenden fünf Kapiteln soll nun das Verhältnis von göttlicher Providenz und menschlicher Verantwortung bei Ben Sira untersucht werden. Die im Vorangehenden dargestellte Kosmos-Idee der Stoa mit ihrer sittlich-religiösen Weltdeutung soll dabei zum Vergleich herangezogen werden. Eine erstaunliche Parallelität in den Grundpositionen der Theologie Ben Siras und der Philosophie der Stoa bildet dafür die Grundlage: Beide verbindet der Gedanke, daß das Weltganze durch eine Ordnung bestimmt ist, die auf einen göttlichen Ursprung zurückzuführen ist. Diese Grundübereinstimmung soll zunächst in ihren wesentlichen Momenten vorgestellt werden.

Bei der Suche nach möglichen gedanklichen Parallelen und Berührungspunkten zwischen Ben Sira und den Stoikern stoßen wir zunächst auf eine ähnliche Problemkonstellation: Wie in der Stoa, so ist auch im Werk des Siraciden der Gedanke der sittlichen Vervollkommnung des Menschen von entscheidender Bedeutung. Hier ist es nicht die Tugend, der gemäß der Mensch idealerweise aus einer inneren Freiheit heraus lebt. Vielmehr ist es das Leben in der Nachfolge der Weisheit, in Gottesfurcht und im Gehorsam gegen das göttliche Gesetz, zu dem der Siracide seine Leser ruft. Besonders die sogenannten „Weisheitsgedichte" geben darüber Auskunft.[1] Ebenso wie das Telos der stoischen Ethik setzt dieses Lebensziel ein zur Verantwortung fähiges Handlungssubjekt voraus. Allerdings gerät die Annahme der Verantwortlichkeit des Menschen auch beim Siraciden in Konflikt mit der Vorstellung von Gott als der alles bestimmenden Wirklichkeit. So wird ihm von einem Gegner das Argument der „faulen Vernunft" (ἀργὸς λόγος) entgegengeschleudert, daß das Böse, das die Menschen tun, von Gott selbst komme (15,11f.). Auch die Frage nach Gottes Verantwortung für das Unheil, das die Menschen trifft, zählt zu den Problemen, mit denen sich der Siracide auseinanderzusetzen hat, und zwar in der für das alttestamentliche Denken typischen Zuspitzung auf die Frage nach der

---

1 Vgl. Sir 1,1-10; 4,11-19; 6,18-37; 14,20-15,10; 24; 51,13-30, aber auch 1,11-30; 2,1-18 und selbstverständlich die zahlreichen Einzelweisungen, die den größten Teil des Werkes ausmachen und das konkrete Ethos des Siraciden widerspiegeln. Zu den Weisheitsgedichten vgl. neben den einschlägigen Kommentaren Marböck, Weisheit; Rickenbacher, Weisheitsperikopen.

Gerechtigkeit Gottes, die in einer gerechten Vergeltung des menschlichen Tuns in Lohn und Strafe ihren Ausdruck findet.

Wie wir sahen, liegt in der Stoa der Ansatzpunkt zur Lösung des Problems im Begriff der göttlichen φύσις, die einerseits als ein der Welt immanentes rationales Prinzip den Kosmos zu einem sinnvollen, teleologisch strukturierten Ganzen macht, die andererseits den Menschen in besonderer Weise mit Vernunft begabt und ihn so zur aktiven Teilhabe am kosmischen Geschehen befähigt. Beides bezeichnen die Stoiker als das Werk der göttlichen πρόνοια. Gleichzeitig stellt die Natur die Grundlage der Ethik dar, indem sie als universales Vernunft-Gesetz zum Maßstab des Handelns wird.[2]

Bei einer Lektüre des Sirachbuches wird man leicht auf den fundamentalen Unterschied zwischen dem theologischen Naturbegriff der Stoa und der Gottesvorstellung des Siraciden stoßen: Die monistisch-pantheistische Verschmelzung des Göttlichen mit der Welt, die der stoische Naturbegriff beinhaltet, ist dem Denken des Siraciden fremd. Hier bleibt er ganz der jüdischen Tradition verpflichtet. Nach dem Zeugnis des Alten Testaments ist Gott der Welt als seinem Geschöpf immer transzendent. Diese Trennung zwischen Gott und der Schöpfung liegt auch dem Ansatz Ben Siras zugrunde. Er hält an der alttestamentlichen Vorstellung von Gott als einem Gegenüber der Welt fest. Zwar ist Gott immer und überall in seinem Handeln in der Schöpfung gegenwärtig. Jedoch ist er nicht mit ihr substanzhaft verschmolzen.

Abgesehen von dieser Differenz zeigt sich eine erstaunliche Übereinstimmung zwischen Ben Siras Vorstellung von Gottes Schöpferhandeln mit einigen Aspekten des stoischen Naturbegriffs: Ben Sira erklärt Gottes Wirken in der Welt in einer Weise, daß es sich *im Ergebnis* mit der Tätigkeit der göttlichen πρόνοια im Kosmos berührt.

Wie die stoische Ethik, so gründet auch Ben Siras Ruf zum Gebotsgehorsam als dem Kern der Ethik in der providentiellen Sorge Gottes für die Welt. So greift der Siracide das alttestamentliche Bekenntnis zur Güte der Schöpfung auf und deutet es durch den Gedanken der „Providenz" Gottes, wobei der Begriff selbst freilich fehlt. In Vorwegnahme des Künftigen hat Gott alles wohl geordnet und in einem Sinnzusammenhang aufeinander bezogen. Voraussicht und Fürsorge greifen hier, wie im stoischen Begriff der πρόνοια, ineinander.[3] Der Schönheit und Güte des göttlichen Schöpfungswerkes entspricht dabei die Würde und Weisheit des göttlichen Gesetzes. Durch den Gehorsam gegen dieses Gesetz trägt der Mensch seinerseits zur Ordnung des Ganzen bei. Wie die Pronoia der Stoiker hat nun auch Ben Siras Schöpfergott

---

2   Zur Gleichsetzung der göttlichen φύσις mit dem λόγος und dem νόμος s. u. S. 192-197.
3   S. dazu o. S. 26.

den Menschen vor der übrigen Schöpfung in besonderer Weise begünstigt, indem er ihn als sein Ebenbild mit „verständiger Einsicht" (17,7) begabt und ihn damit zur Erkenntnis der Größe des göttlichen Werkes und dem Gehorsam gegen das göttliche Gebot befähigt hat. Der Mensch, der sich seiner Vernunft bedient, wird die Weisheit des göttlichen Werkes erkennen und daher in Gelassenheit darauf vertrauen, daß er aufgrund seines Handelns und Wollens von Gott erhält, was ihm zusteht. Er erkennt, daß der Weg zum „glücklichen" Leben in der Trias von Gottesfurcht, Nachfolge der Weisheit und Gehorsam gegen das Gesetz Gottes besteht. Die Güte und Weisheit der Vorsehung Gottes liefert ihm dabei die Gewißheit, daß Gott denen, die das Gesetz erfüllen, ein segensreiches Leben gibt, was, cum grano salis, als das jüdische Äquivalent für die stoische εὐδαιμονία gelten kann.

Mit dieser Skizze ist angedeutet, daß der Gedanke des providentiellen Handelns Gottes an seiner Schöpfung von grundlegender Bedeutung für Ben Siras Werk ist. Folglich klingt er an mehreren Stellen des Buches an. Am konzentriertesten faßt Sirach ihn jedoch in einem Lobpreis auf die Werke Gottes in 39,12-35 zusammen. Erwartungsgemäß verdichten sich in diesem Hymnus auch die Berührungen mit der Stoa.[4] Mit der Auslegung dieses Hymnus beginnen wir daher den zweiten Teil unserer Untersuchung.

2.2 Zum Gedanken der göttlichen Vorsehung im alttestamentlichen Horizont

Ben Sira formuliert in diesem Kapitel in hymnischer Form erstmals in der alttestamentlichen Tradition ansatzweise den Gedanken der göttlichen Vorsehung. Grundsätzlich ist freilich der Vorsehungsglaube im Alten Testament tief verwurzelt.[5] Er konzentriert sich auf den Gedanken der Führung des Volkes Israel und einzelner aus diesem Volk durch seinen Gott.[6] Eine geradezu klassische „Führungsgeschichte" liegt mit der Josephserzählung vor.[7] Ihre theologi-

---

4   Vgl. auch Pautrel, Stoïcisme, 543; Marböck, Weisheit, 143ff.; Hengel, Judentum, 261-268; Winston, Theodicy, 241f. Auf die eminente Bedeutung von Sir 39,12-35 für den Vergleich hat Kaiser, Anknüpfung, 61 = ders., Gottes und der Menschen Weisheit, 208 hingewiesen.

5   Vgl. dazu Eichrodt, Vorsehungsglaube.

6   Vgl. z. B. zur Deutung der Plagenerzählung im Nachpriesterlichen Geschichtswerk Kaiser, Theologie des AT 1, 176-180. Weitere Beispiele finden sich bei Eichrodt, Vorsehungsglaube.

7   Vgl. zu ihrer theologischen Relevanz v. Rad, Weisheit, 257f.; Kaiser, Theologie des AT 1, 183-185, zu literarischen Problemen L. Schmidt, Josephsgeschichte.

sche Intention wird am deutlichsten artikuliert in dem Satz, mit dem Joseph dem Schuldeingeständnis seiner Brüder begegnet (Gen 50,19f.):

> *Fürchtet euch nicht! Bin ich denn an Gottes Statt? Ihr zwar plantet Bö-*
> *ses gegen mich, aber Gott plante es zum Guten, um zu tun, was jetzt am*
> *Tage ist: vielen das Leben zu retten.*[8]

Sirach konnte folglich an eine vertraute Vorstellung anknüpfen. Vom alttestamentlichen Hintergrund unterscheidet er sich jedoch in einer grundsätzlichen Hinsicht: Er beschränkt sich nicht mehr darauf, den Gedanken der göttlichen 'Führung' in erzählerischen Zusammenhängen zu vergegenwärtigen. Vielmehr systematisiert er die Vorstellung[9] und entwickelt daraus den Gedanken einer universal verstandenen, Schöpfung und Geschichte umfassenden Vorsehung Gottes. Dabei liegt seine Leistung vor allem in der Einführung eines rationalen Momentes in das Theologumenon von der Vorsehung Gottes und der Zusammenfassung zuvor disparater Aspekte des Themas und nicht reflektierter Voraussetzungen des Gedankens.

Sein Ansatz besteht daher nicht in einer Abkehr von der Tradition. Die Intention des Siraciden ist vielmehr, mit seiner Interpretation das Alte neu zu erschließen und für die Gegenwart neu zu gewinnen. So wird sich zeigen, daß er mit Grundelementen der stoischen Lehre von der göttlichen Providenz der aus der Tradition übernommenen Annahme einer gerechten Vergeltung Gottes eine neue Begründungsbasis zu geben sucht. Er verfolgt damit ein Anliegen, das für die Stoiker marginal ist, wenn es nicht gar ihrem Verständnis von der Glückseligkeit des Menschen entgegensteht:[10] So beweist Ben Sira seine Unabhängigkeit in der Übernahme fremder Vorstellungen und seinen souveränen Umgang mit ihnen.

In dieser Spannung zwischen der Traditionsgebundenheit, der Rezeption stoischer Anregungen und der Eigenständigkeit des Gedankens liegt der besondere Reiz des Hymnus. Ihr sei im folgenden nachgegangen.

---

8   Übersetzung Kaiser, Theologie des AT 1, 183f.
9   Eine Tendenz zur Systematisierung hat auch Prato, problema, 359 bei Ben Sira festgestellt.
10   Der größere Zusammenhang der Frage nach der Gerechtigkeit ist der Grund, warum dieser Hymnus von einer Reihe von Autoren unter den Begriff der „Theodizee" subsumiert wird, vgl. Prato, problema, 81-115, bes. 113ff.; Crenshaw, Theodicy, 52f.; Winston, Theodicy, 241f.; Schrader, Leiden, 224-232. Dabei tritt jedoch das apologetische Moment zu stark in den Vordergrund. Die fundamentale Bedeutung, die der Gedanke der Vorsorge Gottes für die Welt im Werk Ben Siras einnimmt, wird dadurch leicht verdeckt.

2.3 Übersetzung

(12)[11] *Noch einmal möchte ich nachdenken und vollständig erzählen,*
denn wie der Vollmond bin ich erfüllt.

(13) Hört mir zu, ihr frommen Söhne,[12] *und sproßt in die Höhe*
wie die Rose, die am fließenden Bach wächst.

(14) Wie Weihrauch gehe Wohlgeruch von euch aus,
und Blüten wie die Lilie sollt ihr treiben.
Erhebt eure[13] *Stimme und preist einmütig,*
und lobt den Herrn in allen seinen[14] *Werken.*

(15) Verleiht seinem Namen Größe,
und bekennt euch im Lobgesang zu ihm
mit Liedern der Harfe und mit allerlei Gesang.[15]
Und so sollt ihr sprechen mit Jauchzen:[16]

(16) Die Werke Gottes sind alle gut,
und für[17] *jeden Zweck*[18] *trägt er Sorge zu seiner Zeit.*[19]

---

11 V. 12-15b fehlen in H. Die Übersetzung folgt daher G. Auf Ausnahmen von dieser Regel weisen die Anmerkungen hin.

12 Vermutlich stand in der hebräischen Vorlage für υἱοὶ ὅσιοι lediglich תמימים (für die Wiedergabe des Adjektivs vgl. V. 24a und Segal, 252). Die gleichwohl typisch weisheitliche Anrede υἱοί hätte im hebräischen zu einer Überlänge des Kolons geführt, vgl. Skehan / Di Lella, 456 und S, bei dem ein Äquivalent für υἱοί fehlt. Entsprechend fehlt die Anrede bei einigen der griechischen Zeugen, vgl. Ziegler, Sapientia, 307. Anders urteilt Prato, problema, 67. Für das ungewöhnliche ὅσιοι bietet der Syrer זדיקא.

13 Ergänzt nach S. Der Syrer bietet eine abweichende Zählung: V. 14cd rechnet er zu V. 15. Die zwei Bikola, die dieser Vers in G umfaßt, zieht er zu einem zusammen, ein Vorgehen, das für den Syrer typisch zu sein scheint, vgl. noch Sir 44,15; 48,5. Zur Besonderheit und zum textkritischen Wert der syrischen Übersetzung insgesamt vgl. Smend, CXXXVI-CXLVI und Nelson, Syriac Version.

14 Ergänzt nach S.

15 Ab V. 15c folgt die Übersetzung H[B], sofern nichts anderes in den Anmerkungen notiert wird.

16 G liest hier ἐν ἐξομολογήσει ("bei eurem Bekenntnis") und trifft damit den Sinn genau.

17 Ergänze ל vor כל mit H[Bmg] und vgl. V. 33b.

18 G liest πρόσταγμα und scheint damit gedanklich V. 17f. vorwegzunehmen. H[B] (צורך) nimmt den Grundgedanken des Hymnus auf. Als zentraler Begriff wird צורך in V. 21b und V. 33b wiederholt. Zur Bedeutung vgl. u. S. 71.

19 Der Singular יספיק, den H[B] bietet, ist gegen H[Bmg] festzuhalten, vgl. Ryssel, 425; Hamp, 105; Skehan / Di Lella, 454. Der Randlesart folgen hingegen Smend, 358; Box / Oesterley, 457; Prato, problema, 65.71; Marböck, Kohelet, 286. G bietet im Anschluß an diesen Vers V. 21ab, der Syrer sogar den gesamten V. 21. H[B] gebührt der Vorzug,

(17)   Durch sein Wort stellte er das Wasser auf wie einen Wall[20]
und durch einen Ausspruch seines Mundes die Speicher.[21]

(18)   Durch seine Macht[22] läßt er geschehen, was ihm wohlgefällt,
und es gibt keine Grenze für seine Hilfe.[23]

(19)   Das Tun allen Fleisches liegt vor ihm;
und nichts ist verborgen vor seinen Augen.

(20)   Von Ewigkeit zu Ewigkeit geht sein Blick;
gibt es eine Grenze für seine Hilfe?
Nichts ist zu klein und gering bei ihm,
und nichts ist zu wunderbar und stark vor ihm.[24]

(21)   Keiner soll sagen: „Warum ist dies, wozu jenes?“,
denn das Alles ist für seinen Zweck bestimmt.
Keiner soll sagen: „Dies ist schlechter als das“,
denn das Alles wird sich zu seiner Zeit als trefflich erweisen.[25]

---

vgl. dazu ausführlich Prato, problema, 68-71 und besonders Smend, 361, der dazu
bemerkt: „Gegen Gr. spricht die Identität von v. 17a (Gr.) und v. 21a (Gr.).“

20   So mit G, da H verderbt ist, vgl. Hamp, 105. Anders Prato, problema, 65.72ff. S bietet
einen vollkommen abweichenden Text.

21   Das Prädikat ist aus V. 17a zu übernehmen.

22   Dies ist freie Wiedergabe von חחה (H[B]), ähnlich deuten Eberharter, 131 und Skehan /
Di Lella, 454 (*He has but to command and his will is in effect*); Ryssel, 426 und
Hamp, 105 übersetzen *auf der Stelle*.

23   S verkennt den Sinn des Verses, wenn er nicht Gott, sondern dessen Werke die Aus-
führenden sein läßt: „*In Freude wird sein Wille ausgeführt, keiner soll seine Anordnung verzögern.*“

24   V. 20ab fehlt in S, G bietet hingegen nur V. 20ad, wobei er in V. 20d חוח wegläßt,
vermutlich um eine Überlänge des Kolons zu vermeiden. Die Vermutung liegt nahe,
daß ihn ebenfalls stilistische Gründe dazu bewogen haben, V. 20b auszulassen, um so
die Dublette zu V. 18b zu vermeiden. Mit Skehan / Di Lella, 457 ist an der Lesart von
H festzuhalten, vgl. auch Eberharter, 131; Hamp, 105; Prato, problema, 75; Duesberg /
Auvray, 178 und Snaith, 193 stützen sich insgesamt auf G. Anders entscheidet Smend,
360. Daß der Syrer V. 20ab wegläßt, könnte seiner hinter der Bearbeitung von 33,7-15
vermuteten Intention entsprungen sein, jede Möglichkeit einer deterministischen
Deutung des siracidischen Werkes zu unterdrücken, s. dazu u. S. 233-233.

25   Gegen Skehan / Di Lella, 457 ist an H[B] festzuhalten, obwohl V. 21cd in V. 34 wieder-
kehrt, vgl. dazu ausführlich Prato, problema, 68-71 und auch Hamp, 105; Marböck,
Weisheit, 138f.; anders hingegen Eberharter, 131; Box / Oesterley, 458. Abgesehen
von der Tatsache, daß G und S hier verdächtig sind, da sie Teile des Verses (=G) bzw.
den gesamten Vers (=S) hinter V. 17 bieten, sprechen inhaltliche Gründe für H[B], die
im Rahmen der Auslegung zur Sprache kommen werden, s. dazu u. S. 64.79.

(22) Sein[26] Segen strömt über wie der Nil
und wie der Euphrat tränkt er das Festland,

(23) aber sein Zorn vertreibt Völker
und wandelt das fruchtbare Land zur Salzwüste.

(24) Seine Wege[27] sind für[28] die Frommen gerade,
aber für die Frevler[29] sind sie voller Hindernisse.

(25) Gutes teilte er den Guten zu von Beginn an,
aber den Bösen Gutes und Böses.[30]

(26) Das Allernotwendigste für das Leben des Menschen
ist Wasser und Feuer und Eisen und Salz,
das Mark des Weizens, Milch und Honig,
das Blut der Traube, Öl und Kleidung.

(27) All dies dient den Guten zum Guten,
aber für die Bösen wendet es sich zum Schlechten.

(28) Es gibt Winde, die sind für das Gericht geschaffen,
und in ihrem Zorn versetzen sie Berge,
und zur Zeit der Vernichtung gießen sie ihre Stärke aus,[31]
und die Zornesglut dessen, der sie geschaffen hat,
bringen sie zur Ruhe.

(29) Feuer und Hagel, Hunger und Pest,
auch diese sind für das Gericht geschaffen.

(30) Reißendes Getier, Skorpione und Ottern,
das Racheschwert, zu vertilgen die Bösen.
All diese sind für ihren Zweck geschaffen,
und sie sind in seiner[32] Vorratskammer bis zu der Zeit,
da sie Order bekommen.[33]

---

26 Ergänzt mit G und S.

27 Ergänze das *suff 3 m* im Anschluß an H[Bmg] und G. Der Syrer verfehlt die Pointe des Textes, wenn er „seine Wege" durch „die „Wege der Gerechten" ersetzt. Diese Lesart könnte durch V. 19 veranlaßt sein.

28 Ergänze die Partikel ל vor חמים, vgl. G.

29 Lies לזדים anstelle von לורים, vgl. G.

30 G läßt טוב weg und verfehlt damit den Sinn, s. dazu u. S. 82. S bestätigt H[B].

31 So im Anschluß an G, zur Rekonstruktion von H[B] vgl. Prato, problema, 64.78f.

32 Lies H[Bmg].

33 V. 30cd fehlt in G und S. Der Text von H[B] wird jedoch zumindest, was den Umfang betrifft, durch H[M] bestätigt. Der Text von H[M] ist zwar an dieser Stelle zerstört. Die Lücke in der Handschrift läßt jedoch auf die Existenz von vier Kola schließen.

(31)   Wenn er ihnen befiehlt, freuen sie sich,
und wenn er ihnen gebietet, sind sie nicht ungehorsam
gegen seinen Mund.

(32)   Deshalb stand es für mich von Anfang an fest,[34]
und ich dachte darüber nach und legte es in einer Schrift nieder.

(33)   Die Werke[35] Gottes sind alle gut,
für jeden Zweck trägt er Sorge[36] zu seiner Zeit.

(34)   Keiner sage: „Dies ist schlechter als das",[37]
denn das alles erweist sich zu seiner Zeit als trefflich.[38]

(35)   Jetzt jubelt von ganzem Herzen
und preist den Namen des Heiligen.

2.4 Das Ideal des Weisen: zum Kontext des Hymnus

Zunächst ist festzustellen: Das Gedicht steht nicht isoliert für sich. Wenn es sich aus dem Zusammenhang heraushebt, so durch seinen erhöhten Tonfall, der dem Ganzen unbeschadet seines gelegentlich didaktischen Einschlags einen lyrischen, hymnischen Charakter verleiht. Unmittelbar voran geht Ben Siras Traktat über den weisen Schriftgelehrten (Sir 38,24-39,11).[39] Ben Sira entwirft dort das Idealbild des Weisen. Ihn kennzeichnet die Verbindung einer sowohl traditionsbewußten wie weltoffenen Bildung (Sir 39,1-4) mit einer tiefen Religiosität, die im Studium des Gesetzes wie in der persönlichen Hinwendung des Weisen zu Gott durch Gottesfurcht und Gebet ihren Ausdruck findet (38,34cd; 39,5.8).[40] Das Moment der Frömmigkeit ist dabei ein Schlüs-

---

34   Lies gegen Vattioni, Ecclesiastico, 213 החיצבתי für החעכבתי, das kaum ursprünglich gewesen sein dürfte, vgl. G und Smend, 366; Prato, problema, 64.80; Skehan / Di Lella, 458.

35   Lies מעשי anstelle des Singulars, vgl. G und S. Der Plural wird zudem durch כלם und טובם bestätigt und zusätzlich durch V. 16. H^Bmg liest fälschlich הכל statt כלם und bzieht es in einer Konstruktusverbindung auf אל (der Gott des Alls), vgl. dazu Sir 36,1. H^B liest dort אלהי הכל, was G durch δέσποτα ὁ θεὸς πάντων wiedergibt.

36   Lis יספיק wie in V. 16b, vgl. G.

37   Lies מזה im Anschluß an H^Bmg und G, vgl. V. 21c.

38   S bietet V. 30d zwischen V. 34a und b.

39   Vgl. dazu Marböck, Der schriftgelehrte Weise; Stadelmann, Ben Sira, 216-246; Löhr, Bildung, 96-120.

40   Vgl. dazu Marböck, Der schriftgelehrte Weise, 301-306 = ders., Gottes Weisheit, 33-39.

sel zu seiner Weisheit und bestimmt zugleich ihr Ausmaß: Sofern es Gott wohlgefällt, wird der Weise mit dem „Geist der Einsicht" erfüllt (39,6).

Hier zeichnet sich ab, was nach Ben Siras Verständnis die wahre Weisheit ausmacht: Sie ist gebunden an die Frömmigkeit und an das Gottesverhältnis des Menschen.[41] Dem entspricht es, daß der Siracide religiöse Einsicht und vernunftbezogene Erkenntnis als ein doppeltes Erschließungsgeschehen begreift. Zunächst bedarf es der intellektuellen und sittlichen Anstrengung des Menschen, um weise zu werden. *Wahre* Weisheit besitzt jedoch nur, wem Gott sie zuteil werden läßt.[42] Vollends ist sie nur als Gabe Gottes zugänglich. Gott gibt sie den Frommen (Sir 43,33), denen, die ihn lieben (1,10) und die mithin seine Gesetze halten.[43] So kann man mit Marböck von einer „dialogischen und personalen Struktur"[44] des Verhältnisses zwischen Gott und dem Weisen sprechen, das auch Art und Umfang seiner Einsicht (σύνεσις) betrifft. Dies hat zugleich Auswirkungen auf den Inhalt der weisheitlichen Lehre: Sie findet ihr Ziel und ihren Höhepunkt im Bittgebet und im Lob Gottes.[45] Der Weise hat die Größe Gottes und zugleich die Grenzen seines eigenen autonomen Erkenntnisvermögens erkannt, und aufgrund dieser Einsicht weiß er, daß es keine größere „Weisheit" gibt als Gott zu loben.[46] Aus dieser Weisheit heraus ist auch der hymnische Charakter von Sir 39,12-35 zu interpretieren.[47]

2.5 Zum Aufbau des Gedichts

Das Gedicht umfaßt fünf Strophen von 6 / 7 / 7 / 6 / 4 Bikola (V. 12-15.16-21.22-27.28-31.32-33).[48] Die erste und die letzte Strophe bilden eine Rah-

---

41 Vgl. besonders auch Sir 19,20-25 und dazu Beentjes, Full Wisdom.

42 Vgl. auch Sir 1,10; 43,33;

43 Vgl. Ex 20,6; Dtn 10,12f.; 6,5 (im Kontext des gesamten sechsten Kapitels); Sir 47,8.22.

44 Marböck, Der schriftgelehrte Weise, 307 = ders., Gottes Weisheit, 39.

45 Vgl. Sir 39,5, aber auch 15,9f; 39,12-15.35 und Marböck, Der schriftgelehrte Weise, 303ff. = ders., Gottes Weisheit, 36ff.; ders., Sir 15,9f., Prato, problema, 84f. und schließlich auch Jansen, Psalmendichtung, 64f.

46 Vgl. auch Marböck, Sir 15,9f, 273f. = ders., Gottes Weisheit, 174. Marböck spricht geradezu von „Ansätzen zu einer Theologie des Gotteslobes bei Jesus Sirach", so der Untertitel des zitierten Beitrags.

47 S. dazu u. S. 64-70.

48 Vgl. auch Fritzsche, 223; Skehan / Di Lella, 458. Anders gliedern Box / Oesterley, 456; Prato, problema, 87-90.

mung, mit der Ben Sira seine Leser zum Lobpreis auffordert.[49] Unterschiedliche Auffassungen zur Abgrenzung der Strophen betreffen in erster Linie den Mittelteil V. 16-31. So umfaßt nach Prato die zweite Strophe lediglich V. 16-20. V. 21 rechnet er zum folgenden und faßt V. 21-31 insgesamt zu einer Strophe zusammen, in der er drei Teile (V. 21-25.26-27.28-31) voneinander abhebt.[50] V. 21 ist jedoch durch die *inclusio* zwischen V. 16b und V. 21bd mit der zweiten Strophe (V. 16-21) verbunden (vgl. צורך und בעתו in V. 16 mit לצרכו in V. 21b und בעתו in V. 21d). Für die Abgrenzung der dritten (V. 22-27) und der vierten Strophe (V. 28-31) spricht zunächst von der Form her die damit erzielte Ebenmäßigkeit der Strophenlänge von sieben bzw. sechs Bikola. Wichtiger noch ist jedoch, daß die dritte Strophe (V. 22-27) durch die Gegenüberstellung des guten Menschen und des Frevlers bzw. deren jeweiligen Ergehens zusammengehalten wird. Formal gekennzeichnet ist dieser Zusammenhang durch die Vergleichspartikel כן in V. 23a.24b.25b.27b. Ab V. 28 wird der Gegensatz nicht mehr benannt.

2.6 Zur gattungstheoretischen Zuordnung: Ist Sir 39,12-35 ein Hymnus?

Daß die in Sir 39,12-35 vorgetragenen Gedanken für das Werk des Siraciden von zentraler Bedeutung sind, spiegelt sich unter anderem auch in seiner hymnischen Form: Der Lobpreis als Ausdruck größter Weisheit verleiht auch dem Inhalt des Gedichts eine besondere Würde. Allerdings ist in der Forschung nicht unumstritten, inwieweit es überhaupt als Hymnus anzusprechen ist. Daher ist eine etwas ausführlichere Erörterung zu dieser Frage notwendig.

Gattungsgemäß erfolgt eine Aufforderung zum Lobpreis in V. 14c-15, die am Schluß wiederholt wird (V. 35). Elemente der „Durchführung" finden sich in der zweiten Strophe im Bekenntnis zur Macht Gottes (V. 17-20) sowie zu

---

49   Vgl. dazu Skehan / Di Lella, 459; Hamp, 104ff.; Baumgartner, Gattungen, 169 rechnet nur V. 35 zum Schluß, V. 32-34 hingegen noch zum „Hauptteil", ebenso Jansen, Psalmendichtung, 67; Snaith beschränkt die hymnische *inclusio* auf V. 15 und 35. Gegen Eberharter, 140f., der V. 12-15 noch zum Vorigen rechnet, ist auf den Einschnitt durch ἔτι zu Beginn von V. 12 hinzuweisen sowie auf den Wechsel zur Rede in der ersten Person (V. 12f.), die der Siracide am Beginn der letzten Strophe (V. 32) wieder aufgreift.

50   Vgl. Prato, problema, 87-90. Ebenso verfahren Box / Oesterley, 456, die jedoch für V. 21-31 keine Feingliederung angeben. Die Angaben von Smend, 346 lassen auf folgendes Aufbauschema schließen: V.12-15.12-20.21-23.24-27.28-31. Hamp, 104f. hebt lediglich die erste Strophe (V. 12-15) vom übrigen ab.

Beginn der dritten Strophe (V. 22f.).[51] Nun läßt sich jedoch nicht bestreiten, daß der Hymnus einige Merkmale aufweist, die man streng genommen im Rahmen dieser Gattung kaum erwarten würde. Wenn Ben Sira im Schlußvers der zweiten Strophe (V. 21) gegnerische Einwände gegen die Güte der Schöpfung zurückweist, so kommt mit dem Lob ein diskursives Element in den lyrischen Duktus der Betrachtung hinein, das sich mit einer 'lehrhaften' Absicht verbindet. Die Strophen drei und vier sind dieser Intention gewidmet. Das Bekenntnis zur Güte der Schöpfung (V. 16.21) wird hier argumentativ begründet.

In der Forschung ist diese Abweichung von der 'reinen' Gattungsform des Hymnus schon mehrfach angemerkt worden. So stellte bereits Baumgartner in seinem im Jahre 1914 erschienenen Aufsatz zu den „literarischen Gattungen in der Weisheit des Jesus Sirach" fest: „V. 17a.21-31 aber atmen andern Geist, den der Belehrung." Er kommt daher zu dem Schluß: „Damit verläuft der Hymnus immer mehr im Sande."[52] Abschließend urteilt er: „Der Inhalt ist in der Hauptsache nicht hymnisch, sondern lehrhaft. Vom Hymnus ist mehr nur die äußere Form genommen, und deshalb will auch der hymnische Schwung nicht recht aufkommen."[53] Zu einer ähnlichen Einschätzung gelangt Jansen im Jahre 1937, der im Korpus des Hymnus (V. 16-31) ebenfalls eine Vermischung von „Hymnenstil" und „Lehrstil" feststellt[54] und daher bemerkt: „Der Dichter will diesem wunderbaren, weisen Gott lobsingen. ... Der Lobgesang des Dichters wird jedoch erheblich gedämpft, da seine Gedanken sich von Gott selbst oft abwenden, um sich mit Gottes Werken und den irdischen Verhältnissen zu beschäftigen..."[55] In jüngster Zeit (1994) hat sich noch einmal Schrader zur Frage der Form des Gedichts geäußert.[56] Er zählt im wesentlichen dieselben Beobachtungen auf wie Baumgartner und Jansen (hymnische

---

51   Zur Formgeschichte des Hymnus vgl. Crüsemann, Danklied, 19-154. Crüsemann hat zwei verschiedene Grundformen des Hymnus erkannt: Der „imperativische Hymnus" kann als ursprünglich israelitisch gelten (a.a.O., 35-38). Seine Kennzeichen sind in erster Linie eine Aufforderung zum Lobpreis und die in der Regel mit כ eingeleitete „Durchführung" durch die mit dem Imperativ Angeredeten (a.a.O., 19-24.31-35). Die zweite, aus der Umwelt übernommene Grundform (a.a.O., 84ff.), der „partizipiale Hymnus", ist zwar als vollständige Gattung nicht mehr nachzuweisen. Aus ihm haben sich jedoch die „hymnischen Partizipialprädikationen" erhalten, die sich in nachexilischer Zeit mit dem imperativischen Hymnus zu einer Mischgattung verschmolzen haben (a.a.O., 126f.).
52   Baumgartner, Gattungen, 171.
53   Baumgartner, Gattungen, 171f.
54   Jansen, Psalmendichtung, 67.
55   Jansen, Psalmendichtung, 68.
56   Vgl. Schrader, Leiden, 224f.

Rahmung, gattungsfremde Elemente im Hauptteil des „vermeintlichen Psalms"[57]. Wichtig ist vor allem die Folgerung, die er daraus für die Form des Gedichts zieht: „Daran zeigt sich deutlich, worum es hier in erster Linie geht: nicht um das Lob des Schöpfers und das Bekenntnis zu ihm, sondern um lehrhafte Polemik."[58]

Wenngleich die zitierten Beobachtungen über die Verbindung von hymnischen mit stärker lehrhaften Elementen in diesem Hymnus zutreffen, bedarf jedoch die Bewertung dieses Befundes, die sich bei Schrader zu dem Urteil verdichtet, es gehe hier nicht um das Lob des Schöpfers, einer Korrektur. So darf nicht übersehen werden, daß die scheinbar ausschließlich didaktisch orientierten Verse 22-27 und 28-31 indirekt den Schöpfer loben, indem sie an der sichtbaren und erfahrbaren Welt die These nachzuweisen suchen, die im Zentrum des Lobpreises steht:

> *Die Werke Gottes sind alle gut,*
> *und für jeden Zweck trägt er Sorge zu seiner Zeit.*[59]

Dies beweist der Schlußvers des Hymnus (V. 35), indem er in der erneuten Aufforderung zum Lobpreis nicht die Werke Gottes, sondern ausdrücklich *den Namen des Heiligen* als Gegenstand des preisenden Bekenntnisses benennt. Wenn Doll in diesem Hymnus ein Beispiel für den von ihm beobachteten spätbiblisch-frühjüdischen „Wandel vom Gotteslob zur Naturbetrachtung" sieht,[60] so trifft er den Sachverhalt folglich nur teilweise. Der Lobpreis Gottes wird hier nicht ersetzt, sondern *durch* die Naturbetrachtung hindurch vollzogen. Das Lob der Schöpfung ist selbst Teil und Ausdruck des Hymnus auf den Schöpfer.[61] Zwar hebt sich der 'belehrende' Teil aus dem hymnischen Anfang heraus, ohne aber seinen lyrischen Tonfall zu verlieren. An den Stellen, die direkt dem Lobpreis Gottes dienen, verdichtet er sich zur reinen hymnischen Gestalt. Es ist daher unangemessen, in der Verschmelzung der Lehre mit hymnischen Motiven in Sir 39,12-35 eine Verflachung des hymnischen Ausdrucks zu sehen. Eher könnte man umgekehrt von einer hymnischen Überhöhung der

---

57 Schrader, Leiden, 224.
58 Schrader, Leiden, 224. Vgl. noch Haspecker, Gottesfurcht, 183, der das „Kernstück" (V. 16-34) als „eine sehr entschiedene *weltanschauliche Diskussion*" charakterisiert; Marböck, Weisheit, 139 und ders., Kohelet, 286ff.
59 Doll, Menschenschöpfung, 66 spricht von einem „Wandel vom Gotteslob zur Naturbeschreibung", den er neben Ben Sira auch im Hiobbuch beobachtet. Wie später noch zu zeigen sein wird, ist jedoch bei Ben Sira die Beschreibung der Schöpfung selbst Teil und Ausdruck des Lobpreises auf den Schöpfer. S. dazu u. S. 68-70.
60 Doll, Menschenschöpfung, 66; vgl. auch a.a.O., 64-74.
61 Vgl. besonders auch Sir 42,15-43,33.

Lehre sprechen. Das Ganze ist aus der 'Fülle' des Herzens gesprochen, auch die reflektierenden und die paränetischen Teile, auch dies Ausdruck einer innerlich bewegten Kontemplation, die der Vollmond als lyrische Metapher symbolisiert.

Auch im griechischen Bereich ist eine solche Einbindung der Lehre in einen hymnischen Kontext zu beobachten. Ein vorzügliches Beispiel hierfür ist der Zeus-Hymnus des Kleanthes.[62] Daneben sind vor allem die im Hellenismus und bis in die römische Kaiserzeit hinein weit verbreiteten Phainomena des Stoikers Aratus zu nennen.[63]

Ohne einen formkritischen Vergleich zwischen dem Sirachtext und den Phainomena anstrengen zu wollen, sei auf eine Parallele dieser Dichtung zu Sir 39,12-35 hingewiesen. Auch hier trifft man auf eine ähnliche Doppelstruktur. Während das lange Corpus des in Hexametern gefaßten Gedichts „eine praktische Lehre"[64] über die Gestirne und das Wetter zum Gegenstand hat, bildet ein Zeus-Hymnus die Einleitung des Gedichts.[65] Bemerkenswert ist daran vor allem, daß das vergleichsweise kurze Proömium das eigentliche Interesse des Gedichts spiegelt: „Zeus (d. h. die Vorsehung) durchdringt die ganze Welt und sendet den Menschen ... überall hilfreiche Zeichen."[66] Indem der folgende lange Text verschiedene praktische Erkenntnisse vermittelt, zielt er darauf, Zeugnis zu geben für den mit dem Proömium vermittelten „stoische[n] Glaube[n] an eine gütige Vorsehung, die das Geschehen der Welt lenkt und das Wohlergehen der Menschen durch eine Fülle nützlicher Zeichen sichert."[67] Zeus wird folglich durch seine Werke gepriesen.

So kann man als Ergebnis festhalten, daß das Gedicht den an den Psalmen gewonnenen gattungstheoretischen Kriterien der Form des Hymnus nicht durchgehend entspricht. Wichtiger als die formgeschichtliche Frage nach der Reinheit der Gattung ist jedoch die ausdrückliche Intention des Siraciden: Er will das Vorgetragene als einen Lobpreis verstanden wissen, wie V. 15 eindeutig belegt.

Der Schlüssel zu dieser Verbindung von Lehre und Hymnus wurde bereits andeutungsweise benannt, und zwar im Rahmen der Zuordnung des Hymnus zum Kontext.[68] Wie wir dort sahen, gipfelt nach der Auffassung Ben Siras die

---

62 S. dazu oben S. 52ff.
63 Vgl. dazu Effe, Hellenismus, 131-135 und oben S. 30.
64 Effe, Hellenismus, 133.
65 Vgl. Phainomena 1-16.
66 Effe, Hellenismus, 134.
67 Effe, Hellenismus, 134; vgl. zur hellenistischen Lehrdichtung auch Lesky, Geschichte, 840-847.
68 S. dazu o. S. 62f.

wahre Weisheit im Gotteslob. Die Lehre von der Güte der Schöpfung wird damit selbst zum Inbegriff des Lobpreises. Anhand der ersten Strophe des Gedichts läßt sich diese These weiter verdeutlichen.

2.7 Auslegung

2.7.1 Die hymnische Rahmung durch die Anfangs- und Schlußstrophe (V. 12-15.32-35)

Wie bereits angedeutet, verleiht Ben Sira dem Gedicht mit der ersten und der letzten Strophe eine hymnische Rahmung in Form einer Aufforderung zum Lobpreis, die an seine Hörer gerichtet ist (V. 14c-15.35). Daß er das Korpus des Gedichts, die Strophen zwei bis vier, als Durchführung des Lobpreises auffaßt, zeigt er mit V. 15d an:

und so sollt ihr sprechen mit Jauchzen:

Eine Besonderheit enthält der hymnische Auf- und Abgesang mit der autobiographischen Notiz jeweils zu Beginn der Strophe (V. 12f.32).

> *(12) Noch einmal möchte ich nachdenken und vollständig erzählen,*
> *denn wie der Vollmond bin ich erfüllt.*
> *(13) Hört mir zu, ihr frommen Söhne, und sproßt in die Höhe*
> *wie die Rose, die am fließenden Bach wächst.*
> *(32) Deshalb stand es für mich von Anfang an fest,*
> *und ich dachte darüber nach und legte es in einer Schrift nieder.*

Der Siracide tritt mit seiner eigenen Person, seiner Weisheit und seiner Erkenntnis für jene Lehre ein, die er in hymnischer Einkleidung in der zweiten bis vierten Strophe vorträgt.

In der ersten Strophe erbittet er mit der autobiographischen Notiz die Aufmerksamkeit seiner Hörer, *ihm* zuzuhören. Dabei begründet er den Willen, *'nochmals nachzudenken und zu berichten'* (V. 12a), mit der Fülle der Weisheit, die er selbst durch seine Studien erlangt hat. Daß er dies mit der Metapher vom Vollmond au2sdrückt, zeigt, daß er hier gewissermaßen an sein Ziel gelangt ist (V. 12b).[69] Ben Sira spricht aus einer Gewißheit der Gotteser-

---

69   Vgl. auch Fritzsche, 224.

kenntnis, die ihn erfüllt.[70] Auch Prato hebt die Bedeutung der Ich-Rede hervor und stellt fest, daß Ben Sira hier selbst zum „simbolo qualificato della vita religiosa che si esplica nella lode" geworden ist.[71] Hierin sieht er den Höhepunkt einer drei-stufigen Entwicklung, die der Siracide mit den Ich-Reden in 24,30-34; 33,16ff. und 39,12f. vollzieht. Was jene Stellen verbindet, ist die Verknüpfung eines autobiographischen Bekenntnisses mit dem Aufruf zur Nachfolge. Nach Pratos These wird Ben Siras Ruf dabei nach und nach direkter, und zwar in dem Maße, wie er selbst Eigenschaften der Weisheit übernimmt. Das Ziel ist dabei, daß er, wie ursprünglich die Weisheit in 24,3-29, zum Lobpreis als dem angemessenen Ausdruck der Weisheit übergeht. So ist das Lob nicht lediglich eine Form, sondern eigentlicher Inhalt der Lehre: Wer weise geworden ist, erkennt, daß der Hymnus die einzig angemessene Form ist, dem Schöpfer zu begegnen. Gott zu preisen ist damit der Inbegriff der Weisheit.[72]

Dem entspricht die Eindringlichkeit, mit der der Siracide nach der Übersetzung des Enkels seine Leser auffordert, ihn anzuhören:[73] Das Verb εἰσακούσατε (V. 13a) verwendet der Grieche sonst ausschließlich mit Gott als Subjekt für die Erhörung des Gebetes.[74] Die Aufforderung an den Schüler, der Rede des Lehrers zu folgen, übersetzt er in der Regel hingegen mit einfachem ἀκούειν.[75] Auch die Bezeichnung der von Ben Sira Angeredeten als υἱοὶ ὅσιοι (V. 13) ist außergewöhnlich.[76] Das Adjektiv ὅσιος erscheint nur noch einmal, und zwar in V. 24 dieses Hymnus in substantivierter Form. Der Bezug ist sicher beabsichtigt: Die als „fromme Söhne" angesprochenen Hörer können sich auf diese Weise mit jenen identifizieren, für die nach V. 24a die Wege Gottes eben sind.[77]

Dafür verheißt Ben Sira ihnen eine Blüte,[78] die jener entspricht, mit der die Weisheit in Sir 24,12-17 ihre eigene Schönheit besungen hatte

---

70 Vgl. auch die Ich-Reden in Sir 24,30-34; 33,16ff.; 34,9-13 und 51,13-30.
71 Prato, problema, 85.
72 Vgl. dazu insgesamt Prato, problema, 84ff. und bereits o. S. 62f.
73 Wie bereits im Rahmen der Textkritik angemerkt, liegen V. 12-15a nur in der griechischen Übersetzung vor, die, dem Prolog der griechischen Übersetzung zufolge, in ihrer ursprünglichen Gestalt auf den Enkel Ben Siras zurückgeht (vgl. Prolog, Z. 7).
74 Vgl. Sir 3,5.6; 34,29.31; 35,16; 36,22; 51,11.
75 Vgl. Sir 3,1; 6,23.33; 16,24; 23,7; 31,22; 33,19.
76 Die Septuaginta bietet neben unserer Stelle keinen weiteren Beleg für diese Form der Anrede.
77 *Seine Wege sind für die Frommen gerade.* S. dazu u. S. 81.
78 V. 13f., vgl. Hosea 14,6f.; Ps 1,3; 92,13f.

(vgl. Sir 24,12-17 mit Sir 39,13f.).[79] Daher entspricht dem Erwerb der Weisheit eine bestimmte Haltung, deren tiefster und angemessenster Ausdruck im Gotteslob besteht.

In der Schlußstrophe würdigt Sirach mit der Ich-Rede die in den Strophen zuvor entfaltete Einsicht in die Güte und Zweckmäßigkeit der Werke Gottes als den Grund seiner Lehre und seiner Schriften (vgl. מראש in V. 32). Daraufhin wiederholt er bekräftigend und resümierend die Grundthese seines Gedichts (V. 33f., vgl. V. 16), ehe er abschließend erneut zum Lobpreis aufruft.

Sowohl die hymnischen Elemente als auch besonders die persönlichen Bekenntnisse des Autors verfestigen den Eindruck, daß die Lehre, die das Gedicht in der zweiten bis vierten Strophe entfaltet, für das Werk des Siraciden von fundamentaler Bedeutung ist.[80]

2.7.2 Die Werke Gottes sind alle gut: die zweite Strophe (V. 16-21)

Die zweite Strophe nimmt gleich zu Beginn (V. 16) die Grundthese des gesamten Gedichts vorweg und stellt sie so an die Spitze der preisenden Erörterung.[81]

> *Die Werke Gottes sind alle gut,*
> *und für jeden Zweck trägt er Sorge zu seiner Zeit.*

Die bekenntnisartige These hebt in V. 16a mit einer Summe des priesterlichen Schöpfungsberichtes an und stellt dabei die Bewertung der Werke Gottes als 'gut' in den Vordergrund (vgl. Gen 1,4.10.12.18.21.25.31). Ben Siras Intention ist es nun zu begründen, daß diese Bewertung tatsächlich zutrifft. Daher deutet er in V. 16b das טובים der Werke im Horizont einer Zweckmäßigkeit, die er für alles in der Schöpfung reklamiert: Die priesterschriftliche Gewißheit, daß die Schöpfung gut ist, läßt sich aufrecht erhalten, wenn man begreift, daß

---

79 Der Imperativ der Verben βλαστήσατε, εὐωδιάσατε und ἀνθήσατε in V. 13a.14a.b ist, wie Smend, 356 richtig erkannt hat, nicht als Aufforderung, sondern als Verheißung aufzufassen. Erst die eigentliche Aufforderung zum Lobpreis ab V. 14c ist imperativisch gemeint. Zur Metaphorik vgl. Wischmeyer, Kultur, 90f., die dafür den Begriff der „Metaphorik religiöser Ästhetik" gebraucht.

80 Ebenso urteilt Hengel, Judentum, 262.

81 Vgl. auch v. Rad, Jesus Sirach, 124 = ders., Weisheit, 324. Dem entspricht, daß in V. 33 der gesamte Vers wörtlich wiederholt wird, ehe die abschließende Aufforderung zum Lobpreis erfolgt. Auch der Schlußvers dieser Strophe, V. 21, greift den V. 16 in leicht abgewandelter Form wieder auf, ein Indiz dafür, daß die zweite Strophe die Stelle einer gedanklichen Grundlegung in diesem Gedicht einnimmt.

alle Werke Gottes einem bestimmten Zweck zugedacht sind. Damit führt der Siracide den Zusammenhang der Schöpfung auf ein übergreifendes rationales Prinzip zurück.[82]

Es verdient besondere Beachtung, daß Ben Sira den Gedanken der Zweckmäßigkeit mit צרך durch einen Terminus zum Ausdruck bringt, der im Alten Testament lediglich ein einziges Mal (2 Chr 2,15) vorkommt.[83] In dem in Qumran aufgefundenen Schrifttum ist er, soweit bisher erkennbar, überhaupt nicht belegt.[84] Bei Ben Sira kann man ihn hingegen geradezu als Schlüsselbegriff bezeichnen,[85] für den das Werk insgesamt 15 Belege bietet.[86] Sechs von ihnen bezeichnen die Zweckmäßigkeit oder den Nutzen des Geschaffenen.[87] Acht der Belege sind ohne spezifisch theologische Bedeutung.[88] Das Substantiv steht hier ganz allgemein für einen Bedarf. Diese Bedeutung hat צרך auch an der einzigen alttestamentlichen Belegstelle (2 Chr 2,15). So entsteht der Eindruck, daß Ben Sira auf dieser Grundbedeutung aufbauend den Begriff als Deutungskategorie der Schöpfungstheologie eigens geprägt hat. Es sei daran erinnert, daß in der stoischen Lehre von der göttlichen πρόνοια der Zweck neben der Schönheit des Kosmos zu den Leitgedanken zählt.[89]

Daß bei der Vergewisserung über die Güte der göttlichen Werke gerade auch gegenteilige Erfahrungen in den Blick kommen, zeigt die Einbeziehung des weisheitlichen Motivs vom rechten Zeitpunkt (עת) in die Begründung. Zu *seiner*, nämlich der von Gott bestimmten Zeit, genügen sie ihrem Zweck. Damit eröffnet sich die Möglichkeit, eine in ihrer Sinnhaftigkeit undurchschauba-

---

82 Zu Vorläufern dieses Gedankens im Alten Testament vgl. besonders Ps 104 und Kaiser, Theologie des AT 2, 227-233.

83 Der griechische Terminus χρεία, mit dem der Enkel צרך wiedergibt, ist wesentlich häufiger bezeugt, da sein Begriffsumfang weiter ist. Eine Überprüfung der vor allem in 1 und 2 Makk häufigen LXX-Belege für die deuterokanonischen Schriften führt zu dem Ergebnis, daß der Terminus dort an keiner Stelle für den Zweck im oben skizzierten Sinn steht, vgl. Sap 13,16; To 5,7.11; Judith 12,10; 1 Makk 3,28; 10,37.41.42; 11,63; 12,45; 13,15.37; 2 Makk 2,15; 7,24; 8,9.20; 12,39; 15,5.28; 3 Makk 5,32. Am ehesten berührt sich EpJer 59 mit der Bedeutung von χρεία bei Ben Sira.

84 Vgl. Charlesworth, Graphic Concordance.

85 Vgl. auch Marböck, Weisheit, 141; Prato, problema, 395f., der eine Synopse sämtlicher Belege mit den entsprechenden griechischen und syrischen Übersetzungen bietet.

86 Vgl. Sir 8,9; 10,26; 12,5; 13,6; 32,2.17; 37,8; 38,1.12; 39,16.21.30.33; 42,21.23. In Sir 15,12 liest H^A ebenfalls צרך, H^B hingegen חפץ. Mit Rüger, Textform, 76 und im Anschluß an G ist dieser Version als der älteren der Vorzug zu geben.

87 Vgl. Sir 37,8; 38,1.12; 39,16.21.30.33; 42,23.

88 Vgl. Sir 8,9; 10,26; 12,5; 13,6; 32,2.17; 38,8; 42,21.

89 Vgl. dazu ausführlich Abschnitt 2.8.1, u. S. 89-93.

re Gegenwart auf den zu einem anderen Zeitpunkt sich offenbarenden Sinn hin zu transzendieren.

Gerhard v. Rad bemerkt in seinem Beitrag über Jesus Sirach, daß das Substantiv מעשי in V. 16a nicht die *Werke*, sondern das *Walten* Gottes bezeichnet.[90] Damit hat er auf einen wichtigen Aspekt hingewiesen. Die Verengung des Blickwinkels auf die Beziehung, die zwischen diesem Vers und dem Schöpfungsbericht in Gen 1 (vgl. vor allem Gen 1,31) besteht, kann in der Tat zu einer falschen Fixierung des Gedankens auf die creatio prima führen.[91] Allerdings zeigt sowohl ein Blick auf weitere Stellen, an denen von den מעשי Gottes bei Ben Sira die Rede ist als auch der vorliegende Hymnus selbst, daß es den Sachverhalt nicht ganz trifft, Werk und Walten hier alternativ gegeneinander zu stellen: *Beides* ist gemeint, eine scharfe Abgrenzung ist nicht intendiert.[92] In Sir 39,12-35 ist es gerade der Bezug der Werke der Schöpfung zu dem Geschehen unter den Menschen, den Ben Sira aufzuweisen sucht.[93] So belegt einerseits die Aufzählung der Elemente der Schöpfung in 39,26.28ff., daß sich Ben Sira hier in der Tat auf die Werke bezieht. Die Feststellung, daß Gott den Elementen gebietet und sie zu gegebener Zeit ihren Zweck seinem Befehl entsprechend erfüllen (vgl. 39,30f.), zeigt jedoch, daß der Siracide andererseits die Durchdringung des Schöpfungswerkes durch die planende Für- und Vorsorge Gottes in den Blick nimmt. Sie ist nicht auf einen einmaligen Akt beschränkt, sondern wird durch die ständige Gegenwart Gottes bei der Schöpfung und durch sein fortgesetztes Handeln ins Werk gesetzt.[94]

Dies verdeutlicht besonders die zweite Strophe. Ehe Ben Sira in der dritten und vierten Strophe erläutert, wie sich die Zweckmäßigkeit manifestiert, preist er hier Gott als denjenigen, der in der Schöpfung und in der Geschichte handelt. Dabei entfaltet er breit ein Bekenntnis zur Macht und zur Weisheit Gottes. Dies geschieht zum einen, indem er Motive aus der Tradition aufgreift, die die Macht des Schöpfers illustrieren (vgl. zu V. 17), zum anderen durch die Absolutheit der Aussagen, mit denen er das göttliche Handeln beschreibt (vgl. bes. V. 18b.19b). Darin spiegelt sich die Intention Ben Siras, die absolute Weltüberlegenheit Gottes zum Ausdruck zu bringen. Er legt so den Grund für

---

90 Vgl. v. Rad, Jesus Sirach, 124 Anm. 20 = ders., Weisheit, 324 Anm. 20.
91 Zum Zusammenhang zwischen creatio prima und creatio continua im AT vgl. Kaiser, Theologie des AT 2, 227-233.
92 Vgl. 11,4; 42,15.22.23; 43,32f.
93 Vgl. die dritte und die vierte Strophe und dazu u. S. 80-87.
94 Dabei ist es zu schwach, mit Prato, problema, 96f. von einem Übergang zwischen creatio und gubernatio zu sprechen. Vielmehr wird beides von vornherein als miteinander verbunden dargestellt.

seine Lehre von der Fürsorge Gottes für die Welt, die (wie sich weiterhin zeigen wird) nichts übersieht oder übergeht.[95]

Mit einem Vorgriff auf die dritte und vierte Strophe leitet Ben Sira in dem in seiner Metaphorik dichten wie an Anspielungen reichen V. 17 das Bekenntnis zur Größe des Schöpfers ein:

Durch sein Wort stellte er das Wasser auf wie einen Wall
und durch einen Ausspruch seines Mundes die Speicher.[96]

Hier werden drei Motive aus dem Alten Testament kombiniert, der schöpferische Akt der Bändigung der Urwasser, Gottes heilvolles Eingreifen beim Zug der Israeliten durch das Schilfmeer und schließlich (wie sich sogleich zeigen wird) sein richterliches Handeln.[97] Wie Prato dargelegt hat, vermittelt die Bändigung der eigentlich bedrohlichen Wasser „in vista di un atto salvifico, creatore e storico"[98] einen Eindruck davon, wie die Elemente der Schöpfung je einem Zweck zugeführt werden.[99] So eröffnet der Vers einen ersten Ausblick auf die Verbindung von der Erschaffung der Welt und ihrer Elemente und deren zweckhafter Verwendung am Beispiel des Wassers.

Mindestens ebenso wichtig wie die Deutung des Verses durch den schon mehrfach beobachteten Bezug zum Alten Testament[100] ist jedoch der Schlüssel, den der Hymnus selbst liefert: V. 17 nimmt drei Begriffe vorweg, die in den folgenden Strophen verwendet werden, wenn es um die Verbindung zwischen den Elementen der Schöpfung und dem fortgesetzten Handeln Gottes im Leben der Menschen geht (vgl. V. 22.30f.). Nicht zufällig ist zunächst gewiß die Wahl des Elementes 'Wasser'. Hier verbindet sich der Gedanke vom elementaren Schöpfungshandeln[101] mit der Segenskraft, die das Wasser für alles Leben hat und auf dessen Gabe der Mensch immer aufs Neue angewiesen

---

95   Vgl. besonders Sir 15,18f.; 17,15.19; 23,20; 39,20; 42,18 und unten S. 165-167.
96   Die Parallele dieses Verses zu Ps 33 springt in die Augen und ist daher bereits mehrfach festgestellt worden (vgl. besonders Ps 33,6f. und Box / Oesterley, 458f; Hamp, 105f; Skehan / Di Lella, 459 und besonders Prato, problema, 91f.
97   Vgl. auch Ps 33,6f.; Jes 51,10 und dazu Löhr, Bildung, 71.
98   Prato, problema, 95.
99   Vgl. Prato, problema, 95. Besonders wichtig ist für Prato dabei die Rückführung des schöpferischen Aktes auf das Wort Gottes, das für ihn letztlich der Garant für die Güte der Elemente und Ereignisse ist (vgl. ebd.).
100 Vgl. Hamp, 105; Skehan / Di Lella, 459; Prato, problema, 91-95.
101 Vgl. hierzu Prato, problema, 92f.

ist.[102] Zu Beginn der dritten Strophe dient es daher beispielhaft als Ausdruck des reichen göttlichen Segens (V. 22). Ein entsprechendes Bild war dem Siraciden mit Dtn 28,12 vorgegeben.

Stärker ins Auge fällt, daß פיו und אוצרות aus V. 17b am Ende des darlegenden Korpus des Hymnus noch einmal begegnen, wenn in V. 30f. resümierend von Gottes Gebrauch der Elemente der Schöpfung im Strafgericht die Rede ist.

> *(30) Reißendes Getier, Skorpione und Ottern,*
> *das Racheschwert, zu vertilgen die Bösen.*
> *All diese sind für ihren Zweck geschaffen,*
> *und sie sind in seiner Vorratskammer bis zu der Zeit,*
> *da sie Order bekommen.*
> *(31) Wenn er ihnen befiehlt, freuen sie sich,*
> *und wenn er ihnen gebietet, sind sie nicht ungehorsam*
> *gegen seinen Mund.*

Daß Gott die Elemente der Natur in Speichern aufbewahrt, um sie je nach Anlaß daraus zu entlassen, ist eine in der alttestamentlichen Poesie belegte Vorstellung.[103] In den Duktus des Hymnus fügt sie sich deshalb besonders gut, da sich mit ihr der Aspekt verbindet, daß etwas aufgehoben wird bis zur passenden Zeit (vgl. לעת, Hi 38,22). Die אוצרות vermitteln daher durch ein bekanntes Bild eine Anschauung, wie alles zu seiner Zeit seinen Zweck erfüllt. Das Stichwort vom Munde Gottes schließlich steht in V. 31 für den göttlichen Befehl an die Naturgewalten, das Strafgericht auszuführen. Damit legen sich die Begriffe אוצר und פיו geradezu wie eine Klammer um das Textkorpus. Sie versinnbildlichen, wie alles in der Schöpfung bereitsteht, dem göttlichen Befehl Folge zu leisten und so zur zweckmäßigen Gestaltung des Weltgeschehens beizutragen.

Die folgenden Verse (18ff.) thematisieren mit einem höheren Grad an Abstraktion die Allmacht und Allwissenheit Gottes. Um deren Grenzenlosigkeit darzustellen, verwendet Ben Sira den Gegensatz zwischen den absoluten Begriffen „alles" und „nichts". In V. 18 unterstreicht er daher die Aussage *„durch seine Macht läßt er geschehen, was ihm wohlgefällt"* durch die Ver-

---

102 Auf die seiner Kultur entsprechende Wertschätzung des Wassers bei Ben Sira hat Wischmeyer, Kultur, 89 hingewiesen: „Metaphorische wie nichtmetaphorische Erwähnung des Wassers ist dementsprechend häufig."

103 Vgl. Dtn 28,12; Ps 135,7f.; Hi 38,22f.; Jer 10,12f. und Hamp, 106.

neinung „*es gibt keine Grenze für seine Hilfe*".[104] Entsprechend steht in V. 19 der positiven Aussage „*Das Tun allen Fleisches ist vor ihm*" die Negation „*nichts ist verborgen vor ihm*" gegenüber.[105] Hinzu kommt die rhetorische Frage „*gibt es eine Grenze für seine Hilfe?*" (V. 20b). Vor der Absolutheit der Macht und des Wissens Gottes werden sogar alle unter den Menschen gültigen Unterschiede und Relationen nichtig (V. 20cd):

Nichts ist zu klein und gering bei ihm,
und nichts ist zu wunderbar und stark vor ihm.

Den Höhepunkt des Bekenntnisses zur göttlichen Vorsehung bildet nun jedoch die Universalisierung, die der Gedanke der göttlichen Allwissenheit in V. 20a erfährt:

Von Ewigkeit zu Ewigkeit geht sein Blick.[106]

Zugleich ist damit seine Zuspitzung auf das göttliche Vorherwissen, die Präsziens, verbunden.[107] Diese Universalisierung zählt zu den wichtigen Bausteinen des Gedankens von der Vorsehung Gottes bei Ben Sira. Ihr Profil sei daher auf dem Hintergrund der Tradition etwas genauer erläutert. Mit der Bekundung der göttlichen Allwissenheit bewegt sich der Siracide zunächst in den Bahnen der alttestamentlichen Tradition: Die Beteuerung, daß „das Tun allen Fleisches vor ihm ist" (V. 19a), ist nicht nur aus früheren Kapiteln des Sirachbuches bekannt (vgl. 15,18f.; 17,15.19f.; 23.19f.). Vielmehr hat der Siracide damit das vor allem in der psalmistischen Tradition vertraute Motiv vom Wissen Gottes um das Tun der Menschen aufgenommen.

Besonders eindringlich vermittelt der Beter des 139. Psalms das Bewußtsein der Allwissenheit Gottes.[108] Bekenntnisartig stellt der Psalmist im Rah-

---

104 Vgl. 1 Sam 14,6. Zur Bedeutung des Begriffs der Hilfe bemerkt Löhr, Bildung, 72:
     „Damit ist die Errichtung der Schöpfungsordnung gemeint, aber nicht als einmaliger
     Akt, sondern als ein stets neues Befestigen gegen das Chaos."
105 Vgl. auch כל bzw. כולם in V. 16.33 und הכל in V. 21, ferner כל אלה in V. 27.30.
106 Sauers Wiedergabe von עולם durch ,Weltzeit' besitzt als Konnotation den apokalypti-
     schen Gedanken aufeinanderfolgender Äonen (vgl. dazu Harnisch, Verhängnis,
     89-106 und Albani, Astronomie, 101-105) und ist deshalb zu vermeiden.
107 Vgl. auch Sir 23,20 und besonders 42,18. Auf diesen Gedanken weist besonders auch
     v. Rad, Jesus Sirach, 125 = ders., Weisheit, 325 hin, vgl. auch Kaiser, Theologie des
     AT 2, 142-146.
108 Vgl. zu diesem Psalm Kraus, Psalmen 2, 913-922, besonders 917-921 und Kaiser,
     Theologie des AT 2, 150f. Zum Wissen Gottes um das Tun des Menschen vgl. auch
     Ps 11,4ff.; 33,13ff.; 94,9ff.; 138,6; Jer 19,27; 23,23f.; Hi 31,4; 1 Hen 98,6-8 und zum
     Gedanken der göttlichen Allwissenheit im Alten Testament Kaiser, Theologie des

men einer Gerichtsdoxologie fest, daß Gott ihn bis in sein Innerstes durch-
schaut und um all seinen Weg und Wandel weiß (V. 1-6).[109] Nach dem an-
schließenden Erschrecken über die Allgegenwart Gottes (V. 7-12) begründet
er dieses Wissen in den Versen 13-16. Bemerkenswert ist, daß der Beter dazu
auf die Schöpfung zurückgreift: Gott weiß um das Tun der Menschen, da er
sie selbst geschaffen hat. Er kannte sein Geschöpf, schon ehe er es bereitete.[110]
Dem Psalmisten ist mithin bereits der Gedanke der Präszienz Gottes vertraut,
der sogar ein Moment der Vorausbestimmung enthält.[111]

Allerdings besteht ein wesentlicher Unterschied zu Ben Sira: In Ps 139 ist
die Präszienz auf die persönliche, innere Erfahrung eines Einzelnen und auf
seine Gewissensangst bezogen, was die folgenden Verse verdeutlichen mögen
(Ps 139,1f.15):

(1)   *Herr, du erforschst mich und erkennst mich.*
(2)   *Du weißt es, ob ich sitze oder stehe,*
      du verstehst meine Gedanken[112] *von fern.*
(15) *Mein Gebein war dir nicht verborgen, als ich im*
      Verborgenen gemacht wurde,
      als ich gebildet wurde unter der Erde.

Offensichtlich ist der Unterschied zu Ben Sira, bei dem es heißt (39,19):

Das Tun allen Fleisches liegt vor ihm.

In Ps 139 bleibt Gottes Allwissenheit ganz auf das Ich des Beters bezogen. Sie
ist noch nicht in den Dienst eines universalen Vorsehungsglaubens gestellt. Sie
garantiert lediglich, daß Gott das für eine gerechte Vergeltung notwendige
Wissen um die Wege des Beters besitzt.[113] Die Frage nach möglichen Konsequenzen der Präszienz für die Einrichtung der Welt als ganzer wird nicht ge-

---

AT 2, 142-146. Auch den Topos, daß Jahwe das Herz bzw. Herz und Nieren eines
Menschen prüft, gilt es zu berücksichtigen, vgl. 1 Kö 8,39; Ps 7,9f.; Ps 17,3; 26,2;
44,21f.; Jer 11,20; 17,10; 20,12.
109 Vgl. dazu Kraus, Psalmen, 915f.
110 Vgl. auch Ps 33,13ff.; 94,9ff.
111 Vgl. Kraus, Psalmen, 1099.
112 So mit BHS im Anschluß an einige Handschriften, LXX und den Syrer.
113 Vgl. auch Kraus, Psalmen, 1100 zur Bewertung: „Ausschlaggebend ist die Intention
     der ‚Gerichtsdoxologie'. Jahwe wird ein absolutes Wissen zugeschrieben; ein Erken-
     nen und Durchschauen, das keine Grenzen hat. Der Psalmist unterwirft sich dem
     Weltrichter und Schöpfer, dem schlechthin nichts verborgen ist."

stellt. Damit bleibt das Sehen Gottes punktuell und auf das je konkrete geschichtliche Geschehen beschränkt.

Einen Schritt in die Richtung auf einen grundlegenderen und universalen Vorsehungsglauben geht der Siracide in unserem Hymnus, indem er das Sehen Gottes mit der Formel *von Ewigkeit zu Ewigkeit geht sein Blick* (V. 20a) ausweitet. Gott nimmt nach dieser Aussage die Welt gewissermaßen sehend vorweg.[114]

Ben Sira bedient sich hier der Sprache der Tradition, um einen neuen Gedanken einzuführen. So bringt das Alte Testament ebenso wie der Siracide mit dem Verb נבט zum Ausdruck, daß Gott vom Himmel auf die Erde herabschaut.[115] Wie Prato bemerkt, wird die räumliche Vorstellung in Sir 39,20 dabei durch eine zeitliche ersetzt.[116] Auch der Ausdruck hierfür ist der Tradition entlehnt: Die Wendung מעולם ועד עולם wird im Alten Testament insgesamt sechsmal verwendet.[117] Allerdings hat sie dort zunächst nur die Funktion, in doxologischen Wendungen „dem Bedürfnis der feierlichen Sprache" zu genügen.[118] In Ps 90,2 steht sie jedoch für „den Begriff der anfangs- und endlosen Ewigkeit"[119] und wird dort von Gott ausgesagt. Die dabei durch die Wendung מעולם ועד עולם zum Ausdruck gebrachte Weltüberlegenheit Gottes wird in Sir 39,20a auf sein Vorauswissen gedeutet und die bekannte Formel damit in einen neuen Kontext gestellt.[120] Gottes Blick umspannt nicht nur alles Ver-

---

114 Deutlicher noch sagt dies der Siracide in 23,20: *Ehe das alles geschaffen wurde, war es ihm bekannt, so auch nachdem es vollendet ist.* Jedoch dient der Gedanke hier dem Einspruch gegen die selbstgewisse Behauptung des Frevlers, mit seinem Treiben vor Gott verborgen zu sein (vgl. 23,18f.). Auch hier ist die alttestamentliche Vorstellung universalisiert. Die Aussageabsicht liegt jedoch nicht im Nachweis, daß Gott dank seiner Voraussicht die Welt geordnet und alles künftige Geschehen in den Plan und die Struktur der Schöpfung einbezogen hat.

115 Dabei steht es speziell an jenen Stellen, die Gott als denjenigen, der vom Himmel herab alles sieht, als Erlöser aus der Not ansprechen wollen wie in Jes 63,15; Ps 80,15; 102,20, vgl. dazu Prato, problema, 96. Es bezeichnet aber auch allgemein Gottes Blick auf das Tun der Menschen (vgl. Ps 33,13ff.) bzw. auf die Erde (vgl. Ps 104,32; Sir 16,30. An der zuletzt genannten Stelle ist im Kontext zudem von Gottes Schöpferhandeln die Rede.).

116 Vgl. Prato, problema, 96.

117 Vgl. dazu Jenni, Wort, 234f. Zur Bedeutung des hebärischen Wortes עולם vgl. ders., Art. עולם, 228-243; Preuß, Art. עולם, 1144-1159 (bes. 1147f.)

118 Jenni, Wort, 234. Vgl. Ps 41,14; 106,48; Neh 9,5; 1 Chr 29,10 und aram. Dan 2,20 und dazu Jenni, Wort, 234f.

119 Jenni, Wort, 234, vgl. auch ders., Wort, 19.

120 Einen weiteren Vorläufer können wir in Deuterojesaja erkennen, wenngleich dort die Doppelformel מעולם ועד עולם nicht anzutreffen ist. Hier erfüllt der Hinweis auf Gottes

gangene und Gegenwärtige, sondern auch alles Künftige. Er weiß von jeher (מעולם), was ist und was sein wird (ועד עולם). In anderer Formulierung wiederholt der Siracide den Gedanken in seinem zweiten großen Schöpfungshymnus (42,15-43,33) und verleiht ihm dadurch zusätzliches Gewicht (42,18):

> *Die Tiefe und das Herz erforscht er,*
> *und in all ihre Geheimnisse hat er Einsicht;*
> *denn der Höchste besitzt (jede) Erkenntnis*
> *und blickt auf das, was kommt, bis in Ewigkeit.*[121]

Von daher erhält auch die Affirmation, daß die Schöpfung gut und zweckmäßig sei, ihr Fundament. Ohne Voraussicht wäre die planende Vorsorge für die Schöpfung nicht möglich. Die in V. 20a formulierte Einsicht legt damit den Grund für den Gedanken der zweckmäßigen Einrichtung von Natur und Menschenwelt. Gottes bis in jede Einzelheit reichendes Vorherwissen um die Welt ermöglicht es ihm, alles aufeinander abzustimmen und für alles Vorsorge zu treffen.

Damit ist die *Präszienz* in ihrer Universalität als eine notwendige Bedingung für die zweckmäßige Gestaltung der Welt erstmals innerhalb der kanonisch-deuterokanonischen Tradition als grundlegende Einsicht formuliert.

Das Gewicht dieses neuen Gedankens wird in der Forschung nicht ausreichend wahrgenommen. Prato sieht die Veränderung gegenüber alttestamentlichen Vergleichstexten vor allem darin, daß die mit dem Verb נבט verbundene räumliche Vorstellung hier durch eine zeitliche ersetzt wird.[122] Auf die Bedeutung des Gedankens für die zweckmäßige Gestaltung der Welt geht er nicht ein. Smend reduziert die Aussage der Verse 19f. auf ein Bekenntnis zur göttlichen Allmacht:

> *„Indessen will er hier nur sagen, dass die Menschen in Gottes Gewalt sind,*
> *weil er von all ihrem Tun weiss. Die Dinge kennen bedeutet sie*
> *beherrschen.“*[123]

Smend scheint den Vers folglich in den Bahnen der oben vorgeführten psalmistischen Tradition zu interpretieren.[124] Wie aus der These in V. 16 und den folgenden Strophen drei und vier hervorgeht, zielt das Vorauswissen Gottes

---

Ewigkeit die Funktion, seine Erhabenheit und Macht in Schöpfung und Geschichte zu erweisen. Vgl. dazu Jenni, Wort, 15-18.

121 Zur Textkritik s. u. S. 278.

122 Vgl. Prato, problema, 96.

123 Smend, 360. Von derselben Tendenz scheinen auch Skehan / Di Lella, 459 bestimmt zu sein, wenn sie den Vers in den Horizont von Ps 147,5 stellen.

124 S. o. S. 75f. zu Ps 139.

jedoch nicht allein auf das menschliche Tun, sondern auf die diesem entsprechende Einrichtung der Schöpfung. Nicht die Herrschaft über die Menschen ist das Thema dieses Hymnus, sondern die Güte der Schöpfung Gottes. Eine Reihe von Kommentatoren schließlich läßt den Vers weitgehend unkommentiert.[125] Lediglich bei v. Rad fällt der Begriff der „Präszienz" im Rahmen der Deutung dieses Hymnus:[126] „und dann ein Hinweis auf eine uranfängliche göttliche Determination zum Guten wie zum Bösen, mindestens auf eine Präscienz, eine Vorstellung, die gelegentlich bei Sirach auftaucht."[127] Den Begriff der Präszienz nehmen wir aus v. Rads Deutung gern auf, die im Anschluß an V. 25 geäußerte Vermutung einer „Determination zum Guten wie zum Bösen" läßt sich jedoch nicht bestätigen, wie die Auslegung der dritten und vierten Strophe zeigen wird.[128]

Nachdem der Siracide den Gedanken der Präsziens ausgesprochen hat, erhält auch sein Bekenntnis zur Güte und Zweckmäßigkeit der Schöpfung ein anderes Gewicht. Daß er es in V. 21cd als Antwort auf den doppelten Einwand in V. 21a und c gleich zweimal vorträgt, ist nicht als schlichte Wiederholung zu werten. Es erweist sich vielmehr als eine sinnvolle Aufgliederung des Gedankens, indem die in V. 16 miteinander verschränkten Aspekte aufgeschlüsselt werden:

> *(21)*   *Keiner soll sagen: „Warum ist dies, wozu jenes?",*
>   *denn das alles ist für seinen Zweck bestimmt.*
>   *Keiner soll sagen: „Dies ist schlechter als das",*
>   *denn das alles wird sich zu seiner Zeit als trefflich erweisen.*

So steht hinter V. 21a die mit למה eingeführte Sinnfrage. Sie beantwortet der Siracide mit dem Hinweis auf den 'Zweck': Alles ist zu seinem Zweck erwählt. Das Verb בחר (V. 21b) schließt darüber hinaus jede Zufälligkeit aus, indem es das bewußte Herausgreifen impliziert.[129] Auch das scheinbar Sinnlo-

---

125 Vgl. Box / Oesterley, 458; Duesberg / Auvray, 178; Hamp, 105; Snaith, 195. Marböck, Kohelet, 287 spricht in bezug auf 39,18-20 insgesamt von „der souveränen und heilvollen Vorsehung Gottes", geht jedoch auf V. 20 nicht gesondert ein.

126 Vgl. auch Kaiser, Theologie des AT 2, 128f.142-146.

127 v. Rad, Jesus Sirach, 125 = ders., Weisheit, 325.

128 S. dazu u. S. 80-87. Hier spiegelt sich die o. S. 72 besprochene Auffassung v. Rads wider, daß es in diesem Hymnus nicht so sehr um die Werke als um das Walten Gottes geht. Stellt man mehr die ‚Werke' in den Vordergrund, so kommt die Frage nach der Determination überhaupt gar nicht erst auf: Nicht um die Bestimmung des Menschen geht es in 39,25, sondern um die der Elemente der Schöpfung, freilich in bezug auf den Menschen.

129 Vgl. dazu Wildberger, Art. בחר, 278ff.

se erhält unter diesem Blickwinkel eine Bedeutung. Im zweiten Bikolon geht es um die Güte. Den Einwand „dies ist schlechter als das" schiebt Ben Sira zur Seite mit der These, daß sich alles „zu seiner Zeit" als trefflich erweisen wird.[130]

Wieweit die auf dem Vorherwissen basierende Bestimmung der Schöpfung im Denken des Siraciden geht und worin sie besteht, illustrieren die dritte und die vierte Strophe, denen wir uns nun zuwenden.

2.7.3 Göttliche Vorsehung und Gottes Gerechtigkeit: zur dritten und vierten Strophe (V.22-27.28-31)

Der Gedanke, daß die göttliche Vorsehung alles im Kosmos zweckmäßig eingerichtet hat, ist ein wichtiger Bestandteil der stoischen Lehre von der Pronoia.[131] Nach Auffassung der Stoiker hat die göttliche Providenz für den Kosmos in seiner Gesamtheit gesorgt und alles in der Natur, von der Ameise bis zur Wanze, einem bestimmten Zweck zugedacht. Damit verbunden ist eine hierarchische Ordnung, an deren Spitze der Mensch als vernunftbegabtes Wesen steht: Alles in der Natur ist auf ihn hingeordnet und dient zu seinem Nutzen.[132]

Diese Zuspitzung des Zweckgedankens auf den Menschen ist es nun, an die Ben Sira anknüpft. In der Perikope über den Arzt (Sir 38,1-15) lehrt er beispielsweise, daß Gott Kräuter aus der Erde wachsen läßt, die der Arzt zur Heilung der Menschen verwendet (38,4).[133] Sogar die Legitimation des Arztes selbst wird von dem „Zweck" her begründet, den Gott ihm in seinem Schöpfungswerk zugeteilt hat (38,1.12f.).

Auch in 39,22-31 thematisiert Ben Sira die Zweckmäßigkeit der Elemente der Schöpfung unter der Frage, ob sie für die Menschen nützlich sind.[134] Anders als die Stoiker erörtert er nun jedoch nicht umfassend und allgemein, wie Gottes Vorsehung alles im Kosmos geordnet und aufeinander abgestimmt hat. Er 'verwendet' den Gedanken der zweckmäßigen Einrichtung der Schöpfung

---

130 Zu V. 21 vgl. auch Sap 16,24.
131 S. dazu o. S. 30-33.
132 S. dazu o. S. 31-33.
133 Vgl. auch Cicero, ND II,132: „*Denn es kann hier nicht näher eingegangen werden auf die Vorteile, die uns die Flüsse bieten, ... auf die an heilsamen Arzneien überreichen Landstriche, kurz auf die Mittel ohne Zahl, die wir zur Ernährung und für die sonstigen Bedürfnisse unserer Lebensführung nötig haben.*" (Übersetzung Gerlach / Bayer)
134 Inwiefern der Mensch selbst Ziel bzw. Gegenstand des Werkes der Vorsehung Gottes ist, wird uns im vierten Kapitel im Rahmen der Auslegung von Sir 17,1-14 beschäftigen, s. dazu u. S. 154-160.

vielmehr, um mit ihm ein konkretes Problem zu lösen: die Erfahrung von Ambivalenzen in der Wirklichkeit, die sich aus der scheinbar ungerechten Zuordnung von Heil und Unheil ergeben. Die Zuspitzung des Zweckgedankens auf
den Menschen, die Ben Sira mit den Stoikern teilt, zielt bei ihm daher nicht
auf die Menschen als Gattung insgesamt. Der Siracide wendet den Gedanken
der Zweckmäßigkeit vielmehr auf den *Unterschied* zwischen den Menschen
an, und zwar auf den Unterschied zwischen den guten Menschen und den
Frevlern. Das Thema im Hintergrund ist folglich die Frage nach der gerechten
Zuteilung von Lohn und Strafe. Mit zwei eng an die Tradition angelehnten
Sentenzen benennt der Siracide zu Beginn der dritten Strophe diesen thematischen Rahmen (V. 22ff.):

(22) *Sein Segen strömt über wie der Nil,*
      und wie der Euphrat bewässert er das trockene Land,
(23) *aber sein Zorn vertreibt Völker*
      und verwandelt das fruchtbare Land in eine Salzwüste.
(24) *Seine Pfade sind für die Frommen gerade,*
      aber für die Frevler sind sie hindernisreich.

Der Segen und der Zorn Gottes entscheiden darüber, ob sich die Schöpfung
dem Menschen zu seiner Lebenserhaltung öffnet oder ob sie sich ihm
verschließt (V. 22f.). Die Fürsorge Gottes (sowie im negativen Sinne die
Strafe) wird aber nicht als göttlicher Automatismus vorgestellt. So erinnert
V. 24 schließlich daran, daß es von der religiös-sittlichen Qualität des Menschen abhängt, ob ihm das göttliche Handeln zum Guten oder zum Schlechten
gereicht.[135] Der Siracide nimmt damit die Annahme der Verantwortung des
Menschen für sein Handeln in den Gedanken von der göttlichen Vorsehung
mit auf. Offenbar sieht er keine Spannung zwischen beiden. Vielmehr, so
scheint es, greifen beide hier ineinander: Gott setzt in seinem vorausschauenden Plan der Welt die Verantwortung des Menschen voraus und richtet die
Schöpfung entsprechend ein.

In Kürze sind in V. 22ff. die wesentlichen Momente der dtn-dtr Vergeltungslehre genannt.[136] Es zeichnet sich demnach ab, daß Ben Sira die von den
Stoikern inspirierte Deutung der Güte und Zweckmäßigkeit der Schöpfung

---

135 Vgl. auch Hos 14,10; Ps 18,26f.
136 Vgl. die Segens- und Fluchankündigungen in Dtn 28. Im Werk des Siraciden finden
     sich noch eine Reihe weiterer Belege für diese Vorstellung, vgl. zum Beispiel Sir 1,13;
     3,3-9; 4,13; 5,6ff.; 11,22.17; 16,5-11ab.; 23,26; 45,18f. Am eindeutigsten ist 16,11cd:
     Hier ist vom Zorn Gottes im Rahmen der Entfaltung des Prinzips der Vergeltung die
     Rede, vgl. 16,11-14 und dazu u. S. 127-131.

Gottes aufgreift, um einen Grundgedanken seiner Tradition, die „Grundgleichung von Gerechtigkeit und Leben", auf ein neues Fundament zu stellen.[137]

Allerdings darf über der Traditionsgebundenheit nicht das Neue übersehen
werden, das dieser Begründung der göttlichen Strafgerechtigkeit ihr besonderes Profil verleiht: Ben Sira zeigt, wie die *gesamte* Schöpfung in den Dienst
der göttlichen Gerechtigkeit gestellt ist. Dies gilt sowohl für die Güter, um die
es in der dritten Strophe geht, als auch für die Übel, die im Zentrum der vierten Strophe stehen. So stellt der Siracide zunächst fest, daß die Güter der
Schöpfung von Anbeginn zwar allen Menschen zugeteilt wurden, jedoch auf
unterschiedliche Weise für die Guten und die Frevler bestimmt sind (39,25ff.):

> *(25)   Das Gute teilte er den Guten[138] von Anfang an zu,*
> *ebenso den Bösen Gutes und Böses.*
>
> *(26)   Das Allernotwendigste für das Leben des Menschen:*
> *Wasser und Feuer, Eisen und Salz;*
> *Mark des Weizens und Honig,*
> *Blut der Traube, frisches Öl und Kleidung.[139]*
>
> *(27)   All dies dient den Guten zum Guten,*
> *ebenso wendet es sich für die Frevler zum Bösen.*

Das 'Skandalon' dieser Verse liegt in V. 25b, der These, daß für die Bösen
nicht nur Übles, sondern auch das Gute der Schöpfung bestimmt ist. Daß in
dieser Behauptung ein Anstoß lag, zeigt der Grieche: Er hat in seiner Übersetzung von V. 25b „das Gute" weggelassen, so daß sich das Bikolon auf folgende Aussage beschränkt:

---

137   Vgl. dazu Kaiser, Providenz, 46; ders., Anknüpfung, 61 und zur genannten „Grund-
      gleichung" zusammenfassend ders., Theologie des AT 1, 349ff. Zum Vergeltungsden-
      ken bei Ben Sira vgl. Dommershausen, Vergeltungsdenken.

138   Lies Plural mit G gegen H[B].

139   Zu den in der Liste genannten Gütern des täglichen Lebens vgl. auch Sir 15,3; 38,28ff.
      und besonders 29,21, dazu Wischmeyer, Kultur, 98f. Daß die Liste ihr Vorbild in ver-
      schiedenen alttestamentlichen Aufzählungen hat (wie Prato, problema, 105f. im ein-
      zelnen gezeigt hat, vgl. z. B. Gen 49,11; Jer 31,12; Dtn 7,13; Jer 11,5; 32,22; Ps 81,17
      und besonders die längste Liste in Dtn 32,13f.), ist gegen Prato, problema, 105 nicht
      als gezielte Anspielung auf die Geschichte zu verstehen. Die große Zahl der alttesta-
      mentlichen Belege läßt sich vielmehr einfach dadurch erklären, daß es sich hier tat-
      sächlich um die Grundnahrungsmittel jener Gesellschaft handelt, der Ben Sira ent-
      stammt, vgl. auch Fritzsche, 226f.; Skehan / Di Lella, 460. Dabei zeigt die Liste in
      39,26 eine „gewisse Stilisierung zum Einfachen hin" (Wischmeyer, Kultur, 98), die
      der Tendenz des Siraciden zu Maß und Besonnenheit entspricht. Kulturgeschichtlich
      interessant ist in der Aufzählung allein die Erwähnung des Eisens, vgl. Skehan /
      Di Lella, 460; Wischmeyer, Kultur, 98f.

Gutes wurde für die Guten geschaffen von Anfang an,
aber für die Sünder Böses.

Damit hat er dem Vers jedoch die Pointe genommen.[140]

Ben Sira stellt sich hier der Anfechtung, die das - scheinbare - Glück und der Wohlstand der Gottlosen für die Rechtschaffenen bedeutet. Daraus entstand offenbar die Frage, wie die Schöpfung als Ganze für gut und gerecht befunden werden kann, wenn in gleicher Weise Fromme wie Sünder an ihren Gütern partizipieren.

Diesen populären Infragestellungen der Güte des Schöpfers und seines Werkes tritt der Siracide mit seiner Argumentation entgegen. Nach seiner Auffassung steht es nicht im Widerspruch zu den Plänen Gottes, daß auch die Bösen Nutznießer des Guten sind. Von Anbeginn hat es Gott so eingerichtet. So setzt das Verb חלק in V. 25a ein bewußtes, planendes Zuteilen Gottes voraus.[141] Bereits bei der Erschaffung der Welt (vgl. מראש, V. 25a) hat Gott es so bestimmt. Wie V. 27 zeigt, erfüllt dennoch alles seinen Zweck. Zwar partizipieren alle Menschen an den genannten Gütern. Nur für die Guten sind sie jedoch (am Ende) von Nutzen. So hat das 'Gute' von vornherein eine andere Bestimmung und einen anderen Zweck, je nachdem, ob es von den Guten oder den Bösen gebraucht wird.[142] Man kann daher sagen, daß die 'Güte' der Dinge, mit denen Gott die Schöpfung zum Wohle der Menschen ausgestattet hat, davon abhängt, welchen Gebrauch der Mensch von ihnen macht. Beispiele dafür, wie sie sich für den Frevler zum Bösen wenden, bietet der Siracide hier zwar nicht. Über das gesamte Werk verteilt findet sich jedoch ausreichend Anschauung, vor allem der maßlose Genuß des Weines zählt zu seinen Beispielen.[143] Auch Sir 15,7ff. sind hierher zu zählen:

(7)   *Für nichtsnutzige Männer ist sie (scil. die Weisheit) unerreichbar,*
        und übermütige Menschen können sie nicht sehen.
(8)   *Weit entfernt ist sie von den Spöttern,*
        und Lügenmänner denken nicht an sie.

---

140 Hierin bestätigt sich einmal mehr die methodische Notwendigkeit des Vergleichs der verschiedenen antiken Versionen.

141 חלק bedeutet hier wie in Sir 7,15; 31,13.27; 38,1; 40,1; 44,2 nicht *erschaffen*, sondern *zuteilen*, s. dazu im einzelnen u. S. 261ff.

142 Vgl. auch Prato, problema, 115; Eberharter, 131. Nach Hamp, 106 liegt die üble Konsequenz nicht im falschen Gebrauch selbst, sondern in der Bestrafung, die dies nach sich zieht.

143 Vgl. 19,1; 26,8; 31,19f., aber auch 18,32.

(9)   Im Munde eines Frevlers ist das Loblied nicht angemessen,
denn es wurde ihm nicht von Gott zugeteilt.

Damit erübrigt sich auch die von v. Rad vertretene Auffassung, hier liege zumindest ansatzweise ein Determinismus vor.[144] Einerseits bezeichnen טוב und
רע in V. 25 nicht das moralische, sondern das außermoralische Gute bzw. Böse, wie aus der Liste in V. 26 und in der folgenden Strophe in V. 29f. hervorgeht. Folglich ist die Interpretation des Verses im Sinne einer Determination
der Menschen zum Guten oder zum Bösen ausgeschlossen. Andererseits liegt
es an den Menschen, welchen Gebrauch sie von den Dingen machen. Es handelt sich folglich weder um eine Prädestination zum Guten wie zum Bösen
noch um die Festsetzung der menschlichen Geschicke.[145] Vielmehr erklärt Ben
Sira grundsätzlich die Struktur der Beziehung zwischen Mensch und Schöpfung.

Es sei daran erinnert, daß auch die stoische Pronoia keinen Determinismus
hervorbringt. Ihr Werk ist lediglich die zweckmäßige Einrichtung der Welt
und deren Schönheit. Erst die Heimarmene unterwirft den gesamten Kosmos
und damit auch die Menschen dem Gesetz der Kausalität.[146]

Daß Ben Sira ausgerechnet die für die elementaren Lebensbedürfnisse notwendigen Güter zur Veranschaulichung des Gedankens auflistet, ist nicht ohne
Bedeutung: Daraus spricht sein besonderes Interesse an dem Nachweis, daß
die Welt in ihrer Gesamtheit bis ins Kleinste von der Fürsorge Gottes bestimmt ist, so daß nichts von seinem Plan und seiner Zuwendung ausgeschlossen ist. So kann er mit guten Gründen sagen, daß auch in einer unüberschau-
bar gewordenen Welt alles dem Wissen und der Macht Gottes unterstellt ist,
ein Gedanke, der uns im sechsten Kapitel beschäftigen wird.[147]

Aber nicht nur die *bona*, die Güter haben nach der Auffassung Ben Siras
eine besondere Bestimmung im göttlichen Schöpfungsplan. Dasselbe gilt auch
für die *mala*, die Übel, die in der vierten Strophe thematisiert werden. Dahin-
ter steht die Frage, wie die zahlreichen Formen von Unheil wie Krankheiten
und Naturkatastrophen mit der Behauptung der Güte und Zweckmäßigkeit
der Schöpfung vereinbar seien.[148] Mithin setzt sie sich mit jener Problematik
auseinander, die von jeher den Kern der Anfragen an die göttliche Gerechtigkeit bildete. Es sei daran erinnert, daß im 18. Jahrhundert durch das verhee-

---

144 Vgl. v. Rad, Jesus Sirach, 125 = ders., Weisheit, 325.
145 Argumente, die sich auf die Zeitform des Verbs חלק beziehen, wie sie Schrader, Leiden, 227 zur Abwehr des Determinismus anstrengt, sind folglich überflüssig.
146 S. dazu o. S. 33-36.
147 S. dazu u. S. 252-255.
148 Vgl. besonders V. 21c: *Nicht soll einer sagen: „Dies ist schlechter als das".*

rende Erdbeben in Lissabon die Infragestellung der Gerechtigkeit Gottes ausgelöst wurde, in deren Folge wichtige Werke zum Thema entstanden. Das
bedeutendste stellt Leibniz' Theodizee dar, die dem philosophischen Aufweis
der Gerechtigkeit Gottes gewidmet ist.[149] Der Begriff 'Theodizee' geht auf
dieses Werk zurück.

Eine Erklärung für die Existenz des außermoralischen Übels war im Ansatz
bereits in der dritten Strophe enthalten: Es ist von Anbeginn an *den Bösen*
zugeteilt und von Gott für sie bestimmt (V. 25). Der Gedanke wird nun erläutert und mit Inhalt gefüllt.

Der Schlüssel für das Verständnis der in V. 28-30b genannten 'Übel' liegt
sogleich im Beginn der Strophe (V. 28a):

Es gibt Winde, die sind für das Gericht geschaffen.

Das göttliche Strafgericht über die Frevler (V. 30b) ist mithin die Begründung
dafür, warum es all jene Katastrophen gibt, die der Siracide in einer ausführlichen Liste aufzählt (vgl. V. 29a.30). Das Anschauungsmaterial hierfür liefert
ihm die Tradition.[150] Den Schritt über die Tradition hinaus geht er nun jedoch,
indem er daraus ein universales Prinzip ableitet, das bis auf die Schöpfung
zurückgeht. So verdeutlicht das Verb יצר zusammen mit der nachfolgenden
Präposition ל, daß die Widrigkeiten der Schöpfung, die die Menschen treffen
können, eigens zu diesem Zweck erschaffen wurden. Sie sind im Denken Ben
Siras folglich kein Gegenargument gegen die Güte und Zweckmäßigkeit der
Schöpfung, sondern geradezu ein Teil des göttlichen Schöpfungsplans. Wie
ein roter Faden zieht sich diese These durch die vierte Strophe. Sie wird in
V. 29b nach der Aufzählung des zweiten bis fünften Strafelementes wiederholt:

Auch diese sind für das Gericht erschaffen.

In V. 30cd schließlich bildet sie das Resümée,[151] allerdings mit einer kleinen
Veränderung: Die Frage, wofür 'all diese' (כל אלה, V. 30c) geschaffen sind,

---

149 Vgl. dazu auch Lempp, Theodicee, 11-107 und die Novelle von Heinrich von Kleist,
Das Erdbeben in Chili.
150 Daß sich die Liste ebenso wie jene in V. 26cd sämtlich aus Phänomenen zusammensetzt, die auch im Alten Testament häufig als göttliche Strafmittel aufgezählt werden,
hat Prato, problema, 108ff. ausführlich dargelegt.
151 Wie in V. 27, dem resümierenden Vers der dritten Strophe, beginnt das Kolon mit
einem zusammenfassenden כל אלה.

beantwortet der Vers grundlegend und allgemein mit der Angabe: 'für ihren Zweck' (לצורכם).

All diese sind für ihren Zweck geschaffen,
und sie sind in seiner Vorratskammer bis zu der Zeit,
da sie Order bekommen.

Betrachten wir das Bikolon V. 30cd genauer, so können wir erkennen, daß beide Hauptbegriffe der Grundthese des Hymnus (V. 16b, vgl. V. 21bd.33b) hier wiederholt werden, sowohl צרך als auch עת. Damit ist die These des Hymnus hier im Blick auf die angeblich schlechten Dinge der Schöpfung (*man soll nicht sagen: dies ist schlechter als das*, V. 21c) konkretisiert: Was scheinbar schlecht ist, erfüllt seinen Zweck im göttlichen Strafgericht, dessen Zeitpunkt Gott bestimmt. Daß die Schöpfung folglich nicht gleichsam aus dem Ruder geraten ist, sondern daß auch die 'Übel' dem göttlichen Regiment unterstehen, bekräftigt abschließend V. 31:

Wenn er ihnen befiehlt, freuen sie sich,
und wenn er ihnen gebietet sind sie nicht
ungehorsam gegen seinen Mund.

Ben Sira wendet das Mittel der Personifikation an, wenn er in mythologischer Weise davon spricht, daß Gott ihnen befiehlt und sie daraufhin voller Freude seinen Befehl ausführen. Diese Personifikation ist allerdings nicht lediglich als formales Stilmittel anzusehen. Sie gibt vielmehr den Anlaß zu einer Parallelisierung: Die Wendung „ungehorsam sein gegen sein Wort" (V. 32b) steht im Alten Testament mehrfach für den Ungehorsam der Menschen gegen das Wort bzw. das Gebot Gottes.[152] An sämtlichen alttestamentlichen Stellen dient sie dazu, den Grund für die Strafe Gottes zu benennen. Hier hat sie die Funktion, durch den Kontrast zwischen dem Gehorsam der Elemente und dem Ungehorsam der Menschen in der Formulierung nochmals zu unterstreichen, daß die Existenz der 'Übel' kein Zeichen der Unvollkommenheit bzw. der Unordnung der Schöpfung darstellt, sondern daß sie allein durch die Frevler bedingt und auf sie bezogen sind. Indem sie dazu dienen, Untaten zu vergelten, tragen sie vielmehr dazu bei, die durch Menschen gestörte Ordnung wiederherzustellen.[153] In mythologisch-bildhafter Form besagt dies V. 28d mit der Aussage, daß die Stürme des Gerichts den Zorn des Schöpfers beruhigen.

---

152 Vgl. Num 20,24; 27,14; 1 Sam 12,15; 1 Kö 13,21.26; Thr 1,18.
153 Vgl. auch Löhr, Bildung, 73f.; Kritisch setzt sich Schrader, Leiden, 227-232 mit dem Gedanken des Siraciden auseinander.

Mit diesem Seitenhieb gegen den Ungehorsam der Menschen gegen das göttliche Gebot wird nun vollends deutlich, daß die 'Übel' gar keine Übel sind. Funktionalisiert für die Bestrafung der Bösen sind sie Teil der guten Schöpfung. 'Böse' sind folglich allein die Menschen.[154] So berührt sich der Gedanke mit der stoischen Auffassung, daß es, abgesehen von der sittlichen Schlechtigkeit der Menschen, nichts wirklich Übles gibt.[155]

2.7.4 Göttliche und menschliche Verantwortung: eine Zwischenbilanz

In der Auslegung wurde die Frage nach der Entscheidungsfreiheit des Menschen bereits kurz gestreift, und zwar angestoßen durch von Rads These, hinter 39,25 stehe ein deterministischer Ansatz.[156] Einige Bemerkungen hierzu sollen dies jetzt genauer klären. Die Auslegung des Hymnus hat gezeigt, daß Ben Sira keine Spannung zwischen der göttlichen Vorsehung und der Verantwortung des Menschen sieht. Das Gegenteil ist vielmehr der Fall: Gott setzt bei der Einrichtung der Schöpfung und ihrer Elemente die Verantwortung des Menschen voraus. Ohne die *Möglichkeit*, Böses zu tun, fehlte jedoch eine grundsätzliche Bedingung menschlicher Verantwortung: die Freiheit. Sie kann mithin als Teil des Schöpfungsplans angesehen werden, wenngleich dem Siraciden der Begriff „Freiheit" selbst fremd ist. G. v. Rads Bemerkung gibt jedoch Anlaß zu einer weiteren Klärung: Wie wir sahen, verbindet Ben Sira mit seinem Begriff von der Präsziens Gottes nicht den Gedanken, daß durch das göttliche Vorauswissen der Ablauf der Welt gleichsam vorherbestimmt sei. Das göttliche Vorauswissen und -planen scheint sich nach seiner Vorstellung vielmehr auf die allgemeinen Strukturen der Schöpfung zu beschränken. Die weiterführende Frage, ob das menschliche Tun nicht festgelegt sei, wenn Gott schon im voraus um es weiß, scheint sich Ben Sira nicht gestellt zu haben. Daß die Festlegung alles künftigen Geschehens eine logische Folge der göttlichen Präsziens ist, war dem Siraciden als Problem nicht bewußt.[157] Dies belegt (wie im dritten Kapitel zu zeigen sein wird) besonders auch seine Auseinandersetzung mit der Frage, wer für das moralische Böse verantwortlich ist. Zuvor soll jedoch Ben Siras Vorstellung von der Providenz Gottes, wie sie

---

154 Vgl. auch Prato, problema, 115; Crenshaw, Theodicy, 52f. bemerkt dazu: „Thus Sirach claims that evil is attitudinal; faith and obedience are presuppositions for understanding God's ways, and much that goes under the name of evil only appears that way."
155 Vgl. dazu SVF I 537; SVF II 1171; SVF III 35 und o. S. 39f. bzw. u. S. 94-96.
156 S. dazu o. S. 84.
157 Vgl. dazu bes. Leibniz, Theodizee, 95f. (= I.2)

sich in Sir 39,12-35 darstellt, dem stoischen Gedanken von der göttlichen
Pronoia gegenübergestellt werden.

2.8 Sir 39,12-35 im Vergleich mit der Stoa

Bereits im Laufe der Auslegung des Hymnus wurden einige Berührungen zwischen der stoischen Lehre von der göttlichen Providenz und Ben Siras Vorstellungen von der Vorsehung Gottes sichtbar. Wie bei den Stoikern, so
drückt sich auch bei Ben Sira die Güte der Schöpfung in ihrer alles umgreifenden Zweckmäßigkeit aus (Sir 39,16.21.33f.). Dank seiner Allmacht und seinem Vorauswissen hat Gott bereits bei der Erschaffung der Welt (vgl. מראש in
Sir 39,25) für jeden Zweck die Mittel bereitgestellt (Sir 39,18ff.25f.28ff.) und
wacht (weiter) darüber, daß alles seine Funktion erfüllt. Im strengen Gehorsam gegen das schaffende und gebietende Wort Gottes kommen die Elemente
der Schöpfung fortwährend ihrer Bestimmung nach (Sir 39,30f.; vgl. auch
43,5.10.14.16b.26), so daß man mit Recht von einer beständigen Ordnung des
Ganzen sprechen kann (vgl. 42,23; 16,26ff.). Gott hat nicht nur alles hervorgebracht (Sir 43,33a). Er ist ständig handelnd und in Wort und Befehl präsent
und erhält dadurch die zweckmäßige Ordnung aufrecht (Sir 39,30cd.31).

Ebenso wie im Zeushymnus des Kleanthes[158] fällt allein das frevelhafte Tun
der Menschen aus dieser Ordnung heraus. Dies deutete sich bereits in
Sir 39,28-31 an, wird aber in einem anderen Kapitel eigens thematisiert.[159]

Daß Ben Sira die Lehre von der zielgerichteten Gestaltung der Schöpfung
auch zum Zweck der Abwehr und Abgrenzung gegen eine populäre Variante
der epikureischen Vorstellung vom Desinteresse der Götter an der Welt und
am Ergehen der Menschen in den Vordergrund stellt, ist eine weitere Parallele
zur Alten Stoa.[160]

Angesichts der gedanklichen Annäherung an die stoische Lehre von der
Pronoia ist es zweitrangig, daß eine spezielle Vokabel für die göttliche Providenz im Werk des Siraciden fehlt.

Im folgenden werden wir die Berührungen etwas genauer beleuchten und
durch eine Gegenüberstellung von Textstellen untermauern. Dieses Verfahren
zielt jedoch nicht darauf ab, eine literarische Abhängigkeit des Siraciden von

---

158 Vgl. SVF I 537: *Und nichts kommt zustande auf Erden ohne dich, waltender Gott,
   noch im göttlichen Bezirk der Luft noch im Meer, ausser was schlechte Menschen tun
   auf Grund ihrer Unvernünftigkeit.* (Übersetzung Steinmetz, Stoa, 577)
159 S. u. S. 111-122 zu 15,11-20.
160 Vgl. Sir 16,17-23 und dazu u. S. 143-145.

der Stoa nachzuweisen.[161] Die Intention ist vielmehr, die gedankliche Nähe herauszuarbeiten und gleichzeitig die Eigenständigkeit des Siraciden in der Rezeption stoischer Gedanken aufzuzeigen. Dabei werden wir im ersten Teil auf den Begriff des Nutzens und der Zweckmäßigkeit eingehen (2.5.1). Der zweite Teil der Gegenüberstellung widmet sich der Bedeutung, die dem Gedanken der Vorsehung für die Frage nach der Gerechtigkeit Gottes zukommt (2.5.2).

2.8.1. Zum Begriff des Nutzens

Nach stoischer Auffassung sind es vor allem drei Aspekte des Weltgeschehens, die darauf schließen lassen, daß der Kosmos das Werk der göttlichen πρόνοια ist: seine Schönheit, seine Zweckmäßigkeit und die Vernunft des Menschen. Daraus entsteht für die Stoiker das Gesamturteil, daß die bestehende Welt als ganze gut und vernünftig ist.[162]

Alle drei Merkmale finden sich auch in der Schöpfungslehre des Siraciden: Die Schönheit der Schöpfung preist er in einem Hymnus in 42,15-43,33, der Mensch als Werk und Ausdruck der Vorsehung Gottes ist in einem anderen Hymnus, in 16,24-17,24 das Thema.[163] In Sir 39,12-35 schließlich steht die Lehre im Zentrum, daß Gott die Schöpfung von Anbeginn so eingerichtet hat, daß alles einen Nutzen hat und einen bestimmten Zweck erfüllt. Dabei scheint sich die Berührung mit der Stoa bis in die Details der Begrifflichkeit hinein zu erstrecken.

Wie wir oben bereits gezeigt haben, fehlt das hebräische Substantiv צֹרֶךְ, mit dem Ben Sira den Gedanken des Nutzens zum Ausdruck bringt (V. 16.21.26.30.33), im Alten Testament bis auf eine Ausnahme, während sich bei Ben Sira fünfzehn Belege finden.[164] Immerhin sechs von ihnen dienen zur Bezeichnung der Zweckmäßigkeit und des Nutzens im Rahmen der Schöpfungsordnung. Ein entsprechender Begriff läßt sich auch in dem in Qumran aufgefundenen Schrifttum nicht nachweisen. Das griechische Äquivalent χρεία kommt zwar in der Septuaginta sehr häufig vor, nicht jedoch in der von Ben

---

161 Zu den methodischen Schwierigkeiten und Grenzen, die dem Nachweis einer literarischen Abhängigkeit Ben Siras von den Stoikern gesetzt sind, vgl. in der Einleitung o. S. 7. Sie ist durch die komplizierte Überlieferung sowohl des Sirachbuches als besonders auch der stoischen Texte bedingt.

162 S. dazu o. S. 26-33.

163 S. dazu u. S. 146-165.

164 S. dazu o. S. 71.

Sira gebrauchten Bedeutung. Unter den nur griechisch überlieferten Schriften der LXX berührt sich lediglich eine Stelle (EpJer 59) mit Jesus Sirach.[165]

In den Stoiker-Fragmenten zur πρόνοια hingegen begegnet ein Begriff für den Zweck oder Nutzen an zahlreichen Stellen, wobei sich mehrere verschiedene griechische (und wegen der Überlieferung auch lateinische) Termini finden. Neben συμφέρειν und ὠφελεῖν zählt auch χρεία, das vom Enkel Ben Siras zur Wiedergabe von צֹרֶךְ verwendete Substantiv, hierzu.[166] In SVF II 1156 beispielsweise heißt es:[167]

> *Die einen Dinge sind vorzugsweise entstanden, andere aber in der Folge, wegen der vorgezogenen. Vorgezogen aber ist das vernünftige Lebewesen, zu dessen Nutzen aber das Vieh und das, was aus der Erde wächst.*

Aufschlußreich ist weiterhin eine den Stoikern zugeschriebene Stelle aus Ciceros de legibus (SVF II 1162):

> *So hat denn auch zum Nutzen und zum Gebrauch für die Menschen die Natur eine solche Fülle von Dingen gespendet, daß alles, was erzeugt wird, sich als absichtlich uns geschenkt, nicht als zufällig entstanden erweist, nicht nur das, was an Feld- und Baumfrüchten aus dem Schoß der Erde hervorgeht, sondern auch das Vieh.*

Auch Ben Sira stellt die Güter der Schöpfung in die Perspektive des Nutzens, den sie für die Menschen haben (vgl. Sir 39,25ff.). Sogar seine Aufzählung der Güter findet in den stoischen Fragmenten eine Parallele. So war aufgefallen, daß Ben Sira den Zweckgedanken an einer Liste von Elementen der Schöpfung illustriert, die sämtlich den grundlegenden Bedürfnissen des Menschen dienen. Ähnliches wird für Chrysipp überliefert (SVF II 1160):

> *Chrysipp lobt die Vorsehung sehr, weil sie Fische und Vögel und Honig und Wein hervorgebracht hat.*

Dabei verdient weniger die beiden gemeinsame Nennung von Honig und Wein Aufmerksamkeit als vielmehr die Tatsache, daß hier wie dort die Sorgfalt der

---

165 Zum griechischen Terminus χρεία, mit dem der Enkel צֹרֶךְ wiedergibt, vgl. o. S. 71 Anm. 83.
166 Vgl. hierzu insgesamt SVF II 1152-1167.
167 Vgl. auch SVF II 1155.

göttlichen Vorsehung an der Bereitstellung fundamentaler Lebensgüter illustriert wird.

Grundsätzlicher wird der Gedanke der Zweckmäßigkeit in SVF II 1150 entfaltet:

> *Die Providenz hat, wie Kleanthes und Chrysipp sagen, nichts versäumt, was zu einer verläßlicheren und nützlicheren Welteinrichtung gehört.*[168]

Die Stoiker gehen so weit zu sagen, daß Gott selbst nicht nur 'nützt' (SVF II 1132), sondern nützlich ist (SVF II 1126):

> *Nicht nur als unsterblich und glücklich, sondern auch als menschenfreundlich, fürsorglich und nützlich (ὠφέλιμον) wird Gott vorhererkannt und erfaßt.*

Diese Form der Wesensbestimmung Gottes ist Ben Sira freilich fremd. Er enthält sich jeglicher Spekulation über das Wesen Gottes und beschränkt sich darauf, Gott durch sein Handeln in der Schöpfung und an den Menschen zu beschreiben. In der Auffassung allerdings, daß Gott in seiner Fürsorge alles zum Nutzen der Menschen bewirkt, berühren sich trotz dieser Differenz Ben Sira und die Stoiker.

Größer ist daher auch die Übereinstimmung, wenn es um das *Werk* Gottes geht. Eine beinahe wörtliche Entsprechung besteht zwischen zwei resümierenden Aussagen über die Zweckmäßigkeit des Schöpfungswerkes bzw. des Kosmos. In Sir 42,24b, einem Vers aus dem Hymnus auf die Schönheit der Naturphänomene (vgl. Sir 42,15-43,33), stellt Ben Sira in einem kurzen Resümée fest:

> *und nichts davon hat er umsonst hervorgebracht.*

Die Parallele zur folgenden Chrysipp zugeschriebenen Feststellung ist unübersehbar:

> *Nichts hat die Natur vergeblich hervorgebracht.*[169]

Hier bietet sich die Gelegenheit, zugleich auf einen Grundunterschied zwischen Ben Sira und der Stoa hinzuweisen: die für beide Kulturkreise funda-

---

168 ... providentia, quae, ut dicit Chrysippus et Cleanthes, nihil praetermisit pertinentium ad certiorem utilioremque dispensationem.
169 τοῦ μηδὲν ὑπὸ τῆς φύσεως γίνεσθαι μάτην. SVF II 1140 = Alex. Aphr. cp. 11 p. 179,24.

mentale Differenz eines unpersönlichen Natur- und eines persönlichen Gottes-
begriffs. Im Kontext jüdischer Glaubenserfahrung ist schon die Fragestellung
befremdlich, ob „Gott nützlich" ist. Hier werden im Grunde die Verantwor-
tungshorizonte umgekehrt. Es ist also vermutlich mehr als eine grundlose
Spekulation, daß Ben Sira in diesem Bild von philosophischem Raisonnement
angeregt worden ist.[170]

Daß für die zweckmäßige Einrichtung der Welt nicht nur die Allmacht
Gottes, sondern vor allem seine erkennende Vorwegnahme alles Künftigen die
Voraussetzung ist, war den Stoikern und Ben Sira gleichermaßen bewußt.
Neben der oben besprochenen Stelle Sir 39,20[171] finden sich zwei weitere Be-
lege hierfür im Werk des Siraciden. Dem Sünder, der seine Vergehen vor Gott
zu verbergen gedenkt, entgegnet er (Sir 23,20):

> *Alles war ihm bekannt, ehe es geschaffen wurde,*
> *ebenso, wenn es vollendet worden ist.*[172]

Erneut bekräftigt Ben Sira diese Einsicht zu Beginn des großen Hymnus auf
die Schönheit und Ordnung der Gestirne und der metereologischen Phänomene als Werk der Vorsehung Gottes (Sir 42,15-43,33). In der ersten Strophe, in
der der Siracide die Macht und die Weisheit Gottes als Grund der herrlichen
Schöpfung preist, heißt es (42,18):

> *Den Abgrund und das Herz erforscht er,*
> *und in ihre Geheimnisse*[173] *hat er Einsicht;*
> *denn der Höchste besitzt (jede) Erkenntnis*
> *und er blickt auf das, was kommt, bis in Ewigkeit.*[174]

Auch die Stoiker verstehen Gottes Vorauswissen und seine Allmacht als Voraussetzungen für die providentielle Einrichtung der Welt (SVF II 1136):

---

170 Unterschiede im Gottesbegriff betreffen vor allem (1) den stoischen Begriff der göttlichen φύσις und die damit verbundene Vorstellung von der Anwesenheit des Göttlichen
im Kosmos (s. dazu o. S. 56) und (2) Ben Siras Festhalten am personalen Gottesverhältnis.

171 S. dazu o. S. 75-79.

172 Sauer, 562 und Skehan / Di Lella, 320.325 deuten συντελεσθῆναι als „aufhören" bzw.
zuende sein. Die Grundbedeutung „etwas ausführen" liegt jedoch näher, da der Vers
als Antwort auf die Meinung, Gott würde das schlechte Treiben der Menschen übersehen, gedacht ist.

173 So mit G und H^M gegen H^B.

174 Das Bikolon fehlt in H^B, ist dafür in H^M bezeugt. G mißdeutet אחרית als אות „Zeichen"
und übersetzt mit σημεῖον.

Überhaupt gar nichts wird vernachlässigt von der Natur,[175]
die vorausweiß und voraussieht, was notwendig dem folgt,
das wiederum selbst aufgrund von etwas anderem entstanden ist.[176]

Damit konnte eine Berührung zwischen Ben Sira und den Stoikern in einigen
wichtigen Grundzügen des Gedankens von der Vorsehung Gottes und ihrer
Wirksamkeit in der Schöpfung bzw. im Kosmos aufgezeigt werden. So bestätigt sich bereits hier, was Hengel zum Verhältnis zwischen Ben Sira und der
Stoa bemerkt:

> *„Mit der Annahme einer lediglich analogen Entwicklung zwischen jüdischer*
> *Weisheit und stoischer Philosophie wird man bei Ben-Sira kaum mehr*
> *auskommen...“[177]*

2.8.2. Gerechtigkeit und Strafe als Funktion göttlicher Vorsehung

Relevant werden diese Übereinstimmungen jedoch erst, wenn man fragt, wie
Ben Sira die Anregungen aufgenommen und in sein nachweislich von der Tradition geprägtes Denken integriert hat.[178]
   Obwohl Ben Sira wie die Stoiker nicht allein die Ordnung der großen
Strukturen wie die Bahnen der Gestirne und die metereologischen Phänomene,[179] sondern gerade auch die Zweckmäßigkeit der für die Grundbedürfnisse
des Menschen notwendigen Elemente der Natur als Teil und Ausdruck des
Werkes der Vorsehung Gottes anspricht, ist er im Unterschied zu den Stoikern nicht an einem detaillierten Nachweis der Zweckmäßigkeit in der Natur
und in der Menschenwelt interessiert.[180] Sein Ziel ist es vielmehr, mit dem
Gedanken der Vorsehung Gottes und der auf sie zurückgeführten zweckmäßigen Einrichtung der Schöpfung die *innerweltliche Gerechtigkeit* zu begründen.[181] So will er zeigen, wie Gott es bereits in der Schöpfungsordnung angelegt hat, daß jeder Mensch das ihm nach seinem religiös-sittlichen Verdienst

---

175 Zum stoischen Naturbegriff s. o. S. 19-26.
176 Vgl. noch SVF II 1107 = Cicero, ND III,92 (Allmacht); SVF II 1108.1111.1136.
177 Hengel, Judentum, 267.
178 Zu Ben Siras Traditionsverbundenheit vgl. Prato, problema, 11, der, wie bereits angedeutet, den Siraciden im Horizont des Alten Testamentes auslegt, s. dazu o. S. 9.
179 Vgl. dazu Sir 16,26ff. und den bereits mehrfach erwähnten großen Hymnus Sir 42,15-
43,33.
180 S. dazu bereits o. S. 80.
181 Vgl. dazu auch Hengel, Judentum, 260-266.

Zustehende erhält. Daß er dieses Anliegen aus der Tradition bewußt aufgegriffen hat, geben die V. 22ff. zu erkennen.[182]

Hier zeichnet sich ein fundamentaler Unterschied zwischen Ben Sira und
der Stoa ab: Ben Sira nimmt die Vorstellung von der Providenz Gottes zur
Lösung eines Problems in Anspruch, das im stoischen System *als Problem* gar
nicht vorhanden ist: die Frage der gerechten Vergeltung.[183] Sie wird von den
Stoikern bereits im Ansatz zurückgewiesen. Dies hat seinen Grund in der
Identifikation des stoischen Weisen mit dem Kosmos als Ganzem, der sich ihm
als vom göttlichen Logos durchdrungen und mithin vollkommen rational und
zweckmäßig erschlossen hat. Die Erkenntnis, daß die menschliche Vernunft
am göttlichen Logos partizipiert, ermöglicht es ihm, sich als Teil des kosmischen Geschehens zu begreifen. Das persönliche Geschick wird daher als Beitrag zur kosmischen Harmonie betrachtet, so daß das individuelle Ergehen
letztlich unbedeutend wird. Daraus resultiert das stoische Verständnis der
εὐδαιμονία, der Glückseligkeit des Menschen. Sie besteht im ὁμολογουμένως
τῇ φύσει ζῆν, im Leben im Einklang mit der Natur.[184]

Dieser Unterschied im Ansatz zieht eine Reihe von Differenzen nach sich.
Sie beziehen sich vor allem auf die Frage, was für ein glückliches Leben kon-
stitutiv ist, worin es besteht und auf die Bedeutung, die dem einzelnen bzw.
dem individuellen Geschick zukommt.

2.8.2.1 Das Gute und die Güter

Ben Sira wendet den Gedanken, daß Gott bereits in der Schöpfungsordnung
die Voraussetzungen für die Gerechtigkeit geschaffen hat, zunächst auf die
positiven Dinge an, die allen Menschen prinzipiell gleichermaßen zur Verfü-
gung stehen (Sir 39,25ff.). Ihre Zweckmäßigkeit erweist sich, indem sie den
Menschen, die Gebrauch von ihnen machen, je nach deren religiös-sittlicher
Qualität entweder zum Nutzen oder zum Schaden gereichen. Auch wenn alle
Menschen zu Nutznießern der Gaben der Schöpfung werden, bekommt am
Ende jeder das, was ihm zusteht.[185] Sirach versucht damit das Problem zu
lösen, wie die Schöpfung als gut bezeichnet werden kann, wenn auch die
Frevler in den Genuß ihrer Gaben kommen. Dabei hält er folglich an der für

---

182 S. o. S. 80f.
183 Allerdings wurde das Problem als Anfrage an ihr System herangetragen und nötigte
   sie so zu einer Auseinandersetzung, vgl. dazu u. S. 97.
184 Vgl. SVF III 12, aber auch III 4 und dazu Forschner, Glück, 45-79 und o. S. 48f. Zu
   den verschiedenen Formulierungen des stoischen Telos vgl. SVF III 2-19.
185 S. dazu o. S. 80-87.

das Alte Testament charakteristischen Bindung des Lebensglücks an materielle Güter wie langes Leben, zahlreiche Nachkommenschaft und, ein Novum, auch Gesundheit fest, wie sich durch zahlreiche Belege demonstrieren läßt.[186] Grundsätzlich bleibt Ben Sira in den Bahnen der dtn-dtr Vergeltungsvorstellung, indem er reichen Segen als Lohn für ein Leben in Gottesfurcht, Gesetzesgehorsam und Nachfolge der Weisheit auffaßt, während das Leben des Frevlers unter dem Fluch steht. Damit verbunden ist seine Überzeugung, daß *jedem einzelnen* Gerechtigkeit widerfährt und mithin jeder das ihm Zukommende erhält.[187] „Glück" hängt danach zu einem wesentlichen Teil von den äußeren Lebensbedingungen ab, die folglich als Lohn für die Weisheit, die Gottesfurcht und den Gesetzesgehorsam des Menschen betrachtet werden.

Der stoische Glücksbegriff ist davon grundsätzlich verschieden. Die Identifikation des Menschen mit der göttlichen Allnatur als Inbegriff der εὐδαιμονία hat zur Folge, daß die Stoiker die Glückseligkeit von jeglicher Bindung an die äußeren, unverfügbaren Momente des Lebens lösen.[188] Allein die Sittlichkeit, die in der Erfüllung des Telos, des ὁμολογουμένως τῇ φύσει ζῆν besteht,[189] ist für die Glückseligkeit ausschlaggebend. Die Erlangung der εὐδαιμονία liegt folglich ausschließlich in der Hand des Menschen. Auch äußeres Mißgeschick kann sie daher nicht hemmen.

Dem entspricht die Bestimmung dessen, was nach stoischer Lehre überhaupt als ein Gut zu bezeichnen ist: „wessen man sich gut oder schlecht bedienen kann, das ist im absoluten Sinn ... weder gut noch schlecht, sondern indifferent (ἀδιάφορον)."[190] Gut ist allein die Sittlichkeit.[191] Folglich gilt auch das Umgekehrte: Ein Übel im eigentlichen Sinn ist nur die Verwerflichkeit. Der Begriff des Guten und des Bösen beschränkt sich mithin auf die sittliche Qualität der Menschen. Eine am Ergehen des Menschen orientierte Frage nach der gerechten Vergeltung ist damit überflüssig. Daß die Stoiker freilich über den Begriff des Wertvollen (ἀξία) auch eine Güterlehre eingeführt haben, die dem, was der Natur des Menschen entspricht wie z. B. Gesundheit, prinzipiell den Vorzug gegenüber den Dingen einräumt, die der menschlichen Natur entgegenstehen, widerspricht dem nicht. Denn diese Güterlehre besitzt allein für

---

186 Vgl. z. B. Sir 1,12.18.20; 30,4f.; 30,14ff.; 41,5-10 und für die zugrundeliegende alttestamentliche Vorstellung z. B. Lev 26,3-13; Dtn 7,12ff.; 28,1-14; Am 9,11-15.

187 Die individuelle Vergeltung wird eigens thematisiert, vgl. besonders 16,11-14 und dazu u. S. 127-131.

188 S. dazu o. S. 48-49.

189 Vgl. SVF III 4.5.12.16.

190 Forschner, Ethik, 167. Vgl. auch die ebd. Anm. 50 genannten Belege Sext. Emp. XI 59 = SVF III 122 und Plutarch, SR 1048c = SVF III 123.

191 μόνον τὸ καλὸν ἀγαθόν, vgl. SVF III 29-37.

die Ethik und die Frage der Orientierung des Handelns eine Relevanz. Prägnant gibt Forschner über das Verhältnis zwischen der Tugend und den 'Gütern' im stoischen Denken Auskunft:

> „*Sie (= die Tugend, Verf.) realisiert sich in vernünftiger theoretischer und praktischer Einstellung zur Welt, in vernünftiger Wahl, in vernünftigem Gebrauch der naturgemäßen Güter. Diese gilt es zu begrüßen und zu nehmen, wenn sie sich bieten (ληπτά, sumenda), aber nicht bedingungslos zu erstreben (αίρετά, expetenda). Ihr tatsächlicher Erwerb, Besitz oder Verlust ist für die Exzellenz und das Glück des Weisen ohne Belang.*"[192]

Für die Glückseligkeit sind jene 'Güter' folglich bedeutungslos.[193]

Eine solche Beschränkung des Guten bzw. Bösen auf die Sittlichkeit des Menschen ist Ben Sira fremd. Für ihn ist beides zu einem gelungenen Leben notwendig, sowohl das Gute als auch die Güter. Sir 39,25 macht dies hinreichend deutlich:

> *Das Gute teilte er von Beginn an den Guten zu,*
> *ebenso den Bösen Gutes und Böses.*

Daß mit טוב und רע das außermoralische Gute bzw. Böse gemeint ist, geht aus den Aufzählungen in Sir 39,26.28-30 eindeutig hervor. Zwar stellen auch bei Ben Sira Weisheit, Gottesfurcht und Gesetzesgehorsam einen Wert an sich dar, der letztlich jeder Form von 'Gütern' überlegen ist.[194] Das gilt auch für die negative Version des Nihil (41,10):[195]

> *Was aus dem Nichts kommt, wird zum Nichts zurückkehren,*
> *so auch der Ruchlose: aus dem Leeren kommt er, und ins*
> *Leere kehrt er zurück.*

In der von Ben Sira gegebenen Formulierung macht dieser Gedanke - mutatis mutandis - angesichts der Erfahrung der Selbstzerstörung einer durch und durch nihilistischen Praxis im Rahmen der deutschen Geschichte des 20. Jahrhunderts betroffen.

Trotz dieser Relativierungen haben die Güter für den Siraciden eine ungleich größere Bedeutung als für die Stoiker, wie seine Nähe zur dtr-dtn Vergeltungslehre zeigt.

---

192 Forschner, Handeln, 47.
193 Vgl. SVF III 4.16.29-37; Cicero, de finibus III,26 und Forschner, Ethik, 212-226; ders., Handeln, 33f.47; ders., Glück, 45-50.64f.
194 Vgl. z.B. Sir 10,18-25, bes. V. 24; 11,1; 38,34c-39,11; 40,26f.
195 Vgl. auch Jes 34,11f.

2.8.2.2 „Gottes Verantwortung für den Weltzustand": zum Problem des außermoralischen Übels

Allerdings wurde das Vertrauen in die Gültigkeit der „Grundgleichung" von „Gerechtigkeit und Leben"[196] zur Zeit Ben Siras brüchig.[197] In einer komplexer gewordenen Welt, in der der Zusammenhang zwischen Tat und Folge immer weniger sichtbar war, schien der Glaube an einen gerechten Ausgleich im Diesseits nicht mehr durch die Lebenswirklichkeit gedeckt zu sein. Vor diesem Hintergrund galt den Gegnern, auf die Ben Sira sich vermutlich bezog, die Existenz des Bösen als wesentliche Infragestellung der Güte der Schöpfung und damit zugleich der Gerechtigkeit ihres Schöpfers, wie die in 39,21.34 zitierten Einwände zeigen.[198] Daher bedurfte es neuer Argumente und anderer Formen der Verifikation. Ben Siras Auseinandersetzung mit dem Problem des außermoralischen Bösen in der vierten Strophe des Hymnus (Sir 39,28-31), aber auch an anderen Stellen des Werkes ist in diesem Zusammenhang zu sehen. Gerade hier wird der Gedanke von der alles umgreifenden und alles gestaltenden Vorsehung Gottes bedeutsam. Wo der Ausgleich im einzelnen nicht mehr erfahrbar ist, erhält der Glaube an eine göttliche Providenz, die *das Ganze* zweckmäßig eingerichtet hat und von daher auch für den Sinn des einzelnen bürgen kann, ein großes Gewicht. So wird gerade das außermoralische Böse, das zunächst als Argument gegen die Güte der göttlichen Providenz ins Feld geführt wurde, durch den Gedanken der Vorsehung Gottes in seiner negativen Bedeutung entschärft.

Mit vergleichbaren Anfragen an ihr System wurden auch die Stoiker konfrontiert.[199] Auch ihre Gegner nahmen das Böse zum Anlaß, die Lehre von der Vernunft und Zweckmäßigkeit der göttlichen πρόνοια in Frage zu stellen. Obwohl für die Stoiker das außermoralische Übel von ihrem Begriff des Guten bzw. des Bösen her im Prinzip kein Problem darstellte, sind sie darauf eingegangen. Allerdings scheint sie das *moralische* Übel ungleich mehr beschäftigt zu haben. Die wesentlich größere Zahl von Texten, die sich diesem Thema widmen, deutet in diese Richtung, sofern ein solcher Schluß angesichts der fragmentarischen Überlieferung zulässig ist.

---

196 Kaiser, Theologie des AT 1, 350 u. ö.

197 Vgl. dazu Hengel, Judentum, 260; Crenshaw, Theodicy, 47f.

198 *(21) Nicht soll man sagen: „warum ist dies, warum jenes?", den das Alles wurde zu seinem Zweck erwählt. Nicht soll einer sagen: „dies ist schlechter als das", denn das Alles wird sich zu seiner Zeit als trefflich erweisen.* V. 34 ist eine wörtliche Wiederholung von V. 21cd. Zur Textkritik s. o. S. 62.

199 S. o. S. 36-41.

Die Stoiker nennen für das außermoralische Übel vor allem drei Erklärungen.[200] Es dient erstens der Bestrafung der Bösen. Dabei erfüllt es, zweitens, gleichzeitig eine pädagogische Funktion, indem es vom moralischen Übel abschreckt. Die wichtigste Begründung ist die dritte: Die Stoiker erklären das außermoralische Übel als unverzichtbaren Bestandteil des Werkes der Pronoia. Es erfüllt für die Harmonie des Ganzen eine notwendige Funktion, die der Mensch erkennen würde, wenn er das Ganze überblicken könnte:[201]

> *Aber in der Tat sagt er, daß Gott das Böse bestraft und viel tut im Blick auf die Bestrafung der Bösen, so zum Beispiel im zweiten Buch über die Götter: „Wenn jemals unangenehme Dinge den Guten zustoßen, dann geschieht dies nicht zum Zwecke der Strafe, wie es bei den schlechten Menschen der Fall ist, sondern gemäß einer anderen Ordnung, wie es in Städten passiert." Und er faßt es wiederum in diese Worte: „Zum ersten muß das Böse so verstanden werden, wie es zuvor dargestellt wurde. Dann aber ist es so zu verstehen, daß es zugeteilt wird gemäß der Vernunft des Zeus, und zwar entweder zum Zwecke der Strafe oder gemäß einer anderen Anordnung, die in Beziehung zum (Universum als) Ganzen steht." (SVF II 1176)*

Zunächst soll hervorgehoben werden, daß sich das Böse nach Chrysipps Auffassung nicht einfach ereignet, sondern „zugeteilt wird" (ἀπονέμεσθαι). Damit partizipiert auch das Übel an der Intentionalität des Werkes der göttlichen Vernunft.[202] Die „Vernunft des Zeus" teilt es zu im Blick auf Anordnungen (ἔχουσαν), die für den Kosmos als Ganzes von Bedeutung sind. Mithin wird das Leid des einzelnen auf das schöne und harmonische Ganze hin transzendiert. Worin die im Fragment genannte „Anordnung" im einzelnen besteht, ist dabei zweitrangig. Der Hinweis auf die Vernunft des Zeus und die Ordnung des Ganzen genügt, da der sichtbare Ausdruck der göttlichen Pronoia Gewißheit über deren Vernunft vermittelt und von da aus auf die Sinn- und Zweckhaftigkeit auch scheinbar sinnwidriger Begebenheiten schließen läßt.[203] Wer

---

200 S. dazu o. S. 39-41.
201 SVF II 1176 = Plutarch, SR 1050E.
202 Vgl. dazu auch Sir 39,25. Auch dort steht das Verb zuteilen (חלק).
203 Worin diese Ordnung besteht, bleibt offen. Seneca, der römische Stoiker der späten Phase, hat diesem Problem ein kleines Werk gewidmet. In dem Traktat „de providentia" sucht er die positive Funktion zu benennen, die das Leiden für den Tugendhaften besitzt. Daß er selbst mit der Frage gerungen hat, verrät die Schrift an zahlreichen Stellen, vgl. z. B. de providentia 2,2; 5,8f.

erkannt hat, daß im Kosmos der göttliche λόγος waltet, bejaht alles Geschehen als Ausdruck der göttlichen Vernunft.

Ben Siras Erklärung für die außermoralischen Übel berührt sich hiermit in zwei Punkten. Auch er nennt die Bestrafung der Bösen als den Zweck der Übel. Offen bleibt dabei zunächst, ob auch das Böse, das die guten Menschen trifft, auf diese Weise begründet wird. 39,28-31 klammert diese Frage aus. Aus einer weiteren Stelle zum selben Problem scheint jedoch hervorzugehen, daß dies der Fall ist (Sir 40,8-10):

> *(8)   Bei allem Fleisch vom Menschen bis zum Vieh*
> *und bei den Sündern siebenfach dazu:*[204]
>
> *(9)   Pest und Blutvergießen, Gluthitze und Dürre,*
> *Bedrückung und Ruin, Hunger*[205] *und Tod.*
>
> *(10)   Wegen des Frevlers ist das Böse geschaffen,*
> *und um seinetwillen trifft die Vernichtung ein.*[206]

Die Verse stammen aus einem Abschnitt, der von 40,1-17 reicht und die Mühen und Leiden thematisiert, die alle Menschen treffen und die mithin Teil der *conditio humana* sind.[207] Mit V. 8-10 werden sie einer Begründung zugeführt. Anders als in Sir 39,28-30 sind nach dieser Stelle ausdrücklich alle Menschen vom physischen Übel betroffen (V. 8). Ein Unterschied zu den Frevlern besteht nur insofern, als die ungleich härter, in poetischer Stilisierung „siebenfach" (V. 8) getroffen werden.[208] Als *Ursache* für die Existenz des physischen Übels werden in V. 10 jedoch allein die Gottlosen genannt. Es hat den Anschein, daß damit auch unverschuldetes Leid begründet wird. Besonders V. 10b deutet in diese Richtung: Der Begriff 'Vernichtung' (כלה) impliziert einen Schlag, der unterschiedslos eine große Gruppe von Menschen trifft.[209] Insofern das außermoralische Böse damit die Vergehen der Bösen bestraft,

---

204 In H[B] ist dieser Vers nicht zu erkennen, daher folgen wir hier G, dem gegenüber S der Vorzug gebührt, vgl. auch Ryssel, 430; Prato, problema, 302.306f.; Skehan / Di Lella, 462.

205 Lies רעב anstelle von רעה, vgl. Prato, problema, 307; Skehan / Di Lella, 462.466; Sauer, 603.

206 Zur Übersetzung des schwierigen Prädikats מוש vgl. Rüger, Sir 40,10, 106f. Daß die Aufzählung der Übel hier wie in Sir 39,28ff. alttestamentlichen Vorbildern folgt, hat Prato, problema, 322f. dargelegt.

207 Vgl. hierzu ausführlich Prato, problema, 300-331.

208 Vgl. dazu Prato, problema, 320f.

209 Vgl. Jes 10,23; 28,22; Ez 11,13; 20,17; Zeph 1,18. G und L haben die umfassende Vernichtung daher auch auf die Flut (κατακλυσμός bzw. cataclysmus) gedeutet. Vgl. dazu auch SVF II 1174 = Origenes, Contra Celsum 4.64 und Winston, Theodicy, 242.

dient es der Wiederherstellung der Ordnung. Im Blick auf das Ganze kann es daher eigentlich nicht als Böses bezeichnet werden. Obwohl Ben Sira, wie wir sahen, an der individuellen Vergeltung festhält und die Lebensumstände des einzelnen Menschen davon betroffen sieht, gilt in abgeschwächter Form offenbar auch für ihn wie für die Stoiker, daß im strengen Sinn ein Übel nur die Frevelhaftigkeit des Menschen ist. Direkt geht Ben Sira auf das damit verbundene Problem der Gerechtigkeit für den einzelnen hier wie in 39,12-35 jedoch nicht ein, sondern sieht von jeder Mutmaßung über den Sinn von unverschuldetem Leid ab.[210] Im Gegensatz dazu begründet Chrysipp das Leiden des Weisen *explizit* mit dem Hinweis auf die Ordnung des Ganzen.

Diese Zurückhaltung läßt sich einerseits als Anerkennung der Grenze der Erklärbarkeit des Leidens betrachten.[211] Andererseits ist das Einzelgeschick sowohl in 40,1-17 wie in 39,12-35 nicht das Thema. Ben Sira betrachtet das außermoralische Übel gewissermaßen aus einer kosmisch-universalen Perspektive (vgl. הכל in 39,16.21.33f.). Aus dieser Perspektive heraus gelangt er zu der Antwort, daß von der Ordnung des Ganzen her das vermeintliche Böse seinen Sinn hat, indem es der Bestrafung der Frevler dient. Wie dem Einzelnen Gerechtigkeit widerfährt, klärt Ben Sira in anderen Zusammenhängen.[212] Die Tatsache jedoch, daß Sirach unverschuldetes Leid nicht allein mit dem Hinweis auf die Ordnung des Ganzen erklärt, deutet auf den fundamentalen Unterschied hin, der zwischen dem kosmologischen Naturbegriff der Stoa und dem personalen Gottesbegriff des Siraciden besteht.[213]

Dennoch hat auch Sir 39,12-35 etwas zum Thema der individuellen Gerechtigkeit beizutragen. Damit kommen wir zum zweiten Berührungspunkt zwischen Ben Sira und den Stoikern in dieser Frage. Wenngleich der Siracide, anders als Chrysipp, wie oben zitiert, nicht explizit das unverschuldete Leid mit dem Hinweis auf die Ordnung des Ganzen erklärt, ist auch bei ihm die in 39,12-35 (und 42,15-43,33) gepriesene Vorsehung Gottes ein wichtiger Baustein in der Bewältigung des Problems der gerechten Vergeltung. Der sichtbare Ausdruck der göttlichen Vorsehung liefert den „Beweis" für die Güte des göttlichen Handelns und seine Verläßlichkeit. Von dem Bekenntnis *die Werke Gottes sind alle gut, und für jeden Zweck trägt er Sorge zu seiner Zeit* (39,16)

210 Vgl. dazu auch Prato, problema, 322.330f.
211 Darauf hat besonders Prato, problema, 330f. hingewiesen.
212 Vgl. Sir 16,11-16; 16,17-18,14 und dazu das dritte und vierte Kapitel u. S. 125-131 und 143-180. Ein für Ben Sira wichtiger Aspekt der gerechten Vergeltung ist seine Überzeugung, daß das Böse eines Menschen spätestens in einem zu frühen oder aber sehr schweren Todesgeschick vergolten wird, vgl. Sir 11,19.28; 41,1 und Kaiser, Gottesgewißheit, 85f. = ders., Mensch, 132 und ders., Tod, 83f.
213 Vgl. dazu u. S. 56.

ist letztlich auch der einzelne umgriffen. Angesichts der Schönheit und der Ordnung der von Gott erschaffenen Welt darf er darauf vertrauen, daß auch er mit seinem individuellen Geschick in dieser Ordnung aufgehoben ist.

Der Nachweis für die weise Voraussicht des Schöpfers und seine Fürsorge für die Welt beschränkt sich dabei freilich nicht auf diesen Hymnus. Der bereits mehrfach angesprochene Hymnus in 42,15-43,33 trägt wesentlich zur Festigung dieses Bildes bei. Neben der Schönheit der Schöpfung wird dort besonders der ewige Bestand der Ordnung unterstrichen (42,23):

Alles[214] lebt und besteht für immer,
und für jeden Zweck wird alles bewahrt.[215]

Auch die programmatische Aussage zu Beginn des Werkes zählt zu den Fundamenten des Gedankens von der Vorsehung Gottes (Sir 1,1):

Alle Weisheit kommt vom Herrn,
und bei ihm ist sie bis in Ewigkeit.

Er ist es zugleich, der der Schöpfung und den Menschen die Weisheit mitgeteilt hat (Sir 1,6.8-10):

(6)   Die Wurzel der Weisheit, wem wurde sie offenbart,
und wer erkannte ihre Geheimnisse?
(8)   Einer ist weise, gar sehr zu fürchten,
er sitzt auf seinem Thron: der Herr.[216]
(9)   Er schuf sie und sah sie und zählte sie
und goß sie aus über alle seine Werke.[217]

---

214 Lies H[M] gegen H[B] und vgl. G. Sinngemäß wird der Masada-Text auch durch S (*Sie alle leben und stehen für immer*) bestätigt. Daß הכל hier nicht für „das All" steht, wird durch G (τὰ πάντα) bestätigt.

215 So mit H[M], vgl. auch Yadin, Ben Sira Scroll, 28; Prato, problema, 126; Skehan / Di Lella, 488. G scheint auf H[M] zurückzugehen, den er jedoch falsch versteht. So läßt er ἐν πάσαις χρείαις (V. 23b) von μένει (V. 23a) abhängig sein. Der Bezug ist jedoch das Prädikat von V. 23b, für das er zudem wie H[B] „gehorchen" (ὑπακούειν, vgl. שמע in H[B]) bietet anstelle von נשמר (H[M]). S bietet einen abweichenden Text.

216 κύριος ist vom Anfang der Zeile in V. 9a an das Ende von V. 8b zu übernehmen, V. 9a-c zu einem Bikolon zusammenzuziehen, vgl. neben L und S auch Smend, 9; Skehan / Di Lella, 136, die entsprechend übersetzen, die Entscheidung jedoch unkommentiert lassen.

217 Zur Entscheidung, V. 9a-c zu einem Bikolon zusammenzuziehen vgl. die vorige Anmerkung.

(10)   Bei allem Fleisch ist sie entsprechend seiner Gabe,
und er gewährte sie denen, die ihn lieben.[218]

Grundlegend für Ben Siras Auffassung von der von Gott gestifteten Ordnung ist schließlich die Vorstellung, daß es für alles Geschehen einen richtigen Zeitpunkt gibt. Die Verbindung des Gedankens der Zweckmäßigkeit mit der weisheitlichen Kategorie des rechten Zeitpunkts (עת bzw. καιρός) ist in Sir 39,12-35 daher ein wesentliches Moment der Begründung der Vorsorge Gottes für die Welt zum Guten.[219] Die Zweckmäßigkeit allen Geschehens in der Schöpfung erweist sich, wenn die jeweilige Zeit dafür gekommen ist (39,16):

> *Die Werke Gottes sind alle gut,*
> *und für jeden Zweck trägt er Sorge zu seiner Zeit.*

Vorausgesetzt ist dabei, daß Gott in seiner Allwissenheit und besonders dank seinem Vorherwissen, seiner Präsziens, um den rechten Zeitpunkt weiß und entsprechend für jedes Geschehen die richtige Stunde bestimmt.

Exkurs: Zur Bedeutung des Begriffs עת bei Ben Sira in seinem weisheitlichen Kontext

Die Deutung der Wirklichkeit durch den Aspekt der Zeit gehört zu den grundlegenden Gedanken im Werk des Siraciden.[220] Damit greift er ein vertrautes weisheitliches Motiv auf, dessen Geschichte sich in zwei Entwicklungslinien konzentriert. Zunächst gilt grundsätzlich: Das Gelingen des menschlichen Tuns ist vom Zusammentreffen mit dem rechten Zeitpunkt abhängig.[221] „Es handelt sich also wieder einmal zunächst um die Erfahrung von einer Grenze, die dem menschlichen Lebenswillen gezogen ist",[222] wie v. Rad treffend feststellt. Die ältere Weisheit war nun jedoch von der Gewißheit getragen, daß der Mensch mit Verstand und Umsicht sehr wohl die geeignete Zeit herauszufinden vermag.[223] So konnte

---

218 Vgl. zu diesem Weisheitsgedicht Marböck, Weisheit, 17-34; Rickenbacher, Weisheits-perikopen, 4-34 und u. S. 202-206.

219 Vgl. 39,16.21.30.33.34.

220 Auf die Bedeutung des Begriffs עת für das Denken des Siraciden, besonders auch für seine Schöpfungstheologie, haben Marböck, Weisheit, 140f. und v. Rad, Weisheit, 339ff. bereits hingewiesen.

221 Vgl. Prov 15,23; 25,11; Jes 28,23-29; Jer 8,15; Am 5,13.

222 v. Rad, Weisheit, 183.

223 Die Annahme der „Zeitgebundenheit" (Fischer, Skepsis, 217) des menschlichen Tuns und des Lebens insgesamt war freilich kein Eigentum der Weisheit, sondern be-

aus der Einsicht in diese „Grenze" geradezu ein Weg zum erfolgreichen Leben werden. Die weisheitliche Lehre verstand sich daher auch als Anleitung hierzu.[224]

Zu einer Grundkategorie des theologischen Wirklichkeitsverständnisses wird der Begriff עת jedoch erst bei Kohelet. Er faßt die Annahme von der Zeitgebundheit des menschlichen Tuns konsequenter und spitzt sie auf die Determination der Zeiten durch Gott hin zu. Die eigentliche „Sinnverschiebung"[225] gegenüber der älteren Weisheit liegt allerdings noch woanders: Sie entsteht durch die Überzeugung, daß das Wissen um den rechten Zeitpunkt dem Menschen entzogen ist. Er bleibt folglich darauf angewiesen, daß sein Tun in die richtige Stunde fällt. Beeinflussen kann er dies nicht.

Ben Sira scheint eine vermittelnde Position einzunehmen. Er teilt mit Kohelet das augenfällige Interesse am Begriff עת, verleiht ihm aber eine eigene Ausrichtung. Dabei gibt allein schon die Fülle von unterschiedlichen Aspekten und Kontexten, in denen der Zeitbegriff bei Ben Sira eine Rolle spielt, einen Eindruck von seiner umfassenden Bedeutung für die Welt- und Lebensdeutung des Siraciden.[226] Obwohl freilich diese Vielfalt ein Zeugnis für die Aspekthaftigkeit seines Denkens ist, läßt sich doch im Ansatz eine Systematik aufdecken, die hinter der weit gestreuten Verwendung des Begriffs verborgen liegt.

Zunächst greift Ben Sira hinter Kohelet zurück und verhilft dem Vertrauen, daß der Mensch den rechten Zeitpunkt für sein Tun erkennen kann, zu neuer Geltung. Weitaus eindringlicher noch als die alten Lehrer schärft er die Beachtung der richtigen Zeit ein.[227] Zugrunde liegt die Erfahrung, daß sich „vom Morgen bis zum Abend die Zeit ändert" (18,26). Ben Sira lehrt nun, die Grenze, die die Zeitgebundheit des Handelns dem Menschen setzt, bei allem Tun zu bedenken und sie in die Planung einzubeziehen. Dies gilt zunächst im praktischen täglichen Leben und im Umgang der Menschen miteinander. So

---

stimmte die Grundstimmung des Lebens vor Gott in alttestamentlicher Zeit überhaupt, vgl. dazu Kronholm, Art. עת, 477-481. Während die Weisheit des Sprüchebuches die Belehrung über den rechten Zeitpunkt primär auf das Reden und Schweigen bezog (Prov 15,23; 25,11), zeigt die weisheitliche Spruchreihe, die Kohelet seinen Überlegungen zum Zeitproblem zugrundegelegt hat (Koh 3,2-8, vgl. dazu v. Rad, Weisheit, 338; Whybray, Ecclesiastes, 69f.; Fischer Skepsis, 221f.), daß das menschliche Leben in allen Aspekten vom Zusammenspiel mit der jeweils richtigen Zeit und Gelegenheit (vgl. Wilch, Time, 167) abhängig war.

224 Vgl. dazu Schmid, Wesen, 33f.190f., der darauf hinweist, daß auch in der ägyptischen Weisheit bereits in den ältesten Texten dieser Gedanke von zentraler Bedeutung ist; v. Rad, Weisheit, 182-188. Daß das Thema in den Proverbien nur selten verhandelt wird, merkt auch v. Rad, Weisheit, 187 an. Entsprechende Belege „aus anderen literarischen Zusammenhängen" lassen jedoch keinen Zweifel an der tiefen Verwurzelung dieser Vostellung auch in der Lebensweisheit Israels". (ebd.)

225 Fischer, Skepsis, 222.

226 Vgl. die zahlreichen Belege: Sir 4,20.23; 5,7; 6,8; 8,9; 10,26; 11,25ff.; 12,16; 19,28; 20,6f.19f.; 22,6.23; 31,28; 32,4.11; 37,4; 38,13; 39,16.21.33; 51,30.

227 Vgl. besonders Sir 4,20.23; 20,6f.; 32,4, aber auch 5,7; 8,9; 10,26; 20,20; 22,23; 32,11.

kehrt auch bei Ben Sira mehrfach das verbreitete weisheitliche Motiv vom Reden und Schweigen zur rechten Zeit wieder (Sir 4,23; 8,9; 20,6.19f.; 22,6). Bei gesellschaftlichen Anlässen, mahnt der Siracide, ist der Zeitpunkt des Aufbruchs zu beachten (32,11, vgl. auch 32,4). Selbst der Wein ist nur zuträglich, wenn er nicht nur in Maßen, sondern auch zur passenden Zeit getrunken wird (31,28). Aber nicht nur das eigene Tun ist am rechten Zeitpunkt zu orientieren. Auch das Verhalten der Mitmenschen gilt es, unter dem Blickwinkel von Zeit und Gelegenheit zu bewerten. So erkennt man einen Feind erst, wenn er aus gegebenem Anlaß „nicht satt wird am Blut" (Sir 12,16, vgl. auch 6,8; 19,28; 37,4).[228] Sogar in geschäftlichen Dingen spielt dies eine Rolle: Ben Sira rät seinen Lesern, beim Geldverleih daran zu denken, daß sich die Zuverlässigkeit des Schuldners erst herausstellt, wenn die „Zeit der Rückzahlung" gekommen ist (29,1-5).[229]

Näher an die Thematik von Sir 39,12-35 führt nun die Beobachtung, daß der Siracide auch Glück und Unglück im Leben der Menschen mit der Kategorie der Zeit erfaßt (18,25):

> *Denke an die Zeit des Hungers in der Zeit der Fülle,*
> *an Armut und Mangel in den Tagen des Reichtums.*[230]

Indem Ben Sira an der Alltagserfahrung den Blick für den Wandel der Zeit geschärft hat, hat er seine Leser indirekt auch auf diesen Aspekt der Zeitgebundenheit des menschlichen Lebens vorbereitet: Wer grundsätzlich Sinn und Bedeutung der fallenden Zeiten erfahren und erkannt hat, kann nun auch eher begreifen, daß Zeiten des Glücks von schweren Zeiten abgelöst werden.

So vermittelt Ben Sira ein Bewußtsein um die rechte Zeit als ein die Wirklichkeit in all ihren Vollzügen ordnendes Moment. Es dient einerseits der praktischen Lebensbewältigung; andererseits trägt es zur Einsicht in die Sinnhaftigkeit auch sinnwidriger Momente des Lebens bei, da sie alle vom Aspekt der sich wandelnden Zeit umgriffen sind. Anders als bei Kohelet ist das Bewußtsein um die Zeitgebundenheit des Lebens jedoch nicht Ausdruck der Verborgenheit Gottes, sondern dient gerade der Vergewisserung, daß Gott in seinem Handeln einer grundsätzlich nachvollziehbaren Ordnung folgt. Das Gesetz der sich wandelnden Zeit ist Teil des Werkes der Vorsehung Gottes und dient dem Menschen zugleich zu seiner Erschließung. Auch die Zusage, daß sich alles zu seiner Zeit als nützlich und gut erweisen wird, dient dem Ziel, das Handeln Gottes für den Menschen prinzipiell durchsichtig zu machen.

---

228 Umgekehrt mahnt Ben Sira freilich auch, den Freund in schlechten Zeiten nicht im Stich zu lassen, um hernach auch an seinem Glück zu partizipieren, Sir 22,23.

229 Miteinander verbunden sind die Vorstellung vom Zweck und vom rechten Zeitpunkt schließlich, wenn Ben Sira den Arzt empfiehlt. Ihn hat Gott für einen bestimmten Nutzen bestimmt. (Sir 38,1.12). Dieser erweist sich, wenn die Zeit dafür gekommen ist (38,13).

230 Vgl. auch 11,25ff.

Mit der weisheitlichen Kategorie des von Gott bestimmten rechten Zeitpunktes gelingt es Ben Sira somit, aus der kosmisch-universalen Perspektive heraus und von den weisen Strukturen und Ordnungen der Schöpfung her das Werk der göttlichen Vorsehung zu erschließen und zugleich den Gedanken für die Perspektive des individuellen Geschicks offenzuhalten. So kann man sagen, daß Ben Sira mit dem Hinweis auf den rechten Zeitpunkt eine ambivalente Gegenwart auf eine bessere Zukunft hin transzendiert. Wie hoch der Stellenwert dieses Gedankens für den Siraciden war, erhellt allein aus der Tatsache, daß er sein Werk mit einem Appell zum Leben in Gerechtigkeit beschließt, den er mit der Verheißung begründet (Sir 51,30):

und er wird euch euren Lohn geben zu seiner Zeit.

Damit nimmt Ben Sira eine weisheitliche Kategorie in den Vorsehungsglauben auf und zeigt damit einmal mehr seine Eigenständigkeit in der Rezeption der stoischen Lehre von der göttlichen πρόνοια.

3 Die Verantwortung des Menschen und die Gerechtigkeit Gottes: Sir 15,11-16,14

Die Auslegung von Sir 39,12-35 hat gezeigt, daß nach der Lehre des Siraciden Gott in weiser Voraussicht alles in der Schöpfung für einen Zweck bestimmt hat. Dabei wurde deutlich, daß der der stoischen Vorstellung von der Pronoia verwandte Gedanke der providentiellen Sorge Gottes für die Welt keine Determination des Menschen impliziert. Das Problem des Bösen verlagert sich im Denken Ben Siras folglich, ähnlich wie bei den Stoikern, auf die religiös-sittliche Qualität des Menschen. Von ihm hängt es ab, ob ihm die Schöpfung zum Guten oder zum Bösen gereicht. Dies gewährleistet die Ordnung, die Gott aufgrund seiner Allmacht und Allwissenheit hervorgebracht hat und ständig bewahrt. Kant nimmt diesen Gedanken mit einer großen rhetorischen Geste auf:

> *„Die Vorsehung hat gewollt, daß der Mensch das Gute aus sich selbst herausbringen soll, und spricht, so zu sagen, zum Menschen: 'Gehe in die Welt', - so etwa könnte der Schöpfer den Menschen anreden! - 'ich habe dich ausgerüstet mit allen Anlagen zum Guten. Dir kömmt es zu, sie zu entwickeln, und so hängt dein eigenes Glück und Unglück von dir selbst ab'. "*[1]

Die Vorstellung von der Allmacht Gottes wurde nun jedoch im Umkreis Ben Siras offenbar als Argument gebraucht, um Gott selbst zum Urheber der Sünde des Menschen zu deklarieren. So zitiert Ben Sira seine Gegner mit der These: *Von Gott kommt meine Sünde* (Sir 15,11a). Darin drückt sich ein Determinismus in populärer Verflachung aus. Über dessen geistesgeschichtlichen Hintergrund läßt sich jedoch kaum Genaues ermitteln.[2] Offenbar gab es im Israel des dritten und zweiten vorchristlichen Jahrhunderts eine durch hellenistische Einflüsse begünstigte religiöse Skepsis, die den Nährboden bot, auf dem sich eine Auffassung wie die des von Ben Sira zitierten Gegners entwickeln konnte.[3]

---

1   Kant, Pädagogik, 702.

2   Zum möglichen Profil der Gegner s. u. S. 131-138 und vgl. Hengel, Judentum, 255f.; Maier, Mensch, 335; Prato, problema, 209; Crenshaw, Theodicy, 47.

3   Hengel, Judentum, 219ff. sieht Spuren einer religiösen Skepsis bei Kohelet. Sie äußert sich nach Hengels Auffassung darin, daß dem Menschen die Einsicht in das ihm von Gott zugewiesene Geschick verwehrt ist. Allerdings stellt sich die Frage, ob diese Position als Skepsis angemessen beschrieben ist. So ist mit Fischer, Skepsis, 109.111.

Fest steht allerdings, daß der Siracide damit eine Position aufgegriffen hat, die im Judentum seiner Zeit eine beträchtliche Anziehungskraft ausübte. Dies belegt die Tatsache, daß sich der Autor von 1 Hen 98f. mit demselben Thema auseinandersetzt.[4] Auch die Tatsache, daß Josephus seiner Einteilung der jüdischen Religionsparteien deren jeweilige Stellung zur εἱμαρμένη als Prinzip der Klassifikation zugrunde legt, deutet darauf hin.[5]

3.1 Zu Form und Aufbau

Die Kapitel 3 und 4 beziehen sich auf Sir 15,11-18,14. Dieser gesamte Komplex ist als eine Einheit zu betrachten, die sich in zwei große Teile gliedert: 15,11-16,14(16) und 16,17-18,14. Vor allem wegen der Übersichtlichkeit ist der Stoff hier auf zwei Kapitel verteilt.

Den Abschnitt als Einheit aufzufassen, entspricht jedoch keineswegs der opinio communis. Für die Mehrheit der Autoren markiert vielmehr die Formel in 16,24f. einen Neueinsatz und leitet einen Abschnitt ein, der von 16,24-18,14 reicht.[6] Wir schließen uns darin Haspecker an, der als erster den von

---

239-244.246ff. einzuwenden, daß Kohelet sich mit der Einsicht in die Unverfügbarkeit des menschlichen Geschicks und in die Grenzen, die dem menschlichen Erkenntniswillen angesichts der Überlegenheit der *majestas dei* gesetzt sind, nicht als skeptischer Philosoph erweist. Seine Grundhaltung ist vielmehr von der Gottesfurcht als „Demut gegenüber der Majestät Gottes" (a.a.O., 242) bestimmt, und zwar „als Antwort auf die verborgene Weisheit Gottes" und „demgemäß als die seiner absoluten Macht geschuldete und einzig mögliche praktische Verhaltensweise des Menschen" (a.a.O., 244). Zumal die Identifikation der in Sir 15,11f. zitierten Gegner Ben Siras mit dem angeblichen Determinismus Kohelets (vgl. Hengel, Judentum, 255) läßt sich nicht aufrechterhalten. Wie Fischer, Skepsis, 108ff.114 gezeigt hat, beschränkt sich der ‚Determinismus' Kohelets auf die Determination der Zeiten. Das Gelingen des menschlichen Tuns ist vom Zusammenfallen mit dem rechten Zeitpunkt abhänig, dessen Erkenntnis sich freilich dem Menschen entzieht. Wenngleich der Mensch folglich nur sehr eingeschränkt auf den Verlauf des eigenen Lebens Einfluß nehmen kann, wird die Verantwortung für sein Tun dadurch nicht aufgehoben, s. dazu auch o. S. 264f.

4   Vgl. bes. 1 Hen 98,4; 99,2 und dazu Hengel, Judentum, 255; Maier, Mensch, 89; Argall, 1 Enoch, 194f..

5   Vgl. Bellum Jud. II,119-166; Ant XIII,171-173; XVIII,11-25 und dazu Maier, Mensch, 1ff., zur Bedeutung und zum Problem des Begriffs der εἱμαρμένη in diesem Zusammenhang vgl. a.a.O., 4-23.

6   Vgl. Fritzsche, 80, nach dem der Abschnitt bis 18,27 reicht, ebenso Box / Oesterley, 374 und Smend, 152; Hamp, 44; Eberharter, 64; Peters, 141; Spicq, 650f., der mit 16,24 den zweiten Teil des Buches beginnen läßt; Hadot, Penchant, 91f. Snaith setzt 10,4-18,29 unter die Überschrift „Man's life under divine providence" und geht nicht

15,11-18,14 reichenden Zusammenhang herausgestellt und den gesamten Text als „Traktat über die Sünde"[7] tituliert hat. Haspecker wurde hierbei entscheidend von der Einsicht geleitet, daß nicht „die feierliche Einleitung 16,24-25"[8] die Struktur des Textes bestimmt, sondern die sowohl thematisch als auch formal[9] verwandten gegnerischen Einwände in 15,11-13 und 16,17-23, gegen die Ben Sira jeweils im Anschluß argumentiert. So unterteilt auch Haspecker den Text. Im Unterschied zur Mehrheit der Kommentatoren sieht er den Einschnitt jedoch nicht hinter 16,23, sondern bereits hinter 16,16 und beurteilt 15,11-16,14(16) und 16,17-18,14 als zwei Teile eines großen Zusammenhangs.

Das Hauptargument gegen diese Gliederung und für einen Neueinsatz in 16,24 liegt in der Aufforderung zum Zuhören, mit der sich Ben Sira in 16,24f. an seine Leser wendet. Es wird jedoch durch Römhelds Beobachtung, daß ein Aufmerksamkeitsruf in der weisheitlichen Literatur nicht nur zur Einleitung, sondern auch zur „Gliederung einer Lehre und Mahnrede verwendet" wird,[10] entkräftet. Entsprechend kommt ihm in 16,24f. die Funktion zu, die folgende Abhandlung über die Schöpfung und den Menschen an die in 16,17-23 zitier-

---

auf weitere übergreifende Zusammenhänge innerhalb dieses Textkomplexes ein, sondern unterteilt ihn in kleinere Abschnitte. Dabei trennt er 16,17-23 von 16,24-28. Zuletzt folgen Skehan / Di Lella in ihrem Kommentar der üblichen Gliederung und setzen den ersten Teil unter die Überschrift „Free Will and Responsibility" (267), den zweiten betiteln sie mit „Divine Wisdom and Mercy" (276). Mit dem Gliederungsvorschlag von Haspecker und Prato setzen sie sich dabei nicht auseinander.

7   Haspecker, Gottesfurcht, 142. Ihm schließt sich Marböck, Weisheit, 136 an. Haspecker faßt zwar 15,9-18,14 als geschlossenes Stück auf, betont aber den engen Zusammenhang mit 14,20-15,8. Dieser Text gibt nach Haspecker mit der Entgegensetzung Weisheit - Sünder bzw. Gottesfürchtiger - Sünder (15,1-8) das Thema für 15,9-18,14 vor, wie zudem die Aufeinanderfolge von weisheitlichem Lehrgedicht (14,20-27) und „Warnung vor der Sünde" nach Haspecker typisch ist für Ben Sira (vgl. a.a.O., 142f.). Die Beobachtung dieser „festen Gedankenverbindung" (142) ist zutreffend, 15,11-18,14 können dennoch als in sich geschlossenes Stück über die Sünde aufgefaßt werden.

8   Haspecker, Gottesfurcht, 143 Anm. 44

9   Beide werden durch die Wendung אל תאמר eingeleitet, vgl. 15,11a; 16,17a.

10 Kaiser, Grundriß 3, 58. Zum Begriff vgl. Römheld, Weisheitslehre, 11f. Römheld, a.a.O., 135-138 kommt bei seiner Gegenüberstellung von Texten aus Ägypten, Mesopotamien und dem syrisch-kanaanäischen Raum (darunter auch ein längerer Abschnitt zu Prov 1-9) zu dem Ergebnis, daß sich ein Aufmerksamkeitsruf vor allem in der Rahmung einer Lehrrede, aber auch zur Angliederung weiterer Lehrreden innerhalb einer größeren Lehre findet. An der vorliegenden Stelle (Sir 16,24f.) hat er die Funktion, die vorangegangenen Einwände der Gegner und den folgenden längeren lehrhaften Abschnitt zu verbinden. Als sprachliches Vorbild für den Aufmerksamkeitsruf bei Ben Sira vgl. Prov 3,1-4; 4,1-2.10-12.20-22; 5,1-2.8; 7,1-5 und dazu Römheld, a.a.O., 131.

ten Einwände anzugliedern und mit ihnen zur literarischen Einheit zu verbinden. In vergleichbarer Funktion findet sich ein Aufmerksamkeitsruf bei Ben Sira auch innerhalb des Weisheitsgedichts 6,18-37 (vgl. V. 23) und in dem als Lehrrede anzusprechenden Text[11] über das Verhalten bei Tisch 31(34),12-32 (vgl. V. 22).

Zusätzlich kann die These vom Zusammenhang des Textes noch durch weitere Beobachtungen gestützt werden. So fällt vor allem die Verknüpfung der Unterabschnitte und das Herstellen von Rückbezügen durch die kontinuierliche Wiederaufnahme einzelner Begriffe und wichtiger Ausdrücke auf, die nicht nur unmittelbar aneinandergrenzende Teile verbindet,[12] sondern sich über den gesamten Text erstreckt.[13]

Haspecker hat damit das grundlegende Prinzip der sowohl formalen wie inhaltlich-argumentativen Struktur des Textes erkannt.[14] Eine darüber hinausgehende differenzierende Aufbauanalyse hat er jedoch nicht vorgenommen. Diese Lücke hat Prato gefüllt. Wie Haspecker unterstreicht er die strukturbestimmende Funktion der Einwände in 15,11-13 und 16,17-23. Darüber hinaus entdeckt er in 15,11-16,14(16) und 16,17-18,14 ein paralleles Aufbauschema, das noch einmal mehr den Zusammenhang des gesamten Textes unter formalen und inhaltlichen Gesichtspunkten belegt.

Prato verdeutlicht das Schema mit einer Tabelle, die hier in Übersetzung dargeboten werden soll:

1) Doppelter Einwand und teilweise Antwort
   15,11-13   3 Bikola   16,17-23   8 Bikola
2) Rückbezug auf die Schöpfung
   15,14-17   4   16,24-17,14   20
3) Gott beobachtet (um zu richten und zu vergelten)
   15,18-20   3   17,15-23   6
4) Argumentation
   a) Nachkommen   a) persönliche Umkehr
   16,1-5   6   17,24-31   8
   b) Geschichtsbeweis   b) Gericht (Barmherzigkeit)
   16,6-11ab   6   17,32-18,14   14

---

11 Zur Gattung der Lehrrede vgl. z. B. Lang, Lehrrede, 27-60 und die Untersuchung von Kayatz, Proverbien.

12 Vgl. z. B. 15,20 אנשי כזב mit 16,1 נערי שוא und בבני עולה, und 17,24 μετανοοῦσιν mit 17,25 ἐπίστρεφε.

13 Vgl. z. B. 15,13a mit 17,26c und 16,11cd-12 mit 17,29 und 18,11f..

14 Den Zusammenhang mit 15,11-20 hat auch Marböck, Weisheit, 136 Anm. 2 gesehen, der jedoch in der Binnengliederung von Haspecker abweicht.

c) Gericht (Lohn)
16,11cd-14(16)   4(6)[15]   ---

Während dieses Aufbauschema in seiner Überzeugungskraft im ganzen für sich spricht, sind einige kleine Korrekturen an Pratos Abgrenzung der Unterabschnitte notwendig. Es handelt sich um folgende Stellen:

1) 16,1-5: Prato verkennt die zusammenfassende Funktion von V. 4 als „summary appraisal"[16], so daß dieser Vers einen vorläufigen Abschluß bildet, während in V.5 רבות כאלה einen kleinen Einschnitt markiert[17] und der gesamte Vers eine Art Doppelpunkt darstellt. So ergibt sich folgende Gliederung: 16,1-4.5-11ab.[18]

2) 17,15-23: V. 24, den Prato schon zum Folgenden rechnet, ist ein für Ben Sira typischer Übergangsvers, der das Vorangegangene mit dem Folgenden durch die Aufnahme eines für beide Teile charakteristischen Stichwortes verbindet. Hier erfüllt das Verb μετανοεῖν diese Funktion.

3) Das Argument gilt in gleicher Weise für 17,25-32: Auch hier nimmt Ben Sira den Gedanken des Folgenden vorweg, wenn er in 17,32b die Frage aus 18,8 *Was ist ein Mensch, und was ist er wert? Was ist gut an ihm und was schlecht?* anklingen läßt, obwohl der Vers von der Argumentation her eindeutig zu 17,25ff. zu rechnen ist: V. 31 und 32 entsprechen einander in der Struktur, indem sie einen Schluß *a maiore ad minus* bieten.[19]

Darüber hinaus ist darauf hinzuweisen, daß im ersten Teil der Abschnitt 15,11-20 und im zweiten 16,17-17,24 trotz der von Prato genannten Feingliederung eine argumentative Einheit bilden, von der sich das jeweils folgende stärker abhebt. Dabei fällt formal auf, daß sich an beide Abschnitte Mahnworte anschließen, (vgl. 16,1ff. und 17,25f.), die durch einen Personenwechsel den Einschnitt markieren und die Gesprächssituation, die durch das Zitat der gegnerischen Einwände gegeben war, wieder aufnehmen.

---

15   Vgl. Prato, problema, 231.
16   Vgl. dazu Childs, Isaiah, 128-136 und Prov 1,19.
17   Vgl. Hi 16,2: Hiob beginnt seine zweite Antwort an Eliphas mit den Worten שמעתי כאלה רבות bzw. ἀκήκοα τοιαῦτα πολλά.
18   Eine weitere Alternative bietet Peters, 134, der V. 4-5 zusammen als Einleitung zu V. 6ff. auffaßt. Er übersieht dabei jedoch zweierlei: 1) das für Ben Sira zahlreich belegte Mittel der Vorwegnahme von Stichworten zur Verknüpfung von Unterabschnitten, 2) den Bezug zwischen V. 3 und 4: V. 4 begründet V. 3, s. dazu u. S. 125.
19   Im übrigen ist der gesamte Abschnitt 17,15-24 noch zu 16,24-17,14 zu rechnen, zur Begründung s. u. S. 146, Anm. 13.

Nach diesen Korrekturen ergibt sich folgende Gliederung:

I. 15,11-20   Gottes Allmacht und die Sünde der Menschen
    16,1-14(16)   Praktische Konsequenzen
    16,1-4   Folgerung für die Beurteilung überlieferter
                     Wertmaßstäbe am Beispiel des Kinderreichtums
    16,5-11ab   Geschichtsbeweis für die Konsequenz der göttlichen
                     Vergeltung
    16,11cd-14   Das Prinzip der göttlichen Vergeltung

II. 16,17-17,24   Gottes Allmacht und das Handeln des Menschen
    17,25-32   Aufruf zur Umkehr
    18,1-14   Hymnus auf die Größe und Barmherzigkeit Gottes:
                     abschließende Verhältnisbestimmung von göttlichem
                     und menschlichem Handeln.

3.2 Auslegung

3.2.1 „Von Gott kommt meine Sünde."
Zur Selbstrechtfertigung des Menschen vor Gott (15,11-20)

(15,11)[20] Sage nicht: „von Gott kommt meine Sünde",
denn was er haßt, tut er nicht.
(12) Sage ja nicht: „er hat mich in die Irre geführt",
denn er hat[21] keinen Bedarf[22] an Männern des Unrechts.

---

20 Der Abschnitt gehört in einen Textbereich, der in H^A und H^B parallel überliefert ist
    (Sir 10,19-16,7). Dazu hat Rüger, Textform, 75-86 eine vergleichende Studie vorge-
    legt. Vgl. auch die Synopse bei Beentjes, Text Edition (1997), 142-145. Die Überset-
    zung folgt, sofern nichts anderes vermerkt wird, H^A.
21 Ergänze לו hinter אין, vgl. G, L, S und H^B לי, das auf ursprüngliches לו hindeuten
    könnte.
22 Lies צורך mit H^A, H^{Bmg}, G, S und L gegen H^B. Rüger, Textform, 76 hält hingegen H^B
    (חפץ) für den älteren und ursprünglicheren Text. Er argumentiert dabei mit dem Hin-
    weis auf alttestamentliche Stellen, an denen חפץ durch χρεία wiedergegeben ist. Dage-
    gen kann man jedoch geltend machen, daß bei Ben Sira in einer deutlichen Mehrzahl
    der Fälle χρεία hebräisch צרך wiedergibt (vgl. z. B. 8,9; 13,6; 39,33), dagegen nur an
    einer Stelle (11,23) חפץ. Ebenfalls H^A lesen Smend, 141; Lévi 2, 110; Prato, problema,
    220; Skehan / Di Lella, 269.

(13)   Böses[23] und Greuel haßt Gott,[24]
aber er läßt es denen nicht[25] zustoßen, die ihn fürchten.[26]

(14)   Gott[27] schuf von Anfang an[28] den Menschen
und gab ihn in die Hand seines Willens.[29]
(15)   Wenn du willst, hältst du das Gebot,
und Treue[30] ist es, seinen Willen zu tun.[31]
(16)   Vor dir sind ausgeschüttet Feuer und Wasser;
nach dem, was du willst, strecke deine Hand aus.
(17)   Vor dem Menschen sind Leben und Tod,
was er will, wird ihm gegeben werden.

(18)   Denn die Weisheit Jahwes ist überreichlich,
ein Gott voll Kraft ist er, und er sieht alles.
(19)   Die Augen Gottes sehen seine Werke,[32]

---

23   Vattioni, Ecclesiastico, 77 hat angegeben, daß רעה zu Beginn des Verses in H[B] fehlt und nur von H[Bmg] und H[A] geboten wird. Beentjes, Text Edition (1997), 142 Anm. 8 weist jedoch darauf hin, daß רעה bei H[B] „is written on the right margin." Der Text von H[A] ist damit bestätigt.

24   Lies אלהים mit H[B] gegen H[A] (ייי), G. S läßt die Gottesbezeichnung ganz weg.

25   Gegen Vattioni, Ecclesiastico, 77 liest Beentjes, Text Edition (1997), 142 nicht nur für H[B], sondern auch für H[A] לא.

26   G und in seiner Nachfolge L weicht stark von der hebräischen Vorlage ab. Offensichtlich hat er יאננה mit einer Form von אוה verwechselt.

27   Gegen H[B] (הוא) und G ist mit S an H[A] festzuhalten, vgl. auch Prato, problema, 214. Anders Rüger, Textform, 77f.; Skehan / Di Lella, 267.

28   Lies mit H[B] gegen H[A] מראש, vgl. dazu Sir 16,26 und Rüger, Textform, 77f.; Di Lella, Text, 120f.; Prato, problema, 221.

29   Zwischen V. 14a und b bietet H[A] ein weiteres Kolon (14b₁,), das als Glosse zu streichen ist. Es fehlt in sämtlichen antiken Versionen (G, L und S). Vgl. hierzu ausführlich Hadot, Penchant, 94ff.

30   Lies ואמונה mit H[B], auch die Mehrzahl der Kommentatoren entscheidet so, vgl. Smend, 142f.; Peters, 129.131; Hamp, 41; Hengel, Judentum, 254; Maier, Mensch, 86; Skehan / Di Lella, 269; Boccaccini, Judaism, 107. H[A] folgen hingegen Prato, problema, 244ff. (vgl. bes. 244 Anm. 50); Hadot, Penchant, 99f.; Kaiser, Gottesgewißheit, 83 = ders., Mensch, 130.

31   H[A] bietet im Anschluß an diesen Vers eine Glosse. Sie stellt eine Fortspinnung des Gedankens aus V. 15b im Sinne von Hab 2,4 dar. Die antiken Versionen bieten sie nicht.

32   G bietet einen abweichenden Text: *und seine Augen (ruhen) auf denen, die ihn fürchten.* Möglich wäre es, daß G אל als Präposition und יראיו anstelle von יראו gelesen und zusätzlich, wie S, ein *suff 3 Sg m* an עיני angehängt hat (vgl. auch Di Lella, Text, 63-65; ders., Authenticity, 188f.; Prato, problema, 80). Rügers abweichende Erklärung

und er nimmt jede[33] *Tat eines Menschen wahr.*
(20) Niemandem befahl er zu sündigen,
       und nicht bestärkte er die Sünder.[34]

Ben Sira widerlegt in diesem Abschnitt den Vorwurf, daß Gott der Verursacher menschlicher Sünde sei, ähnlich wie die Stoiker[35] mit einem theologischen und einem anthropologischen Argument: mit dem Hinweis auf Gottes Abneigung gegen die Sünde einerseits (V. 11-13) und mit der Begründung der menschlichen Willensfreiheit andererseits (V. 14-17). Die Schlußverse (V. 18-20) kehren wieder zur theologischen Argumentationsform zurück: Gott begründet und garantiert in seiner Weisheit, Allwissenheit und Macht die Ordnung, nach der der Mensch selbst zwischen Leben und Tod wählen kann. Der Text gliedert sich folglich in drei Strophen: V. 11-13.14-17.18-20.[36]

Auch dieser Abschnitt zeichnet sich wie der im vorigen Kapitel besprochene Hymnus (Sir 39,12-35) durch seinen lehrhaften Charakter aus. Dem entspricht es, daß Ben Sira hier nicht allein sachlich Argumente vorträgt, sondern seine Rezipienten mehrfach direkt anspricht (vgl. V. 11f.15f.).

3.2.1.1 Der gegnerische Einwand (15,11-13)

Mit zwei Antithesen stellt Ben Sira zu Beginn der Strophe das Thema der Auseinandersetzung vor:

(11a) Sage nicht: „von Gott kommt meine Sünde"
(12a) Sage ja nicht: „er hat mich in die Irre geführt".

Dabei repräsentiert das erste Verspaar (V. 11f.) in Form des „Mahnspruchs"[37] zweimal die „ancient debate form"[38] mit jeweils einem Vetitiv im ersten Vers-

---

für G (Rüger, Textform, 80f.) läßt sich mit der skizzierten verbinden. Nach seiner Auffassung ist G 15,19a mit 34,19a und Ps 33,18 „kontaminiert".

33   על vor כל (vgl. H^A) ist mit H^B zu streichen.

34   Vgl. hierzu Prato, problema, 222f. Das sich in H^A und H^B anschließende Bikolon ist als sekundäre Glosse zu streichen, vgl. ebenfalls Prato, problema, 222.

35   S. dazu o.S. 41-50.

36   Vgl. auch Prato, problema, 231 und Skehan / Di Lella, 271f. Diese Gliederung ist Peters' Aufteilung in fünf Bikola vorzuziehen, da sie der Argumentationsstruktur entspricht (vgl. Peters, 129f.).

37   Vgl. dazu Richter, Recht, 37ff. und die Studie von Nel, Structure, hier besonders S. 18-82.

38   Crenshaw, Theodicy, 48.

114   Die Verantwortung des Menschen und die Gerechtigkeit Gottes

teil, in dem der abgelehnte Einwand zitiert wird, und einer mit כי eingeleiteten
Begründung der Ablehnung im zweiten Teil. Wie Crenshaw gezeigt hat, leitet
die „ancient debate form" in alttestamentlichen (vgl. Koh 7,10.13) und
besonders in einigen ägyptischen Texten[39] häufig eine Auseinandersetzung mit
Fragen zur Theodizee ein.[40]

In seiner Entgegnung (V. 11b.12b.13) legt Ben Sira dar, daß es dem Wesen
Gottes widerspräche, die Vergehen der Menschen zu verursachen.[41] Er läßt
sich dabei auf die philosophisch-distanzierte Art der Betrachtung ein, die der
Gegner mit seinem Vorwand eingeführt hat, und trägt seine Argumentation in
beinahe syllogistischer Form vor (wobei die erste Prämisse jedoch erst in V.
13 genannt wird):

1. Prämisse: Gott haßt Übel und Greuel (V. 13a)
2. Prämisse: was er haßt, macht er nicht (V. 11b).

Die Konklusion 'Gott macht die Sünde des Menschen nicht' ist implizit in dem
Vetitiv enthalten, der den Abschnitt eröffnet: *Sage nicht, von Gott kommt*
mein Unrecht.

Ben Sira geht nun noch einen Schritt weiter. Er bestreitet nicht nur, daß
Gott die Ursache menschlicher Vergehen ist. Vielmehr vertritt er die gegenteilige Auffassung: Gott beschützt den Frommen sogar vor der Sünde (V. 13):

Böses und Greuel haßt Jahwe,
und er hält es fern von jenen, die ihn fürchten.

Durch das Objekt in V. 13b (ליראיו) ist dabei eine Beziehung zwischen der
Haltung des Menschen und dem göttlichen Handeln hergestellt: Gottesfurcht
ist die Voraussetzung dafür, daß Gott das moralisch Böse vom Menschen
fernhält.[42] Hier liegt dieselbe Dialektik zwischen dem göttlichen und dem
menschlichen Handeln vor, wie sie im Blick auf den Erwerb der Weisheit in

---

39 Vgl. Amenemope XIX, 14-21 (TUAT 3.1, 242) und Anchscheshonki IX, 14; XI,
    21-23; XIV, 10; XVI, 14; XVIII, 16f., vgl. Lichtheim, Wisdom Literature,
    74.76.79.81.83.
40 Vgl. Crenshaw, Theodicy, 48-51.
41 Vgl. auch Haspecker, Gottesfurcht, 145.
42 Vgl. Prov 12,21. Das Verb אנה ist dort in derselben Bedeutung wie in Sir 15,13 ver-
    wendet. Auch hier ist das Verhalten des Menschen die Bedingung dafür, daß Gott das
    Böse von ihm fernhält. Es besteht jedoch ein wesentlicher Unterschied: Anders als in
    Sir 15,13 ist das Böse in Prov 12,21 nicht das moralische Übel, sondern das Unheil,
    das dem Menschen (aufgrund seines Tuns) widerfährt, vgl. Meinhold, Sprüche 1, 212.

Sir 1,10; 39,6 bereits beobachtet wurde:[43] Zwar sieht der Siracide die Sittlichkeit als eine Leistung an, die Gott vom Menschen fordert und die der Mensch
folglich zu erbringen vermag (vgl. V. 14). Dennoch ist er von dem Bewußtsein bestimmt, daß das gerechte Handeln *auch* durch Gott ermöglicht ist. Da-
hinter steht eine Einsicht, die Ben Sira aus der Erfahrung gewonnen hat:
Praktisch sind alle Menschen fehlbar und ständig in Gefahr, eine Sünde zu
begehen (8,5):[44]

Verachte nicht einen Menschen, der von der Sünde umgekehrt ist;
denke daran, daß wir alle nicht schuldlos sind.

Daß der Siracide den Grund hierfür in der Begrenztheit des Menschen sieht,
wird im nächsten Kapitel darzulegen sein.[45]

3.2.1.3 Die Macht Gottes und die Verantwortung des Menschen (15,14-17)

Nachdem Ben Sira im theologischen Teil seiner Argumentation gezeigt hat,
daß Gott nicht der Urheber der Sünde ist, muß er umgekehrt begründen, daß
der Mensch selbst die Verantwortung für sein Tun trägt. Die Antwort berührt
sich mit dem Grundgedanken von Sir 39,12-35, wenn Sirach mit einer deutli-
chen Anspielung auf den priesterlichen Schöpfungsbericht darlegt,[46] daß die
Fähigkeit des Menschen zur Verantwortung Teil der Ordnung ist, die Gott in
die Schöpfung gelegt hat (V. 14):

Als Gott den Menschen am Anfang schuf,
gab er ihn in die Hand seines Willens.[47]

Dabei nimmt er die in dem Vorwurf der Gegner implizit enthaltene Voraussetzung, daß Gott allmächtig sei, auf, kehrt jedoch das Argument um: Die Macht
Gottes als des Schöpfers schließt die Verantwortung des Menschen nicht aus.
Sie ist vielmehr ihr Urheber. Daß der Mensch einen Willen besitzt, der ihn zur
eigenen Entscheidung befähigt, geht auf die göttliche Allmacht zurück. Wie in

---

43 S. dazu o. S. 62f.
44 Vgl. auch 3,26f.; 6,2ff.; 13,1; 18,30; 21,2; 23,6; 28,24ff.
45 S. dazu u. S. 172-175.180.
46 Vgl. V. 14 mit Gen 1,1.27. Ben Sira kombiniert die beiden Verse hier offensichtlich
    miteinander, vgl. Maier, Mensch, 91.
47 An der Gleichzeitigkeit der beiden in diesem Vers geschilderten Vorgänge ändert sich
    nichts, wenn man mit Prato, problema, 238 Anm. 29 V. 14a grammatikalisch nicht
    V. 14b beiordnet, sondern als Hauptsatz auffaßt.

Sir 39,25[48] zeigt der Siracide mit der adverbiellen Bestimmung מראש (V. 14a), daß es sich um eine Ordnung handelt, die Gott *von Anbeginn* an in die Schöpfung gelegt hat. Die Befähigung des Menschen, verantwortlich zu handeln, entspringt folglich dem göttlichen Willen und ist Teil der Schöpfungsordnung. So ist es geradezu die besondere Bestimmung des Menschen innerhalb der Ordnung des Ganzen, seinen 'Willen', den יצר, zu gebrauchen. Man kann daher sagen, daß Gott seine Allmacht nicht dazu nutzt, um den Menschen zu determinieren, sondern um ihn im Gegenteil mit der Fähigkeit zur Entscheidung auszustatten.

Zum erstenmal begegnet in V. 14, soweit aus der Überlieferung erkennbar, in der alttestamentlich-jüdischen Tradition der Begriff יצר („Wille") als anthropologischer Grundbegriff. Dies bezeugt, daß die Infragestellung der Verantwortung des Menschen Ausdruck eines veränderten Problembewußtseins war, für das die überlieferte anthropologische Terminologie nicht hinreichte. Zwar findet sich bereits in der alttestamentlichen Anthropologie der Begriff יצר. Dort bezeichnet er jedoch anders als bei Jesus Sirach keine selbständige 'Entität' oder ein Organ, wie seine Zuordnung als *nomen regens* zu einem *nomen rectum* zeigt.[49]

Daß die Wiedergabe von יצר durch den Begriff des Willens die von Ben Sira intendierte Bedeutung trifft, ergibt sich aus den folgenden beiden Versen, mit denen der Siracide konkretisiert, was es bedeutet, daß der Mensch seinem Willen überantwortet ist (15,15f.):

(15)   Wenn du willst, hältst du das Gebot,
und Treue ist es, seinen Willen zu tun.
(16)   Vor dir sind ausgeschüttet Feuer und Wasser;
nach dem, was du willst, strecke deine Hand aus.

---

48   *Den Guten teilte er Gutes zu von Anfang an, ebenso den Bösen Gutes und Böses.*
49   Vgl. Gen 6,5; 8,21; Dtn 31,21; 1 Chr 28,9; 29,18. Eine Ausnahme bildet lediglich Jes 26,3. Dort steht die Wendung יצר סמוך: *Festem Trachten bewahrst du Heil, weil es auf dich vertraut.* (Übersetzung Kaiser, Jesaja 2, 165). Dieser relativ späte Text (vgl. Kaiser, Jesaja 2, 141-145) kann daher am ehesten als Vorläufer von Sir 15,14 betrachtet werden. Middendorp, Stellung, 19 führt Ben Siras Begriff auf Theognis 637 zurück: *Hoffnung und Gefahr sind bei den Menschen gleich. Diese sind nämlich schlimme Daimonen (χαλεποί).* Die alttestamentlichen Belege für יצר erklären den Begriff in Sir 15,14 jedoch ausreichend und lassen die als Frage formulierte Vermutung Middendorps als konstruiert erscheinen, „das griechische Daimon oder Daimonion [bilde] den Hintergrund zu dem Wort יצר wie es ben Sira braucht".

Das Verb חפץ (V. 15a.16b) läßt eindeutig darauf schließen, daß es sich bei dem יצר um den *Willen* des Menschen handelt.[50]

Exkurs: Zum Begriff יצר

Trotz der eindeutigen Bestimmung der Bedeutung des Begriffs יצר durch den Kontext gilt seine Interpretation als Wille und damit als neutrales Instrument zur Entscheidung nicht unumstritten. Nach einer anderen Deutung ist יצר kein neutraler Begriff, sondern enthält eine negative Wertung, die mit dem יצר הרע der späteren rabbinischen Tradition identisch ist.[51] Dort ist der יצר הרע zum Inbegriff der dem Menschen innewohnenden Neigung zum Bösen geworden.[52] Stellt man die neutrale und die negative Deutung des יצר in den jeweiligen forschungsgeschichtlichen Kontext, so fällt Folgendes auf: Das neutrale Verständnis gilt in Kommentaren und Monographien zum Werk des Siraciden und mithin in einer primär textimmanenten Interpretation des Begriffs inzwischen nahezu unbestritten.[53] Dagegen findet sich besonders in älteren Gesamtdarstellungen des Frühjudentums die Tendenz, den

---

50 Zur Bedeutung des „Willens" im Alten Testament vgl. Dihle, Vorstellung, 82-90, wobei der Autor freilich sachgemäß das Fehlen eines „eindeutigen Terminus für den Willen " im Alten Testament bemerkt (S. 86). Dihle weist auf den fundamentalen Unterschied zur antiken griechischen Philosophie hin: Dort wird das Zustandekommen einer Entscheidung nicht auf den willentlichen Gehorsam bzw. Ungehorsam gegen das göttlichen Gebot zurückgeführt. Stattdessen wird das Zustandekommen einer Entscheidung vielmehr auf die Wahl eines Handlungszieles zurückgeführt, die selbst auf der Erkenntnis und dem Urteil der Vernunft basiert (vgl. S. 79-83).

51 Vgl. dazu Executive Committee, YEZER HA-RA, 601-602; Porter, Yecer, 114-119; Moore, Judaism 1, 479-485; Bousset / Gressmann, Judentum, 402ff.; Hadot, Penchant, 23-25; Billerbeck / Strack, Kommentar 4.1, 466-483 (Exkurs zum Thema); Harnisch, Verhängnis, 165ff.

52 Auch in der Anthropologie der Gemeinschaft von Qumran findet sich der Begriff יצר. Ihrer insgesamt pessimistischen Anthropologie entsprechend dominiert dabei die negative Deutung, vgl. 1QH 11,20f.; 5,5f.; 5,31f.; 7,3f.; 7,16; 1QS 5,5; CD 2,16 und zur Interpretation Murphy, Qumran Literature, 342f.; Merrill, Predestination, 18f.; Hadot, Penchant, 50-55, der die Einbindung des Begriffs in die zwei-Geister-Lehre gezeigt hat (vgl. S. 47-50.). Ausnahmen davon sind 1QS 4,5; 8,3, wo im Anschluß an Jes 26,3 der Begriff des יצר סמוך gebraucht wird (vgl. Hadot, Penchant, 50f.). Davon abzugrenzen ist eine vollkommen andere Bedeutung, nach der יצר als Bezeichnung für den Menschen gebraucht wird, die seine Kreatürlichkeit bildlich zum Ausdruck bringt und dadurch seine Niedrigkeit zu unterstreichen sucht, vgl. 1QH 1,21; 3,23; 4,29; 12,26.32 und dazu den Exkurs bei Lichtenberger, Menschenbild, 77-87; Murphy, Qumran Literature, 339-341; Merrill, Predestination, 18 und u. S. 241.

53 Einschlägig ist vor allem die gründliche Untersuchung von Hadot, Penchant, vgl. aber auch Prato, problema, 238-241; Maier, Mensch, 91-93; Bergmeier, Glaube, 51-53.55; Vollenweider, Freiheit, 147 Anm. 212. Hengel, Judentum, 256 spricht hingegen von einer „Tendenz zur Beurteilung als ‚bösem Trieb'".

Begriff im Lichte der rabbinischen Lehre vom יצר הרע zu interpretieren.[54] Dabei ist weniger der Kontext des Sirachbuches als vielmehr das rabbinische Verständnis ausschlaggebend für die Deutung des Begriffs. Vor allem wegen des Fehlens hebräisch-sprachiger Schriften aus den letzten beiden vorchristlichen Jahrhunderten war diese Stelle (Sir 15,14) nach Auffinden des hebräischen Sirachtextes ein willkommener Fixpunkt bei dem Versuch, die Entwicklungsgeschichte des rabbinischen Begriffs nachzuzeichnen.

Da die negative Deutung des יצר bis in die Gegenwart vertreten wird,[55] seien die wichtigsten Argumente gegen die interpretatio rabbinica des יצר hier knapp skizziert. Zunächst kann auf die Ergebnisse der bereits genannten Untersuchung von Hadot hingewiesen werden. Hadot hat zum einen anhand einer textimmanenten Interpretation gezeigt, daß יצר bei Ben Sira neutral aufzufassen ist und anders als bei den Rabbinen keine 'Neigung' („penchant") darstellt, sondern ein Instrument zur Entscheidung, das sowohl einen „aspect intellectuel" wie einen „aspect volontaire" enthält.[56] Seine Auffassung entspricht folglich unserer Interpretation des Begriffs. Zum anderen hat der Autor den Nachweis erbracht, daß der Begriff in der Zeit zwischen Ben Sira und den Rabbinen eine Entwicklung durchlaufen hat und dabei sowohl in positiver wie negativer Bedeutung anzutreffen ist. Von einer direkten Linie, die von Ben Sira zu den Rabbinen führt, kann folglich nicht die Rede sein.[57] Allerdings hat Hadot an keiner Stelle eine konkrete Gegenüberstellung der rabbinischen Auffassung mit Sir 15,14 durchgeführt. Unsere Ausführungen dienen daher in diesem Punkt der Vertiefung seiner Ergebnisse.

Den Ausgangspunkt bildet Williams' Erklärung von Sir 15,14. Er führt zu 15,11-20 folgendes aus:

> *„He [= Ben Sira] cannot allow man unlimited free-will, nor can he admit that God directly moves the human soul towards sin. His solution is to suppose that God has created two mutually antagonistic powers, the evil yeçer within the soul and the (Mosaic) Law without it, and that man possesses just enough freedom of choice to be able to surrender himself either to one or to the other."*[58]

Gegen diese Deutung ist jedoch einzuwenden, daß sich bei Ben Sira kein Hinweis auf ein antagonistisches Verhältnis von יצר und Gesetz findet. Vielmehr ist der יצר das 'Organ' oder das Mittel, das den Menschen zum Gesetzesgehorsam befähigt, wobei die gegenteilige Entscheidung in Gestalt einer Abkehr vom Gesetz freilich nicht ausgeschlossen ist. Der Gesetzesgehorsam ist damit die Aufgabe, für deren Bewältigung der יצר die anthropologische Voraussetzung darstellt.

---

54   Vgl. Bousset / Gressmann, Religion, 403; Moore, Judaism 1, 481 - Moore konstatiert allerdings einige Seiten zuvor für Ben Sira einen „free will" (S. 455); Williams, Ideas, 61-64.

55   Vgl. Sawyer, Priest, 69; Levine, Aramaic Version, 93f. Beide weisen auf die rabbinische Theologie als heremeneutischen Horizont des Begriffs hin.

56   Vgl. Hadot, Penchant, 91-103.193-205.209.

57   Vgl. Hadot, Penchant, 23-63.207ff.

58   Williams, Ideas, 62.

Die erkenntnisleitende Vorgabe für seine Deutung nennt Williams einige Zeilen weiter unten selbst, wenn er Sir 15,14ff. mit „one of the most important Rabbinical sayings with regard to the yecer"[59] parallelisiert. Es handelt sich um Qiddushin 30b:[60]

> *I created the evil yecer; I created for it the Law as a remedy. If ye are occupied with the Law, ye shall not be delivered into its hand.*

Die Unterschiede sind augenfällig und seien lediglich summarisch aufgelistet:

1. In dem rabbinischen Text ist der יצר durch einen Zusatz als „böse" gekennzeichnet.[61]
2. Das Gesetz dient dem schlechten יצר ausdrücklich als Heilmittel.
3. Am schwersten wiegt der dritte Unterschied: Was in Sir 15,14 als ein Werk Gottes beschrieben und damit positiv bewertet wird, nämlich daß der Mensch in die Hand seines יצר übergeben wird, soll nach dem rabbinischen Text im Gegensatz dazu um jeden Preis vermieden werden.

Auch nach rabbinischer Lehre ist freilich der יצר ein Geschöpf Gottes, wie aus dem obigen Zitat hervorgeht. Allerdings wird er von einigen Rabbinen zu jenen Dingen gerechnet, deren Erschaffung Gott bedauert.[62] Mit Ben Siras Grundannahme von der durch Gott garantierten Zweckmäßigkeit der Schöpfung, die auch das vermeintlich Schlechte in das System einordnet und nach der es mithin nichts wirklich Schlechtes gibt, wäre ein solcher Gedanke unvereinbar.[63]

Damit ist der Nachweis für die Engführung der 'interpretatio rabbinica' von Sir 15,14 erbracht.

Die Tragweite der Auseinandersetzung mit dem Problem des freien Willens wird deutlich, wenn der Siracide in 15,15ff. zeigt, daß der יצר den Menschen befähigt, dem Gesetz zu folgen.

---

59 Williams, Ideas, 62.
60 Williams, Ideas, 62. Vgl. auch Moore, Judaism 1, 481, der weitere Belege nennt, die die Zentralität dieses Gedankens dokumentieren; Hadot, Penchant, 24f.
61 Die geläufige Kennzeichnung des יצר als הרע ist jedoch im Unterschied zum יצר טוב nicht notwendig gegeben, da der Begriff offenbar inzwischen die negative Konnotation in sich aufgenommen hatte (vgl. Billerbeck / Strack, Kommentar 4, 1, 466): Daß der Begriff יצר zur Zeit Ben Siras ohne den Zusatz bzw. ohne einen entsprechenden Kontext nicht eo ipso negativ ist, läßt sich aus seiner Verwendung im Alten Testament schließen, vgl. Gen 6,5; 8,21; Dtn 31,21; 1 Chr 28,9; 29,18; Jes 26,3 und dazu Lichtenberger, Menschenbild 78 Anm. 23; Otzen, Art. יצר, 830-839; Schmidt, Art. יצר, 761-765; Hadot, Penchant, 65-74.
62 Vgl. Hadot, Penchant, 24.
63 Einen weiteren abgrenzenden Gesichtspunkt nennt Boccaccini, Judaism, 104: „In *Sirach* an „evil inclination" as a part of human beings, with its opposite counterpart, „good inclination," ... does not exist. This idea already represents an attempt to explain rationally the condition of ambivalence, common to all human beings, which is described but not explained by Ben Sira."

(15) Wenn du willst, hältst du das Gebot,
und Treue ist es, seinen Willen zu tun.
(16) Vor dir sind ausgeschüttet Feuer und Wasser;
nach dem, was du willst, strecke deine Hand aus.
(17) Vor dem Menschen liegen Leben und Tod,
das, was er will, wird ihm gegeben.

Indem der hypothetische Gegner Ben Siras die Verantwortung des Menschen leugnet, nimmt er der Verpflichtung zum Gehorsam gegen das Gesetz ihr Fundament. Damit trifft er die israelitisch-jüdische Religion in ihrem Zentrum:[64] Der Gesetzesgehorsam ist die von Gott geforderte Erwiderung Israels auf die Erwählung und zugleich die Bedingung für den Fortbestand der dadurch begründeten Heilsbeziehung.[65]

Nur unter der Voraussetzung jedoch, daß der Mensch in der Lage ist, sich für ein Leben nach dem Gesetz zu entscheiden, ist diese Forderung sinnvoll. Boccaccini zählt die Freiheit des menschlichen Willens daher zu den „postulates of a theology of the covenant".[66] Ben Sira trägt folglich dazu bei, die anthropologischen Voraussetzungen der alttestamentlichen Gesetzestheologie zu klären.[67]

Dies ist für eine Weisheitsschrift ungewöhnlich. Denn bei aller Verschiedenheit haben die drei alttestamentlichen Weisheitsbücher, die Proverbien, die Hiobdichtung und das Buch Kohelet das eine gemeinsam, daß sie den gesamten Kontext der Geschichte Israels als Gottesvolk ausklammern. Ihre Weltdeutung versteht sich allein als eine Reflexion der Erfahrung, die freilich im Horizont des Gottesglaubens steht. Für die daraus abgeleitete praktische Lebenslehre spielt das Gesetz in seiner besonderen Bedeutung als die Offenbarung des Gotteswillens keine bzw. eine eher untergeordnete Rolle.[68] Der Universalismus der Weisheitsliteratur bietet für die besondere geschichtliche Offenbarung keinen Raum.

---

64 Zur zentralen Bedeutung des Gesetzes im Alten Testament vgl. Kaiser, Theologie des AT 1, 327-350 und ders., Law.
65 Vgl. besonders Dtn 28; 29,9-14; 30,15-20.
66 Boccaccini, Judaism, 116.
67 Anders als in den Proverbien ist das Gesetz bei Ben Sira nicht auf die weisheitliche Lehre, sondern auf die Tora Gottes bezogen, vgl. auch Hengel, Judentum, 253 und Bauckmann, Proverbien, 48f. Dies geht aus Sir 17,11ff.; 24,23; 45,5 eindeutig hervor, s. dazu u. S. 160-165.216, vgl. auch Hengel, Judentum, 253 und Bauckmann, Proverbien, 48f.
68 Daß freilich Koh 4,17-5,6 die Gültigkeit der Tora voraussetzt, sei hier nur angemerkt, vgl. dazu Fischer, Skepsis, 48.

Demgegenüber ist es von geradezu epochaler Bedeutung, daß Ben Sira die zuvor disparaten Traditionen miteinander verbindet und sie in einem gegenseitigen Begründungsverhältnis aufeinander bezieht.[69] Für die Frage nach seiner Reaktion auf die Herausforderungen des Hellenismus ist diese Verbindung von besonderer Bedeutung. Wir werden daher gesondert hierauf eingehen.[70]

Wenngleich Ben Sira grundsätzlich am Gesetz als Zeichen der Erwählung Israels festhält, überspringt er hier in 15,15ff. den geschichtlichen Hintergrund.[71] Stattdessen veranschaulicht er die grundlegende Bedeutung des Gesetzesgehorsams an seinen Konsequenzen: Mit der Entscheidung für oder gegen das Gesetz entscheidet sich der Mensch für das Leben oder für den Tod (V. 17). Wie nah der Siracide damit der dtn/dtr Gesetzestheologie kommt, zeigt die Berührung von Sir 15,16f. mit Dtn 30,15.19, zwei Versen, die in nuce die einschlägige Lehre zusammenfassen:

(15)   Siehe, ich habe dir heute vorgelegt das Leben und das Gute und den Tod und das Übel.

(19)   Ich nehme heute den Himmel und die Erde zum Zeugen gegen euch, daß ich dir das Leben und den Tod, Segen und Fluch vorgelegt habe, und du sollst das Leben wählen, damit du lebst, du und dein Same.

Vergleicht man die Stellen miteinander, so finden sich neben dem unbestrittenen Bezug jedoch auch einige Unterschiede.[72] Zunächst fällt auf, daß Ben Sira das Moment des Wollens in den Vordergrund stellt. Dreimal verwendet er das Verb חפץ. Dann wird durch die Konzentration auf die beiden Gegensatzpaare Feuer und Wasser (V. 16) bzw. Leben und Tod (V. 17) die Dramatik der Entscheidung stärker betont. Ein wesentlicher Unterschied ist schließlich die Verallgemeinerung der Aussage, indem Ben Sira von der geschichtlichen Situation der Anrede an das Volk absieht. So wird die Wahl zwischen Leben und Tod zu einer anthroplogischen Grundsituation.[73]

---

69   Daß freilich das weisheitliche Denken auch in den Geschichtswerken und im Pentateuch Spuren hinterlassen hat, sei hier nur angemerkt, vgl. dazu Weinfeld, Deuteronomy; Murphy, Assumptions; Crenshaw, Method; Boston, Wisdom.

70   Vgl. das fünfte Kapitel, u. S. 188-223.

71   Vgl. auch Prato, problema, 244ff.

72   Daß Ben Sira sich hier auf Dtn 30,15-20 bezieht, wird in der Forschung weitgehend einhellig vertreten, vgl. Eberharter, 61; Hamp, 41; Maier, Mensch, 93f.; Prato, problema, 244ff.; Skehan / Di Lella, 272.

73   Hieran wird sichtbar, welche Modifikationen die geschichtlichen Traditionen im weisheitlichen Kontext erfahren: Die für die Weisheitsliteratur charakteristische Tendenz zur Verallgemeinerung trägt auch zu einer Universalisierung von Grundgedanken der

Mit der Zuspitzung des Gesetzesgehorsams auf die Wahl zwischen Leben und Tod hat der Siracide die konkrete praktische Relevanz des Gesetzes für jeden einzelnen Menschen betont. Damit steht fest, daß es bei der Diskussion über die Verantwortung des Menschen nicht um Wortgefechte geht, sondern daß die Frage existentielle Bedeutung für den Menschen hat.

Das Gesetz wird in diesem Zusammenhang gleichzeitig zu einem Teil der Ordnung, die Gott in die Schöpfung gelegt hat.[74] Wie wir sahen, ist es nach Sir 15,14 geradezu die Bestimmung des Menschen, seinen Willen zu gebrauchen. Aber nicht nur die Befähigung zur Entscheidung hat Gott dem Menschen verliehen. Mit dem Gesetz hat er ihm zugleich den Weg gezeigt, wie er seinen Willen richtig einsetzt. Diese These wird im Schlußvers in Form einer Negation wiederholt, wenn es in V. 20a heißt:

Nicht befahl er den Menschen zu sündigen.

Den Zusammenhang der von Gott gestifteten Ordnung spricht abschließend 15,18ff. an. Hier wird wie in Sir 39,18ff. als Fundament für Gottes Vorsehung seine Macht und Allwissenheit benannt. Dem Kontext entsprechend bezieht Ben Sira sie vor allem auf das göttliche Wissen um das Tun des Menschen (V. 19).

3.2.2 Die gerechte Vergeltung (16,1-14[16])

Die praktisch-theologische Notwendigkeit der Willensfreiheit als Grundlage einer auf der Verantwortung des einzelnen basierenden Entscheidungsethik[75] begründet Ben Sira nun in einem zweiten Schritt mit der göttlichen Vergeltung.[76] Mit diesem Thema führt er die Folgen des in der Mißachtung des göttlichen Gebots bestehenden falschen Gebrauchs des יצר vor Augen (vgl. 15,15f. mit 16,2). Gleichzeitig demonstriert er damit von der praktischen Seite her, inwiefern das zuvor theoretisch begründete Postulat der menschlichen Verantwortung Gültigkeit besitzt. So zeigt der Siracide, daß der Mensch faktisch

---

geschichtlichen Überlieferung bei. Vgl. auch zur Universalisierung des Vorsehungs-glaubens in 39,12-35 o. S. 75-79.

74 Die Bedeutung der Gleichzeitigkeit von Schöpfung und der Gabe des Gesetzes hat besonders Prato, problema, 244 betont. Auch Marböck, Weisheit, 87 thematisiert den Zusammenhang zwischen Gesetz und Schöpfungsordnung, vgl. dazu u. S. 160-165.

75 Vgl. dazu auch Kaiser, Begründung der Sittlichkeit.

76 Zur Diskussion um diesen Begriff s. u. S. 130.

für sein Handeln verantwortlich ist, insofern er von Gott zur Verantwortung gezogen wird. Der Abschnitt gliedert sich in drei Teile: 16,1-4 enthält eine an der Praxis orientierte Lehre, 16,5-11b bietet einen Geschichtsrückblick als Wahrheitsbeweis für die Konsequenz des göttlichen Strafgerichts. In 16,11c-14 wird schließlich der Gedanke der Vergeltung in seinen Grundsätzen entfaltet.

3.2.2.1 Leben und Tod am Beispiel des Kinderreichtums (16,1-4)

(16,1) Nicht sollst du Verlangen haben nach nichtsnutzigen Knaben,[77]
und freue dich nicht über gottlose Söhne.
(2)   Und auch wenn sie sich mehren, freue[78] *dich nicht an ihnen,*
wenn sie nicht gottesfürchtig sind.
(3)   Vertraue nicht auf ihr Leben,
und vertraue nicht auf ihr Ende.[79]
Denn einer kann besser sein als tausend;[80]
besser kinderlos sterben als gottlose Nachkommen haben[81]
(4)   Durch einen Klugen wird eine Stadt bevölkert,[82]
aber durch eine Sippe von Abtrünnigen wird sie verheert.

Ehe der Siracide direkt die Vergeltung thematisiert, richtet er sich in 16,1-4 an seine imaginären Gesprächspartner mit der Mahnung, sich über gottlose Kinder nicht zu freuen. Der Bezug dieser Verse zum Kontext scheint auf den ersten Blick unklar. Prato sieht die Verbindung in dem Interesse, an der Erfahrung die These zu verifizieren, daß Gott von jeder Verantwortung für das Böse freizusprechen sei, so daß das Ergehen des Menschen von seinem Ver-

---

77   תואר ist als Dittographie zu streichen, vgl. G und Skehan / Di Lella, 270.
78   Lies H^B mit G.
79   Lies H^A, vgl. Rüger, Textform, 83.
80   H^{AB}, L und S unterscheiden sich von G durch einen Zusatz: Während G „*einer ist besser als tausend*" liest, bestimmen H und S diesen „einen" noch weiter als einen, „*der den Willen tut*" (H^B: „der den Willen *Gottes* tut", L sinngemäß *der Gott fürchtet*), vgl. auch Smend, 145; Box / Oesterley, 372; Lévi 2, 113f.; Rüger, Textform, 83; Di Lella, Text, 138; Prato, problema, 224; Skehan / Di Lella, 265.
81   Ergänzung nach G. V. 3d ist in H^A und H^B stark glossiert. Mit Rüger, Textform, 83f. ist hier der Kurzform in H^B zu folgen, die auch G am ehesten entspricht, vgl. auch Di Lella, Text, 139f. Prato, problema, 224; Smend, 145; Hamp, 42; Skehan / Di Lella, 267.270.
82   Lies G, da H^{AB} stark glossiert sind, vgl. Rüger, Textform, 84f.; Prato, problema, 215.225.

halten abhängt.[83] Während dieses Thema freilich im Hintergrund steht, liegt der Zusammenhang mit 15,11-20 jedoch primär woanders: Ben Sira illustriert, daß Leben und Tod aus dem *Gottesverhältnis* des Menschen resultieren und bietet damit eine praktische Anwendung von Sir 15,13.15ff.:[84] Von der Gottesfurcht hängt es ab, ob das Leben eines Menschen unter dem Segen oder dem Fluch steht.[85] Mit dem Thema der reichen Nachkommenschaft wählt er dafür ein Beispiel mit großer Suggestivkraft, denn unter den Werten und Gütern im Alten Testament nimmt der Kinderreichtum eine hervorragende Stelle ein. Er gilt vor allem auch als ein Ausdruck des göttlichen Segens.[86]

Für den Siraciden liegt die Bedeutung der Kinder besonders auch in der Tatsache, daß sie dem Menschen Dauer über den Tod hinaus verleihen (vgl. Sir 30,4f. und in der Negation 41,5-10) und damit indirekt das Leben sichern.[87] Gerade diesen 'Wert' stellt er in Sir 16,1-4 jedoch in Frage und betont, daß dies nur gilt, sofern die Kinder selbst in Gottesfurcht und ohne Frevel ihren Weg gehen (V. 1f.). Gottlose und frevelhafte Kinder können kein Leben sichern, weder das eigene noch das der Eltern, so daß gilt (V. 3cd):[88]

Denn einer kann besser sein als tausend;
besser kinderlos sterben als gottlose Nachkommen haben.

Denn selbst wenn sie zahlreich sind, bewahrt sie das nicht vor dem Untergang (V. 1-3b). Ben Sira konkretisiert dies in einer abschließenden Sentenz (V. 4):

Von einem, der verständig ist, wird eine Stadt bevölkert,
aber durch eine Sippe von Abtrünnigen wird sie verheert.

---

83   Vgl. Prato, problema, 247f.
84   Vgl. die Stichworte Gottesfurcht (16,2 bzw. 15,13) und Leben und Tod (16,3 bzw. 15,15ff.).
85   Vgl. Haspecker, Gottesfurcht, 145-148.
86   Vgl. Gen 12,2; 15,5; 22,17; 24,60; Dtn 28,4; Prov 17,6; Koh 6,3; Ps 127,3ff.; 128,3f.
87   Den Ansatz, die Fortdauer des Menschen nach dem Tode durch den Namen oder die Nachkommenschaft zu begründen, teilt der Siracide mit der frühjüdischen Weisheit, vgl. bes. SapSal 4,1. Wie Kellermann, Überwindung, 266-272 gezeigt hat, hat diese dabei einerseits einen Gedanken fortentwickelt, der im altisraelitischen Sippendenken seinen Ursprung hat. Andererseits wurden dabei auch hellenistische Elemente aufgenommen, was sich besonders daran zeigt, daß „das Motiv des Namens mit dem griechisch-hellenistischen Lieblingsgedanken der mnemosynischen Unsterblichkeit, d. h. des Totenruhms, verbunden wird." (a.a.O., 266).
88   Diesen Aspekt benennt auch Prato, problema, 248, der jedoch die Bekräftigung der eigenen Verantwortung der Söhne für ihr Tun ins Zentrum rückt.

Besonderes Gewicht verleiht er dem Gedanken hier durch den Gegensatz zwischen dem einen und den vielen in V. 3f.:[89] Die Anzahl der Kinder wird gegenüber der Frage nach der religiös-sittlichen Qualität eines Menschen hinfällig.

An diesen Gegensatz knüpft der Siracide an, wenn er im Folgenden (16,5-11b) mit Beispielen aus der Geschichte die Konsequenz der strafenden Vergeltung Gottes illustriert.[90]

3.2.2.2 Strafe und Vergeltung als Manifestation göttlicher Gerechtigkeit (16,5-11b)

(16,5) Mehr als dies[91] hat mein Auge gesehen,
und stärkeres als das[92] hat mein Ohr gehört.
(6)   In der Versammlung der Frevler brennt ein Feuer,
und gegen ein gottloses Volk entbrennt der Zorn.[93]
(7)   Nicht vergab er den Fürsten[94] der Vorzeit,
die widerspenstig waren in ihrer Kraft.[95]
(8)   Und er hatte kein Erbarmen mit den Mitbewohnern Lots,
die sorglos waren in ihrem Hochmut.

---

89   Hinter V. 4a könnte sich eine Anspielung auf Abraham verbergen, der, obwohl er nur einen Sohn hatte, zum Vater eines ganzen Volkes wurde, vgl. Gen 17,4 und Sir 44,19. Eine geschichtliche Reminiszens anzunehmen, ist jedoch nicht notwendig. Gegen Prato, problema, 251 und Skehan / Di Lella, 273 ist ein Bezug zu Sodom und Gomorrah (vgl. Gen 18f. und besonders 18,22ff; 19,24f.) unwahrscheinlich, da der Siracide wenige Verse später (Sir 16,8) dies als Beispiel für Gottes Strafhandeln nennt. Die Doppelung wäre ungewöhnlich.

90   Wenngleich Fragen der Komposition des Werkes nicht das Thema dieser Arbeit sind, sei hier ein entsprechender Hinweis eingefügt. Wie wir bereits angedeutet haben, ist der Bezug von Sir 16,1-4 zum Kontext nicht ohne weiteres gegeben. Es hat daher den Anschein, daß 16,4 als eine Art ‚Gelenkvers‘ die Funktion erfüllt, die Ausführungen über die Nachkommen in 16,1-3 an das folgende anzubinden. Das beiden Abschnitten gemeinsame Motiv ist, wie wir sahen, der Kontrast zwischen dem einen einzigen und der Menge.

91   Lies מאלה, vgl. G, L, S, anders Rüger, Textform, 85, der H[B] באלה komparativisch auffaßt.

92   Vgl. die vorige Anm. zu V. 5a.

93   Die Differenz zwischen und H[A] und H[B] ist lediglich für die Textgeschichte von Interesse, vgl. Rüger, Textform, 85.

94   G übersetzt γιγάντων und interpretiert den Vers damit offenbar von Gen 6,4 her, während der Bezug im Hebräischen (נסיכי) weniger eindeutig ist.

95   עולם (H[A]) ist zu streichen, vgl. Rüger, Textform, 85f.

*(9)   Und er hatte kein Erbarmen mit dem Volk des Bannes,
die vertrieben wurden wegen ihrer Sünde.*
*(10) So (auch) 600000 Mann Fußvolk,
die versammelt wurden wegen des Hochmuts ihres Herzens.*
*(11) Und gewiß: ein Starrhalsiger,
ein Wunder wäre es, wenn der ungestraft bliebe.*

Ben Sira leitet den kurzen Geschichtsrückblick mit dem Hinweis ein, daß seine Ausführungen über das Gericht Gottes auf Erfahrung beruhen (V. 5). Was er „gesehen" (V. 5a) und „gehört" hat (V. 5b), geht auf die eigene und die geschichtliche Erfahrung zurück. Sie dient dabei als Mittel der Verifikation.[96] Die Beispiele, die er zu diesem Zweck in V. 6-10 nennt, beziehen sich auf die biblische Tradition, und zwar auf den Aufruhr und Untergang der Rotte Korach (V. 6),[97] auf die Riesen der Vorzeit (V. 7),[98] Sodom und Gomorrha (V. 8),[99] die Völker Kanaans (V. 9)[100] und auf das murrende Volk in der Wüste (V. 10).[101] Daß die Leser oder Hörer, an die der Autor sich wendet, mit den entsprechenden Erzählungen vertraut sind, kann Ben Sira voraussetzen und daher auf Details verzichten.[102]

Sämtliche Beispiele werden durch die Tatsache verbunden, daß hier jeweils an einem Kollektiv Schuldverfallener das göttliche Strafgericht vollzogen wird. Worauf Ben Sira dabei zielt, wird am Ende des Abschnittes deutlich. In einem Schluß a maiore ad minus bekräftigt er, daß die strafende Gerechtigkeit, wenn sie selbst vor Kollektiven nicht haltmacht, umso weniger einen einzelnen Frevler verschonen wird (V. 11ab):

*um wieviel mehr ein einzelner Halsstarriger:
es wäre sehr verwunderlich, wenn er ungestraft bliebe.*

---

96   Auf die Geschichte verweist der Siracide zum Zweck der Verifikation auch in Sir 2,10.
97   Vgl. Num 16f. und dazu Skehan / Di Lella, 273. Ausführlich behandelt Prato, problema, 252-258 in einem Exkurs den geschichtlichen Hintergrund der Verse 6-11b insgesamt.
98   Vgl. Gen 6,1-4. Die als gefallene Engel gedeuteten Riesen der Vorzeit sind besonders in der Henochliteratur wichtig. Sie dienen dort der Erklärung für den Ursprung der Sünde in der Welt. Vgl. dazu 1 Hen 6-19; Isaac, 1 Enoch, 9 und Argall, 1 Enoch, 24-31 und zu Sir 16,7 a.a.O., 230.
99   Vgl. Gen 18f. und besonders Ez 16,49f. Dort wird als Vergehen von Sodom u. a. גאון genannt, was Sir 16,8b mit גאוה mehr entspricht als die Grundstelle in Gen 18f.
100 Vgl. Ex 23,33; 34,11-16; Dtn 7,1f.; Num 33,51-56; Sap 12,37 und dazu Skehan / Di Lella, 274.
101 Vgl. Ex 12,37; Num 11,21 und auch Sir 46,8.
102 Vgl. auch Argall, 1 Enoch, 230.

Damit nimmt Ben Sira indirekt die Gesprächssituation aus 15,11ff. auf: Der Gegner, den er dort ansprach, läßt sich mit dem einen Halsstarrigen identifizieren.[103] Dem Zusammenhang mit den Einwänden entspricht es darüber hinaus, daß Ben Sira ausschließlich Beispiele für das göttliche Strafgericht und mithin für die negative Seite der Vergeltung nennt. Der Text erhält dadurch stärker den Charakter einer Warnung.[104]

Auf diese Weise führt Sirach dem skeptischen Gegner vor Augen, daß er für seine Vergehen zur Verantwortung gezogen wird. Zusätzlich unterstreicht er die Konsequenz der Vergeltung, wenn er jeweils betont am Beginn der Verse 7-10 feststellt, daß Gott den genannten Gruppen nicht vergab (V. 7a) bzw. sich ihrer nicht erbarmte (V. 8a.9a.10a).[105] Daß die Ursache dafür im Verhalten der Menschen lag, schildert jeweils die zweite Vershälfte (V. 7b.8b.9b.10b).[106] Dabei fällt auf, daß der Siracide anstelle der Verfehlungen nur die sie verursachenden negativen Haltungen nennt, die ein gestörtes Gottesverhältnis spiegeln: Abfall, Hochmut, Sünde und Halsstarrigkeit. Worin sie sich konkret äußerten, bleibt unerwähnt. Der gedankliche Bezug zur inneren Haltung, zum Willen wird dadurch verstärkt: Ben Sira verdichtet die Vergehen auf ihren Kern, um zu verdeutlichen, daß sich am Gehorsam bzw. Ungehorsam gegen Gott und sein Gebot als einer Leistung des menschlichen Willens (יצר, 15,14) Leben und Tod entscheidet.

3.2.2.3 Die Rationalität der göttlichen Vergeltung (16,11c-14)

(16,11cd) Denn Erbarmen und Zorn sind bei ihm,
und er erläßt und vergibt, aber gießt (auch) den Zorn aus.[107]

---

103 Vgl. besonders auch die Einwände in Sir 5,1-8.
104 Vgl. auch die Vetitive in 15,11f.; 16,1-3 sowie die übrigen mit אל תאמר bzw. μὴ εἴπῃς eingeleiteten Einwände in 5,1-7; 7,9; 11,23f. und dazu u. S. 139ff.
105 In V. 10 ist ein entsprechendes Verb ersetzt durch καὶ οὕτως bzw. כן, um den Abschluß der Aufzählung zu markieren.
106 Von diesem Aspekt her interpretiert Prato, problema, 252 den Abschnitt. Nach seiner Auffassung sollen die Beispiele zeigen, daß Gottes Strafhandeln durch das Verhalten der Menschen gerechtfertigt ist. Die Gerechtigkeit der Vergeltung tritt jedoch erst in 16,11c-14 in den Vordergrund. Sir 16,5-11b ist hingegen noch von der Mahnung in 16,1ff. her als indirekte Warnung vor der Sünde zu verstehen.
107 V. 11d scheint in H^A von 5,6d beeinflußt zu sein. Während 5,6c und 16,11c sowohl in H als auch in G identisch sind, unterscheiden sich 5,6d und 16,11d in G stärker als in H^A. Da zudem der hebräische Text in 16,11d zu lang und am Ende verderbt ist, ist G hier der Vorzug zu geben. Gleichwohl bietet jedoch auch G Schwierigkeiten. So ist zu fragen, ob δυνάστης ἐξιλασμῶν eine wörtliche oder nicht vielmehr eine zwar sinnge-

(12) *Wie die Menge seines Erbarmens, so auch seine Strafe,*
einen Mann richtet er nach seinen Taten.

(13) *Nicht[108] entkommt mit seinem Raub der Sünder,*
und die Hoffnung[109] des Gerechten kommt nicht zum Stillstand.[110]

(14) *Jedem, der Gerechtigkeit übt, wird Lohn zuteil,*
und jeder Mensch wandelt vor ihm gemäß seinen Taten.[111]

Nachdem Ben Sira in 16,1-4 und 5-11b zur Veranschaulichung zwei die Erfahrung reflektierende Einschübe eingefügt hat, kehrt er mit 16,11c-14 wieder zu Grundsätzlichem zurück und formuliert das Prinzip der göttlichen Vergeltung.[112] Dabei greift er aus 15,19 den Gedanken auf, daß Gott alles Tun der Menschen sieht und stellt damit unmittelbar die Verbindung zu den Ausführungen über die Entscheidungsfähigkeit des Menschen her.[113] Beide, die göttliche Vergeltung und die Verantwortung des Menschen, stehen in einem gegenseitigen Begründungsverhältnis. So kann das göttliche Strafgericht, wie wir sahen, ein 'Argument' für die faktische Verantwortung des Menschen liefern.[114] Umgekehrt trägt aber auch der Gedanke der menschlichen Willensfreiheit dazu bei, der Vergeltungslehre eine rationale Basis zu verleihen: Ohne die Annahme, daß Gott den Menschen zur Entscheidung befähigt hat, könnte an der *Gerechtigkeit* der göttlichen Vergeltung nicht sinnvoll festgehalten

---

mäße, aber stilistisch glättende Übersetzung ist. So wäre es denkbar, daß zum Beginn des Kolons H^A korrekt ist (= ונשא וסולח) und nur das Folgende nach G zu korrigieren ist.

108 Lies לא anstelle von אל, vgl. H^Amg.

109 So mit G (ὑπομονή), H^A liest תאות. Prato, problema, 259 spricht sich im Gegensatz zur Mehrheit der Kommentatoren für die Beibehaltung von H^A aus. Er begründet diese Entscheidung vor allem mit der Beobachtung, daß „תאות é abbastanza usato per צדיק, mentre תקוה è prevalentemente usato per i malvagi" und weist dies an Prov 10,24; 11,34; 19,5; Hi 8,13 nach. Dagegen sei jedoch zum einen auf 16,22 hingewiesen, wo מעשה צדק und תקוה aufeinander bezogen sind (vgl. auch Smend, 151), und darüber hinaus auf 17,24: die dort genannten ἐκλείποντας ὑπομονήν sind nicht die Sünder im Gegensatz zu den Gerechten, wie die Auslegung u. S. 169f. zeigen wird.

110 Der Zusatz לעולם in H^A „überfüllt den Stichus" (Smend, 149) und ist im Anschluß an G zu streichen.

111 V. 15-16 sind der sogenannten GII-Tradition zuzurechnen. Der in ihnen gebotene Dualismus von Licht und Finsternis könnte auf essenischen Einfluß hindeuten, vgl. dazu Philonenko, interpolation, 317-321.

112 Zum Begriff ‚Vergeltung' vgl. Wahl, Beitrag, 250; Janowski, Tat, 257f. Die verschiedenen Aspekte des Vergeltungsdenkens bei Ben Sira hat Dommershausen, Vergeltungsdenken untersucht.

113 Vgl. Sir 15,19 mit 16,12b.14b.

114 S. dazu o. S. 122.

werden. Der Mensch wäre dann ein Objekt der Willkür Gottes, der nach Gut-
dünken Strafe und Lohn austeilt.

Wie die Auslegung von Sir 39,12-35 zeigte, ist der Siracide jedoch besonders am Nachweis der Gerechtigkeit Gottes interessiert, die sich nach seiner
Auffassung selbst in der Einrichtung der Schöpfung manifestiert. So erweist
sich deren Güte und Zweckmäßigkeit darin, daß Gott in seiner Voraussicht
alles zum Nutzen für die guten Menschen bestimmt hat, während sich die
Elemente der Schöpfung für die Schlechten zum Bösen wenden.[115]

Wenn Ben Sira in Sir 16,11c-14 das Prinzip der göttlichen Vergeltung darlegt, stellt er daher die Entsprechung zwischen dem Tun des Menschen und
der Vergeltung Gottes in den Vordergrund.[116] Anders als im Abschnitt zuvor
ist folglich nicht nur von der Strafe, sondern auch vom Lohn Gottes die Rede
(16,11f.):[117]

> *(11c) Denn Erbarmen und Zorn sind bei ihm,*
> *und er erläßt und vergibt, aber gießt (auch) den Zorn aus.*
> *(12) Der Menge seines Erbarmens entspricht seine Strafe,*
> *einen Mann richtet er nach seinen Taten.*

Damit greift Ben Sira die Alternative von Leben und Tod aus 15,17 wieder
auf.

> *Vor dem Menschen liegen Leben und Tod,*
> *das, was er will, wird ihm gegeben.*

Gott belohnt oder straft die Menschen nach ihren Taten, für die sie selbst allein die Verantwortung tragen. Indem er den Menschen seinem Willen, dem
יצר, überläßt, überträgt er ihm die Entscheidung und zugleich die Möglichkeit,
den Weg des Gott wohlgefälligen Lebens zu wählen und damit -indirekt- am
eigenen Geschick mitzuwirken. So wird „unser Verhalten gegen Gott und die
Menschen von Gott selbst zum Kriterium über unser Leben gemacht…"[118]

Daß Ben Sira fest mit der Adäquatheit der göttlichen Vergeltung als Ausdruck der Gerechtigkeit Gottes rechnet, spiegelt sein starkes Bewußtsein um

---

115 S. dazu o. S. 80-87.
116 Vgl. auch Dommershausen, Vergeltungsdenken, 40.
117 Beide Seiten sind in dem Verb שפט, mit dem Ben Sira das göttliche Handeln in 16,12b
beschreibt, enthalten, indem es sowohl „verurteilen" als auch „gerechtsprechen, zum
Recht verhelfen" bedeutet, vgl. Liedke, Art. שפט, 1002.
118 Kaiser, Gottesgewißheit, 130.

die Ordnung der Schöpfung Jahwes.[119] Die Gewißheit der Vergeltung für verfehltes, sündiges Tun ist ein negatives Argument, sozusagen ein *argumentaum e contrario* für die sinnvolle und gerechte Ordnung der Schöpfung Gottes. Der vergeltende Gott ist nicht ein Gott der Rache und der Willkür, sondern einer, der in Gerechtigkeit die menschlichen Taten sanktioniert und damit gerade im Interesse des Menschen die Ordnung der Welt immer wieder neu herstellt (vgl. Sir 39,28ff.; 40,8ff.).

Für Ben Sira ist es daher nicht angemessen, den Zusammenhang von Tun und Ergehen des Menschen durch eine „schicksalwirkende Tatsphäre" zu erklären, die Koch an die Stelle des „Vergeltungsdogmas" setzt.[120] Dieses Erklärungsmodell beruht auf der Annahme, daß Tun und Ergehen des Menschen wie in einem Kausalverhältnis aufeinander bezogen sind.[121] Ein solcher Zusammenhang stimmt im Umfeld und zur Zeit Ben Siras jedoch nicht mehr mit der Erfahrung überein.[122] Obwohl das Werk des Siraciden von einer einzigartigen Gottesgewißheit getragen ist,[123] zeigt sich an mehreren Stellen, daß auch er die Ambivalenz der Wirklichkeit wahrnimmt,[124] die besonders gravierend im Leid des Gerechten und im Wohlergehen der Frevler zutage tritt.

Gerade angesichts solcher Erfahrung gewinnt der Gedanke der göttlichen Vergeltung an Bedeutung. Auch der Siracide geht, wie wir sahen, von einem Entsprechungsverhältnis zwischen dem Tun des Menschen und seinem Ergehen aus. Es verdankt sich jedoch, anders als in Kochs Modell, der Tatsache, daß Gott das Gericht am Handeln des Menschen orientiert (vgl. 16,12b.14b). Die entsprechende „Norm" des Handelns ist dem Menschen mit dem Gesetz gegeben (vgl. 15,15ff.).[125] Gleichzeitig bleibt dabei die Entscheidung über das

---

119 Auch Fichtner, Weisheit, 111f. sieht im Bewußtsein um die Ordnung der Schöpfung und deren Wahrung durch Jahwe eine Voraussetzung des Vergeltungsgedankens.

120 Koch, Vergeltungsdogma, 26ff.

121 Koch, Vergeltungsdogma, 3 beschreibt den Zusammenhang als „der Notwendigkeit eines Naturgesetzes vergleichbar".

122 Zu einem ähnlichen Ergebnis gelangt Wahl, Beitrag, 253 Anm. 14 im Blick auf die Elihureden des Hiobbuches, wenn er schreibt: „Der Begriff impliziert nämlich, daß es zwischen dem Tun des Menschen und seinem Ergehen einen kausalen Zusammenhang gibt ... Aber gerade dieses Verständnis ist jetzt ja zerbrochen, eben weil Hiob der makellose Gerechte ist, dem es gut gehen müßte und der dennoch geschlagen am Boden hockt." Zum Problem vgl. auch v. Rad, Weisheit, 165-181; Janowski, Tat, 248-257; zum Tun-Ergehen-Zusammenhang und dem Gedanken der Vergeltung in den Proverbien vgl. Hausmann, Menschenbild, 237-247.

123 Vgl. besonders Sir 39,12-35 und dazu das zweite Kapitel dieser Arbeit o. S. 55-105.

124 Vgl. Sir 11,10-13; 40,1-11, vgl. aber die Fortsetzung in 40,12-17 und dazu Prato, problema, 325-330.

125 Das göttliche Gericht nach einer Norm gehört weiterhin zu den von Koch abgelehnten Momenten des Vergeltungsdenkens, vgl. Koch, Vergeltungsdogma, 4. Explizit von ei-

Maß und den rechten Zeitpunkt in der Hand Gottes. Er ist es, der Lohn und Strafe zuteilt. So kann man festhalten, daß Ben Sira mit der Betonung des Entsprechungsverhältnisses zwischen menschlichem Handeln und göttlichem Gericht (vgl. 15,19; 16,12.14) das Prinzip von Lohn und Strafe für den Menschen grundsätzlich durchsichtig machen will. Zugleich vermittelt er ein Bewußtsein, daß sich die göttliche Vergeltung, en detail, „dem menschlichen Berechnen und Vorauswissen" entzieht.[126] Die Annahme der absoluten Weltüberlegenheit Gottes bleibt hier gewahrt. Sie wird jedoch flankiert durch den Glauben an die Vernunft und die Güte des göttlichen Tuns.[127] Eine als ambivalent erfahrene Wirklichkeit bleibt auf diese Weise für das Vertrauen in die Eindeutigkeit des göttlichen Handelns offen. Hier berührt sich der Gedanke mit dem Hymnus in Sir 39,12-35, der ein begründetes Bekenntnis zur Güte der göttlichen Providenz darstellt.[128] Sie erweist sich darin, daß Gott in seiner fürsorglichen Voraussicht alles zum Nutzen für die Menschen bestimmte und dabei von vornherein den Ausgleich zwischen den guten Menschen und den Frevlern in der Schöpfung verankert hat.[129] Der Hymnus bildet folglich die prinzipielle Begründungsbasis für die These, daß Gott den Menschen nach ihrem Tun vergilt.

3.3 Zum Vergleich mit der Stoa

3.3.1 Sir 15,11-20 als Ausdruck antihellenistischer Polemik? Zum geistesgeschichtlichen Ort des Einwandes

Die Auseinandersetzung Ben Siras mit der Frage der Verantwortung für das moralisch Böse wirft einiges Licht auf die veränderten geistigen Verhältnisse in Jerusalem zu Beginn des zweiten Jahrhunderts: Der Vorwurf, Gott sei der Urheber der Sünde des Menschen, ist innerhalb der alttestamentlichen Tradition neu. Er ist im Alten Testament nicht einmal ansatzweise anzutreffen. Dies überrascht, wenn man bedenkt, daß Israel ein tiefes Bewußtsein davon besaß, daß Gott die Geschicke des Volkes wie die des einzelnen lenkt. Bereits v. Rad

---

ner Norm spricht im Zusammenhang von 15,15 in bezug auf das Gesetz Haspecker, Gottesfurcht, 332. Zum Problem vgl. auch Nissen, Gott, 247.

126 Dommershausen, Vergeltungsdenken, 40.

127 Vgl. besonders den oben im zweiten Kapitel besprochenen Hymnus Sir 39,12-35, aber auch Sir 2,10; 3,18.20; 4,10; 11,17; 26,3; 32,14; 33,1; 51,30.

128 S. dazu das zweite Kapitel, o. S 55-105.

129 S. dazu o. S. 80-87.

hat das Erstaunliche daran festgehalten: „Merkwürdigerweise hat sich Israel, das so viel von dem souveränen Handeln Gottes am Menschen wußte, von dieser Frage nicht beunruhigen lassen. Die Verantwortlichkeit des Menschen für seine Entscheidungen und Taten hat es auch in extremen Fällen nie in Zweifel gezogen."[130]

So findet sich mehrfach im Alten Testament das Argument Ben Siras, daß Jahwe Greuel und Unrecht haßt (V. 13a).[131] Zwei Beispiele seien hier genannt. In Dtn 12,31 heißt es:

> *So sollst du dem Herrn, deinem Gott, nicht tun, denn sie tun ihren Göttern jeden Greuel Jahwes, den er haßt.*

In Psalm 11,5 findet sich der Satz:

> *Jahwe prüft den Gerechten, und den Frevler und den, der das Unrecht liebt, haßt er.*[132]

Die Feststellung dient im Alten Testament dazu, die Menschen vor Vergehen zu warnen und zurückzuhalten bzw. das göttliche Strafhandeln zu begründen. Keine alttestamentliche Stelle setzt sich dabei jedoch mit der Möglichkeit auseinander, Gott selbst könne der Urheber der Freveltaten sein. Ein solcher Einwand wird nirgends erkennbar. Daß der Mensch selbst die Ursache seiner Vergehen ist, galt offenbar unbestritten. Selbst dort, wo Gottes Gerechtigkeit im Alten Testament in Frage gestellt wurde, beschränkte sich das Moment des

---

130 v. Rad, Weisheit, 340. Die bereits erwähnte Josephserzählung ist ein vorzügliches Beispiel hierfür. Gott bedient sich in seiner vorausschauenden Souveränität der Brüder Josephs, so daß durch deren Bosheit Joseph nach Ägypten gelangt. Gleichwohl wird die Verantwortung der Brüder nirgends in Frage gestellt. Die Erzählung „widerlegt die durch die Deuteronomisten im Pentateuch verankerte Überzeugung nicht, daß die Grundbeziehung zwischen Gott und Volk ihre konkrete Bestimmung durch den Gehorsam oder Ungehorsam des Volkes erhält." (Kaiser, Theologie des AT 1, 185)

131 Vgl. die תועבה-Gesetze im Alten Testament, z. B. im Deuteronomium (vgl. Dtn 7,25f.; 12,31; 13,15; 14,3; 17,1.4; 18,9.12; 20,18; 22,5; 23,19; 24,4; 25,16; 27,15; 32,16), im Heiligkeitsgesetz (Lev 17-26, vgl. Lev 18,22.26-30) und besonders häufig im Ezechielbuch (vgl. Ez 16,25.50.52; 18,12; 22,11; 33,26 u. ö.), vgl. dazu insgesamt Preuß, Art. תועבה, 584-588.

132 Daß es sich bei den Vergehen, die Jahwe haßt, zum einen um kultische Vergehen handelt, die in der Regel als תעבה bezeichnet werden (vgl. Dtn 16,22), zum anderen um soziale Verstöße, um Sünde am Nächsten (vgl. z.B. Sach 8,16f.), ist für den Gang der Argumentation ohne Bedeutung. Daß Ben Sira um beide Aspekte weiß, zeigt er durch die Verwendung der entsprechenden Termini zur Bezeichnung des Unrechts: חמס פשע und תעבה (vgl. V. 11ff.).

Zweifels auf die Adäquatheit der göttlichen Reaktion auf das menschliche Tun. So ließ der Dichter Hiob klagen (Hi 16,16):

> *Mein Gesicht ist gerötet vom Weinen, auf meinen Wimpern (liegt) Dunkelheit, obwohl kein Unrecht an meinen Händen klebt und mein Gebet rein ist.*

Gottes Allmacht wurde jedoch nicht gegen seine Gerechtigkeitsforderungen oder besser: gegen seine Schuldzuweisung an den Menschen ins Feld geführt.[133] Die Infragestellung der Verantwortung des Menschen für seine Sünde ist folglich kein genuin jüdisches Thema. In diesem Punkt tritt bei Ben Sira eine neue Problemlage in Erscheinung.[134]

Anders beurteilen dies allerdings Prato, Hadot und Boccaccini.[135] Nach ihrer Auffassung bildet die in dem Einwand zitierte Position die Fortentwicklung von Anschauungen, die bereits im Alten Testament begegnen. Prato beruft sich dabei vor allem auf Prov 19,3:[136]

> *Die Torheit eines Menschen verdirbt seinen Weg,*
> *aber gegen Jahwe zürnt sein Herz.*

In diesem Vers geht es jedoch um etwas anderes: Der Tor, von dem hier die Rede ist, beklagt sich über sein übles Geschick. 'Weg' (דֶּרֶךְ) bedeutet hier nicht Lebens*wandel*, sondern Lebens*schicksal*.[137] Der Zorn richtet sich

---

133 Vgl. besonders auch Hi 34,10f.: (10) *Daher hört mir zu, ihr verständigen Männer: Fern ist es Gott, Unrecht zu tun und dem Allmächtigen zu freveln; (11) sondern gemäß dem, was ein Mensch tut, vergilt er ihm, und entsprechend seinem Wandel läßt er es ihn treffen.* Auch die dem sühneschaffenden Kult (vgl. dazu Janowski, Sühne als Heilsgeschehen) zugrundeliegende Einsicht in die Unzulänglichkeit des Menschen gegenüber der göttlichen Forderung widerspricht dem nicht, vielmehr spiegelt diese Sühnevorstellung gerade das Bewußtsein um die menschliche Schuld. Gott als der mögliche Urheber dieser Schuld wird nicht einmal erwogen.

134 An dieser Stelle sei darauf hingewiesen, daß in 1 Hen 6-36 und 72-82, dem sogenannten Wächterbuch und dem Astronomischen Henochbuch starke deterministische Züge vorhanden sind, so daß Boccaccini, Judaism, 78f. zu folgendem Urteil gelangt: „In both the *Book of the Watchers* and the *Book of Astronomy*, individual responsibility is gravely compromised. Salvation is entrusted to an extraordinary intervention by God and the idea of the covenant is emptied of all substance." (79) Interessant ist dabei jedoch die Tatsache, daß die *Verantwortung* des Menschen für seine Schuld dessen ungeachtet nicht in Frage gestellt wird.

135 Vgl. Prato, problema, 234f.; Hadot, Penchant, 93f.; Boccaccini, Judaism, 107.

136 Vgl. Prato, problema, 234.

137 Vgl. Nötscher, Menschenwege, 63.

folglich nicht gegen Jahwe als Verursacher der Sünde, sondern gegen ihn als den vermeintlichen Urheber eines nicht willkommenen Lebensweges.[138] Der Tor macht dafür Gott verantwortlich, weil er sein eigenes Fehlverhalten nicht sieht.

Ebenfalls sieht Hadot den Einwand des Gegners im alttestamentlich-jüdischen Horizont und verweist dabei auf einen anderen Problemzusammenhang, nämlich die gezielte Einflußnahme Gottes auf einen Menschen, um ihn zu Bösem zu veranlassen.[139] Den Anhaltspunkt für diese Deutung sieht er in 2 Sam 24:[140] Gott „reizt" David zur Volkszählung (V. 1) und bewegt ihn so zu seiner Handlung, die er selbst ablehnt und folglich unter Strafe stellt (V. 11-16). Man könnte Hadots Beispiel ein weiteres hinzufügen: Die Verstockung des Herzens des Pharaos in Ex 7,3 liegt auf derselben Linie wie 2 Sam 24. Auch hier ist es Gott, der den Pharao veranlaßt, ein Unrecht an den Israeliten zu begehen.[141]

Allerdings übersieht Hadot das Entscheidende, daß nämlich die genannten Erzählungen nicht zum Anlaß werden, die Verantwortung des Menschen für sein frevelhaftes Tun in Frage zu stellen.[142] Für den Erzähler von 2 Sam 24 steht fest, daß David allein die Schuld für sein Tun trägt obwohl er von Gott zu seinem Fehlverhalten herausgefordert worden war.[143] Auch wenn die Versuchung von Gott ausgeht, bleibt die Verantwortung beim Menschen. So läßt der Erzähler David bekennen (V. 10):

---

138 Vgl. Auch Ringgren, Sprüche, 78. Anders Meinhold, Sprüche 2, 312, der ausdrücklich auf Sir 15,11-20 hinweist.

139 Die These, die Hadot durch den Aufweis des alttestamentlich-jüdischen Hintergrunds zu stützen sucht, daß nämlich Ben Sira sich hier nicht an Heiden, sondern an Juden wendet (Hadot, Penchant, 93), ist indessen nicht von solchen Argumenten abhängig, s. dazu u. S. 139-142.

140 Vgl. Hadot, Penchant, 93.

141 Zu diesem Problemkreis vgl. z. B. Röhser, Prädestination, 40-54 und die Studie von Hesse, Verstockunsgproblem.

142 Auch Smend, 142 berücksichtigt dies nicht, wenn er schreibt: „Nach dem älteren Glauben war Jahve allerdings oft die Ursache der Sünde (2 Sam. 24,1)." Vgl. auch Box / Oesterley, 370, die zusätzlich noch Jer 6,21 und Ez 3,20 nennen. Auch diese Stellen lassen sich kaum als Vorläufer von Sir 15,11a.12a ansehen. Der Zusammenhang ist dort gerade die Schuld der Menschen.

143 Vgl. 2 Sam 24,1 mit 2 Sam 24,10 und dazu insgesamt Hentschel, 2 Sam, 105-110. Die Aussageabsicht liegt im übrigen woanders, nämlich zu zeigen, „daß Jahwe keine Ursächlichkeit entzogen wird." (Becker, 1 Chronik, 85).

Aber Davids Herz schlug ihm, nachdem er das Volk gezählt hatte. Und David sprach zum Herrn: Ich habe schwer gesündigt, daß ich das getan habe. Und nun, Herr, nimm doch weg die Schuld deines Knechts; denn ich habe sehr töricht gehandelt.[144]

Erst der Chronist scheint das damit verbundene Problem bemerkt zu haben. In seiner Erzählung ist es daher nicht Gott, sondern Satan, der David zur Volkszählung reizt (1 Chr 21,1).[145] Auf diese Weise kommt der Chronist einem möglichen Einwand zuvor.

Boccaccini schließlich sieht die Wurzeln des von Ben Sira zitierten Einwandes in dem alttestamentlichen Pessimismus, der an der Fähigkeit des Menschen, das Gute zu tun, zweifelt. Als Zeugnis hierfür nennt er Gen 6,5; 8,21.[146] Ihm ist darin zuzustimmen, daß sich diese Einsicht zum Vorwurf gegen die Gottheit wandeln kann. Das Alte Testament läßt jedoch nirgends erkennen, daß tatsächlich die entsprechende Konsequenz gezogen worden wäre. Die Texte, auf die Prato, Hadot und Boccaccini sich beziehen, stützen folglich vielmehr die These, daß die Verantwortung des Menschen im Alten Testament außer Frage stand. Sie hatte geradezu axiomatische Bedeutung und war eine notwendige Voraussetzung der alttestamentlichen „Grundgleichung zwischen Gerechtigkeit und Leben",[147] wie wir bereits sahen.[148]

Anders liegen die Dinge hingegen in der griechischen Geisteswelt. Dort ist die Anschuldigung, die Götter hätten die Freveltaten der Menschen verursacht, bereits früh literarisch bezeugt.[149] In der Ilias klagt Agamemnon die Götter und unter ihnen besonders Athene an (Ilias XIX, 85-94):

Oft schon haben mir dieses Achaias Söhne gerüget,
Und mich bitter geschmäht; doch trag' ich dessen die Schuld nicht,
Sondern Zeus, das Geschick, und das nächtliche Schrecken Erinnys:

---

144 Vgl. auch V. 17.
145 Vgl. dazu Becker, 1 Chronik, 85. Allerdings ist Satan „hier noch nicht im kosmisch-dualistischen Sinne ... zu verstehen" (Hengel, Judentum, 324 Anm. 453), sondern erfüllt, wie in Hi 1,6ff.; 2,1f.; Sach 3,1ff. einen göttlichen Auftrag, er ist „kein selbständiger Gegenspieler Gottes" (Rudolph, Chronikbücher, 142f.). Selbst in dem vermutlich protoessenischen Psalm 11 QPs^aPlea hat der „Satan" nach Hengel noch nicht das Gewicht einer selbständigen bösen kosmischen Macht (vgl. Sanders, Psamls Scroll, 77, Col. 19,13-16 und dazu Hengel, Judentum, 324).
146 Vgl. Boccaccini, Judaism, 107 Anm. 32.
147 Vgl. dazu Kaiser, Theologie des AT 1, 349ff.
148 S. o. S. 82.119-122.
149 Vgl. Ilias XIX,85ff; Platon, Politeia II,379c und dazu Hadot, 92f.

Die in der Volksversammlung zum heftigen Fehl mich verblendet,
Jenes Tags, da ich selber Achilleus' Gab' ihm entwandte.
Aber was konnt' ich tun? Die Göttin wirkt ja zu allem,
Zeus' erhabene Tochter, die Schuld, die alle betöret,
Schreckenvoll: leicht schweben die Füß' ihr; nimmer dem Grund' auch
Nahet sie, nein hoch wandelt sie her auf den Häuptern der Männer,
Reizen die Menschen zum Fehl; und wenigstens einen verstrickt sie.[150]

Der Dichter beschließt die Rede geradezu mit einer Ätiologie der Schuld unter den Menschen, indem er Agamemnon über Zeus berichten läßt (Ilias XIX 126-131):

Eilend faßt' er die Schuld an den glänzenden Locken des Hauptes,
Tief im Herzen ergrimmt, und schwur den heiligen Eidschwur
Nie zum Olympos hinfort und dem sternumleuchteten Himmel
Solle sie wiederkehren, die Schuld, die alle betöret.
Also Zeus, und warf sie vom sternumleuchteten Himmel
Aus umschwingender Hand; und sie stürzt' auf die Werke der
Menschen.[151]

In der Politeia Platons wird umgekehrt diese Schuldzuweisung an die Götter verworfen.[152]

Daß sich besonders die Stoiker mit dem Vorwurf gegen die Götter auseinandergesetzt haben, wurde bereits deutlich.[153] Nach der Auffassung ihrer Gegner folgt aus der Lehre von der Heimarmene, daß die Götter bzw. die göttliche Vernunft die Schuld für die Vergehen der Menschen tragen. Dagegen wendet sich Chrysipp, wie aus einer Nachricht Plutarchs hervorgeht:

---

150 Übertragung Voß.
151 In einem anderen Lichte erscheinen die Götter bereits in der Odyssee. So wird in Od I,32ff. der Vorwurf der Menschen, die Götter trügen die Schuld am bösen Geschick der Menschen, abgewiesen mit der Aussage: „... *und dennoch / Schaffen die Toren sich selbst, dem Schicksal entgegen, ihr Elend.*" Jäger, Paideia 1, 86 spricht hier explizit von einer Theodizee, die „über dem ganzen Gedicht [schwebt]". Er weist darauf hin, daß die Gottheit hier als „eine über alles Denken und Trachten der Sterblichen erhabene, allwissende Macht" erscheint. „Sie ist nicht vergleichbar der kurzsichtigen Leidenschaft, die den Menschen seine Fehltritte begehen und sich in das Netz der Ate verstricken läßt." (ebd.)
152 Vgl. Platon, Politeia II,379f. und zumal X,617e.4f.
153 S. dazu o. S. 41f.

Fürwahr, derselbe [=Chrysipp] sagt im Buch über das Richten und im zweiten Buch über die Götter, daß es nicht vernünftig sei (zu sagen), daß das Göttliche Mitursache des Schändlichen sei. Wie nämlich weder das Gesetz Mitursache der Gesetzesübertretung sei noch die Götter Mitursache der Gottlosigkeit, so sei es auf dieselbe Weise vernünftig (zu sagen), daß sie [=die Götter] auch nicht von irgendetwas Schändlichem die Mitursache seien.[154]

Auf derselben Linie liegt es, wenn Kleanthes im Zeushymnus die Schlechtigkeit der Menschen aus dem zuvor gepriesenen alles umgreifenden und durchdringenden Werk der Gottheit explizit ausklammert:

Nicht entsteht irgendein Werk auf der Erde ohne dich, Daimon, weder am göttlichen Himmelsgewölbe noch im offenen Meer, außer dem vielen, das die Schlechten aus ihrem eigenen Unverstand heraus tun.

Da erst Chrysipp, wie wir sahen, den Gedanken der Kausalität zur vollen Konsequenz gebracht hat,[155] bleibt Kleanthes' Erklärung im Horizont des Glaubens an die göttliche Allmacht. Ben Sira steht daher der ursprünglicheren Glaubenshaltung des Kleanthes sicher persönlich näher als der reflexiv gebrochenen des Chrysipp. Für das Verständnis Sirachs ist Chrysipp aber nicht weniger bedeutsam, da er *trotz* der Anfechtung durch den Determinismus des mit der Lehre von der Heimarmene verbundenen Kausalitätsprinzips an der alleinigen Verantwortung des Menschen für das „Schändliche" seines Tuns festhält: Erst Chrysipp repräsentiert also eine Problemlage, die derjenigen vergleichbar ist, mit der Ben Sira sich auseinandersetzt, auch wenn hier die 'Einwände' von außen kommen.

Der kurze Überblick zeigt, daß Ben Sira in dem Vorwurf einem Argumentationsmuster begegnet, das eher im griechischen als im israelitisch-jüdischen Raum beheimatet ist.[156] Die von seinen Gegnern auf der Basis eines populär ausgelegten Determinismus vorgebrachte Bestreitung der menschlichen Verantwortung repräsentiert eine Form der Argumentation, die Gott zum Gegenstand distanzierter Betrachtung macht und ihn im logischen Kalkül verobjektiviert. Darin drückt sich der Verlust der personalen Gottesbeziehung aus.

---

154 SVF II 1125.
155 S. dazu o. S. 41f.
156 Zur Bedeutung der Verantwortung des Menschen im ägyptischen Denken vgl. Otto, Gedanken.

Es ist daher nicht unwahrscheinlich, daß die Begegnung mit der hellenistischen Popularphilosophie den Anlaß gab, derartige Konsequenzen aus der
Vorstellung von der göttlichen Allmacht zu ziehen.[157] Nach dieser Erklärung
haben die hellenistisch beeinflußten Juden auf ein Problem aufmerksam gemacht, das die Tradition faktisch bereits enthielt, das jedoch noch nicht zum
Bewußtsein gekommen war.

3.3.2 Die Fähigkeit zur Entscheidung als Voraussetzung der Sittlichkeit

Ein Vergleich zwischen Ben Sira und den Stoikern fällt in diesem Kapitel kurz
aus: Weder Ben Sira noch seine Gegner vertraten, soweit erkennbar, einen der
stoischen Lehre von der Heimarmene bzw. dem Gedanken der Kausalität vergleichbaren Determinismus. Daher bedurfte es zur Widerlegung der These, die
menschliche Sünde habe in Gott ihren Urheber, keiner Argumentation, die in
ihrer Differenziertheit der stoischen Auseinandersetzung mit der Entscheidungsfreiheit des Menschen vergleichbar wäre. Ben Siras Hinweis auf die
Vergeltung Gottes als praktisches Argument für die Verantwortung des Menschen trennt ihn vielmehr von den Stoikern.

Anders als im vorigen Kapitel beschränken sich die Berührungen hier daher
auf Gemeinsamkeiten in der Fragestellung. Gleichwohl sollte man deren Bedeutung nicht zu gering einstufen, da sie auf eine Verwandtschaft im Denkan-
satz hindeuten.

Wie wir sahen, wurden die Stoiker ebenso wie Ben Sira von ihren Gegnern
mit dem Einwand konfrontiert, daß Gott als Ursache des Weltgeschehens
auch der Urheber des Bösen sein müsse, wobei explizit das moralische Übel
eingeschlossen wurde.[158] Der Vorwurf traf die stoische Lehre in ihrem Zentrum, indem er der Annahme, daß der Mensch zur Tugend fähig sei, den Boden entzog. Die besondere Brisanz dieser Infragestellung ergab sich aus der
grundlegenden Bedeutung, die die Sittlichkeit für die Erlangung der
εὐδαιμονία und mithin für die gesamte Ethik besaß.[159] Wenn die Fähigkeit des
Menschen zur Tugend negiert wurde, war folglich die stoische Ethik hinfällig.
Dies erklärt den argumentativen Aufwand, mit dem vor allem Chrysipp die

---

157 Vgl. auch Hengel, Judentum, 256. Der genaue Hintergrund der gegnerischen Position
   läßt sich aus dem Einwand nicht erschließen, so daß es bei dieser allgemeinen Zuordnung bleiben muß, vgl. zu den Gegnern auch die folgenden Seiten.
158 S. dazu o. S. 36-42.
159 S. dazu o. S. 43f.

Vereinbarkeit der Lehre von der Heimarmene mit dem Postulat der Verantwortung des Menschen zu erweisen suchte.[160]

Soweit die Position der Kontrahenten Ben Siras aus den in seinem Werk
verstreuten Zitaten sichtbar wird,[161] entspringt das Argument (*von Gott
kommt meine Sünde*) dort weniger einer fundierten philosophischen Reflexion.
Vielmehr diente es den Gegnern dazu, sich von der Bindung an die von den
Vätern überlieferten und auf den Gesetzesgehorsam gegründeten sittlichen
Forderungen zu befreien. Peters bringt dieses Motiv auf den paradoxen Begriff, wenn er die hypothetischen Gegner als „libertinistische Freiheitsleugner"
bezeichnet:[162] Wer die Freiheit und damit die Verantwortlichkeit für das eigene Tun leugnet, entzieht sich damit jeder Verpflichtung zum Guten. Im Text
wird dieser Zusammenhang deutlich, indem Ben Sira einen unmittelbaren Bezug zwischen der Frage nach dem Urheber der Sünde und dem Gesetzesgehorsam in 15,14f. herstellt. Drei weitere Texte, in denen er sich kritisch mit
Gegenpositionen auseinandersetzt, bestätigen dies (vgl. Sir 5,1-8; 7,9;
11,23f.),[163] am ausführlichsten der erste Text, 5,1-8.[164]

---

160 S. dazu o. S. 43-47.
161 Vgl. bes. noch Sir 5,1-8; 7,9; 11,23f. und dazu u. S. 139-142.
162 Peters, 130.
163 Vgl. zu den Einwänden neben den Kommentaren Marböck, Weisheit, 11f., der sie
     einmal einer ‚Aufklärung' zuweist, durch die „im Gefolge hellenistischer Wissen-
     schaft der alte Väterglaube herausgefordert wurde" (Marböck, Weisheit, 11f.), der an
     einer anderen Stelle allerdings darauf hinweist, daß „diese Entwicklung ... aber in Is-
     rael schon *vor* dem Hellenismus eingesetzt haben [dürfte]" (a.a.O., 172) und zwar
     „mitverursacht ... durch die Geschichte, in der Gottes Handeln nicht mehr lebendig
     erfahrbar war" (ebd.). So kann man sagen, daß die durch den Hellenismus angestoße-
     ne Infragestellung der Tradition auf einen fruchtbaren Boden fiel. Vgl. weiterhin Hen-
     gel, Judentum, 258; Crenshaw, Theodicy, 48-52, der neben Koh 7,10.13 auch auf ei-
     nige altorientalische Parallelen hinweist (vgl. a.a.O., 48f.).
164 Die Wendung אל תאמר findet sich erst in V. 3, die thematische *inclusio* in V. 1a.8a
     zeigt jedoch, daß der Abschnitt bereits mit V. 1 beginnt. Die Verse fügen sich zudem
     thematisch problemlos an, vgl. den dritten Einwandtext 11,23f. Hadot, Penchant,
     189ff. übersieht die *inclusio* offenbar, wenn er חילך gegen G mit „puissance" übersetzt
     und den gesamten Text zusammen mit 5,9-6,4 unter das Thema „'âme mauvaise'"
     stellt.

*(1)   Verlaß dich nicht auf deinen Reichtum,
und sage nicht: „Es steht in meiner Macht. "*

*(2)   Laufe nicht deinem Herz und deinen Augen hinterher,
um in den Begierden deines Lebens zu wandeln.*[165]

(3)   Sage nicht: „Wer kann etwas gegen meine Kraft[166]
*(ausrichten)? "
denn der Herr straft gewiß.*[167]

(4)   Sage nicht: „Ich habe gesündigt und was ist mir passiert? "[168]
Denn Jahwe[169] *hat einen langen Atem.*[170]

(5)   Auf[A171] *die Vergebung vertraue nicht,
so daß du Sünde auf Sünde häufst*

*(6)   und sagst: „Sein Erbarmen ist groß,
der Menge meiner Verfehlungen wird er sich erbarmen. "
Denn Erbarmen und Zorn sind bei ihm,
und auf den Frevlern ruht sein Zorn.*

*(7)   Zögere nicht, zu ihm umzukehren,
und verschiebe es nicht von Tag zu Tag.
Denn ganz plötzlich geht sein Zorn aus,
und zur Zeit*[172] *der Rache wird er zugrunderichten.*

*(8)   Vertraue nicht auf betrügerische Reichtümer,
denn sie nützen nichts am Tage des Zorns.*

Im Anschluß an die Warnung, sich angesichts von Reichtümern nicht für un-
anfechtbar zu halten[173] und nicht selbstvergessen den Begierden des „Herzens

---

165 V. 2a stellt nach Rüger, Textform, 13 die jüngere Textform zu V. 1a dar, V. 2d die
      jüngere Variante zu V. 2b, so daß V. 2cb zu lesen ist. Ebenfalls mit Rüger, ebd. hat
      man im Anschluß an G (ἐν ἐπιθυμίαις) בתאות anstelle von אחר תאות zu lesen.

166 Lies כחי statt כחו, vgl. G.

167 Diese Übersetzung folgt G. H^A ist als deutliche Anspielung auf Koh 3,15 verdächtig.
      Überdies könnte die für das Griechische eher untypische Form ἐκδικῶν ἐκδικήσει auf
      eine figura etymologica im Hebräischen zurückgehen, vgl. z. B. Gen 37,10; Ex 21,5,
      jeweils BHS und LXX.

168 So mit G.

169 Lies mit H^C und im Anschluß an G יהוה.

170 In H^A und S folgt in V. 4cd ein Bikolon, das eine Dublette zu V. 6ab darstellt, vgl.
      Rüger, Textform, 36; Skehan / Di Lella, 180.

171 Lies על statt אל.

172 So mit H^C und G gegen H^A (ביום), vgl. auch Rüger, Textform, 37.

173 Vgl. den Hinweis von Snaith, 80, daß Reichtum nach jüdischem Denken als Lohn für
      Frömmigkeit galt. Wie in 16,1-4 (Kinderreichtum) wird demnach ein solcher Wert
      und Anspruch auf seine Rechtmäßigkeit hin befragt.

und der Augen" zu frönen[174] und, so kann man im Blick auf V. 1b und 3b zusammenfassend sagen, sich selbst zum Maß und zum Gesetzgeber für das eigene Leben und Handeln zu erheben, folgt in den Versen 4-8 die Auseinandersetzung Ben Siras mit den gegnerischen Einwänden.[175] Der leichtfertigen Berufung auf Gottes „Erbarmen" hält Ben Sira die Warnung vor Gottes „Zorn" entgegen, die „auf den Frevlern ruht" (5,6cd):

Denn Erbarmen und Zorn sind bei ihm,
und auf den Frevlern ruht sein Zorn.[176]

Wie in 15,11ff. setzt sich Ben Sira hier mit einer Position auseinander, die die Vorsicht gegenüber der Sünde überflüssig machen soll.[177] In 15,11ff. wurde ein populär ausgelegter Determinismus zitiert, der als Argument benutzt wurde, um Gott für die menschliche Sünde verantwortlich zu machen und damit jede eigene Verantwortung zurückzuweisen.[178] In 5,1-8 zeichnet der Siracide das Bild eines Gegners, der sich auf seinem gegenwärtigen Wohlergehen ausruht und sich mit einem falschen Vertrauen auf Gottes Erbarmen beruhigt, das ihn die Wirklichkeit des göttlichen Gerichts ausblenden läßt. An beiden Stellen wird sichtbar, daß die konkret in dem Ruf zum Gesetzesgehorsam begegnende göttliche Forderung für den Gegner keine reale Bedeutung mehr besaß und ihre Überzeugungskraft eingebüßt hatte.[179]

Es spricht einiges für die Vermutung, daß die Gegner der vom Hellenismus faszinierten wohlhabenden jüdischen Oberschicht entstammten, „für die der

---

174 Das hier angerissene Thema der Selbstauslieferung an die Leidenschaften wird weiter unten im Text erneut und ausführlicher aufgegriffen, vgl. 6,2-4 und zum Thema auch 18,30-19,3.

175 Wie Prato, problema, 368 gezeigt hat, folgt der Siracide dabei einem Aufbauschema, das teilweise die Struktur aus 15,11-18,14 spiegelt: 5,4a / 5,5-6ab Einwand; 5,4b / 5,6cd Antwort; 5,7-8 begründete Ermahnung. Pratos Schluß daß „*5,4-8 offre un compendio di teodicea*" (a.a.O., 367), da dieses Aufbauschema „*è tipica della teodicea*" (369), ist jedoch entgegenzuhalten, daß nicht die Infragestellung der göttlichen Gerechtigkeit den Anlaß für Ben Siras Einlassung darstellt, sondern vielmehr die Indifferenz seines Gegenübers zur Diskussion steht. Eher könnte man daher sagen, daß der Siracide mit diesem Text seinem Adressaten die Notwendigkeit einer 'Anthropodizee' vor Augen führt.

176 Vgl. V. 5,6cd.7cd.8b mit 16,11cd.12a. Zur Textkritik s. o. S. 127, Anm. 106.

177 Vgl. auch Ben Siras zahlreiche Warnungen vor dem Hochmut bzw. dem Hochmütigen (ὑπερηφανία bzw. ὑπερήφανος, hebräisch גאוה, גאון, זדון, משואה, לץ) in 3,28; 10,7.12.13.18; 11,30; 13,1.20; 15,8; 16,8; 21,4; 25,2; 27,15.28; 31,26; 48,18.

178 Vgl. dazu bei den Stoikern die kritische Auseinandersetzung mit dem Argument der 'faulen Vernunft', dem ἀργὸς λόγος (SVF II 956-958).

179 Zum Hintergrund vgl. o. S. 139, Anm. 162.

Glaube der Väter seine bindende Kraft verloren hatte und die in der Gefahr stand, dem Libertinismus zu verfallen."[180] Angesichts der kulturellen und geistigen Impulse, die der Hellenismus auch nach Palästina trug, betrachteten sie die Tradition der Väter offenbar als einengend und rückschrittlich.[181]

Wenngleich sie sich im Ansatz und in der Motivation von den Gegnern der Stoa unterschieden, traf ihre Kritik Ben Sira an einer Stelle, die jener vergleichbar ist, an der auch die Einwände gegen die Stoa griffen: Wie für die Stoiker, so besaß auch für Ben Sira die Frage nach dem Urheber des moralischen Übels eine zentrale Funktion im Zusammenhang mit der Begründung der Ethik. Auch hier liegt jedoch der Hauptunterschied in der Vergeltungslehre, die ein wesentlicher Bestandteil der göttlichen Ordnung ist und zugleich das Korrelat zur menschlichen Verantwortung darstellt.

Zur Frage, ob im Blick auf Sir 15,11-16,14 eine „antihellenistische Tendenz" festzustellen ist, ergibt sich ein differenziertes Bild: Auf der einen Seite hat die Untersuchung ergeben, daß sich die von Ben Sira zurückgewiesene These, Gott selbst sei der Urheber der Sünde, vermutlich unter „hellenistischem" Einfluß gebildet hat. Da die Kultur des Hellenismus jedoch viele z. T. gegenläufige Strömungen umfaßt, ist zumindest die generalisierende Aussage nicht zutreffend. So konnte gezeigt werden, daß auch die Gegenargumentation im „hellenistischen" Denken beheimatet ist, wenn man dabei an die Stoiker denkt. Wie wir sahen, steht die Argumentation, mit der Ben Sira in 15,11f. die Einwände der Gegenseite zurückweist, der stoischen Position besonders nahe. Statt von einer „antihellenistischen Tendenz" wird man also eher von einer gezielten, im Ergebnis fruchtbaren Auseinandersetzung mit den vielfältigen Erscheinungsformen des griechischen Denkens sprechen dürfen.

---

180 Hengel, Judentum, 258.
181 Vgl. Hengel, Judentum, 252.254.258.

4 Der Mensch als Werk der Vorsehung Gottes: Sir 16,17-18,14

4.1 „Gott sieht mich nicht": Zur Problemstellung (16,17-23)

Im vorigen Kapitel sahen wir, wie sich Ben Sira mit dem auf die Allmacht Gottes rekurrierenden Gegen-Argument auseinandersetzte, Gott selbst, als der Allmächtige, sei der Urheber der Sünde (15,11a.12a). Auch das vorliegende Kapitel setzt bei einer hypothetischen Gegenargumentation an (16,17.20-22), allerdings mit einer anderen Zielrichtung. Anders als in 15,11f. wird hier die *Allwissenheit* Gottes in Frage gestellt, dem Gedanken nach im Sinne des: *di magna curant, parva neglegunt* des Stoikers Balbus bei Cicero, freilich mit einer gänzlich anderen Intention als bei dem Stoiker.[1]

> *(17) Sage nicht: „Vor Gott bin ich verborgen,*
> *und in der Höhe, wer erinnert sich da an mich?*
> *In einem so großen[2] Volk werde ich nicht erkannt,*
> *und was bin ich in einer unermeßlichen Schöpfung"?[3]*

---

1 Cicero, ND II,167, vgl. auch Cicero, ND III,86 = SVF II 1179; Cicero, ND III,90 = SVF II 1180. S. dazu auch u. S. 182.

2 So mit G (πλείονι).

3 Die Übersetzung dieses Kolon folgt G, da H^A sekundär bearbeitet zu sein scheint. Zunächst bieten H^A und S einen Überschuß am Ende des Colon (כל בני אדם), vgl. Smend, 150; Hamp, 43; Skehan / Di Lella, 270. Dieser Zusatz fehlt sowohl in G und L als auch in dem mittelalterlichen Zitat des Verses bei Saadia (vgl. Smend, 150; Prato, problema, 227; Skehan / Di Lella, 270), der nach Di Lella, Text, 95 als ein zuverlässiger Zeuge für den hebräischen Sirach gelten kann. Schwierig ist weiterhin der Ausdruck רוחות in H^A, der daher in der Auslegungsgeschichte unterschiedlich gedeutet wurde. So läßt es beispielsweise Hamp, 43 offen, ob damit die Menschen oder „himmlische Geister" gemeint sind. Diese Zweideutigkeit hat offenbar auch jener Bearbeiter empfunden, der für den Zusatz כל בני אדם verantwortlich ist und die רוחות damit eindeutig als Menschen interpretiert. Zwar läßt sich diese Deutung von רוח durch weitere Belege bei Ben Sira stützen (vgl. 4,6; 7,11; 30,15 und dazu Fabry, Art. רוח, 422f.). An keiner der insgesamt 10 Stellen, an denen רוח bei Ben Sira vorkommt, steht jedoch wie hier der Plural. Es ist daher wahrscheinlich, daß der Begriff רוחות hier „Engelwesen" bedeutet und unter dem Einfluß der Qumrangemeinde in den Text gelangt ist. In deren Schrifttum läßt sich ein entsprechender Wandel in der Bedeutung von רוח nachweisen. So findet sich vor allem in der ausgeprägten Angelologie der Sabbatopfer-Lieder der Ausdruck רוחות zur Bezeichnung himmlischer Engelwesen (vgl. Fabry, Art. רוח, 422f.

(18) *Siehe, der Himmel und der Himmel des Himmels*
      und der Abgrund und die Erde werden bei seiner Heimsuchung
      erschüttert.[4]
(19) *Selbst die Fundamente der Berge und die Grundfesten der Erde*
      erbeben sehr, wenn er auf sie herabblickt.
(20) *„Doch auf mich*[5] *richtet er nicht seinen Sinn,*
      und meine Wege, wer achtet auf sie?
(21) *Wenn ich sündige, sieht mich kein Auge,*
      oder wenn ich lüge, ganz im Verborgenen, wer wird es
      wahrnehmen?
(22) *Ein gerechtes Werk, wer wird es ihm kundtun?*
      Und was für eine Hoffnung besteht, denn fern ist der Beschluß!"[6]
(23) *Wem es an Verstand mangelt, der denkt so,*[7]
      und ein törichter Mann ersinnt solches.[8]

---

und Newsom, Songs, 25, die 19 Belege aus 4Q 403 und 405 und weitere aus 1QH nennt). Legt man die von Di Lella, Text, 91-105 vertretene Theorie zugrunde, daß die Geniza-Fragmente des hebräischen Sirach auf Texte zurückgehen, die um 800 in einer zu den Qumran-Höhlen zu rechnenden Höhle in der Nähe von Jericho gefunden und von den Karäern rezipiert wurden, so kann man die schwierige Stelle auf essenischen Einfluß zurückführen. Den Anstoß für diese Lesart könnte ובמרום in V. 17b gegeben haben. Bereits die Glosse in V. 16b deutet mit dem Licht-Finsternis-Dualismus auf essenischen Einfluß hin (s. dazu o. S. 128, Anm. 110). Damit ist man auf den Text von G verwiesen. Das griechische Wort ἀμετρήτῳ ist dabei vermutlich die freie Wiedergabe eines hebräischen Ausdrucks. Möglich wäre hebräisch אֵין מספר, was einen sinnvollen Text mit derselben Bedeutung ergäbe (vgl. Ps 104(103),25). Mithin kann vom griechischen Text ausgegangen werden.

4   Die Übersetzung folgt G, da H[A] überladen ist, vgl. dazu Prato, problema, 227f.
5   In V. 20-22 liest G abweichend von H[A] die dritte statt der ersten Person. Wir folgen H[A].
6   Der Text ist in der zweiten Hälfte des Kolon in H[A] verderbt. Im Anschluß an G soll כי רחוק חוק gelesen werden, vgl. dazu Peters, 139. Gegen einen Verbalsatz, wie Smend, 151 ihn vorschlägt, ist einzuwenden, daß G hier einen Nominalsatz bietet. Wie Reiterer, Urtext, 71 plausibel dargelegt hat, ist es unwahrscheinlich, „daß ein griechischer Text nachträglich etwa in einen NS umgewandelt wurde, wenn doch die H-Vorlage eine dem Griechischen weit leichter anpaßbare Konstruktion mit einem finiten Verb aufweist." Es soll nicht verschwiegen werden, daß der Parallelisierung von H[A] und G entgegensteht, daß G für מקה das Prädikat ὑπομενεῖ bietet. Es stellt jedoch vermutlich „a corruption of ὑπομονή" dar (Box / Oesterley, 374), die sich als Angleichung an das vorangegangene Verb ἀναγγελεῖ erklären läßt. Dafür spricht auch, daß Codex A υπομονει bezeugt.
7   H[A] bietet das Kolon im Plural, der sich jedoch im Deutschen am besten durch einen unpersönlichen Ausdruck auflösen läßt.
8   G fügt καὶ πλανώμενος hinzu, was jedoch zu streichen ist.

Der von Ben Sira zitierte Einwand enthält ein doppeltes Argument. Im ersten Schritt stellt der hypothetische Gegner grundsätzlich fest, daß Gott ihn in der großen Schöpfung nicht wahrnimmt, ihn also auch nicht bedroht. Dabei schwingt in den drei adverbialen Bestimmungen in V. 17b-d (ἐξ ὕψους, ἐν λαῷ πλείονι, ἐν ἀμετρήτῳ κτίσει) die doppelte Spannung der Gottesferne und der Verlorenheit des einzelnen in der Unüberschaubarkeit der Welt mit.[9] Sie findet in der Frage in V. 17d den Höhepunkt.[10] Daraus zieht Ben Siras Gegenüber in einem zweiten Schritt die Schlußfolgerung, daß Gott auch seine Vergehen nicht sieht (V. 20f).

Trotz des genannten Unterschieds zu Sir 15,11ff. ist auch hier der Kern der Auseinandersetzung folglich das praktische Problem der Sittlichkeit. Wie in Sir 15,11ff. scheint der hypothetische Gegner darauf aus zu sein, sich von den religiösen und sittlichen Forderungen, die die Religion der Väter an ihn stellt, freizumachen. Er leugnet dabei jedoch nicht, daß er selbst Urheber seines Tuns und damit auch verantwortlich für sein Handeln ist. Jedoch bestreitet er, daß Gott seinen Lebenswandel sieht und folglich, daß er ihn *sanktioniert*. Damit stellt er die Gültigkeit des von Ben Sira unmittelbar zuvor dargelegten Grundprinzips der göttlichen Vergeltung in Abrede (vgl. Sir 16,11c-14).[11] Der Gegner scheint sich die Frage zu stellen, ob sich sittliches Handeln lohnt, wenn nicht-sittliches Verhalten keine Folgen hat, und sie zu verneinen. Wie bei den in 15,11-16,14 von Ben Sira zurückgewiesenen Behauptungen wäre ein ethischer Libertinismus die Konsequenz dieser Position.

Während sich hinter den Einwänden in Sir 15,11f. ein populärer Determinismus verbirgt, so wird hier im Gegenteil unterstellt, daß sich Gott für den einzelnen und sein Tun nicht interessiert bzw. es nicht wahrnimmt. Damit haben wir die beiden Extreme vor Augen, von denen sich Ben Sira abgrenzen mußte, wenn er gleichzeitig an Gottes bis in das Kleinste reichende Fürsorge für das Ganze der Welt und für den Einzelnen und zugleich an der Verantwortung des Menschen festhalten wollte. Beides war, wie wir sahen, in Sir 39,12-35 vorausgesetzt.

---

9   Als hymnisches Motiv und damit in umgekehrter Bedeutung findet sich der Gedanke, daß die Schöpfung nicht zu zählen ist, in Ps 104(LXX 103),25; Sir 1,1-10; 18,4-7. Während für die Menschen Pflanzen und Tiere der Schöpfung ohne Zahl sind, haben sie jedoch bei Jahwe alle einen Namen, vgl. Jes 40,26.

10 Vgl. 18,8 und besonders Ps 8,5, dessen Sinn die, zwar auf den einzelnen Menschen bezogene, ähnlich lautende Frage in V. 17d umkehrt. In Sir 16,17 ist der Hintergrund der Frage weniger eine grundsätzliche Sicht des Menschen, wie sie sich z. B. in der Niedrigkeitsredaktion im Hiobbuch und später in Qumran findet (vgl. Witte, Leiden, 193-205 und u. S. 173, Anm. 132), sondern die persönliche Erfahrung eines einzelnen oder einer Gruppe.

11 S. dazu o. S. 127-131.

4.2 Ben Siras Antwort (16,24-18,14)

Ben Sira begegnet dem zweiten Einwand mit einer Betrachtung über die Zweckmäßigkeit der Schöpfung, die in einem zugleich lehrenden und begeisterten Ton vorgetragen wird.[12] Sie reicht von 16,24-18,14.[13] Er berücksichtigt darin die gegnerische Argumentation in 16,17-23, indem er die Antwort auf zwei Gesichtspunkte zuspitzt: auf die providentielle Zuwendung Gottes zur Welt [und zum Menschen] auf der einen und auf die menschliche Verantwortung auf der anderen Seite. Beides ist miteinander verbunden, indem Gottes Fürsorge das verantwortliche Handeln des Menschen erst ermöglicht. In der Ordnung der Schöpfung Gottes liegt also die Bedingung der Möglichkeit menschlicher Verantwortung.

Der Text läßt sich in folgende Unterabschnitte gliedern: Nach einer Einleitung (16,24f.) thematisiert Ben Sira die Schöpfung abgesehen vom Menschen (16,26-30). Darauf wendet er sich dem Menschen zu (17,1-24); in diesem Teil sind kleinere Einheiten weiter voneinander abzugrenzen: V. 1-4.6-10.11-14.15-24.

---

12   Auf den „forte carattere didattico" weist besonders auch Prato, problema, 268 hin, der die nachdrückliche und ausführliche Einleitung in 16,24f mit ihrer Aufforderung an den Hörer als ein wichtiges Indiz hierfür ansieht und entsprechende alttestamentliche Parallelen nennt. Die kleine Abhandlung ist zwar thematisch auf den Eiwand bezogen, weist aber zugleich in sich eine gewisse Geschlossenheit auf.

13   Daß die Lehrrede nicht, wie häufig angenommen, mit 17,14, sondern erst mit 17,24 zum Abschluß kommt, läßt sich, neben inhaltlichen Aspekten, durch folgende Beobachtungen begründen. 1. Der gesamte Abschnitt hebt sich als Abhandlung vom Kontext durch die Rede in der dritten Person ab. In 17,25 markiert der Imperativ dagegen deutlich einen Neueinsatz. 2. Das Thema ist das Verhältnis Gottes zum Menschen und umgekehrt. Die Beziehung wird auch in der grammatischen Struktur sichtbar: bis auf wenige Ausnahmen erscheint in jedem Vers Gott oder der Mensch als Subjekt und der jeweils andere als Objekt oder einer oder beide als gen. poss. (vgl. z. B. 17,7 und 17,19). Diese Struktur setzt sich fort bis 17,23. 17,24 ist eine abschließende Sentenz, die gleichzeitig thematisch zum folgenden überleitet, vgl. auch Peters, 144, der allerdings V. 24 bereits zum Folgenden rechnet; Skehan / Di Lella, 277f.283 Anders gliedern hingegen z. B. Fritzsche, 80f.; Smend, 152; Box / Oesterley, 376f.; Spicq, 653f.; Hamp, 46; Snaith, 86-90; Duesberg / Fransen, 166f. und Prato, problema, 231.283ff. Freilich bildet der von 16,24-18,14 reichende Abschnitt als Ganzes eine Einheit, die in den Hymnus in 18,1-14 mündet und hier ihren Höhepunkt findet.

4.2.1 Der 'gestirnte Himmel' und das 'Gesetz' Gottes – zur göttlichen 'Ordnung' der Schöpfung (16,24-30)

(24) Hört auf mich und nehmt meine Lehre an,
und auf meine Worte richtet das Herz.

(25) Wohl abgewogen will ich meinen Geist sprudeln lassen
und in Bescheidenheit mein Wissen kundtun.

(26) Als Gott seine Werke am Anfang schuf,
gab er ihnen bei ihrer Erschaffung ihre Lose.[14]

(27) Er ordnete auf ewig ihre Aufgaben
und ihre Bereiche für alle Zeiten.
Sie werden nicht hungrig und nicht müde
und sie lassen nicht ab von ihren Aufgaben.

(28) Keines bedrängt seinen Nächsten,
und bis in Ewigkeit werden sie nicht ungehorsam gegen sein
Wort.

(29) Danach[15] *blickte der Herr auf die Erde*
und füllte sie an mit seinen Gütern.

(30) Mit Leben jeder Art bedeckte er ihre Oberfläche,
und zu ihr kehren sie zurück.[16]

Mit seinen Ausführungen zum Schöpferhandeln Gottes knüpft Ben Sira an die biblischen Schöpungsberichte (Gen 1-3) an, allerdings mit einem eigenen Akzent. Gegenstand seines Interesses ist nicht die Erschaffung der Welt als *Vorgang*, sondern als *Ordnung*, und zwar als *gesetzmäßige* Ordnung, die den Werken Gottes vom Ursprung der Schöpfung an mitgegeben und als dauerhafte Bestimmung eingepflanzt ist (16,26):

Als Gott seine Werke am Anfang schuf,
gab er ihnen bei ihrer Erschaffung ihre Gesetze.

Ben Siras Perspektive ist die 'Ordnung', die Gott durch die Zuteilung von Aufgaben und Funktionen für die verschiedenen Werke in die Schöpfung hin-

---

14   Lies S statt G (μερίδας). Im übrigen folgt die Übersetzung G, da H^A verderbt ist. Ab 16,27 fehlt der hebräische Text vollständig. Von einigen wenigen Stellen abgesehen, setzt er erst mit 30,11 wieder ein.

15   καί zu Beginn des Verses ist mit S und L zu streichen.

16   Wörtlich: *ist ihre Rückkehr.*

eingelegt hat.[17] Diese Zielrichtung spiegelt sich in der grammatischen Struktur des Verses. So bildet nicht das Verb κτίζειν oder ποιεῖν das Prädikat, sondern διαστέλλειν ('anordnen', V. 26b). Dem „Anordnen" ist damit der Schöpfungsakt beigeordnet, die Erschaffung der Welt wird als ein ordnendes Handeln Gottes interpretiert.

Es ist daher kein Zufall, daß der Siracide die Gestirne an die Spitze seines 'Schöpfungsberichtes' stellt. Daß sich die Gestirne als Subjekt hinter αὐτῶν in V. 27ab verbergen, verdeutlichen V. 27 (τὰς ἀρχάς)[18] und V. 28.[19] Hier ist die

---

17 In der Forschung wird dieser Text häufig unter das Stichwort der „Ordnung" in der Schöpfung subsumiert, vgl. Marböck, Weisheit, 137. Marböck verdeutlicht diesen Ordnungsaspekt am Vokabular und weist hin auf „Ausdrücke wie Zahl (17,2), ‚zuteilen, verteilen' (διαστέλλω, 16,26), ordnen (κοσμέω 16,27), Anteil (μέρις, 16,26...)" (ebd.). Vgl. Sap 11,20f.; Ps 104,24. Dabei muß man sich jedoch vergegenwärtigen, daß ein entsprechender Begriff für die Ordnung im Hebräischen nicht zur Verfügung steht (vgl. den als Analogon für die hebräische Weisheit häufig hinzugezogenen ägyptischen Begriff ‚maat' und dazu Assmann, Ma'at und im Zusammenhang mit der israelitischen Weisheit Preuß, Weisheitsliteratur, 20-23; v. Rad, Weisheit, 189-228; Schmid, Gerechtigkeit). Auch das Verb κοσμέω, das ursprünglich schmücken bedeutet und bei G Sir im Vergleich zur LXX sehr häufig vorkommt, scheint eine Vorliebe von G zu sein, dem keine entsprechende einheitliche Terminologie im hebräischen Text zugrundeliegt. Zwar existiert nur für einige der Belegstellen von κοσμέω auch ein hebräischer Text. An diesen Stellen finden sich jedoch *verschiedene* hebräische Verben (vgl. 42,21; 50,9; 50,14). Der Begriff ‚Ordnung' kann daher lediglich als eine Kategorie der Beschreibung des von Ben Sira Dargestellten verwendet werden: Die Zuteilung der Aufgaben an die Werke der Schöpfung und deren Erfüllung gewährleistet eine „Ordnung", die für den Menschen anschaulich ist (vgl. 16,26ff.; 42,15-43,33). Ebenso dient das Gesetz dazu, das Verhältnis der Menschen zu Gott und untereinander zu ordnen. So geht es hier nicht, wie bereits Haspecker, Gottesfurcht, 151 Anm. 60 beobachtet hat, um „die Weltordnung als bewundernswertes Gesamtsystem", sondern um die Ordnung, die Gott den Geschöpfen ‚verordnet' hat und entsprechend um die Aufgabe und Rolle, die jedes Geschöpf an seinem Ort zur Aufrechterhaltung dieser Ordnung erfüllen muß, vgl. auch Prato, problema, 268ff.278f.

18 Vgl. Gen 1,16; Ps 136,8f.; Sir 43,6.

19 Vgl. Ps 148,6 und Prato, problema, 269f., der auch einige außerbiblische Belege anführt; Smend, 153; Spicq, 650f., der zahlreiche Belege anführt; Hamp, 44; Snaith, 85; Skehan / Di Lella, 281; Ryssel, 312; Schökel, Vision, 235f.; Peters, 142 bezieht ἀρχάς hingegen „nicht nur auf die Sterne ..., sondern auf alle Teile der Schöpfung nach ihren Arten und Gattungen". Neu gegenüber dem Alten Testament ist der Aspekt der ‚Ewigkeit' der Gestirnsbahnen. Dies darf jedoch nicht im Gegensatz zu der sonst den Gestirnen zugewiesenen Aufgabe der Festlegung von Zeiten und Festen gesehen werden (vgl. auch Sir 33,7; 43,6f.). Die Näherbestimmung ἕως αἰῶνος (V. 28b) bezieht sich vielmehr auf die ungestörte Fortdauer der unter den Gestirnen von Gott eingerichteten Aufgaben und Funktionen. Ein Gegensatz zwischen Zeitlichkeit und Ewigkeit besteht nicht (vgl. die Grundbedeutung „fernste Zeit" und dazu Jenni, Art. עולם, 230).

Ordnung besonders augenfällig und konstant, was die Faszination erklärt, die die planetare Welt auf Ben Sira ausübte. Der Siracide hat ihr sogar einen eigenen Hymnus gewidmet (42,15-43,33), mit dem er zeigt, daß er die Gestirnswelt nicht nur unter ihrem funktionalen Aspekt wahrnimmt, sondern auch ihre ästhetische Dimension erkennt. So preist er in einer großartigen Metaphorik die Schönheit der Gestirne und der mit ihnen verbundenen meteorologischen Phänomene (43,9-13):

> *(9)*   *Schönheit des Himmels und Herrlichkeit der Sterne,*[20]
>   *ein leuchtender Schmuck*[21] *in den Höhen Gottes.*
> *(10)* *Durch das Wort des Herrn*[22] *steht fest die Ordnung,*
>   *und nicht werden sie matt in ihrer Nachtwache.*
> *(11)* *Schau den Regenbogen an und preise den, der ihn geschaffen hat,*
>   *denn er ist sehr herrlich*[23] *in seiner Pracht.*
> *(12)* *Das Himmelsgewölbe umkreist er in seiner Herrlichkeit,*
>   *und die Hand Gottes spannt ihn aus mit Kraft.*[24]
> *(13)* *Sein Drohen*[25] *gibt dem Hagel*[26] *ein Zeichen,*
>   *und es läßt leuchten die Brandpfeile des Gerichtes.*

Der gestirnte Himmel dient ihm geradezu als ein 'Beweis' für die Macht, Güte und Weisheit Gottes. In stoischer Terminologie könnte man sagen, daß Ben Sira in jenem Hymnus die Schönheit und Funktionalität der Gestirnswelt als einen Ausdruck der göttlichen Providenz darstellt. Ziel des Hymnus ist daher das Lob auf den Schöpfer.[27] Die Begeisterung für den gestirnten Himmel teilt der Siracide im übrigen mit vielen seiner Zeitgenossen. Sie scheint geradezu

---

20   Der Plural folgt G.
21   Vgl. H^M und H^{Bmg} und dazu Skehan / Di Lella, 489.
22   So mit H^M (אדני) und G, H^B liest אל.
23   Lies נהדרה mit H^{Bmg}, das vermutlich ursprünglich auch in H^M stand.
24   Von בגבורה ist in H^M nur noch בגב erhalten, in H^B fehlt das Wort vollständig, eine Lücke am Ende der Zeile läßt jedoch darauf schließen, daß auch in H^B ursprünglich noch ein Wort folgte. G bietet nichts Entsprechendes. Die syrische Übersetzung fehlt ab V. 11 vollständig.
25   Lies mit H^M נערתו, vgl. 2 Sam 22,16; Ps 18,16; 104,7 und Hi 26,11. H^B liest נבורתו, das vermutlich aus V. 12b hier eingedrungen ist.
26   = H^M (ברד), H^B liest stattdessen ברק.
27   Vgl. zur hymnischen Funktion von Sir 39,12-35 o. S. 64-68.

ein gemein-hellenistisches Motiv gewesen zu sein, wofür besonders die bereits
zitierten stoisch beeinflußten Phainomena des Aratus Zeugnis ablegen.[28]

Bemerkenswert ist nun, daß Ben Sira bei seiner skizzenhaften Darstellung
der planetaren Ordnung in 16,26ff. bereits die oben genannte zweiseitige Argumentationsstruktur erkennen läßt, die später vor allem für den anthropologischen Teil grundlegend sein wird, nämlich das Gegenüber von göttlicher
Zuwendung zur Welt und der Verantwortung des Menschen, hier freilich zunächst im Blick auf die Himmelskörper. So bestimmt Gott zunächst die Aufgaben und Herrschaftsbereiche der Gestirne (V. 26-27b) und richtet damit die
himmlische Ordnung auf. Der Hinweis, daß Gott „auf ewig" (εἰς αἰῶνα,
V.-27) die Aufgaben und mithin die Bahnen der Gestirne ordnet, unterstreicht
die durch nichts gestörte Fortdauer und Gleichmäßigkeit der Bewegungen am
Himmel. Mit V. 27c wechselt das Subjekt: Der Siracide legt nun dar, wie die
Gestirne ihrerseits der göttlichen Bestimmung nachkommen. Dabei fällt auf,
mit welcher Ausführlichkeit er ihr Funktionieren beschreibt (V. 27cd.28), jedoch mit keinem Wort ihre tatsächliche Aufgabe und Tätigkeit erwähnt, sondern ausschließlich die Hingabe vor Augen führt, mit der sie ihre Werke verrichten.[29] Zwei Bikola sind diesem Thema gewidmet. Mit dem ersten wird die
Stetigkeit und Unermüdlichkeit hervorgehoben:

(27cd) Sie werden nicht hungrig und nicht müde
und lassen nicht ab von ihren Aufgaben.[30]

Bedeutsamer noch ist das zweite:

Keines bedrängt seinen Nächsten,[31]
und bis in Ewigkeit werden sie nicht ungehorsam gegen sein Wort.[32]

---

28 S. dazu o. S. 30 und zur Bedeutung, die die Stoiker der Ordnung der Gestirne beimes-
    sen o. S. 30. Daß die Gestirne in der Henochliteratur von einiger Bedeutung waren,
    bedarf kaum der Erwähnung, vgl. besonders 1 Hen 72-82.

29 Hier kann man demnach dieselbe Methodik Ben Siras beobachten wie in 16,7-10: Ben
    Sira verzichtet auf Einzelheiten und verdichtet die Darstellung auf den Kern,
    s. o. S. 127.

30 Sowohl ἔργον als auch das hebräische Äquivalent עבדה stehen in gleicher Weise für
    die Arbeit oder das Geschäft als Vorgang wie für das Werk als Resultat der Arbeit. Die
    Wiedergabe mit „Aufgabe" ist daher angemessen, zumal im Hebräischen kein anderer
    Ausdruck für Aufgabe neben עבדה existiert.

31 Zur Erklärung vgl. Smend, 154: „Gemeint ist, dass die Sterne nicht auf einander
    stossen."

32 Vgl. zu 16,26-28 insgesamt 1 Hen 2,1f.

Den Höhepunkt stellt das letzte Kolon dar, das den Fortbestand der Ordnung, die Gott mit den Himmelskörpern geschaffen hat, durch den Gehorsam der Gestirne gegen das Wort Gottes erklärt. Der Zusammenhang zwischen beidem wird noch besonders hervorgehoben, indem Sirach sowohl die Bestimmung der Aufgaben durch Gott als auch den Gehorsam der Gestirne durch die adverbiale Bestimmung „auf ewig" (16,27a.28b) weiter qualifiziert. Der von Gott verfügten ewigen Anordnung entsprechen die Gestirne durch ihren ebenso ungebrochenen und dauerhaften Gehorsam. Sie erfüllen damit ihre Bestimmung. Die Korrespondenz zwischen Gottes providentiellem Handeln, das sich hier in der Errichtung einer ewig währenden Ordnung ausdrückt, und dem Gehorsam der Gestirne bestimmt den Gedanken. Die Argumentation berührt sich folglich mit der des Hymnus in Sir 39,12-35. Dort war der Gehorsam der Elemente gegen das göttliche Gebot in gleicher Weise Bestandteil der von Gott in weiser Voraussicht geschaffenen Ordnung (vgl. Sir 39,31).[33]

Die Vorgänge am gestirnten Himmel werden auf diese Weise zu einem Gleichnis für die Verhältnisse unter den Menschen, wie hier im Vorgriff angedeutet sei:[34] Gott erschafft den Menschen so, daß er verantwortlich handeln soll und kann. Der Mensch wird seiner Bestimmung gerecht, indem er die göttlichen Gebote erfüllt. Dieser Zusammenhang wird später noch einmal sichtbar, wenn der Vers über den Gehorsam der Gestirne (16,28) im anthropologischen Teil in Anspielungen wieder aufgenommen wird. In Sir 17,14 heißt es bezogen auf die Menschen:

Und er sprach zu ihnen: „Haltet euch fern von allem Unrecht",
und er befahl jedem von ihnen, wie er mit seinem Nächsten
(umgehen solle).[35]

Daß die irdische Ordnung freilich gerade durch den Ungehorsam des Menschen gegen das göttliche Gebot gestört ist, unterscheidet sie von der himmlischen Ordnung. Mit dem Hinweis auf die planetare Welt kann der Siracide daher gleichsam in einem Gegenbild zeigen, von welcher Schönheit und Ebenmäßigkeit Gottes Schöpfung ist, wenn seine Gebote befolgt werden. Die geregelten Bahnen der Gestirne werden damit indirekt zu einem Argument für die Menschen, ihrerseits nach dem Gesetz zu leben, das Gott ihnen gegeben hat.

Ehe Ben Sira nun direkt zur Erschaffung des Menschen übergeht, schildert er, wie Gott die Erde mit „seinen Gütern" und „jeglicher Art von Lebewesen" angefüllt hat (Sir 16,29f.). Auch hier zeigt sich seine relative Unabhängigkeit

---

33 S. dazu o. S. 86f.
34 S. dazu u. S. 158-160.
35 Vgl. ‚Und er sprach' mit ‚sein Wort' = 16,28b mit 17,14a und 16,28a mit 17,14b.

gegenüber der biblischen Schöpfungstradition, der er gleichwohl als Hintergrund der Darlegung verpflichtet ist.[36] Während nämlich die Wendung καὶ
μετὰ ταῦτα, die V. 26ff. und V. 28f. miteinander verbindet, ein zeitliches
Nacheinander setzt und daher an die Aufeinanderfolge der Erschaffung der
Himmelskörper am vierten und der Tiere am sechsten Schöpfungstag im priesterlichen Schöpfungsbericht denken läßt (Gen 1,14-20.24ff., vgl. Sir 16,30),
widerspricht dieser Anordnung, daß in 16,29 mit τῶν ἀγαθῶν αὐτοῦ offenbar
von der Vegetation die Rede ist, die nach P bereits am dritten Tag erschaffen
wurde (vgl. Gen 1,11-13).[37]

4.2.2 „homo ortus sit ad mundum contemplandum et imitandum" (17,1-14)

Im Folgenden wendet sich Ben Sira der Erschaffung des Menschen zu. Damit
ist er bei dem eigentlichen Thema des Lehrgedichts angelangt. Allein die
Ausführlichkeit, mit der der Siracide den Menschen thematisiert, deutet darauf
hin, daß hier der Fokus des Textes liegt. Wie zuvor bei den Gestirnen stellt er
auch diesen Teil seiner Darstellung des göttlichen Schöpfungswerkes in eine
bestimmte Perspektive: Es geht ihm um die Rolle und die Aufgabe, die dem
Menschen im Ordnungsgefüge der gesamten Schöpfung zukommt und deren
Wahrnehmung mithin von der Schöpfung her zu begründen ist. Dies gilt es in
der Auslegung herauszuarbeiten. Ihr sei jedoch eine Übersetzung des Textes
vorangestellt.

(17,1) Der Herr schuf aus Erde den Menschen,
       und zu ihr läßt er ihn wieder zurückkehren.
(2)   Gezählte Tage und eine Frist gab er ihnen,
       und er verlieh ihnen Macht über das, was auf der Erde[38] ist.

---

36 Auf diesen Zusammenhang weist neben Sheppard, Wisdom 1980, 75 beispielsweise
    auch Prato, problema, 268 hin. Sein Argument hierfür, „gli aoristi di G in 27.29.30"
    (ebd.) ist jedoch nicht zwingend, da der Aorist neben dem Futur das von G bevorzugte
    Tempus ist, mit dem er in erster Linie hebräische Imperfekt-Formen, bisweilen aber
    auch ein Perfekt wiedergibt (vgl. z. B. 15,14b). Eher selten verwendet G dagegen das
    Präsens, gelegentlich löst er damit eine hebräische Nominalkonstruktion auf.
37 Vgl. Snaith, 87; Duesberg, dignité, 16; Prato, problema, 269 Anm. 137. Auch nach
    Smend, 154 könnte mit τῶν ἀγαθῶν αὐτοῦ „wohl nur die Vegetation gemeint sein".
    Wegen der von Gen 1 abweichenden Reihenfolge schließt er diese Deutung dann al-
    lerdings doch wieder aus.
38 Wörtlich: auf ihr (ἐπ' αὐτῆς)

(3)   Gleich sich selbst[39] *umkleidete er sie mit Stärke,*
       und nach seinem Bilde schuf er sie.
(4)   Er legte die Furcht vor ihnen[40] *auf alles Fleisch,*
       auf daß sie herrschten über Tiere und Vögel.[41]

(6)   Er bildete Zunge, Augen und Ohren,
       und ein Herz zum Nachdenken gab er ihnen.[42]
(7)   Mit verständiger Erkenntnis erfüllte er sie,
       und Gut und Böse zeigte er ihnen.

---

39   Einige Handschriften bieten καθ εαυτους (*Er umkleidete sie mit Stärke, die ihnen an-*
     gemessen ist) und vermeiden so die doppelte Aussage über die Ebenbildlichkeit, vgl.
     aber Gen 1,26. Der Syrer läßt die Ebenbildlichkeitsaussage ganz weg.
40   Der Plural folgt S, der damit dem Kontext entspricht (vgl. V. 2f.)
41   V. 5 (G 248 = GII) ist eine Einfügung, die die Liste der (nach G) fünf ἐνεργήματα um
     zwei weitere ergänzt: νοῦν und λόγον ἑρμενέα. Diese Ergänzung wird in der Regel als
     stoisch angesehen, wobei darauf hingewiesen wird, daß das stoische achte ἐνέργημα,
     der σπερματικός, fehlt (vgl. Duesberg / Auvray, 88). Diese wohl ursprünglich auf Gro-
     tius zurückgehende Parallelisierung (zitiert bei Fritzsche, 82; Smend, 156; Box /
     Oesterley, 375) ist jedoch ungenau: „Nam Stoici ad quinque sensus notissimos tres an-
     numerabant alios, quorum hic omissus est τὸ σπερματικός." Die Stoiker sehen bei ih-
     rer Vorstellung von der Acht-Teilung der Seele neben den fünf Sinnen und dem
     σπέρμα, das man mit Forschner, Ethik, 59 und im Anschluß an SVF II 836 wörtlich
     als „Zeugungskraft" aufzufassen hat, nicht νοῦς und λόγος, sondern φωνή, was
     Forschner treffend mit „Sprachvermögen" übersetzt (ebd. und SVF II 836), und τὸ
     ἡγεμονικόν, das die leitende Funktion in der Seele ausübt, vor. Zwar ist die Überliefe-
     rung in diesem Punkt nicht ganz einheitlich, aber diese Bestimmung der acht Seelen-
     teile ist dominierend (vgl. SVF II 827.830.832.836), andere Definitionen sind ähnlich
     (vgl. SVF II 828). Nirgends werden jedoch νοῦς und λόγος genannt (vgl. insgesamt
     dazu SVF II 823-833). Daher kann man die Glosse nicht eindeutig als stoisch be-
     zeichnen, allenfalls handelt es sich um eine eher ungenaue aus dem Gedächtnis zi-
     tierte Stoikerreminiszenz. Wahrscheinlicher ist es jedoch, daß der Glossator hier einer
     anderen Vorstellung verpflichtet ist. Prato, problema, 277 weist beispielsweise darauf
     hin, daß auch in TestNapht 2,8 von *fünf* Sinnen die Rede ist.
42   G (διαβούλιον) ist vermutlich eine Fehldeutung von וַיִּצֶר als וְיֵצֶר , was auch durch S
     (ברא) bestätigt wird, vgl. Smend, 156; Peters, 143. Durch diese Erklärung werden zwei
     Unstimmigkeiten beseitigt: Zum einen wird das von der sonst zu beobachtenden
     Struktur der Verse her geforderte Prädikat auf diese Weise gewonnen, zum anderen
     paßt διαβούλιον nicht in die Reihe der Organe der sinnlichen Wahrnehmung, die hier
     im ersten Kolon genannt werden. Ebenfalls aus S hat Peters die Anregung übernom-
     men, ωτα in das erste Kolon aufzunehmen, während S פומא jedoch als neben לשׁנא
     überflüssig zu streichen ist. So erhält man für V. 6 folgenden Text: ἔπλασεν γλῶσσαν
     καὶ ὀφθαλμοὺς καὶ ὦτα, καὶ καρδίαν ἔδωκεν διανοεῖσθαι αὐτοῖς.

(8)   Er pflanzte sein Auge[43] *in ihr Herz,*
      um ihnen die Größe seiner Werke zu zeigen,[44]
(9)   damit sie von seinen Wundern[45] *erzählten*[46]
(10) und seinen heiligen Namen priesen.[47]

(11) Er gewährte ihnen Erkenntnis
      und gab ihnen das Gesetz des Lebens zum Besitz.
(12) Einen ewigen Bund richtete er mit ihnen auf
      und zeigte ihnen seine Gesetze.
(13) Seine große Herrlichkeit sahen ihre Augen,
      und seine herrliche Stimme hörten ihre Ohren.
(14) Und er sprach zu ihnen: „Haltet euch fern von allem Unrecht",
      und er befahl jedem von ihnen, wie er mit seinem Nächsten
      (umgehen solle).

4.2.2.1 Der Mensch als Teil der Schöpfung und als ihr Gegenüber (17,1-4)

Die Erde als das 'Woher' des Menschen und zugleich als sein 'Wohin' bindet
die Verse formal und inhaltlich an 16,29f.[48] Stilistisch besteht allerdings eine

---

43 Gegen Ziegler ist hier ὀφθαλμόν zu lesen, was außer *b*, 155', 547, Syh(mg) und Aeth
    Sm. von sämtlichen Handschriften geboten wird, zu dieser Lesart vgl. auch Fritzsche,
    82; Eberharter, 65; Peters, 143; Spicq, 652; Duesberg / Auvray, 88; Hadot, Penchant,
    108f.; Prato, problema, 280; Snaith, 86, der allerdings anders deutet (*"he kept watch
    over their hearts"*); Alonso Schökel, Vision, 239f.; anders Hamp, 45; Skehan / Di
    Lella, 277.

44 Hier läßt die GII-Tradition ein weiteres Kolon folgen: *und er trug ihnen auf, sich alle-
    zeit seiner Wunderwerke zu rühmen.*

45 Lies θαυμάσια im Anschluß an GII (V. 8c), um die Doppelung des Ausdrucks zu ver-
    meiden (vgl. μεγαλεῖον τῶν ἔργων in V. 8a mit μεγαλεῖα τῶν ἔργων in V. 9), vgl.
    auch 43,25 und 18,4-6, wo nacheinander τὰ ἔργα, τὰ μεγαλεῖα und τὰ θαυμάσια ge-
    nannt werden.

46 Gegen Ziegler ist an der Abfolge der Verse, wie G sie bietet (V. 9 vor V. 10) festzu-
    halten. V. 10 ist dann von ἵνα abhängig, so daß lediglich das Prädikat in V. 10 in
    Tempus und Modus angeglichen werden muß.

47 Das Prädikat ist in Modus und Tempus an διηγῶνται anzugleichen.

48 Schökel, Vision, 235f. hat darauf aufmerksam gemacht, daß der Mensch hier einer-
    seits als zwischen den Gestirnen und dem Irdischen stehend dargestellt wird, indem er
    Eigenschaften von beiden in sich vereint, daß er sich aber andererseits von beiden un-
    terscheidet und auch die Gestirne übertrifft durch sein besonderes Gottesverhältnis und
    seine damit verbundene Stellung in der Schöpfung. Zur Zwischenstellung des Men-
    schen zwischen Himmlischem und Irdischem vgl. auch die spätere rabbinische Lehre
    von der „dual nature of man" (Moore, Judaism 1, 451f.).

Zäsur zwischen 16,30 und 17,1: Anders als in 16,29 findet sich hier keine ver-
knüpfende Partikel. Die betonte Voranstellung von κύριος deutet einen Neueinsatz nicht nur in der Darstellung, sondern auch im schöpferischen Handeln
Gottes an. Dadurch wird die Bedeutung der Erschaffung des Menschen hervorgehoben. Die Sorgfalt der göttlichen Für- und Vorsorge wird darüber hinaus durch die Häufung von Verben unterstrichen, die eine unmittelbare Zuwendung Gottes zum Menschen ausdrücken: ἔκτισεν, ἀπέστρεψεν (V. 1),
ἔδωκεν (V. 2, zweimal), ἐνέδυσεν, ἐποίησεν (V. 3).

Fragt man nach der im Hintergrund stehenden Tradition, so stößt man zunächst auf den jahwistischen Vorstellungszusammenhang (vgl. Gen 2,7;
3,19).[49] Auch hier sind jedoch besonders die Differenzen für Ben Siras Intention aufschlußreich. Exemplarisch soll dies am ersten Vers etwas genauer veranschaulicht werden.[50]

Zunächst unterscheidet sich das Verb in 17,1a von LXX Gen 2,7:[51] statt
ἔπλασεν steht hier ἔκτισεν, was auch durch S (ברייהי) belegt ist (gegenüber
Peshitta Gen 2,7 ונבל).[52] Darüber hinaus fehlt χοῦν vor ἀπὸ τῆς γῆς; stattdessen heißt es lediglich ἐκ γῆς.[53] Danach fehlen jene Elemente, die in Gen 2,7
den Akt der Erschaffung selbst beschreiben und dabei die Materialität des
Menschen unterstreichen.[54] Übrig bleibt lediglich der Zusammenhang mit der
Erde, wobei man wegen 16,29f. noch genauer sagen kann: der Zusammen-

---

49 Vgl. auch Maier, Mensch, 65; Sheppard, Wisdom 1980, 75ff.; Prato, problema, 273;
    Jervell, Imago, 24; Box / Oesterley, 375; Hamp, 44; Snaith, 87; Skehan / Di Lella,
    281; Peters, 142; Smend, 155.

50 Vgl. dazu ausführlich Sheppard, Wisdom 1980, 75-78; Prato, problema, 272-276.

51 Der Vergleich mit LXX ist an dieser Stelle gerechtfertigt, da LXX hier „ihrer Vorlage
    Wort für Wort" folgt (Rösel, Übersetzung, 60).

52 Vermutlich hat daher auch Segal, 180 an dieser Stelle für H richtig ברא, während
    Sheppard, Wisdom 1980, 75 vermutet, daß „The Hebrew of Sirach may match Gen 2,7
    word for word". Dagegen sprechen allerdings sowohl G, S und L als auch die ange-
    deutete besondere Intention Sirachs, der nicht zufällig die Formulierung variiert.

53 Allerdings wird diese Lesart nicht durch S gestützt: S liest hier עפרא מן. Jedoch weicht
    S damit ebenfalls von der Grundstelle Gen 2,7 ab, wo es heißt: עפרא מן אדמתא, also
    auch S ist verkürzt im Vergleich zu Gen 2,7. Darüber hinaus gebraucht S in 17,1b ein
    feminines Suffix an לגעה (vgl. den Punkt über dem ה, der dieses Suffix als feminines
    Suffix ausweist), עפרא als Bezug würde jedoch ein maskulines Suffix erfordern. Diese
    Unstimmigkeit gibt Anlaß zu der Vermutung, daß der Syrer entweder אדמה oder ארץ
    las.

54 Vgl. den Überblick über die Diskussion zur Bedeutung von אדמה und עפר im jahwisti-
    schen Schöpfungsbericht bei Westermann, Genesis 1, 274-287. Während Westermann,
    a.a.O., 276f. verneint, daß im Hintergrund von Gen 2,7 das gemeinorientalische Bild
    vom Schöpfer als Töpfer steht, hat Levin, Jahwist, 87 diese Deutung kürzlich erneut
    bekräftigt. Wir schließen uns dieser Auffassung an.

hang mit allem Irdischen, der in der Vergänglichkeit besteht. So geht es hier ebenso wie in den Versen zuvor nicht so sehr um den Akt der Erschaffung selbst als um die dadurch entstandene Ordnung und 'Platzanweisung' innerhalb der Schöpfung.[55]

Der Vergleich zwischen 17,1b und Gen 3,19 bringt weiteren Aufschluß. Indem in 17,1b Jahwe das Subjekt von ἀποστρέφειν ist und nicht wie in Gen 3,19 der Mensch selbst, ist die „Rückkehr" des Menschen zur Erde in den Schöpfungsakt hineingenommen.[56] Ebenso wie Gott den Menschen erschuf, läßt er ihn auch wieder zur Erde zurückkehren. Es geht demnach um die von Gott mit der Erschaffung bestimmten Grenzen des menschlichen Lebens als seiner natürlichen Ordnung, die allein durch die Kreatürlichkeit gegeben ist.[57] Es fällt auf, daß der Sündenfall in diesem Zusammenhang mit keinem Wort erwähnt wird.[58] Besonders V. 2a hebt hervor, daß dem Menschen von Gott eine bestimmte Lebenszeit zugemessen wird und mithin die Länge des Daseins der göttlichen Bestimmung obliegt:[59]

Gezählte Tage und eine Frist gab er ihnen.

---

55 Vgl. auch Prato, problema, 269 u.ö.

56 Auch hier kann man daher sagen, daß Ben Sira den Zusammenhang des Menschen mit den übrigen irdischen Lebewesen nicht durch eine gleichsam materielle Beziehung zur Erde als Grundlage seiner Existenz begründet, wie sie im jahwistischen Schöpfungsbericht betont wird (vgl. auch Levin, Jahwist, 84, der „die enge Zusammengehörigkeit von Mensch (אדם) und Erdboden (אדמה)" (ebd.) als besonderes Thema des von ihm als JR bezeichneten jahwistischen Redaktors ansieht.)

57 Vgl. Sir 14,17, wo der Tod als חוק עולם bezeichnet wird; 41,3f. Zum Thema ‚Tod' bei Ben Sira vgl. auch Kaiser, Tod.

58 Vgl. dazu auch Collins, Jewish Wisdom, 59, der darauf hinweist, daß „Sirach 25:24 ascribes the original sin to Eve" und dazu bemerkt: „but this explanation of the origin of sin and death is anomalous, and unsupported by anything else in Ben Sira." Zu Sir 25,24 vgl. auch Levison, Eve.

59 Vgl. Ps 90,12: dort ist ebenfalls von den gezählten Tagen die Rede, wobei diese Feststellung zu einem Erkenntniszuwachs des Menschen im Blick auf sein Leben und seine Stellung vor Gott führen soll (vgl. Wahl, Ps 90,119f.122f.). Dieser Aspekt steht auch hier im Hintergrund der Belehrung über die Vergänglichkeit des menschlichen Lebens. Es fällt freilich auf, daß in Sir 17,2, anders als in 25,24, das Sündenfallmotiv aus Gen 3,15ff. keine Rolle spielt, wie Collins, Jewish Wisdom, 59 bemerkt. Gegen L (numerum dierum) und S (entsprechend L: מנינא דיומתא) ist hier an der G-Lesart festzuhalten: es geht um die Qualifizierung der Zeit, der Tage des Menschen, die von Beginn an gezählte Tage sind. Im Unterschied zu 37,25; 41,13 (Mas), wo die Reihenfolge von Tag und Zahl umgekehrt ist (ἐν ἀριθμῷ ἡμερῶν) und ein Gegensatz von einer Zahl von Tagen und von ungezählten Tagen (37,25) bzw. von einem ewigen Namen konstruiert wird, gibt es hier keine zwei verschiedenen Bemessungen der Tage, sondern nur „Tage der Zahl", d. h. es geht hier ausschließlich um Begrenztheit. Vgl. auch Smend, 155, der ebenfalls G liest.

Vor diesem Hintergrund des gemeinsamen Geschicks der Vergänglichkeit, das der Mensch mit den Pflanzen und den Tieren teilt, wird er im nächsten Schritt deutlich aus der übrigen Schöpfung herausgehoben.[60] Stärker als die Autoren des priesterlichen Schöpfungsberichtes betont Ben Sira, neben der Begrenztheit, die Herrscherstellung des Menschen und seine Gottebenbildlichkeit.[61]

> *(2)   Gezählte Tage und eine Frist gab er ihnen;*
> *und er verlieh ihnen Macht über das, was auf der Erde ist.*
>
> *(3)   Gleich sich selbst umkleidete er sie mit Stärke,*
> *und nach seinem Bilde schuf er sie.[62]*
>
> *(4)   Er legte die Furcht vor ihm[63] auf alles Fleisch,*
> *daß er herrsche über Tiere und Vögel.*

Es fällt vor allem auf, daß in V. 4 nicht nur entsprechend Gen 1,28; 9,1; Ps 8,7-9 der eigentliche Herrschaftsauftrag des Menschen über die Tiere formuliert wird (V. 4b), sondern daß in Anlehnung an Gen 9,2 von der Furcht der Tiere vor dem Menschen die Rede ist.[64] Die herausragende Stellung des Menschen in der Schöpfung wird auf diese Weise unterstrichen.

---

60 Die chiastische Struktur der Verse 1-2 hebt diese Bewegung hervor: V. 1a Verhältnis Mensch-Erde (Gemeinsamkeit), V. 1b.2a Grenze des menschlichen Lebens, V. 2b Verhältnis Mensch-Erde (ἐξουσία).

61 Zu Gen 1,26f. vgl. neben den einschlägigen Kommentaren Schmidt, Schöpfungsgeschichte, 127-149; Steck, Schöpfungsbericht, 129-158; Jervell, Imago, 15-51 (= Gen 1,26f. im Spätjudentum); Kaiser, Ebenbild; Scharbert, Ebenbild; Schaller, Gen 1-2 (=Auslegungsgeschichte im antiken Judentum; zu Sir vgl. S. 53-58). Daß die Herrscherstellung des Menschen hier besonderes Gewicht erhält, zeigt allein die Häufung der Begriffe, die die Herrschaft zum Ausdruck bringen: ἐξουσία (V. 2b), ἰσχύς (V. 3a) und φόβος αὐτοῦ (V. 4).

62 Zu den Differenzen zwischen S und G in V. 3b vgl. Prato, problema, 272-275, der gezeigt hat, daß S den Text uminterpretiert, indem er die Ebenbildlichkeitsaussage wegläßt und stattdessen hier bereits von der (Gottes)furcht des Menschen spricht. Die Frage stellt sich, ob dem syrischen Übersetzer die herausragende Stellung des Menschen hier zu weit ging. L stellt den Text um und flicht die Ebenbildlichkeitsaussagen in die ersten beiden Verse ein. Daß er ἰσχύν (V. 3a) durch virtutem (V. 2b) wiedergibt, zeigt die abweichende Intention, die L in die Verse legt.

63 Nicht die Furcht vor Gott, sondern die Furcht der Tiere vor dem Menschen ist gemeint, vgl. zum Singular 17,1a ἄνθρωπον.

64 Daß mit ἐπὶ πάσης σαρκός die Lebewesen abgesehen vom Menschen gemeint sind, erschließt der Kontext, wo vom Verhältnis des Menschen zur Erde, nicht zu Gott die Rede ist (vgl. auch Sap 9,2f.). So hat S richtig an דחל das Suffix 3. Plural (Furcht vor ihnen = den Menschen), während G αὐτοῦ liest.

4.2.2.2 Der Mensch als animal rationale (17,6-10)

Wichtiger noch als die Ausstattung mit Macht zur Herrschaft über die Tiere ist die Befähigung zur Erkenntnis, die Gott dem Menschen bei der Schöpfung gab. Sie ist die Voraussetzung für die Entscheidung zum Leben in Gottesfurcht und in der Nachfolge des Gesetzes und der Weisheit. So nennt Ben Sira in V. 6 zunächst die zur Erkenntnis nötigen Organe, zum einen Zunge, Augen und Ohren für die Aufnahme und zum Ausdrücken der Sinneswahrnehmungen, zum anderen das Herz als Sitz der Vernunft zur Verarbeitung der Sinneseindrücke. Neben diesen 'Werkzeugen' hat Gott dem Menschen darüber hinaus Einsicht und ein Wissen um Gut und Böse gegeben (V. 7):

> *Er erfüllte sie mit verständiger Erkenntnis*
> *und zeigte ihnen Gut und Böse.*

Ben Sira bringt damit zum Ausdruck, daß der Mensch von seiner geschöpflichen Verfassung her zu jener Urteilskraft gelangen kann, die es ihm ermöglicht, verantwortlich zu handeln.[65] Er schließt sich alttestamentlicher Ausdrucks- und Vorstellungsweise an, wenn er dies mit dem Gegensatzpaar „Gut und Böse" verdeutlicht.[66] So bezeichnet dieses Begriffspaar in Gen 2,9.17; 3,5.22; Dtn 1,39 und Jes 7,15f. „das autonome Entscheidungsvermögen des Menschen".[67] Wir sehen hier ein weiteres Mal, wie sich Ben Sira der an das Konkrete gebundenen alttestamentlichen Sprachtradition bedient, wo ihm die abstrakt-philosophische Sprache fehlt.[68]

---

65   Vgl. auch Maier, Mensch, 73.

66   Vgl. Höver-Johag, Art. טוב, 329f.

67   Kaiser, Jesaja 1, 159, vgl. auch Prato, problema, 278; Hamp, 45; Duesberg, dignité, 18; Maier, Mensch, 73; Prato, problema, 278; von Gen 2f. her interpretieren dagegen Peters; Eberharter; Smend, 156; Spicq, 652; Marböck, Weisheit, 137; Hadot, penchant, 108ff., der jedoch auf den Unterschied zu Gen 2f. hinweist und im Anschluß an Stern (Knowledge) die Erkenntnis von Gut und Böse als „la connaissance universelle des choses avec une insistance particulière sur la faculté de porter des jugements dans l'ordre moral" (110) interpretiert. Eine vollkommen andere gedankliche und literarische Abhängigkeit sieht dagegen Alonso Schökel, Vision, 239: Er interpretiert die Stelle von Dtn 30,15.19 her. So bestechend dies wegen des Bezugs zu 15,15ff. auf den ersten Blick erscheinen mag, so muß jedoch entgegnet werden, daß der für Dtn 30,15 entscheidende Zusammenhang von ‚Gut' und ‚Leben' bzw. ‚Böse' und ‚Tod' hier fehlt.

68   S. dazu auch o. S. 77. Geht man von dem gedanklichen Zusammenhang mit Dtn 1,29; Jes 7,15f. aus, so erübrigen sich Spekulationen über die Frage, in welchem Verhältnis Sir 16,7b zu Gen 2f. steht: Eine Anspielung auf die Erzählung vom Fall scheint nicht beabsichtigt.

Der Siracide scheint dabei jedoch über die genannten alttestamentlichen Stellen hinauszugehen und, wie V. 11a zeigt, dezidiert von der *sittlichen* Urteilskraft als einem Vermögen des Menschen zu sprechen. Damit steht er im Gegensatz zu einer anderen weisheitlichen Schule seiner Zeit, die literarisch in der neuerdings veröffentlichten in Qumran aufgefundenen Weisheitsschrift 4 Q SapA greifbar ist.[69] Nach dieser in das späte dritte oder frühe zweite Jahrhundert v. Chr. zu datierenden Schrift[70] zählt das Wissen um Gut und Böse zu jenen „Geheimnissen", die einer besonderen Offenbarung bedürfen und an denen nur der Eingeweihte Anteil erhält.[71] Vor diesem Hintergrund erhält Ben Siras Bekräftigung, daß Gott dem Menschen als *Geschöpf* und damit allen Menschen *gleichermaßen* Gut und Böse zeigte, ein noch stärkeres Gewicht. Sein Engagement für die geschöpfliche Verankerung der menschlichen Befähigung zur Erkenntnis und zum Tun des Guten erhält in diesem Kontrast ein deutlicheres Profil. So kann man zumindest fragen, ob Ben Sira die in 4 Q SapA vertretenen Positionen kannte und hier bewußt ein Gegenkonzept zu entwickeln suchte.

Auch die „verständige Einsicht", mit der Gott den Menschen nach dem Urteil des Siraciden „erfüllte" (Sir 17,7b), scheint mehr zu bedeuten als eine bloß formale Urteilskraft, wenngleich diese freilich auch gemeint ist.[72] Die folgenden Verse (Sir 17,8-10.11-14) lassen den Schluß zu, daß es um mehr geht. So ergänzt der Siracide in 17,8 seine Erläuterungen der geschöpflichen Ausstattung des Menschen durch den Hinweis, daß zu den natürlichen Gaben des Menschen darüber hinaus ein „Auge" zählt, das Gott in die Herzen der Menschen gelegt hat.[73] Es ermöglicht ihm, die Wunder der Schöpfung nicht nur zu sehen, sondern in ihnen die Größe des Schöpfers zu erkennen, dessen Werk sie sind. Man kann geradezu, cum grano salis, von einer natürlichen Gotteserkenntnis sprechen, die das Auge des Herzens den Menschen eröffnet. Freilich ist damit nicht die Erkenntnis des göttlichen *Wesens*, sondern allein seiner Größe gemeint.

Die Ausführungen erinnern an die stoische Gabe der Vernunft, die zum einen die rationale Welterfassung ermöglicht (λόγος als Werkzeug), die zum anderen aber auch, als 'Inhalt', an der Weltvernunft partizipiert. So ist mit der

---

69   4QSapA = 4Q 416-418, vgl. Maier, Qumran-Essener 2, 430-485 und García Martínez, Dead Sea Scrolls, 383-392.
70   Vgl. zur Datierung Lange, Prädestination, 130, der Stegemanns Datierung in das 4. Jahrhundert widerlegt (vgl. Stegemann, Essener, 143).
71   Vgl. 4Q 417 Frg. 2 Kol. i = Maier, Qumran-Essener 2, 440f.; 4Q 418 Frg. 2 = Maier, a.a.O., 446; 4Q 418 Frg. 43 = Maier, a.a.O., 453f.
72   Vgl. Maier, Mensch, 73.
73   Zu den Textvarianten vgl. die Textkritik o. S. 154, Anm. 43.

Gabe der Vernunft bei den Stoikern die Befähigung zur Sittlichkeit verbunden, welche zwar erst im Laufe der Entwicklung geformt und aktiviert werden muß, die über die Vernunft aber bereits keimhaft im Menschen angelegt ist. Trotz dieser prinzipiellen Nähe bleibt ein wesentlicher Unterschied in der Grundlegung wie in der Funktionsbestimmung der Vernunft auf beiden Seiten bestehen. Das folgende Kapitel wird sich mit dieser Frage auseinandersetzen.[74]

4.2.2.3 Die Erkenntnis Gottes und die Bestimmung des Menschen (17,11-14)

Damit nähern wir uns der Frage, wie dieser Abschnitt in die Problemstellung des vorliegenden Kapitels einzuordnen ist. Wie Prato beobachtet hat, trägt die Vernunft (die „kluge Einsicht", 17,7) ihren Zweck nicht in sich selbst, sie findet ihre Erfüllung vielmehr in einer dreifachen Aufgabe gegenüber Gott:[75] (1.) in der Erkenntnis der Größe Gottes (17,8), die sich (2.) zum Lobpreis Gottes erhebt (17,8ff.) und sich (3.) im Gehorsam gegen die Gebote Gottes in der ihr zukommenden Verantwortung bewährt (17,11-14). In der Erkenntnis Gottes findet der Mensch also zugleich seine sittliche Bestimmung, die den Grund abgibt für seine herausragende Stellung in der Schöpfung. Im jüdischen Denken Ben Siras greifen göttliche Providenz und menschliche Verantwortung also aufs innigste ineinander. In stoischer Terminologie könnte man sagen, es entspricht der *Natur* des Menschen, Gott zu loben und das Gesetz zu halten. Beim Menschen liegt es nun, seinerseits diese Verantwortung wahrzunehmen und seiner geschöpflichen Bestimmung gemäß zu leben.

4.2.2.4 Das Gesetz, ein Teil der Schöpfung?

Bei dieser Interpretation sind wir über ein Problem hinweggegangen: Es fällt auf, daß der Siracide übergangslos von der geschöpflichen Ausstattung des Menschen und der Gabe des Gesetzes spricht: Wie Gott dem Menschen ein Auge ins Herz gab, um ihn zur Gotteserkenntnis zu befähigen, legte er ihm in gleicher Weise, so scheint es, das Gesetz vor.[76] Da ein Zwischenglied fehlt, das den Unterschied zwischen Schöpfung und späterer Offenbarung markiert, entsteht der Eindruck, daß die Gabe des Gesetzes mit der Schöpfung gleichur-

---

74 S. dazu u. S. 222f.
75 Vgl. Prato, problema, 278f.
76 Die Parallelität der beiden Vorgänge wird in Segals hebräischer Rückübersetzung besonders deutlich: Sowohl in v. 8a als auch in V. 11a wählt er das Prädikat שם, vgl. Segal, 103.

sprünglich ist und damit zum Schöpfungsakt dazugehört. Dies ließe den Schluß zu, daß Ben Sira unter dem Gesetz hier ein universales Vernunftgesetz versteht, das dem Menschen über seine Vernunft unmittelbar zugänglich ist und folglich auch allen Menschen in gleicher Weise gegeben ist und gilt. Nicht nur der bruchlose Übergang von der Erschaffung des Menschen spricht für diese Interpretation. Auch die Parallele zwischen Erkenntnis (ἐπιστήμη) und Gesetz (νόμος) in 17,11ab deutet darauf hin, besonders, wenn man sich vergegenwärtigt, daß nach V. 7 die Erkenntnis (ἐπιστήμη) zur geschöpflichen Ausstattung des Menschen zählt.

Dies stünde jedoch in Spannung zum alttestamentlichen Verständnis der Tora als einer geschichtlichen Gabe Gottes an Israel, die das besondere Verhältnis zwischen Gott und seinem Volk besiegelt. Das Nebeneinander von Schöpfung und Gesetz wirft die Frage auf, ob Ben Sira hier einen universalistischen Gesetzesbegriff intendiert und in welchem Verhältnis dieser zu dem Anspruch steht, daß das „Gesetz" eine exklusive Gabe Gottes an Israel ist. In der Tat erhält die Tora bei Ben Sira durch die „Identifikation" mit der Weisheit, die zu den besonderen gedanklichen Leistungen des Siraciden zählt, einen universalistischen Zug. Der Gehalt und die Intention der Gleichsetzung von beiden lassen sich jedoch nur auf der Basis einer sorgfältigen Interpretation dieser Beziehung bestimmen. Wir werden daher im folgenden Kapitel gesondert hierauf eingehen. An dieser Stelle soll die Problemanzeige genügen.

Bereits hier sei jedoch darauf hingewiesen, daß die Lösung nicht in der einfachen Alternative zwischen einem ausschließlich partikularen Verständnis des Gesetzes als Besitz Israels einerseits und einer universalistischen Deutung, die jede national-religiöse Bindung hinter sich läßt, zu suchen ist. Denn wenngleich Israel in Sir 17,11-14 nicht genannt wird, weisen diese Verse über das Gesetz Züge auf, die eindeutig die geschichtliche Rückbindung der Aussagen über die Verleihung des Gesetzes erkennen lassen.[77] Anders als mehrheitlich in der Forschung angenommen, ist der Siracide dabei jedoch nicht von der Sinaitradition in Ex 19f. abhängig. Sein Bezugspunkt scheint vielmehr in der dtn/dtr Gesetzestheologie zu liegen. Dies sei im Folgenden kurz erläutert. Zunächst zeigt sich die Beziehung zum Dtn darin, daß Ben Sira die von Ex 19 abweichende Auffassung von Dtn 5 teilt, daß das gesamte Volk und nicht nur Mose den Dekalog unmittelbar durch die Stimme Gottes vernommen hat. Im Dtn heißt es dazu in der Einleitung zur Wiederholung des Dekalogs (Dtn 5,4):

77　Es ist bemerkenswert, daß erst einige Verse später im selben Kapitel (17,17) von Israel die Rede ist.

Von Angesicht zu Angesicht redete Jahwe mit euch auf dem Berg, mitten aus dem Feuer.

Während im Exodus von vornherein Mose als Mittler zwischen Gott und dem Volk steht (vgl. Ex 19,3 u.ö.[78]), wendet sich im Deuteronomium das Volk erst nach der Verkündung des Dekalogs an Mose mit der Bitte:

Tritt du herzu und höre alles, was Jahwe, unser Gott, sagt. (Dtn 5,27)

Danach werden im Dtn zwei Stufen der Gesetzesverkündigung und entsprechend zwei Kategorien von Gesetzen unterschieden, einmal mit Israel als den unmittelbar von Gott Angesprochenen, dann mit Mose als Adressat und Mittler: So gibt es erstens den Dekalog, die „Worte" (5,22), die Israel *selbst* vernommen hat, zweitens החקים והמשפטים (Dtn 5,31;[79] 6,1; 7,11 u.ö.),[80] die Mose erst dem Volk nahebringt.[81] Dieser gestaffelten Gesetzesoffenbarung entspricht bei Ben Sira, daß nach 45,5 Mose das Volk die Satzungen, Bestimmungen und Rechte Gottes lehrt (45,5ef: חקיו, ועדותיו und משפטיו[82]).

---

78   Der Unterschied wird besonders an Ex 19,9 deutlich, einem Vers, der auf den ersten Blick die These, daß nur im Dtn Jahwe direkt zum Volk spricht, zu widerlegen scheint: „Und Jahwe sprach zu Mose: Siehe, ich komme zu dir in einem Gewölk, damit das Volk hört, wenn ich mit dir rede." Man beachte jedoch den Unterschied: Jahwe spricht das Volk nicht direkt an, sondern das Volk wird nur zum Zeugen davon, wie Gott mit Mose spricht.

79   Die Korrektur von והקים in החקום entspricht Dtn 6,1; 7,11, vgl. BHS zur Stelle.

80   Vgl. hierzu insgesamt Rose, 5. Mose 2, 419ff.436-439.495f. Rose hat mit seinem zweibändigen Kommentar zugleich ein redaktionelles Schichtenmodell für das Dtn vorgelegt. Den hier genannten Text Dtn 5,4 schreibt er der Schicht III zu. Er weist darauf hin, daß die folgende jüngere redaktionelle Schicht IV durch Zusätze die „Gottes-Unmittelbarkeit" (a.a.O., 420f.) von Dtn 5,4 zurückzunehmen suchte (vgl. Dtn 5,5). So ist nach Rose die auf die Theologen der Schicht IV zurückzuführende Erwähnung derselben Szene in Dtn 4,12ff. ebenfalls gegenüber Dtn 5,4 deutlich abgemildert: „Ausdrücklich wird unterstrichen, daß für Israel die Gottes-Begegnung in nichts ‚außer einer Stimme' bestanden hat." (a.a.O., 495). Gleichwohl hält auch diese Schicht an der Unterscheidung der beiden Formen des Gesetzesempfangs und der Kategorien der Gesetze fest (vgl. V. 13 mit V. 14).

81   Zu dieser Unterscheidung und zur Bedeutung der an Mose ergangenen חקים ומשפטים vgl. zB Braulik, Weisheit, 170-173; Rose, 5. Mose 2, 496; Lohfink, Dekalogfassung, 28f.

82   In G fehlt ועדותיו. Da die Vermutung naheliegt, daß G zum Ausgleich des Versmaßes die Aufzählung in Angleichung an 45,5cd auf zwei Begriffe reduziert hat, ist H^B der Vorzug zu geben, vgl. auch Reiterer, Urtext, 140. Der Verdacht, daß umgekehrt H^B zur Angleichung an einen biblischen Text ועדותיו eingefügt haben könnte, läßt sich nicht bestätigen, da die drei Termini in 45,5ef zwar dtn/dtr Sprachgebrauch wiederge-

Überträgt man diese Beobachtungen auf Sir 17,11-14,[83] so beantwortet sich die Frage, warum hier nicht wie in Ex 19; 24 allein Mose die Stimme Jahwes hört und seine Herrlichkeit sieht, sondern „sie" (V. 13), von selbst.[84] Sirach ist offenbar nicht, wie in der Regel angenommen,[85] von der Sinaitradition des Exodus abhängig, sondern von der Darstellung in Dtn 4,12f.; 5. Der Plural in Sir 17,13 (αὐτῶν) ist folglich nicht auf *alle* Menschen, sondern auf die Israeliten zu beziehen.

Geradezu in die Augen springt dieser Zusammenhang, wenn man zusätzlich zu den genannten Versen Dtn 5,24 neben Sir 17,13 stellt. Neben der Feststellung „und seine Stimme haben wir gehört mitten aus dem Feuer" findet sich dort die Aussage:

Jahwe, unser Gott, ließ uns seine Herrlichkeit und seine Größe sehen.

Zur Erinnerung und Verdeutlichung sei daneben noch einmal Sir 17,13 zitiert:

Die Größe seiner Herrlichkeit sahen ihre Augen,
und seine herrliche Stimme hörte ihr Ohr.

Auch die übrigen Verse dieses Abschnittes über das Gesetz atmen den Geist der dtn/dtr Gesetzestheologie. So könnte sich 17,11a an Dtn 4,6 anschließen,[86] wo das Bewahren und Tun des Gesetzes als Israels חכמה und בינה in den

---

ben, jedoch nirgends in der hier vorliegenden Reihenfolge belegt sind (vgl. Dtn 4,45; 6,20).

83 Bei dieser Auslegung wird der von G gebotene Text vorausgesetzt. Die wichtigste Abweichung, die S hier aufweist, findet sich in V. 11: statt G ἐπιστήμη liest er קימא (Bund) und bietet so zusammen mit V. 12 zweimal den Bund. L liest in V. 11a (=L V. 9a) - wie in 45,5 - für ἐπιστήμη disciplinam. Die Widergabe von ἐπιστήμη wechselt bei L zwischen scientiam (1,19; 17,6 u.ö.) und disciplinam (16,24.25; 10,30 u.ö.), ohne daß ein zugrundeliegendes Auswahlkriterium erkennbar wäre. Vgl. zur Gegenüberstellung von G und S auch Smend, 157 und Prato, problema, 282.

84 In älteren Kommentaren findet sich der Versuch, das Problem textkritisch zu lösen, indem αὐτοῦ anstelle von αὐτῶν gelesen wird, vgl. Fritzsche, 83, der sich vor allem auf C H 23.155.253 bezieht; Peters, 144, der ebenfalls die entsprechenden G-Zeugen nennt; Smend, 158 und dazu Prato, problema, 282 Anm. 175.

85 Vgl. Marböck, Gesetz, 5 = ders., Gottes Weisheit, 55f.; Prato, problema, 282; Smend, 158; Spicq, 653; Snaith, 88; Hamp, 45; Box / Oesterley, 376. Skehan / Di Lella, 282 weisen neben Ex 19,2-20,17 auch auf Dtn 5,1-22 hin, nennen als Empfänger der Offenbarung gleichwohl nur Mose.

86 Ob und inwieweit das Dtn selbst bereits unter weisheitlichem Einfluß steht, ist für die Frage nach Ben Siras eventuellem Rekurs auf Dtn 4,6 ohne Bedeutung, vgl. dazu z.B. Weinfeld, Deuteronomy, der die These vertritt, das Dtn sei im wesentlichen das Produkt einer Klasse von Weisen-Schriftgelehrten (entsprechend auch Weinfeld, Deute-

Augen der Völker bezeichnet wird.[87] Die Wendung „Gesetz des Lebens" in 17,11b (vgl. auch Sir 45,5) ist zudem eine kongeniale begriffliche Zusammenfassung der Bewertung der Bedeutung des Gesetzes für den Menschen, wie sie in den paränetischen Teilen des Dtn formelhaft als Begründung des Gesetzesgehorsams mit dem Lohn des Lebens (vgl. Dtn 4,1.40; 5,33; 6,2.24; 8,1; 11,9) und konzentriert und als Prinzip formuliert in Dtn 30 (vgl. bes. V. 15.19f.[88]) vertreten wird.

Daß mit 17,14 auf den Dekalog angespielt wird, läßt sich vom Text her nicht eindeutig belegen, ist aber aufgrund des Zusammenhangs mit Dtn 5 die plausibelste Deutung.[89] V. 14a könnte danach als Summe der ersten, V. 14b als Summe der zweiten Tafel des Gesetzes fungieren. Dabei fällt besonders auf, daß Ben Sira die Situation der unmittelbaren Anrede Gottes an Israel auch in V. 14 nachvollzieht, indem er mit προσέχετε ἀπὸ παντὸς ἀδίκου den Stil des Berichtes verläßt und Gottes Anrede an das Volk statt in der indirekten als direkte Rede zitiert (vgl. den Imp. προσέχετε und entsprechend L und S). Damit ist hinreichend belegt, daß 17,11-14 die 'historische' Szene der Gesetzesverkündigung an Israel am Sinai bzw. Horeb vergegenwärtigt.

Dennoch bleibt die Nähe zur Schöpfung als Problem bestehen. Sie läßt sich jedoch plausibel erklären. Wie bereits in 15,14,[90] so hat der Rückbezug auf die

---

ronomy, 62-65); zur Auseinandersetzung mit der Position vgl. auch Brekelmanns, Wisdom; McCarthy, Rezension Weinfeld; Malfroy, Sagesse; zur Stelle vgl. auch Braulik, Weisheit, und allgemein zur Frage nach weisheitlichem Einfluß: Murphy, Assumptions; Crenshaw, Method; Boston, Wisdom. Selbst wenn, wie von Braulik angenommen, in Dtn 4,6 kein besonderer weisheitlicher Einfluß vorliegt, sondern die Begriffe בינה und חכמה sich hier ursprünglich als „Motivübertragung aus Darstellungen..., denen zufolge bestimmte Regenten mit einer einzigartigen ‚Weisheit' ausgestattet waren" (a.a.O. 176, vgl. dazu insgesamt S. 176-180), finden, schließt dies nicht aus, daß die Stelle später im weisheitlichen Horizont gedeutet wurde. Vgl. zu Dtn 4 insgesamt Knapp, Deuteronomium 4.

87   Allerdings handelt es sich, falls ein Einfluß vorliegt, auch hier nicht um eine Übertragung, sondern um eine Weiterbildung des Gedankens: Nicht das Tun des Gesetzes wird als ἐπιστήμη bezeichnet, sondern das Gesetz selbst (vgl. den chiastischen Parallelismus Sir 17,11ab). Vgl. Ps 147,19f.

88   Siehe dazu auch oben S. 121f. im Zusammenhang der Auslegung von 15,14-17.

89   Folgt man in V. 14a nicht G, sondern S, so wird die Nähe zur ersten Tafel, vor allem zum Gebot der Alleinverehrung, schon deutlicher sichtbar: „Paßt auf und fallt nicht ab vom Glauben (Smend, 158: und seid nicht treulos)." Zum möglichen Zusammenhang mit dem Dekalog vgl. auch Fritzsche, 83; Box / Oesterley, 375; Hamp, 45; Haspecker, Gottesfurcht, 151 Anm. 59; Marböck, Weisheit, 87ff. Skehan / Di Lella, 282f.; Prato, problema, 282; Sheppard, Wisdom 1980, 81. Eine in ihrer Offenheit ausgewogene Deutung bietet Snaith, 88 an: „The author either gives a general summary of the whole law or summarizes some of the Ten Commandments".

90   S. dazu o. S. 115f.

Schöpfung in 17,1-10 die Funktion zu begründen, daß die anthropologischen Voraussetzungen für den Gesetzesgehorsam gegeben sind („Du kannst, denn du sollst"). Die enge Verbindung von Schöpfung und Gesetz vermittelt in diesem Zusammenhang den Eindruck, daß der Mensch im Gesetzesgehorsam seine Bestimmung als Geschöpf Gottes und als selbstverantwortliches Wesen verwirklicht.

Mit dem Nebeneinander von Schöpfung und Gesetz soll daher nicht das Gesetz auf die Schöpfung *zurück*geführt, sondern umgekehrt die Schöpfung, die hier zentral die Schöpfung des Menschen ist, auf das Gesetz, genauer den Gesetzes*gehorsam hin*geführt werden. Entsprechend gipfelt, wie wir bereits sahen, die Beschreibung der Werke der Himmelskörper in der Betonung ihres Gehorsams gegen das Wort Gottes. Der Unterschied Israel-Völker wird bei diesem Nebeneinander von Schöpfung und Gesetz nicht weiter reflektiert. Er ist für Ben Sira hier nicht von Interesse.

4.2.3 Die Gegenwart der göttlichen Providenz (17,15-24)

Gottes Fürsorge für die Welt und besonders für die Menschen, wie sie in 16,26-17,14 vorgeführt wurde, beschränkt sich nun jedoch nicht auf den einmaligen Akt der Erschaffung. Sie bestimmt vielmehr immer und überall die Lebenswirklichkeit der Menschen. Dies bekräftigt der Siracide, wenn er unmittelbar im Anschluß an seinen 'Schöpfungsbericht' darlegt, daß Gott das Regiment führt, indem er alles Tun und Treiben der Menschen ständig überwacht.

> *(15) Ihre Wege sind allezeit vor ihm,*
> *   sie sind nicht verborgen vor seinen Augen.*[91]
> *(17) Für jedes Volk setzte er einen Herrscher ein,*
> *   aber der Anteil des Herrn ist Israel.*[92]
> *(19) Alle ihre Werke sind vor ihm wie vor der Sonne,*[93]
> *   und seine Augen (ruhen) ständig auf ihren Wegen.*

---

91 Zwischen V. 15 und 17 hat die GII-Tradition folgenden Text eingefügt: *(16) Ihre Wege neigen von Jugend auf zum Schlechten, und sie können ihre steinernen Herzen nicht in Herzen aus Fleisch verwandeln. (17) Als Gott die Völker der ganzen Erde aufteilte...*

92 V. 18 ist nur in GII bezeugt: *Den Erstgeborenen versorgte er mit Bildung, und indem er ihm das Licht der Liebe zuteilte, vergaß er ihn nicht.*

93 Zur Übersetzung vgl. Sauer, 548.

(20) Ihre Unrechtstaten sind nicht verborgen vor ihm,
sondern alle ihre Sünden (liegen offen) vor dem Herrn.
(22) Die Barmherzigkeit eines Menschen ist wie ein Siegel bei ihm,
und die Güte eines Menschen bewahrt er wie den Augapfel.
(23) Danach wird er sich erheben und ihnen vergelten,
und ihre Vergeltung wird er ihnen auf ihren Kopf heimzahlen.
(24) Es sei denn, sie kehren um, dann gestattet er ihnen Rückkehr,
und wer die Hoffnung verloren hat, den ermutigt er.

Daß es hier um das Weltregiment Gottes geht, erschließt sich unmittelbar aus V. 17. Mit diesem Vers stellt Ben Sira noch einmal ausdrücklich fest, daß die Herrschaft über die Welt in den Händen Gottes liegt. Der Vers enthält darüber hinaus noch eine weitere bemerkenswerte Aussage. Während Gott Engel[94] beauftragt hat, sich der Völker der Erde anzunehmen, herrscht er über Israel selbst. Hier, im Kontext der Rede von der Schöpfung hat diese Aussage eine doppelte Funktion. Zum einen erhält die Beziehung zwischen Gott und Israel so den Rang einer Schöpfungsordnung. Es ist danach Teil der Weltordnung, daß Gott selbst über Israel als seinem Anteil, den er bei der Aufteilung der Welt für sich behielt, das Regiment führt. Zum anderen gelangt durch diesen Vers das Moment einer personalen Gottesbeziehung in den Gedankengang. Dies ist von besonderer Bedeutung im Blick auf den gegnerischen Einwand (16,17.20-22). Wie wir sahen, vertritt der hypothetische Gegner die Auffassung, daß sich im Himmel niemand für ihn interessiere. Diese Behauptung schiebt der Siracide mit der Aussage zu Seite, daß Gott die Geschicke der Israeliten zur eigenen Sache erklärt hat. Gott selbst nimmt sich ihrer an. Aber auch außerhalb Israels ist nichts verloren. Dies garantiert die Zuteilung von Engeln als Herrschern über die Völker. So ist für jeden Teil der scheinbar unübersichtlichen Welt Sorge getragen.

Ben Sira stellt mit diesem Abschnitt des von 16,24-17,24 reichenden Lehrgedichts den direkten Bezug zu dem in 16,17.20-22 zitierten Einwand her.[95] Er widerspricht der Behauptung des Gegners, daß Gott ihn in der großen Schöpfung nicht wahrnimmt und folglich auch weder seine Verfehlungen noch seine guten Werke bemerkt. Dem entgegen stellt der Siracide fest, daß aus-

---

94   Daß es sich bei den „Herrschern" (ἡγούμενον) in V. 17 um Engelwesen handelt, haben Skehan / Di Lella, 283 mit Hinweis auf Dtn 32,8; Dan 10,13-21 festgestellt, vgl. auch Box / Oesterley, 376; Glasson, Greek Incfluence, 70f. Hamp, 46 hingegen sieht den Bezug in weltlichen Herrschern.

95   Der Bezug wird bis in die Formulierungen hinein sichtbar, indem einige der Aussagen aus 16,17-22 hier in das Gegenteil gewendet werden, vgl. 16,17a mit 17,15b und 16,20b mit 17,15a.19b.

nahmslos alles, was die Menschen tun, vor Gott offenliegt. Dem Schöpfer der
Welt, der alles von Anfang an geordnet hat und für alles Vorsorge trifft, bleibt
auch im Ablauf der Zeit nichts verborgen.[96] Alle Wege[97] und alle Werke der
Menschen liegen offen vor ihm. Wie wichtig dem Siraciden dieser Gedanke
ist, zeigt die Tatsache, daß er ihn mehrfach aufgreift.[98] Im vorliegenden Zusammenhang verleiht er ihm besonderen Nachdruck, indem er ihn mit kleinen
Variationen in drei Bikola wiederholt (17,15.19.20). Dabei spricht er von *allen* Werken der Menschen (17,19a)[99] und bemerkt gleich zweimal, daß die
Wege der Menschen *ständig* vor Gott offenliegen (vgl. V. 15a διὰ παντός und
V. 19b ἐνδελεχεῖς[100]). Auch die Bildersprache, der er sich in V. 19a bedient,
trägt dazu bei, Gottes Allgegenwart herauszustellen:

Alle ihre Werke sind vor ihm wie vor der Sonne,[101]

Somit ist das „Verborgene ... vor den Augen Gottes, als läge es im hellsten
Licht."[102] Gottes Gegenwart umgreift das ganze Leben der Menschen, so daß
er ihre Verfehlungen sieht (17,20.23) und ebenso das Gute, das sie tun
(17,22).

    Gerade diese zweite positive Seite zu verdeutlichen, scheint Ben Sira hier
besonders am Herzen zu liegen. Während nämlich die Tatsache, daß *ihre Vergehen vor ihm nicht verborgen sind* und *alle Sünden vor dem Herrn offenliegen*, sehr nüchtern und im sachlich-darlegenden Stil konstatiert wird, fällt das
Bikolon, mit dem er die positive Seite des folgenreichen göttlichen Wissens

---

96 Vgl. den Einwand 16,17.20-22, zum Gedanken noch Sir 23,19f.; 39,19f. An den bei-
    den zuletzt genannten Stellen geht das „Sehen" Jahwes über die Gegenwart hinaus
    und erhält einen metaphysischen Aspekt. Ben Sira zieht jedoch nicht die Konsequenz
    einer Vorbestimmung des je individuellen Lebens, sondern bleibt bei einer strukturel-
    len Vorsorge stehen, s. o. S. 87.
97 Zur Bedeutung des „Weges" im Alten Testament vgl. Nötscher, Gotteswege. Daß hier
    an den Weg im religiös-sittlichen Sinn gedacht ist (vgl. a.a.O., 47-52), erhellt zum ei-
    nen aus dem Parallelismus „Wege-Werke" (so in V. 19, der auch in stilistischer Hin-
    sicht bemerkenswert ist: ein grammatischer Parallelismus ist mit einem inhaltlichen
    Chiasmus verbunden), zum anderen aus der unmittelbaren Beziehung zu Gott, die hier
    konstatiert wird.
98 Vgl. 15,18f. und dazu o. S. 122; 23,19f.; 39,19f. und dazu o. S. 74-78.
99 Es sei darauf hingewiesen, daß πάντα betont am Anfang des Verses steht.
100 Daß an beiden Stellen im hebräischen Text תמיד stand, ist wahrscheinlich, vgl. auch
    die Rückübersetzung von Segal, 103.
101 Zur Übersetzung vgl. Sauer, 548.
102 Aalen, Licht, 234.

um die Wege beschreibt, durch seinen warmen Ton und seine sehr ausdrucks-
starken Bilder aus dem Rahmen (17,22):[103]

> *Die Barmherzigkeit eines Menschen ist wie ein Siegel[104] bei ihm,*
> *und die Güte eines Menschen bewahrt er wie den Augapfel.*[105]

So läßt der Vers keinen Zweifel an der besonderen Sorgfalt, mit der Jahwe
sich des „gerechten Tuns" (16,22) annimmt. Es scheint daher, daß sich Ben
Sira mit dem von 16,17-18,14 reichenden Text nicht nur gegen den intellektuellen Skeptiker, sondern besonders auch an den religiösen Zweifler richtet,
der in einer unübersichtlich gewordenen Welt das Vertrauen in die Gottesnähe
verloren hat.[106] Durch die eindringliche Versicherung, daß Gott sich des gerechten Tuns annimmt, mithin die menschliche Gerechtigkeit vor Gott nicht
vergeblich ist, wird er ermutigt, sich der Weisung Gottes unterzuordnen.[107]

Damit kristallisiert sich heraus, daß die Vorstellung von der Allgegenwart
und Allwissenheit Gottes für den Siraciden nicht primär ein abstrakt-
philosophischer Gedanke ist. Sie interessiert ihn vielmehr in ihrer unmittelbaren Relevanz für das Leben des einzelnen. Zwar entwickelt er, wie wir sahen,
aus der im Alten Testament geläufigen Vorstellung, daß Gott das Treiben der
Menschen sieht, einen *universalen* Begriff von der Präsziens und der mit ihr
verbundenen Allwissenheit Gottes.[108] Dennoch bleibt sein Interesse der einzel-

---

103 Eine weitere stilistische Besonderheit dieses Verses liegt darin, daß hier abweichend
  von der bisherigen Ausdrucksweise die Menschen nicht mit dem Plural des Personal-
  pronomens der 3. Pers. bezeichnet werden (so durchgehend von 17,2-19, außer 17,17;
  zu 17,4 siehe dort), sondern stattdessen ἀνδρός bzw. ἀνθρώπου steht. Diese stilistische
  Abweichung läßt sich am besten durch die Annahme erklären, daß Ben Sira hier eine
  vorliegende Sentenz aufgenommen hat.
104 Das Siegel (σφραγίς, hebr. חותם) ist ein bei Sirach häufig verwendetes Bild und steht -
  neben der wörtlichen Bedeutung (45,11f.; 22,27; 42,6) - wie hier im übertragenen
  Sinn für etwas besonders Kostbares und Wertvolles (z.B. 32(35),5.6; 49,11).
105 Prato, problema, 285 macht darauf aufmerksam, daß sich unweit der Grundstelle zu
  17,17 (Dtn 32,8) das Bild von Gott, der sein Volk wie seinen Augapfel behütet, findet
  (Dtn 32,10) und liefert damit ein weiteres Argument für die Ursprünglichkeit von
  17,17. Vgl. weiterhin Ps 17,8; Prov 7,2 (bezogen auf die Weisung des Lehrers).
106 Vgl. dazu oben S. 145 und Sir 16,13f.; 40,12-17, bes. V. 17.
107 Dabei wird vorausgesetzt, daß der Hintergrund für ἐλεημοσύνη und χάριν hier die
  Verfügung Gottes zum sittlichen Handeln am Nächsten ist, wie es vom Kontext her
  (vgl. 17,14) deutlich wird.
108 S. dazu o. S. 74-78.

ne Mensch, der vor Gott steht. So hat er auch hierbei die seelsorgerliche Situation vor Augen.[109]

Für die Frage nach dem Verhältnis von göttlicher Providenz und menschlicher Verantwortung ist nun die Beobachtung wichtig, daß Ben Sira in diesem Abschnitt nicht den Sünder gegen den Gerechten stellt und damit einen zwischen zwei Menschengruppen bestehenden Gegensatz anspricht. Vielmehr kontrastiert er zwei Handlungsweisen, die sich grundsätzlich jeder zu eigen machen kann. So spricht er (negativ) von Unrechtstaten und Sünden auf der einen und (postitiv) von menschlicher Güte und Barmherzigkeit auf der anderen Seite. Daß für Sirach folglich die Welt nicht pauschal in gute und schlechte Menschen unterteilt ist, trennt ihn von einem prädestinatianisch gefärbten Erwählungsdenken, wie es z. B. in Qumran begegnet.[110] Dies äußert sich in Ben Siras Anschauung vom Verhältnis des Menschen zur Sünde:[111] Dem Menschen ist grundsätzlich mit dem יצר und mit dem Gesetz die Möglichkeit zum Leben im Einklang mit Gottes Forderungen gegeben. Die Erfahrung lehrt jedoch, daß faktisch kein Mensch vollkommen gegen die Gefahren der Sünde gefeit ist.[112] Die in der Frömmigkeit wurzelnde Sittlichkeit bedarf daher der permanenten Anstrengung, die nur wenige konsequent aufbringen. Von daher erhält auch der folgende Umkehrruf[113] seine Bedeutung (17,25-32). Er richtet sich an denjenigen, der nur vorübergehend oder aber erst kürzlich den von Ben Sira propagierten Weg des Tora- und des Gottesgehorsams verlassen, sich aber (noch) nicht gänzlich von ihm distanziert hat.[114]

Der Schlußvers (V. 24), der zugleich zum Folgenden überleitet, bekräftigt dies: Wer sich von der Sünde abwendet (μετανοεῖν V. 24a), dem wird „Rückkehr", mithin eine neue Chance für ein positives Gottesverhältnis angebo-

---

109 Daß Sirachs „Anliegen" in erster Linie ein seelsorgerliches ist, hat v. Rad, Weisheit, 340 betont.
110 Vgl. dazu Merill, Predestination; Lange, Prädestination.
111 Es fällt insgesamt auf, daß der Gegensatz צדיק - רשע bei Ben Sira, im Vergleich z. B. mit dem Psalter (vgl. dazu Levin, Gebetbuch) oder auch den Proverbien stark zurücktritt. Das Gegensatzpaar findet sich nur zweimal, in 13,17 und 16,13 (= Gegensatz עול - צדיק). Weiterhin zu nennen sind 33[36],14c, hier jedoch איש נבו statt צדיק, und in G 39,27 (εὐσεβοῦς - ἁμαρτολός), wohingegen H לרעים - לטובים liest. Es scheint, daß Ben Sira den Gegensatz צדיק - רשע zu meiden sucht. Demgegenüber dominiert das Begriffspaar Weiser - Tor, vgl. z. B. 20,13-17.27-31; 21,11-28.
112 Zum Sündenbegriff bei Ben Sira vgl. Büchler, Sin; Boccaccini, Judaism, 99-104.
113 Vgl. auch 5,7; 18,21 und indirekt 21,6.
114 Vgl. auch 11QPs^a 155 (=Syr. Ps III), V. 8: „O Lord, judge me not according to my sins, for no man living is righteous before thee." (Übersetzung Sanders, Psalms Scroll, 71)

ten.[115] Diese Zusage schließt ausdrücklich auch denjenigen ein, der die Hoffnung bereits verloren hat.[116]

4.2.4 „Kehre um zum Herrn" - Konsequenzen aus der Lehre (17,25-32)

Der nun folgende Abschnitt der Antwort auf den gegnerischen Einwand markiert einen Einschnitt: Ben Sira wendet sich mit einer Reihe von Imperativen direkt an sein Gegenüber und fordert zur Umkehr auf.[117]

Hier zeigt sich, daß die Ausführungen über Gottes Fürsorge für Mensch und Schöpfung und die daraus resultierenden Aufgaben des Menschen auf ein praktisches Anliegen hin konzipiert sind. Sie sind Teil des Versuchs, vor allem die jüngere jüdische Aristokratie für die eigene Tradition zurückzugewinnen und stehen damit unmittelbar im Kontext von Ben Siras Bildungsanliegen.[118] Der Siracide sucht sein Gegenüber dazu zu bewegen, sich wieder zu Gott zu bekehren, ihm zu vertrauen und sich ihm zu unterstellen. Dies beinhaltet selbstverständlich die Erfüllung dessen, was in 17,8-14 als die drei Aufgaben des Menschen bestimmt wurde. Ausdrücklich nennt der Siracide aus der Trias den Lobpreis (V. 27f.),[119] die beiden anderen Aufgaben (Gott erkennen und sein Gesetz halten) sind vorausgesetzt:

---

115 Bereits diese Formulierung, in der ein Verhalten des Menschen (μετανοοῦσιν) und ein Akt der göttlichen Gabe (ἔδωκεν ἐπάνοδον) aufeinander bezogen sind, zeigt, daß die Umkehr zwar eine vom Menschen geforderte Leistung ist, in ihrer Wirksamkeit jedoch auf die Tat der Barmherzigkeit Gottes zurückgeht. Vgl. dazu unten S. 172-173 (ad 17,25-32) und Nissen, Gott, 130-134, der diesen Zusammenhang als einen locus communis der gesamten apokryphen, pseudepigraphischen und rabbinischen Literatur herausarbeitet.

116 Vgl. 16,22 als unmittelbaren Bezug, im weiteren Kontext 16,13. Zur Bedeutung der תקוה / ὑπομονή bei Ben Sira vgl. noch 2,14; 41,2 und 36,21 (Verb). Nur H: 7,17 (vgl. zum Text Rüger, Textform, 44, der es für schwer entscheidbar hält, ob G, wie Smend, 67 annimmt, „nur Deutung" ist oder auf eine entsprechende hebräische Vorlage zurückgeht); 11,22b (7,13 lies G). Das Substantiv תקוה bzw. das Verb קוה ist im Alten Testament vor allem in den Psalmen auf Jahwe gerichtet bzw., in den Prophetenbüchern, ein psalmisches Motiv (vgl. Westermann, Art. קוה, 620). Bei Ben Sira steht es in der Mehrzahl der Fälle ohne ausdrückliches Objekt. Aus dem Kontext läßt sich jedoch schließen, daß auch hier die Hoffnung auf Jahwe gemeint ist, verstanden als das Festhalten bzw. die Orientierung des Lebens am Jahweglauben.

117 Vgl. V. 25f. mit insgesamt sieben Imperativen.

118 Vgl. dazu Hengel, Judentum, 243f.

119 Zwei Aspekte mögen zur Wahl dieses Motivs geführt haben: Zum einen die unmittelbar vorausgegangene Charakterisierung des Gotteslobes als Ziel der menschlichen Existenz (vgl. 17,8f. und weiterhin 39,35; 43,27-30; vgl. Prato, problema, 289), zum

*(25)	Kehre um zum Herrn und laß ab von den Sünden,*
bitte vor (seinem)Angesicht und verringere das Ärgernis.
*(26)	Wende dich wieder zum Höchsten und wende dich ab vom*
Unrecht,[120]
und sehr hasse den Greuel.
*(27)	Wer wird den Höchsten preisen in der Unterwelt*
statt derer, die leben und die ihn loben?
*(28)	Bei einem Toten, der nicht mehr lebt, ist auch der Lobpreis*
vergangen;
nur wer lebt und gesund ist, preist den Herrn.
*(29)	Wie groß ist das Erbarmen des Herrn*
und die Vergebung für jene, die zu ihm umkehren!
*(30)	Denn es gibt keine Vollkommenheit[121] bei den Menschen*
weil der Sohn des Menschen nicht unsterblich ist.[122]
*(31)	Was ist heller als die Sonne? Und selbst sie läßt nach*
(in ihrem Licht);
um so mehr sinnt auf Böses Fleisch und Blut.[123]

---

anderen die Alternative von Leben und Tod, die in 15,17 dem Menschen zur Entscheidung vorgelegt worden war und die in 17,11 mit dem Begriff des νόμος ζωῆς erneut angeklungen ist: Die Verweigerung des Gehorsams, die in der Verweigerung des Gotteslobes zum Ausdruck kommt, bedeutet den Tod. Haspecker, Gottesfurcht, 340 betont zudem den Gebetsaspekt: „Offensichtlich gilt für Sirach die demütige und vertrauensvolle persönliche Gebetshinwendung zu Gott als der eigentliche Weg zur Reinigung von der Sünde." Allerdings erfüllt im Kontext der Buße eher das Bußgebet bzw. die Gebetsbitte um Vergebung als der Lobpreis die entsprechende Funktion (vgl. 7,10; 17,25; 21,1; 28,2; 38,9f.; 39,5). Vgl. dazu auch Stadelmann, Schriftgelehrter, 131f.137.

120	Hierauf folgt ein Kolon, das der GII-Tradition zuzuweisen ist, vgl. Ziegler, Sapientia, 204: *Er nämlich führt aus der Dunkelheit zum Licht des Wohlergehens.*

121	Zur Übersetzung vgl. Sauer, 548. Sauer trifft mit dem Begriff „Vollkommenheit" den Sinn des griechischen Textes, der wörtlich übersetzt hieße: *Denn nicht kann alles bei den Menschen sein.* Von 18,8ff. her zeigt sich, daß Ben Sira einen Zusammenhang zwischen der Endlichkeit des Menschen und seiner Fehlbarkeit sieht, s. dazu u. S. 179f.

122	Das griechische ἀθάνατος stellt sicher keine wörtliche Wiedergabe des hebräischen Originals dar, vgl. den Versuch einer Rückübersetzung von Segal, 107. Der Gedanke der Sterblichkeit des Menschen ist jedoch durch den Kontext gedeckt, vgl. 18,8ff. und die vorige Anm. Der Syrer bietet einen abweichenden Text: *Denn er ist nicht wie die Menschen, sein Verstand ist gewiß nicht wie der Verstand der Menschen.* L bestätigt G, fügt jedoch hinzu: *in vanitate malitiae placuerunt.*

123	Skehan / Di Lella, 278 versuchen in ihrer Übersetzung die Metaphorik von Licht und Finsternis nachzuvollziehen: *„How obscure then the thoughts of flesh and blood!"*

> *(32) Die Macht*[124] *des hohen Himmels mustert er,*[125]
> *um so mehr die Menschen,*[126] *die doch nur Erde und Staub sind.*

Ben Sira zieht somit die praktische Konsequenz aus dem Vorangegangen. Dabei begründet er den Umkehrruf in V. 25f. aus zwei Perspektiven, einer anthropologischen (V. 30ff.) und einer theologischen (V. 29). So steht auf der einen Seite die Umkehrbedürftigkeit des Menschen. Sie hat ihren Grund in der von der geschöpflichen Konstitution her zwar nicht notwendigen aber faktischen religiös-sittlichen Unvollkommenheit des Menschen (V. 30f.).[127] Die Erfahrung lehrt, daß der Mensch, obwohl er von Gott zum Gesetzesgehorsam bestimmt ist und die entsprechenden geschöpflichen Voraussetzungen dafür gegeben sind, immer wieder fehlgeht.[128]

Aufgrund dieser Erfahrung wendet sich Gott dem Menschen mit Barmherzigkeit zu. Im Vertrauen auf sie ruft der Siracide sein Gegenüber zur Umkehr auf. Die Barmherzigkeit Gottes ist folglich die Bedingung für den 'Erfolg' der Umkehr, für ihre sühnende Wirkung (ἐξιλασμός V. 29)[129] und mithin das theologische Argument, mit dem Ben Sira den Umkehrruf begründet.

Wichtig ist, daß der theologische und der anthropologische Aspekt ineinandergreifen. Die *Begrenztheit* des Menschen (V. 30) ist der Grund für Gottes Barmherzigkeit und seine Bereitschaft zu vergeben. Stilistisch unterfüttert wird dieser Gedanke, indem Ben Sira ihn durch verschiedene Gegensätze plastisch veranschaulicht. So wird zunächst die *Größe* der göttlichen Barmherzigkeit (ὡς μεγάλη ἡ ἐλεημοσύνη, V. 29a) der Unvollkommenheit und Niedrigkeit des Menschen gegenübergestellt (V. 30.32b). In den beiden Schlußversen (V. 31f.) wird dies weiter vertieft, wenn der Siracide jeweils in einem Schluß *a maiore ad minus* die Fehlbarkeit des Menschen, der hier um des größeren Kontrastes willen als „Fleisch und Blut" bezeichnet wird (V. 31),[130] und seine irdische Hinfälligkeit („Erde und Staub", V. 32) im Gegensatz zur

---

124 Gemeint sind Engelwesen, vgl. Skehan / Di Lella, 285 und Hi 38,7; Dan 12,3.

125 Zu dieser Wiedergabe von ἐπισκέπτεται vgl. Sauer, 549; Prato, problema, 218. Der Syrer liest dafür דאן und bezieht den Vers damit eindeutig auf das Gericht, so deuten auch Skehan / Di Lella, 285 die Stelle.

126 So mit S gegen G, vgl. Prato, problema, 218.293 Anm. 218.

127 Vgl. dazu Spicq, 655, der treffend formuliert: „Ses (=der Menschen, Verf.) défaillances morales sont normales, sinon nécessaires."

128 Vgl. dazu Boccaccini, Judaism, 99-104 und o. S. 115.

129 Daß dieser Zusammenhang für den größten Teil der nachalttestamentlichen, vorrabbinischen Literatur gilt, hat Sjöberg, Gott, 212-220 nachgewiesen.

130 Vgl. auch Sir 14,18 und dazu Skehan / Di Lella, 260, die darauf hinweisen, daß der Ausdruck בשר ודם weder im MT noch in den Qumrantexten, dagegen häufig in der rabbinischen Literatur vorkommt.

Klarheit der Sonne (V. 31) bzw. der Pracht des hohen Himmels (V. 32) vor Augen führt.[131] Damit ist zugleich die thematische Verbindung zum folgenden Hymnus hergestellt.

Dabei trifft es den Gedanken nicht, wenn die Begrenztheit, von der Ben Sira spricht, als Ausdruck der prinzipiellen Sündhaftigkeit des Menschen und mithin als Hinweis auf eine pessimistische Anthropologie ausgelegt wird.[132] Die Verfehlungen des Menschen sind vielmehr eine Folge oder ein Aspekt seiner Begrenztheit und Unvollkommenheit. Ben Siras Grundannahme, daß der Mensch mit der Fähigkeit geschaffen wurde, den Willen Gottes zu erfüllen, wird hiervon nicht berührt. Die Barmherzigkeit Gottes gleicht die Unvollkommenheit des Menschen aus, zugleich fordert sie jedoch den Menschen in seiner Verantwortung. Ben Sira bleibt folglich auch hier konsequent.

So entspricht es der Logik seiner Argumentation, daß neben der Aussicht auf das göttliche Erbarmen auch die Warnung vor dem Strafhandeln Gottes aufscheint (V. 27f.). Daß von Gott beides, Barmherzigkeit und Zorn und Gericht zu erwarten sind, entspricht der Spannung zwischen Sittlichkeit und Verfehlung, in der das menschliche Leben permanent steht.

Den so anthropologisch wie theologisch fundierten Aufruf zur Umkehr zum Herrn parallelisiert Ben Sira mit der Aufforderung, sich von der Sünde und vom Unrecht abzuwenden (vgl. jeweils den zweiten Imperativ in V. 25a.b.26a). Auf diese Weise wird dem rechten Verhältnis des Menschen zu Gott unmittelbar das sittliche Handeln zugeordnet, Frömmigkeit und Sittlichkeit aneinander gebunden, ein Gedanke, der uns schon öfter im Werk des Siraciden begegnete.[133] Beides bildet eine Einheit, so daß man sagen kann, die Umkehr zu Gott beinhaltet einen entsprechenden Lebenswandel. V. 26a spielt dabei mit der Formulierung ἀπόστρεφε ἀπὸ ἀδικίας auf den Passus über die

---

131 Witte, Leiden, 196 charakterisiert dies treffend als eine „kosmologische Komparation menschlicher Sündhaftigkeit". Er weist S. 196f. darauf hin, daß sich hier Berührungen mit der „Niedrigkeitsredaktion" des Hiobbuches nachweisen lassen (vgl. Hi 25,5), die später vor allem in Qumran theologisches Gewicht bekommen sollte (vgl. dazu Witte, a.a.O., 200-204; Maier, Mensch, 174-181). Dabei erhält die Feststellung der Niedrigkeit des Menschen eine gegenüber der genannten Redaktion veränderte Bedeutung, indem sie hier, durch den Zusammenhang mit V. 32, „der Herausstellung von Gottes Güte [dient]" (Witte, a.a.O., 196), so daß „Sir 17,30ff. unter Aufnahme der Funktion der Niedrigkeitsaussagen in der psalmistischen Klage (des Appells an Gottes Barmherzigkeit) die Niedrigkeitsredaktion korrigieren [würde]" (a.a.O., 197). Vgl. dazu auch Maier, Mensch, 83.

132 Dies betont auch Prato, problema, 289ff.

133 S. o. S. 114-116.119-122. Vgl. auch V. 26c: während in 15,13 festgestellt wurde, daß Gott den „Greuel" (βδέλυγμα) haßt, wird dieser Haß gegen den Greuel hier nun vom Menschen gefordert.

Gesetzesgabe in 17,11-14 an. Zur Erinnerung: in 17,14a waren die Forderungen des Dekalogs unter anderem in dem Gebot προσέχετε ἀπὸ παντὸς ἀδίκου zusammengefaßt.

Auch die mit der Aufforderung zum Gesetzesgehorsam verbundene Alternative zwischen Leben und Tod bringt der Siracide erneut ins Spiel (V. 27f.).[134] So warnt er indirekt, daß es schnell zu spät sein könnte für die Umkehr. Hierfür verwendet er das aus der psalmistischen Tradition vertraute Motiv, daß die Toten Gott nicht loben.[135] Dieses aus den „Bitt- und Bußgebeten des Kranken, den sog. 'Krankheitspsalmen'" (Ps 6,6; 88,12f.)[136] und aus dem Danklied des Einzelnen (Ps 30; Jes 38,17-20) bekannte Motiv[137] unterstellt er jedoch einer neuen Aussageabsicht. In den Psalmen hat der Gedanke im Zusammenhang mit der Buße die Funktion, *Jahwe* zur Barmherzigkeit, zur Sündenvergebung und damit zur gnädigen 'Umkehr' zum Beter zu bewegen. Entsprechend ist in Ps 6 der Aussage und der rhetorischen Frage „Denn im Tod ist kein Gedenken an dich, und in der Scheol, wer preist dich dort?" (V. 6) die Bitte vorangestellt:

> (5)   *Kehre um,*[138] *Jahwe, rette mein Leben,*
> *hilf mir um deiner Gnade willen.*[139]

Der 'Umkehrruf' an Jahwe wird hier neben dem Hinweis, daß die Toten Jahwe nicht loben, mit Gottes Gnade begründet.

Diese drei Elemente (Umkehrruf, Erbarmen Gottes und die Unfähigkeit der Toten, Gott zu loben) finden sich auch in Sir 17,27ff., jedoch in einem anderen Bezugssystem. So wird die Tatsache, daß mit dem Tod auch die Chance zum Lobpreis vorbei ist, nicht Gott, sondern dem Sünder vorgehalten, dem sie ein schlagendes Argument liefern soll, die Chance zur Umkehr nicht zu versäumen und nicht zu warten, bis es zu spät ist (V. 27f.). Den Hintergrund bildet die wiederholte mahnende Erinnerung an die schnelle Wandelbarkeit des Ge-

---

134 Vgl. 15,15ff.; Dtn 30,15-20 und dazu o. S. 119-122.

135 Vgl. Ps 6,6; 30,9ff.; 88,11ff.; 115,17, aber auch Jes 38,18f.; Bar 2,16ff.

136 Hardmeier, Tod, 302; Vgl. auch 11QPs^a Plea, 1-2.9-11.13-14 (vgl. dazu Sanders, Psalms Scroll, 76-79) und Kaiser, Tod, 48-53.

137 Vgl. zur Funktion dieses Motivs in den Psalmen Hardmeier, Tod, 296-311, der neben der Bedeutung für den Menschen vor allem auch die Notwendigkeit des Lobpreises, der Verkündigung für die Lebendigkeit und das Offenbarsein Gottes in der Welt herausstreicht. Für die vorliegende Interpretation wichtiger ist jedoch, daß Hardmeier auf den Kontext der Buße und Sündenvergebung hinweist, in dem dieses Motiv in der Regel steht (vgl. Ps 6,5f.; Ausnahme: Ps 115,17).

138 Im masoretischen Text steht hierfür das Verb שוב, in der Septuaginta ἐπιστρέφειν.

139 Vgl. auch Ps 103,13ff. und dazu Kaiser, Tod, 78.

schicks durch ein richtendes Eingreifen Jahwes.[140] Der Siracide spricht sie in
5,7 direkter als Warnung aus:

> (7) Zögere nicht, zu ihm umzukehren,
> und verschiebe es nicht von Tag zu Tag.
> Denn ganz plötzlich geht sein Zorn aus,
> und zur Zeit[141] der Rache wird er zugrunderichten.

Im Gegensatz zur These des Gegners, nach der Gott den Menschen fern ist
(16,17), trägt folglich nicht Gott, sondern der Mensch die Schuld, wenn die
Gottesbeziehung abreißt.[142]

4.2.5 Die Größe Gottes und seine Barmherzigkeit - ein Hymnus (18,1-14)

Ben Sira stellt an den Schluß seiner Auseinandersetzung mit dem gegnerischen
Einwand einen Hymnus, in welchem er Gott als den in seiner Größe uner-
gründlichen Schöpfer preist und dabei seine Vollkommenheit wie seine Barmherzigkeit ins Zentrum rückt.[143] Damit setzt er einen gewaltigen Schlußakkord
unter seine Auseinandersetzung, der die Einwürfe des zitierten Gegners
(Sir 16,17.20-22) als unbegründet und die zugrundeliegenden Annahmen als
unzutreffend erscheinen läßt.

---

140 Vgl. Sir 5,7; 11,21.26; 18,(22.)26.
141 So mit H^C und G gegen H^A (בים), vgl. auch Rüger, Textform, 37.
142 Daß Ben Sira so pointiert den Tod als Ende und Aufhebung der Beziehung zwischen
Gott und Mensch in das Zentrum rückt, fällt auf, wenn man bedenkt, daß im Judentum
seiner Zeit Jenseitsvorstellungen immer größere Verbreitung fanden (vgl. 1 Hen 22).
Auch die Begründung der menschlichen Unvollkommenheit durch die Aussage, daß
der Mensch nicht unsterblich sei (V. 32), ist auffällig und könnte als ein Seitenhieb
gegen entsprechende abweichende Auffassungen unter Ben Siras Zeitgenossen gerichtet sein. Im Horizont seiner Abgrenzung gegen apokalyptische Vorstellungen untersucht Boccaccini, Judaism, 77-125 das Sirachbuch, einen umfassenden Vergleich
zwischen Sirach und 1 Hen bietet Argall, 1 Enoch, vgl. auch ders., Reflections.
143 Vgl. zu diesem Hymnus neben den einschlägigen Kommentaren besonders Prato,
problema, 292-298.

(18,1) Der ewig lebt, schuf alles insgesamt,
(2)   der Herr allein erweist sich als gerecht.[144]
(4)   Niemandem ermöglichte er es, seine Werke zu verkünden;
*   und wer ergründet seine großen Taten?*
(5)   Die Macht seiner Größe, wer wird sie ermessen?
*   und wer wird dahin gelangen, seine Gnadenerweise aufzuzählen?*
(6)   Nichts kann man hinzufügen und nichts wegnehmen,
*   und die Wunderwerke Gottes können nicht ergründet werden.*
(7)   Wenn der Mensch ans Ende gelangt, steht er gerade am Anfang,
*   und wenn er aufhört, gerät er in Verlegenheit.*

(8)   Was ist ein Mensch, und was ist er wert?
*   Was ist gut an ihm und was schlecht?*
(9)   Die Frist[145] *eines Menschen (beträgt), wenn es hoch kommt,*
*   hundert Jahre.*
*   Unbegreiflich ist für jeden von ihnen der Todesschlaf.*
(10)   Wie ein Wassertropfen aus dem Meer und wie ein Sandkorn,
*   so sind die wenigen Jahre gegenüber einem Tag der Ewigkeit.*
(11)   Deswegen ist der Herr langmütig mit ihnen
*   und gießt aus über ihnen sein Erbarmen.*
(12)   Er sieht und erkennt, daß ihr Ende übel ist;
*   deswegen läßt er seine Vergebung reichlich sein.*
(13)   Das Erbarmen eines Menschen gilt seinem Nächsten,
*   das Erbarmen des Herrn aber allem Fleisch.*
(14)   Er erbarmt sich derer, die Zucht annehmen
*   und die sich um seine Satzungen bemühen.*

Dem Thema der gesamten von 16,17-18,14 reichenden Einheit entsprechend, ist auch dieser Lobpreis auf das Verhältnis zwischen Gott und Mensch bezogen. Der Hymnus lebt von der Spannung, die durch den Abstand zwischen Gott in seiner unermeßlichen Größe auf der einen und dem Menschen in seiner Geringfügigkeit auf der anderen Seite entsteht. Dies überrascht, wenn man bedenkt, daß der hypothetische Gegner des Siraciden gerade die Position vertreten hatte, Gott sei dem irdischen Geschehen fern und der Mensch so klein, daß Gott ihn übersieht (16,17.20-22). Ben Sira scheint dessen Auffassung

---

144 V. 2b.3 bietet nur die sogenannte GII-Tradition: *(2) und es gibt keinen anderen außer ihm. (3) Er regiert die Welt in seiner Handfläche, und alles gehorcht seinem Willen; er nämlich ist König über alles in seiner Stärke, er trennt darunter Heiliges von Profanem.*
145 Wörtlich: *Die Zahl der Tage.*

folglich zu bestätigen. Behält der Gegner am Ende doch Recht? Dies ist zu verneinen. Denn der Abstand führt hier nicht zur Beziehungslosigkeit zwischen Gott und Mensch. Beide sind vielmehr auch in der kategorialen Verschiedenheit aufeinander bezogen. So hat Prato die Denkbewegung richtig erfaßt, wenn er feststellt, daß der Hiatus, der Gott und Mensch voneinander trennt, in diesem Hymnus durch die *Barmherzigkeit* Gottes überbrückt wird (vgl. 18,5.11-14).[146] Gottes für den Menschen unermeßliche Größe impliziert folglich nicht sein Desinteresse am irdischen Geschehen. Das Gegenteil ist vielmehr der Fall. Ben Sira stellt geradezu einen Zusammenhang zwischen der Überlegenheit Gottes, der Niedrigkeit des Menschen und der göttlichen Barmherzigkeit her. Auf der einen Seite entspricht das Erbarmen Gottes seiner Größe. Es ist ebenso reich und unermeßlich (18,5). In 18,5 stehen sich daher κράτος μεγαλωσύνης (V. 5a) und ἐλέη (V. 5b) chiastisch gegenüber. Auf der anderen Seite liegt in der Geringfügigkeit und Begrenztheit des Menschen der Grund, *warum* Gott sich seiner erbarmt (18,8-10.11-14.). Daß ein Begründungszusammenhang zwischen beidem besteht, ist durch die Wendung διὰ τοῦτο in V. 11a, die V. 11ff. mit den Aussagen zur Hinfälligkeit des Menschen in 18,8ff. verknüpft, eindeutig sprachlich zum Ausdruck gebracht.

(11)   Deswegen ist der Herr langmütig mit ihnen
und gießt aus über ihnen sein Erbarmen.

Der Siracide kehrt folglich das gegnerische Argument um. Die Geringfügigkeit des Menschen hat nicht zur Folge, daß Gott ihn übersieht. Sie führt vielmehr dazu, daß Gott sich dem Menschen in Barmherzigkeit zuwendet.

Diese Spannung im Verhältnis zwischen Gott und Mensch bestimmt zugleich den Aufbau des Hymnus. Die erste Strophe (18,1-7) ist dem Lob auf den ewig lebenden und einzig gerechten Schöpfer in seiner Erhabenheit gewidmet. Die zweite Strophe (18,8-14) führt im Gegensatz dazu zunächst die menschliche Begrenztheit vor Augen (V. 8-10), um daran anknüpfend die barmherzige Zuwendung Gottes zum Menschen zu thematisieren (V. 11-14).

---

146 Vgl. Prato, problema, 292: „Proseguendo nella contrapposizione tra Dio e uomo, già accennata in 17,30s, si presenta anzitutto la grandezza divina (17,32-18,7), che viene contrapposta alla condizione umana (18,8-11), per chiudere con una conciliazione di ambedue le realtà nella misericordia (18,12-14)." Vgl. auch Maier, Mensch, 82f.

4.2.5.1 Der vollkommene Schöpfer (18,1-7)

Die erste Strophe beginnt mit drei hymnischen Aussagen über Gott: Er lebt
ewig, er ist der Schöpfer des Alls im Ganzen (V. 1) und er allein ist gerecht
(V. 2). Durch diese drei Prädikate werden in aller Kürze die gegnerischen
Einwände sowohl in 15,11ff. als auch in 16,17.20-22 entkräftet: Gott als der
ewig lebende Schöpfer von allem ist allmächtig (vgl. den zweiten Einwand in
16,17.20-22), Gott als der allein Gerechte kann nicht für die Sünden des Menschen verantwortlich gemacht werden (15,11-13).

Bemerkenswert ist nun, daß der Siracide seinen Lobpreis nicht mit positiven Aussagen fortsetzt, die weitere Eigenschaften und Handlungen Gottes
zum Inhalt hätten. Stattdessen spricht er von der Unergründbarkeit Gottes, die
seine Größe nur erahnen läßt. So veranschaulicht er die Erhabenheit Gottes
durch das Faktum, daß Gott sich dem Fassungsvermögen des Menschen entzieht. Die rhetorischen Fragen in V. 4b-5 bringen dies zum Ausdruck:

> (4)   Niemandem ermöglichte er es, seine Werke zu verkünden,
>   und wer ergründet seine großen Taten?
> (5)   Die Macht seiner Größe, wer wird sie ermessen?
>   und wer wird dahin gelangen, seine Gnadenerweise aufzuzählen?

Gottes Wunder und Werke sind so groß, daß sie die menschliche Vorstel-
lungskraft übersteigen. Aber nicht nur außerhalb der menschlichen Erkenntnis
liegen sie. Sie sind darüber hinaus vollkommen, so daß „nichts wegzunehmen
und nichts hinzuzufügen" ist (V. 6a).[147] Das Werk Gottes bedarf weder der
Ergänzung, noch kann irgendetwas als überflüssig oder fehl am Platze angesehen werden. „Nichts von all dem hat Gott vergeblich gemacht", wie der Siracide in nahezu stoischer Terminologie an anderer Stelle feststellt (42,24).[148] In
verschleierter Form weist er damit noch einmal die Anfrage an die Güte oder
Gerechtigkeit des göttlichen Werkes und jede Infragestellung seiner Macht
zurück. Fehler und Mängel haben folglich ausschließlich beim Menschen ihre
Ursache.

Mit der Größe Gottes wird somit zugleich die Begrenztheit des Menschen
in den Blick genommen. Gott entzieht sich in seiner Erhabenheit dem menschlichen Erkenntniswillen. Zwar wurde der Mensch, wie wir sahen, gerade auch

---

147 Zur sogenannten „Kanonformel" vgl. auch Sir 42,21cd; Koh 3,14; Dtn 4,2; 13,1. An-
     ders als in Dtn 4,2; 13,1 wird sie hier nicht auf die Schriften, sondern auf das Werk
     Gottes insgesamt angewendet. Vgl. dazu auch Reuter, „Nimm nichts davon weg...",
     113; Dohmen / Oehming, Biblischer Kanon, 88ff.
148 S. dazu auch o. S. 89-93.

zum Zwecke der Erkenntnis der Größe Gottes mit Vernunft begabt (17,6-10).[149] Sein Wissen und sein Verstehen bleibt jedoch immer begrenzt und bruchstückhaft. So resümiert Ben Sira am Ende der ersten Strophe (18,7):

Wenn der Mensch ans Ende gelangt, steht er gerade am Anfang,
und wenn er aufhört, gerät er in Verlegenheit.

Auf dem intellektuellen Wege erschließt sich Gott dem Menschen folglich nie ganz. Das Verhältnis Gott-Mensch ist daher auch nicht primär eine Erkenntnisbeziehung. Für die Abgrenzung des Siraciden von der Stoa ist dies ein wichtiger Gesichtspunkt, auf den wir im nächsten Kapitel zurückkommen werden.[150]

Wie Hengel und Marböck festgestellt haben, nimmt der Siracide mit dem Gedanken der Unergründbarkeit Gottes ein Motiv aus der Tradition auf.[151] Diese Einsicht darf jedoch nicht dazu verleiten, die entsprechenden Ausführungen als außerhalb der eigentlichen Intention des Siraciden liegende Überreste aus der Tradition anzusehen. Allein die Tatsache, daß Ben Sira mehrfach feststellt, daß sich das göttliche Werk der Einsicht des Menschen entzieht, spricht dagegen.[152] Diese Hinweise bewahren das Werk vielmehr vor jener rationalistischen Fehlinterpretation, die immer wieder zum Ausgangspunkt für Kritik an dieser Weisheitsschrift werden und sich vor allem an Ben Siras Versuch, das Böse in der Welt zu begründen, entzünden.[153]

4.2.5.2 Was ist ein Mensch? (18,8-14)

Damit hat der Siracide zugleich die Brücke von der ersten zur zweiten Strophe geschlagen: An die Feststellung des menschlichen Scheiterns bei dem Versuch, dem göttlichen Schöpfungswerk auf den Grund zu gehen (V. 7), schließen sich nahtlos die rhetorischen Fragen in V. 8 an, die nach dem Menschen, seiner Bedeutung und seinem Vermögen fragen:

Was ist ein Mensch, und was ist er wert?
Was ist gut an ihm und was ist schlecht?

---

149 S. dazu o. S. .158-160.
150 S. u. S. 223.
151 Vgl. Hengel, Judentum, 265 Anm. 251; Marböck, Weisheit, 143.
152 Vgl. Sir 11,4ff.11-14; 18,4-7; 43,28-32.
153 Vgl. bes. Schrader, Leiden, 224-232.

Wie die folgenden Verse (18,9f.) zeigen, redet Ben Sira hier wie bereits in 17,29-32 nicht einer pessimistischen Anthropologie das Wort. Vielmehr führt er die Begrenztheit und Geringfügigkeit des Menschen in Relation zum ewig lebenden allmächtigen und in seiner Gerechtigkeit vollkommenen Schöpfer vor Augen. Die Verse 9f. stellen die rhetorischen Fragen in den Horizont der zeitlichen Begrenztheit des menschlichen Lebens und lassen das Werk des Menschen, seine Errungenschaften und Leistungen sowie sein gutes und sein schlechtes Handeln, als transitorisch und geringfügig erscheinen.[154]

Wie in 17,29-32, so steht auch hier die Feststellung der Begrenztheit und Geringfügigkeit des Menschen nicht für sich. Vielmehr wird sie als Grund für Gottes Erbarmen genannt. Gott wußte, daß die Endlichkeit der Grund und der Ausgangspunkt des Leidens sowie der Verfehlungen der menschlichen Existenz sein würde; deshalb plante er von vornherein, „Gnade vor Recht ergehen" zu lassen und sein gerechtes Gericht durch eine Barmherzigkeit auszuloten, die wie seine Macht, seine Größe und sein Werk jenseits des für Menschen Möglichen liegt:

(13)   Das Erbarmen eines Menschen gilt seinem Nächsten,
das Erbarmen des Herrn aber allem Fleisch.

Gerade hier wird nun allerdings noch einmal das Bildungsanliegen des Siraciden deutlich: Gottes Erbarmen macht die Anstrengung des Menschen nicht überflüssig. Erbarmen und Gebotsgehorsam gehören eng zusammen. Eines, so scheint es, bedingt das andere: Die Barmherzigkeit öffnet dem Menschen, der fehlgegangen ist, den Weg zurück zu Gott. Gleichzeitig gewährt Gott sie aber nur denen, die diesen Weg auch ernsthaft suchen:

(14)   Er erbarmt sich derer, die Zucht annehmen
und die sich um seine Satzungen bemühen.

4.3 Zum Vergleich zwischen Ben Sira und der Stoa

In jenem Teil des Sirachbuches, der Gegenstand dieses Kapitels ist, liegen die Parallelen zur Stoa nicht so offensichtlich auf der Hand wie dies bei dem

---

154 Auf Prato, problema, 295 geht der Hinweis zurück, daß in der ersten Strophe die Endlichkeit des Menschen in kosmologischen, in der zweiten in zeitlichen Kategorien ausdrückt wird: „è chiaro che *i vv. 9-10 riassumono in termini cronologici la relazione espressa nella prima strofa in termini cosmologici. "*

Hymnus in Sir 39,12-35 der Fall war. Dringt man jedoch tiefer in den Gedankengang ein, so lassen sich einige bemerkenswerte Berührungen in der Sache entdecken.

4.3.1 Gemeinsamkeiten in der Abgrenzung

Wie wir bereits im Kapitel über die Stoiker festgestellt haben, entsprechen Ben Sira und die Stoa einander in der Abwehr der epikureischen These, daß sich die Götter bzw. Gott um die irdischen Geschicke nicht kümmern.[155] Die Epikureer waren der Auffassung, daß sich die Götter für die Welt und die Menschen nicht interessieren und daher auch keinen Einfluß auf das Weltgeschehen nehmen. Sie begründeten dies mit der Feststellung, daß die Sorge um die Menschen die Ruhe der Götter und damit deren Glückseligkeit stören würde. Für die Epikureer ist damit zugleich die Ablehnung eines teleologischen Schöpfungsglaubens verbunden. Die Erschaffung der Welt und des Menschen auf ein bestimmtes Ziel hin und für besondere Aufgaben und Funktionen widerspricht der epikureischen Götterlehre ebenso wie ihrer atomistisch-mechanistischen Kosmologie.[156] Zu den Motiven der epikureischen Philosophie zählt unter anderem die Überwindung der Furcht vor den Göttern: Da sich die Götter für das Treiben der Menschen nicht interessieren, ist von ihnen auch keine Strafe zu fürchten.

Eine Verwandtschaft zwischen dieser epikureischen Position und dem hypothetischen Gegner Ben Siras in 16,17.20-22 ist unter anderem von Hengel und Maier konstatiert worden,[157] und in der Tat berührt sich der Gegner mit ihr in einem Punkt, nämlich in der Annahme, daß sich Gott für sein Tun nicht interessiere. Dabei ist jedoch auf zwei wesentliche Unterschiede hinzuweisen. (1.) Anders als die Epikureer scheint er nicht grundsätzlich zu bestreiten, daß Gott in der Welt präsent ist. Zumindest nach der griechischen Version hält er an dem Gedanken fest, daß Gott der *Schöpfer* der Welt ist (16,17d):

---

155 S. dazu o. S. 29.
156 Vgl. dazu Long / Sedley, Philosophers 1, 63ff. und die a.a.O., 57-63 versammelten epikureischen Fragmente L/S 13A-J = Epikur, Brief an Herodot (DL X,45); ders., Brief an Pythocles (DL X,88); ders., Brief an Herodot (DL X,73f.); Lukrez, De rerum natura II 1052-1104; IV 823-857; V 156-234; Cicero, ND I,18-23.52f. und Lukrez, De rerum natura V,837-877.
157 Vgl. Hengel, Judentum, 256. Er charakterisiert die gegnerische Position als eine „Gottesvorstellung..., die in fast ‚epikuräischer' Weise behauptete, daß sich Gott um das Schicksal des einzelnen Menschen nicht kümmere". Ähnlich urteilt Maier, Mensch, 78.

*(17) Sage nicht: „Vor Gott bin ich verborgen,
und in der Höhe, wer erinnert sich da an mich?
In einem so großen Volk werde ich nicht erkannt,
und was bin ich in einer unermeßlichen* Schöpfung "?

Der epikureische Materialismus hingegen hat den Gedanken grundsätzlich
dispensiert, daß die Welt auf ein intentionales Schöpfungshandeln der Götter
zurückzuführen sei. Demgegenüber stellt Ben Siras Gegner lediglich in Frage,
ob Gottes Aufmerksamkeit so weit reicht, daß er jeden Einzelnen in der un-
überschaubar großen Masse der Menschen sieht. Diese Differenz gibt den
Anlaß, einen möglichen anderen Hintergrund zu erwägen: Bei Cicero finden
wir das Argument:

$$\textit{Di magna curant, parva neglegunt.}^{158}$$

Der Stoiker Balbus gebraucht es am Ende seiner langen Rede über die göttliche Providenz. Er versucht damit zu begründen, daß kleinere Mißgeschicke
und Übel, die die Menschen treffen, kein Argument gegen die Güte der göttlichen Providenz als Ganze darstellen. Auch für Chrysipp ist ein vergleichbarer
Gedanke belegt.[159] Der mögliche Gegner, mit dem Ben Sira sich hier auseinandersetzt, könnte ihn aufgegriffen haben. Aber auch hier liegt der Unterschied auf der Hand: Während die Stoiker den Gedanken verwenden, um *Gott*
zu entlasten, entlastet der Gegner Ben Siras *sich selbst.* Die eigentliche Intention des Gedankens hätte er dabei preisgegeben.

(2.) Daraus folgt der zweite Unterschied zwischen Ben Siras Gegner und
den Epikureern. Gegen Maier ist zu bestreiten, daß er überhaupt „philoso-
phisch" argumentiert.[160] Allenfalls *benutzt* er ein philosophisches Argument,
um seine libertinistische Haltung zu rechtfertigen. Seine Intention liegt jedoch,
soweit erkennbar, nicht in der Profilierung einer philosophischen Position. Er
sucht vielmehr nach einer Ausrede, um frei von jeder Verpflichtung tun und
lassen zu können, was ihm gefällt. So stellt er in Frage, daß Gott über die sittliche Weltordnung wacht. Eine weiterreichende, der epikureischen verwandte
philosophische Position ist aus dem Zitat in 16,17.20-22 nicht herauszulesen.

Ben Siras Antwort hingegen weist einige Gedanken auf, die den Eindruck
entstehen lassen, als wollte er damit weitere epikureische Vorstellungen widerlegen, oder, anders formuliert: Ben Sira antwortet, als stünde der Gegner
unter epikureischem Einfluß. Das Lehrstück in 16,24-17,24 holt viel weiter

---

158 Cicero, ND II,167, vgl. auch ND III,86.90 = SVF II 1179.1180.
159 Vgl. SVF II 1178.
160 Vgl. Maier, Mensch, 78.

aus, als es für die Zurückweisung der Behauptung des hypothetischen Gegners notwendig gewesen wäre.

Um den gegnerischen Einwand zurückzuweisen, hätte sich der Siracide darauf beschränken können, im Anschluß an Ps 139 festzustellen, daß Gott als der Schöpfer alle Wege und Werke des Menschen sieht und zur Kenntnis nimmt, wie er dies in 17,15-24 tut.[161] Ben Sira geht jedoch noch einen Schritt weiter. Er zeigt, daß Gottes Schöpferhandeln *zielgerichtet* ist und gibt dem Gedanken damit eine neue Richtung: Gott erschafft die Welt mit einer bestimmten Ordnung. Jedem Element des Ganzen weist er dabei eine besondere Aufgabe und Funktion zu, so daß man in philosophischer Terminologie geradezu von einem teleologischen Moment in Ben Siras Schöpfungslehre sprechen kann.[162] Sowohl seine Ausführungen über die Himmelskörper als auch über die Ausstattung und Aufgaben des Menschen zeigen dies hinlänglich.[163] Folglich wirkt sich auch in diesem Kapitel der Gedanke der providentiellen Sorge Gottes für die Welt aus, wie er sich als Leitmotiv von Sir 39,12-35 erwiesen hat. So ließe sich Ben Siras Bekenntnis, daß die Werke Gottes alle gut sind und jedes einem bestimmten Zweck dient (39,16.21.34), als Quintessenz auch auf die Lehrrede in 16,24-17,24 beziehen. Sie stellt eine weitere Entfaltung jenes Bekenntnisses dar, wobei die den Menschen umgebende Natur im Vergleich zu Sir 39,12-35 gegenüber den Himmelskörpern (vgl. 16,26-28) und dem Menschen selbst (17,1-24) in der Darstellung zurücktritt.

Wie wir sahen, grenzen sich die Stoiker von der Lehre Epikurs im Bereich der Götterlehre und der Kosmologie in vergleichbarer Weise durch den Gedanken ab, daß im Kosmos ausnahmslos alles Teil eines Weltenplans ist und von Beginn an einer besonderen Aufgabe und einem Zweck zugedacht ist.[164] Es hat daher den Anschein, daß in Athen und in Jerusalem um vergleichbare Fragestellungen gerungen wurde. Ben Sira und die Stoiker standen dabei, trotz aller Verschiedenheit, offenbar auf derselben Seite der Argumentation.

4.3.2 Parallelen im Aufbau der Argumentation

Dieser gemeinsame Standpunkt führt uns auf die richtige Spur, denn bei genauer Betrachtung weisen die Stoiker und der Siracide auch im Aufbau und in der Struktur der Argumentation Gemeinsamkeiten auf.

---

161 S. dazu o. S. 165-170 und zu Ps 139 bereits im zweiten Kapitel o. S. 75f.
162 Zum Gedanken und Begriff der Teleologie s. o. S. 19-26.30f.
163 Vgl. Sir 16,26ff.; 17,1-10 und dazu o. S. 147-160.
164 S. dazu o. S. 29.

Wie die Auslegung gezeigt hat, weicht Jesus Sirach bei seinem Rekurs auf
Gottes Schöpferhandeln in der Reihenfolge von den biblischen Schöpfungsberichten ab, indem er bei der Gestirnswelt einsetzt. Den Grund hierfür konnten
wir darin erkennen, daß die ordnende Fürsorge Gottes, um die es in diesem
Lehrgedicht geht, am gestirnten Himmel in besonderer Weise sichtbar ist.[165]
Wenn Ben Sira dabei die Naturgesetzlichkeit der Gestirnsbahnen mit einer
anthropomorphen Vorstellung als ungebrochenen Gehorsam gegen Gottes
Wort deutet (16,28), signalisiert er, daß er von einer Mensch und Natur ver-
bindenden, einheitlichen Weltordnung ausgeht.[166]

Auch in der stoischen Argumentation für das Werk der göttlichen Pronoia
nimmt die Schönheit und die vernünftig-zweckmäßige Gestalt der Himmelskörper eine zentrale Rolle ein.[167] Daher überrascht es nicht, daß Cicero im
zweiten Buch seiner Schrift De natura deorum den Stoiker Balbus seine Darstellung des Werkes der göttlichen Pronoia ebenfalls mit den Gestirnen beginnen läßt.[168] Auch im weiteren Aufbau entspricht die Reihenfolge derjenigen in
Sir 16,24-17,14. So legt Cicero im Anschluß an die Gestirne ausführlich dar,
wie sich die göttliche Providenz auf der Erde auswirkt.[169] Abschließend wendet er sich dann dem Menschen zu.[170] Da sich Cicero in den Kapiteln über die
stoische Providenz mit großer Wahrscheinlichkeit auf Werke von Chrysipp
bezieht, ist es zumindest denkbar, daß auch der Siracide mit einer entsprechenden Schrift des Stoikers vertraut war. Eine Abhängigkeit läßt sich freilich
nicht nachweisen. Geht man umgekehrt davon aus, daß es sich hier um eine
Parallelentwicklung ohne direkte Beeinflussung handelt, so ist die Gemeinsamkeit um so bemerkenswerter, da sie eine Verwandtschaft im Grundgedanken spiegelt. Sie zeigt, wie stark im Hellenismus die gegenseitige Durchdringung der Kulturen gewirkt hat.

---

165 S. dazu o. S. 148ff.
166 Vgl. Heraklit, der „die Naturgesetzlichkeit nach dem Modell einer Rechtsordnung
    interpretiert (die Sonne wird ihre Maße nicht überschreiten, andernfalls werden sie die
    Erinnyen, die Schergen der Dike, ausfindig machen, VS I, 172 frgm. B 94)."
    (Forschner, Natur, 11).
167 S. dazu o. S. 30.
168 Vgl. zur Vorsehung insgesamt Cicero, ND II,73-168, zur Gestirnswelt a.a.O., 102-119
    und dazu Sir 16,26f. Dem geht in Cicero, ND II,98-101 eine knappe Skizze der Lage
    und Beschaffenheit der Erde einschließlich des über ihr sich wölbenden Himmels vor-
    aus. Über den hohen Wert dieser Darstellung als Quelle der Alten Stoa vgl. Dragona-
    Monachou, Arguments, 133f. und dazu o. S. 19.
169 Vgl. Cicero, ND II,120-132 und dazu Sir 16,28-30.
170 Vgl. Cicero, ND II,133-167 und dazu Sir 17,1-14.

4.3.3 Die Bestimmung des Menschen bei Ben Sira und in der Stoa

Neben dieser Parallele im Aufbau finden sich einige Entsprechungen im Detail der Durchführung des Gedankens. Wie Ben Sira und die alttestamentliche Tradition, so sehen auch die Stoiker den Menschen an der Spitze der hierarchischen Gliederung des Kosmos:[171] Alles in der Natur ist um seinetwillen und für seinen Nutzen da.[172] Der Grund hierfür ist die aktive Teilhabe des Menschen an der göttlichen Vernunft.[173] Damit verband sich für die Stoiker ein besonderes Interesse an der Erkenntnistheorie. Für unseren Vergleich ist aus diesem umfangreichen Kapitel stoischer Philosophie nur das eine wichtig, daß nach der Erkenntnistheorie der Stoiker der Sinneswahrnehmung wie der Sprache im Akt des Erkennens eine besondere Bedeutung zukommt.[174]

Spuren, die in diese Richtung weisen, finden sich auch beim Siraciden. Zunächst ist es auffällig, daß Ben Sira überhaupt so ausführlich auf die intellektuelle Ausstattung des Menschen eingeht. Dies kann als Novum gegenüber dem Alten Testament angesehen werden. Zwar besitzt er keine Erkenntnistheorie. Dennoch zeigt sein Bericht über die geschöpflichen Voraussetzungen der Erkenntnis beim Menschen Ansätze zu einer Reflexion des Erkenntnisvorgangs (Sir 17,6f.). So stellt er fest, daß Gott den Menschen mit Ohren, Augen und der Zunge ausstattete und ihm ein Herz zum Denken gab. Da die Werkzeuge der Sinneswahrnehmung und der Sprache einerseits und das Herz als Sitz der Erkenntnis andererseits dabei in ein und demselben Vers genannt werden (17,6), ist davon auszugehen, daß der Siracide einen Zusammenhang zwischen beiden sieht und mithin die Sinneswahrnehmung sowie die Sprache als Voraussetzung für das Denken und die Erkenntnis begreift.[175] Wenn er darüber hinaus feststellt, daß Gott dem Menschen Gutes und Böses zeigte, hat es den Anschein, daß er von einer geschöpflichen, man könnte sagen „natürli-

---

171 Vgl. Gen 1,26ff.; Sir 17,1-4. Zum Gedanken der Ebenbildlichkeit in der griechischen Geisteswelt vgl. Merki, Ebenbildlichkeit, 459-462.

172 Vgl. Cicero, ND II, 33.151f.154-162.

173 Vgl. SVF III 339.343 u. ö. Daß sich nach stoischer Ansicht die Vernunft beim Menschen erst im Laufe der Zeit herausbildet und erst im Alter von 14 Jahren voll entwickelt ist, sei hier nur angemerkt. An der Tatsache, daß dieses Vermögen dem Menschen von Natur gegeben ist, ändert dies nichts. Vgl. dazu Long, Hellenistic Philosophy, 124f. und Forschners Bemerkungen hierzu im Rahmen seiner Darlegungen zur stoischen Oikeiosislehre: Forschner, Glück, 56-62; ders., Natur, 51-54.

174 Vgl. Cicero, ND II,147 und dazu Long, Hellenistic Philosophy, 123-131. Die Quellen zur stoischen Erkenntnistheorie hat neuerdings Hülser, Fragmente 1, 248-403 in grossem Umfang erschlossen.

175 Dabei bleibt er im Rahmen der alttestamentlichen Anthropologie, wenn er das Herz als Sitz der Vernunft nennt.

chen" Fähigkeit des Menschen ausgeht, zur Unterscheidung des Guten und des Bösen zu gelangen.[176] Allerdings sind seine Hinweise so knapp, daß weitere Schlüsse unzulässig sind. Aus der Kürze der Darstellung läßt sich im übrigen schließen, daß das *Wie* des Erkenntnisvorgangs den Siraciden weit weniger interessierte als die Feststellung, *daß* der Mensch mit der Fähigkeit zur Erkenntnis geschaffen wurde. Dennoch zeigt sich hier im Ansatz eine Parallele zu stoischem Denken.

Wichtiger als diese Überlegungen zum Vorgang der Erkenntnis ist für den Vergleich jedoch etwas anderes. Sowohl bei Ben Sira als auch bei den Stoikern dient das Erkenntnisvermögen des Menschen einem besonderen *Ziel*. Nach stoischer Auffassung ist der Mensch, für den alles auf der Erde bereitsteht, nicht selbst der 'Zweck' des Kosmos. Der eigentliche Zweck ist die Gottheit selbst, die sich im Weltall entfaltet.[177] Ihr ist auch der Mensch untergeordnet. Entsprechend der teleologischen Gestaltung des gesamten Kosmos, dessen Teil auch der Mensch ist, wurde er als Gegenüber der Gottheit dabei für eine besondere Aufgabe bestimmt. Cicero bringt es auf die knappe bereits zitierte Formel:

homo ortus sit ad mundum contemplandum et imitandum.

Deswegen ist er mit Vernunft und Erkenntnisvermögen ausgestattet, daß er die Gottheit als das den Kosmos durchdringende, ordnende und lenkende Prinzip zu erkennen und ihrem 'Gesetz' zu folgen vermag.[178] Daß das Gesetz, der νόμος, mit der Vernunft (λόγος) und der den Kosmos konstituierenden göttlichen Natur (φύσις) identisch ist, wurde im Stoiker-Kapitel deutlich.[179] Dem Kleanthes-Hymnus können wir darüber hinaus als dritte Aufgabe den Lobpreis entnehmen, der ebenso wie der Gehorsam gegen das göttliche Gesetz eine Konsequenz aus der Einsicht in das Werk der göttlichen Vernunft darstellt:

Wohlan Zeus, gütiger Spender, der du in dunklen Wolken thronst mit dem helleuchtenden Blitz,
errette du die Menschen vor der unheilvollen Torheit,
verjage sie, Vater, von der Seele! Gib, dass sie die Einsicht erlangen, auf die gestützt du mit dem Recht alles lenkst,
damit so geehrt wir im Wechsel dich ehren,

---

176 S. o. S. 159ff.
177 S. dazu o. S. 50ff.
178 S. dazu o. S. 50ff. und besonders auch im folgenden Kapitel S. 194ff.
179 S. dazu o. S. 51.

stets besingend deine Werke, wie es sich ziemt
für den sterblichen Menschen. Denn weder den Sterblichen ist eine
grössere ehrenvolle Aufgabe
noch den Göttern, als immer und zu Recht das allgemeine Gesetz zu
besingen.[180]

Zu der Formel *homo ortus sit ad mundum contemplandum et imitandum,* mit
der Cicero die Daseinsaufgabe des Menschen beschreibt, kommt folglich noch
der Lobpreis Gottes als drittes Moment hinzu.

Damit liegt genau jene Aufgabenbestimmung vor uns, in der auch der anthropologische Teil in Ben Siras Schöpfungsbericht gipfelt und um derentwil-
len der Mensch nach der Vorstellung des Siraciden die Mittel der 'verständigen Einsicht' erhalten hat.[181] Zu dieser Übereinstimmung kommt hinzu, daß
die dreifache Aufgabenbestimmung für den Menschen auf dem Fundament der
Lehre von der göttlichen Providenz ruht. Sie befähigt den Menschen nicht nur,
seine Zweckbestimmung zu erfüllen. Sie liefert ihm darüber hinaus das *Argu-*
ment, sich seiner Bestimmung gemäß zu verhalten: Wer in das Werk der Vorsehung Gottes Einsicht erhält, wird durch ihre unnachahmliche Schönheit und
Ordnung davon überzeugt, daß nichts besser ist, als sich dem göttlichen Willen, der hinter allem als Urheber steht, einzufügen. Zur Veranschaulichung sei
noch einmal aus jenem grundlegenden, von Diogenes Laertius überlieferten
Fragment der Stoiker über das Telos zitiert:

Darin besteht die Tugend des Glückseligen und der gelungene Lauf des
Lebens, daß man alles in Übereinstimmung des eigenen Genius mit
dem Willen des Allherrschers tut.[182]

---

180 SVF I 537 (Übersetzung Steinmetz, Stoa, 577f.).
181 Vgl. Sir 17,6-14 und dazu o. S. 158-165.
182 SVF III 4 = DL VII,87.

5 Weisheit und Gesetz

Die Frage nach dem Verhältnis von Weisheit und Gesetz bei Ben Sira wurde bereits im vorigen Kapitel kurz thematisiert.[1] Die damit verbundene systematische Fragestellung: ob nämlich das „Gesetz" von Ben Sira als exklusive Gabe Gottes an Israel oder, vergleichbar der Nomoslehre der Stoa, als universales Weltgesetz aufgefaßt wurde, konnte im exegetischen Zusammenhang des Sirachbuches allerdings zunächst nur umrißhaft entfaltet werden. Diesem größeren systematischen Fragenzusammenhang soll im folgenden Kapitel speziell nachgegangen werden. Auch hier erweist sich das Verhältnis von Weisheit und Gesetz (Nomos / Tora) als der Angelpunkt des Problems. Aus Gründen der inneren Logik soll die Nomoslehre der Stoa dabei den Ausgangspunkt bilden.

Die Vermutung, daß der Siracide in seiner Identifikation von Weisheit und Gesetz vom stoischen Begriff des Nomos beeinflußt oder wenigsten angeregt wurde, ist nicht neu. Sie wurde bereits mehrfach geäußert.[2] Überblickt man die Literatur zu Ben Sira, so wird man feststellen, daß sich die vergleichsweise wenigen Aussagen über mögliche stoische Einflüsse zum größten Teil gerade auf diesen Themenbereich beziehen. Allerdings beschränken sich die entsprechenden Autoren dabei auf wenige Bemerkungen, die einen Einfluß entweder bejahen oder verneinen. Eine klare Gegenüberstellung von Nomos und Tora in ihrem jeweiligen gedanklichen Kontext fehlt jedoch.[3]

Mit der Gleichsetzung von Weisheit und Gesetz bei Ben Sira und von Logos bzw. Physis[4] und Nomos in der Stoa werden zwei Synthesen gegenübergestellt, die geistesgeschichtlich von kaum zu überschätzender Bedeutung sind. Die Stoiker wurden auf der einen Seite mit ihrem Begriff des natürlichen

---

1 S. o. S. 160-165 = 4.2.2.4 *Das Gesetz ein Teil der Schöpfung?*

2 Ein ausführlicher Forschungsüberblick wird u. S. 197-201 geboten.

3 Vgl. die entsprechende Forderung bei Kaiser, Judentum, 85 = ders., Mensch, 152. Dabei kann jedoch auf Studien, die die Verbindung von Weisheit und Gesetz bei Ben Sira für sich betrachten, zurückgegriffen werden, vgl. Marböck, Gesetz; Schnabel, Law, 8-92; Boccaccini, Judaism, 81-99; Jolley, Torah, 86-150; Blenkinsopp, Wisdom, 151-170; Collins, Jewish Wisdom, 42-61.

4 Es ist angemessener, von der Verbindung des Gesetzes mit der göttlichen Universalnatur zu sprechen, da sie den Ausgangspunkt des stoischen Gesetzes darstellt, das freilich als ein universales Vernunftgesetz interpretiert wird. Die φύσις ist jedoch die umfassendere Kategorie, vgl. dazu u. S. 191-197.

Gesetzes zu den Begründern des „Naturrechts". Es setzt die Existenz von Gesetzen voraus, die der Vernunft unmittelbar zugänglich sind und universale, jeder positiven, menschlichen Gesetzgebung vorausliegende Geltung beanspruchen.[5] Das Naturrecht wird so zum Maßstab des positiven Rechts, wodurch Recht und Ethik im Gedanken der humanitas miteinander verbunden sind.[6] Für das Judentum liegt auf der anderen Seite in der Identifikation der Weisheit mit dem Gesetz die Bedingung der Möglichkeit, das eigene Gesetz, die Tora, mit der Schöpfungsordnung gleichzusetzen und ihr damit eine ebenso universale Bedeutung zu verleihen.

Neben diesem universalen Moment, an dem das Gesetz durch die jeweilige Identifikation Anteil erhält, gibt es einen weiteren Konvergenzpunkt, der einen Vergleich sinnvoll erscheinen läßt: Sowohl für das von Ben Sira formulierte Ziel, Weisheit zu erlangen, sowie für die Verwirklichung des stoischen Ideals des Weisen ist der Gehorsam gegen das „Gesetz" bzw. die jeweils zugrundeliegende Gesetzesvorstellung die Grundlage.[7]

Die Identifikation von Weisheit und Gesetz gehört zu den bestimmenden Merkmalen im Werk des jüdischen Gelehrten Ben Siras. Bekanntlich liegt ein wesentlicher Unterschied seiner weisheitlichen Lehre gegenüber der alttestamentlichen Weisheit in der Einbeziehung der geschichtlichen Perspektive des Alten Testaments. Hier ist zum Beispiel das Väterlob der Kapitel 44-50 sowie

---

5   Vgl. dazu Mitsis, Natural Law, 4812ff. und die a.a.O. S. 4814, Anm. 5 angegebene Literatur. Forschner, Natur, 5f. bietet folgende Definition: „Weitgehende Einigkeit herrscht auch darüber, daß mit den Ausdrücken „Naturgesetz" bzw. „Naturrecht" nicht eigentlich ein Corpus von Rechtsgesetzen angesprochen war und wird, sondern Grundsätze der Moralität und Prinzipien des Rechts, die nach dem Modell eines Rechtssystems, genauer: der Präambeln eines Rchtssystems verstanden werden; nach dem Modell von Prämissen eines Systems staatlicher Gesetze freilich, die keinen rechtsstiftenden menschlichen Gesetzgeber haben, die der Kontingenz menschlicher Institute entrückt sind, denen vielmehr alle von Menschen geschaffenen Gesetzessysteme und sittlichen Konventionen für immer unterworfen sein sollen."

6   Wenngleich in der modernen Rechtswissenschaft die absolute Verbindlichkeit des positiven Rechts an die Stelle des Naturrechtsgedankens getreten ist, stellt sich die Frage nach der Rechtfertigung und Gültigkeit positiver Rechtsprechung gleichwohl im Zusammenhang mit totalitären Systemen bis in die Gegenwart. Der Naturrechtsgedanke bestimmt hier bisweilen den Problemhorizont, vgl. G. Radbruch, Gesetzliches Unrecht und übergesetzliches Recht, Süddeutsche Juristenzeitung (1946), 105-115 = in: ders., Geamtausgabe Bd. 3 (= Rechtsphilosophie III), bearbeitet von W. Hassemer, 1990, 83-93. Beispielhaft sei auf die Diskussion nach dem zweiten Weltkrieg und in jüngster Vergangenheit auf die sogenannten Mauerschützenprozesse hingewiesen, vgl. dazu H. Dreier, Gustav Radbruch und die Mauerschützen, Juristen Zeitung (1997), 421-434.

7   Vgl. Sir 1,26; 6,37; 15,1ff.; 33,1ff. und für die Stoa SVF III 614.

das Gebet um die Rettung Zions in 36,1-16 zu nennen.[8] Das Herzstück dieser
Integrationsleistung bildet jedoch die Identifikation von Weisheit und Gesetz,
die an verschiedenen Stellen des Werkes zur Geltung kommt[9] und ihren konzentriertesten Ausdruck im Anschluß an den Selbstpreis der Weisheit in c. 24
findet (24,23).

Mit diesem im Alten Testament vorbereiteten Schritt[10] hat Ben Sira die
ideengeschichtlich größte Wirkung erzielt. Die Gleichsetzung von Weisheit
und Gesetz bot dem Judentum in der Begegnung mit dem Hellenismus einen
sehr fruchtbaren gedanklichen Ansatz, der in der Folgezeit auf verschiedene
Weise fortentwickelt wurde.[11] Durch die Identifikation war es möglich geworden, das Gesetz, die Tora, die das Proprium eines kleinen Volkes war, zu
universaler Bedeutung zu erhöhen und gleichzeitig den mit der Tora verbundenen Erwählungsanspruch festzuhalten. In einer Zeit, in der die Bedrohungen
von außen weniger militärischer als geistiger Natur waren,[12] wurde diese Form
der Selbstvergewisserung notwendig.

Mit der Stoa hatte auf der anderen Seite ein philosophisches System die
beherrschende Stellung im Hellenismus eingenommen, das die Welt als eine
Einheit, als eine 'Stadt' mit einem für alle Menschen gleichermaßen geltenden
Gesetz interpretierte. Damit verband sich der Anspruch, dem Einzelnen den
Weg zu weisen, wie er mittels der eigenen Vernunft zur Erkenntnis dieses
Gesetzes gelangen und so in letzter Konsequenz Glückseligkeit erreichen
konnte.[13]

Im Schatten dieser 'geistigen Großmacht' mußte früher oder später die
Frage nach der Legitimität der absoluten Ansprüche eines partikularen Gesetzes wie der jüdischen Tora wach werden.

Deutlich sichtbar wird diese geistige Auseinandersetzung sowohl in der jü-
disch-alexandrinischen Philosophie als auch im späteren rabbinischen Tora-
Verständnis. Bei den Rabbinen trat die Tora an die Stelle, die zuvor der Weisheit bei der Erschaffung der Welt zugewiesen worden war.[14] So wurde die
Tora selbst zum Schöpfungsmittler und zum Inbegriff der Weltordnung.[15]

---

8   Vgl. dazu Marböck, Gebet und Zappella, L'immagine.
9   Vgl. Sir 1,26; 6,37; 15,1; 17,11; 19,20; 21,11; 33,1ff.; 45,5.
10 Vgl. Dtn 4,6; Ps 1; 19; 119 und zur Entwicklung des Gedankens im Alten Testament
    Blenkinsopp, Wisdom, 1-150; Jolley, Torah, 87-102.
11 Vgl. dazu auch Hengel, Schriftauslegung, 36f. Ein wichtiges Beispiel hierfür ist
    Bar 3,9-4,4 vgl. dazu Steck, Israels Gott.
12 Vgl. dazu oben S. 1f.
13 S. dazu ausführlich u. S. 194ff.
14 Vgl. dazu Schubert, Religion, 22-25; Weiss, Untersuchungen, 283-300.
15 Vgl. dazu Schubert, Religion, 22-25.

Noch weiter reicht die Begegnung bei Philo, der den Versuch einer Deutung des jüdischen Gesetzes im Horizont des stoischen Naturbegriffs unternimmt.

Im Folgenden soll untersucht werden, ob es Berührungen in der Zielrichtung und der Aussage der stoischen und der siracidischen Synthese gibt oder ob es sich bei dem begrifflichen Verbindungsglied, dem Gesetz, lediglich um eine Äquivokation handelt. Anders als in den vorigen Kapiteln werden wir mit der Darstellung der stoischen Position beginnen. Da der Begriff des natürlichen Gesetzes im Kapitel über die Stoa nur gestreift wurde, ist dies notwendig. Die Analyse der Identifikation von Weisheit und Gesetz bei Ben Sira schließt sich daran an. Sie kann sich auf mehrere Studien zum Thema beziehen, so daß eine Konzentration auf das für den Vergleich Wesentliche möglich ist. Abschließend sollen Gemeinsamkeiten und Unterschiede zusammengefaßt werden.

5.1 Die Natur als Gesetzgeber: der stoische Nomos

Der stoische Gesetzesbegriff ist charakterisiert durch seine Gleichsetzung mit der göttlichen Vernunft (λόγος), die den Kosmos durchwaltet, und der universalen Natur. Der Nomos stellt eine der Erscheinungsweisen der göttlichen Physis dar, so daß die Stoiker geradezu vom „natürlichen Gesetz" (φύσει νόμος)[16] sprechen. Cicero überliefert folgende Definition:

Das Gesetz ist die höchste Vernunft, die in der Natur eingepflanzt ist, und die befiehlt, was getan werden soll, und das Gegenteil verbietet.[17]

---

16 SVF II 528.
17 SVF III 315 = Cicero, de legibus I,6.18. Ciceros Schrift über die Gesetze spiegelt im Grundgedanken den stoischen Gesetzesbegriff, wie Forschner, Natur, 15 gezeigt hat: Ciceros „klassischen Bestimmungen der *lex vera* in *De re publica* II.22.33 und *De legibus* I.6.18-19 enthalten keine Merkmale, die nicht bereits für Chrysipp nachweisbar wären. Und dasselbe gilt für die zentralen Punkte seiner erläuternden Begründung: Vernunft ist in der Gesamtnatur am Werk; sie kommt in Vernunftwesen zu sich selbst. Götter und Menschen haben die Vernunft gemein; diese ist, als *recta ratio*, bezogen auf die Vorschrift, was zu tun und zu lassen sei, gemeinsames Gesetz. Wir gehören so gesehen zur selben universalen Bürgerschaft (civitas). Die Welt ist die gemeinsame Heimstatt von Göttern und Menschen, von den Göttern geleitet, und alles in ihr, was ihrer Natur gemäß von Menschen gebraucht und verbraucht wird, ist um der Menschen willen geschaffen."

Um die Bedeutung der Lehre vom natürlichen Gesetz bzw. Naturrecht zu verstehen, ist ein kurzer Blick auf die Geschichte des Nomos in der vorstoischen griechischen Philosophie notwendig.[18]

5.1.1 Die Physis-Nomos-Antithese: zum philosophiegeschichtlichen Hintergrund

Philosophiegeschichtlich ist der stoische Begriff des Naturrechts als Überwindung der sophistischen Antithese von Physis und Nomos einzuordnen. Die Sophisten reagierten damit auf den Verfall des Ethos in der sich auflösenden Institution der Polis. Sie bewerteten den Nomos als das bloß Konventionelle und Willkürliche, dem daher keine normierende Funktion mehr zugesprochen wurde. Gleichzeitig erfuhr die Physis eine Aufwertung: Unter dem Einfluß der naturwissenschaftlich-medizinischen Einsichten des fünften Jahrhunderts hatte sie den Rang des Normalen, des Normativen und zugleich Nützlichen erworben.[19] Daher setzten die Sophisten sie an die Stelle, die bisher der Nomos innehatte. Mit der Physis-Nomos-Antithese bestimmten sie die philosophische Diskussion des fünften Jahrhunderts in großem Umfang. Allerdings lag deren Bedeutung vor allem in der Formulierung des Problems. Zu dessen Lösung trug sie hingegen wenig bei. So war der axiologisch aufgewertete Begriff der Physis nicht in der Lage, das zerbrochene Ethos durch ein neues zu ersetzen, wie Forschner feststellt:

> *„War die sophistische Antithese im geschichtlichen Kontext der sozialen und kulturellen Krise durchaus geeignet, die bestehende Ordnung kritisch zu unterlaufen und auf eine neue Begründung zu verpflichten, so blieb Physis als Maßstab des guten Lebens in schillernder Zweideutigkeit.“*[20]

Die sophistische Position stellt den Endpunkt einer Entwicklung dar, in der der Nomos seine ursprüngliche Würde als „Inbegriff alles Gültigen im Verkehr der Gemeinschaft“[21] und als Ausdruck einer kosmischen, göttlichen Ordnung[22] eingebüßt hatte. Zwei Beispiele sollen die dem Verfall vorausgehende Wert-

---

18 Vgl. hierzu die sehr informative Einführung bei Forschner, Ethik, 9-24.
19 Vgl. Heinimann, Nomos, 96ff.; Forschner, Ethik, 14f.
20 Forschner, Ethik, 16.
21 Kleinknecht, Nomos, 1018.
22 Vgl. z.B. Heraklit fr. B 114. Hier wird das Gesetz als Ordnung für das menschliche Leben auf das Gesetz des Kosmos zurückgeführt. Die Stoiker haben mit ihrem Begriff vom Weltgesetz, das zugleich das Sittengesetz ist, an diesen Gedanken Heraklits angeknüpft, vgl. Forschner, Ethik, 11 und SVF I 162.

schätzung des Nomos im griechischen Denken illustrieren und damit in die Problematik einführen.

Zunächst sei Heraklit genannt, da sich die Stoiker spätestens seit Kleanthes in ihrem Begriff des natürlichen Gesetzes auf ihn bezogen.[23] Für die stoische Überwindung der Antithese von Physis und Nomos ist Heraklit von Bedeutung.[24] Nach ihm leitet sich das Gesetz der Polis wie im übrigen alle menschlichen Gesetze von dem einen göttlichen, das All beherrschenden Nomos her:

Um beim Reden Verständiges zu meinen, muß man sich stützen auf das dem All Gemeine, wie auf das Gesetz die Stadt sich stützt, und viel stärker noch. Nähren sich doch alle menschlichen Gesetze von dem Einen, dem Göttlichen: denn das herrscht soweit es will und reicht hin im All und setzt sich durch.[25]

Mit diesem göttlich-absoluten, kosmisch-universalen Begriff des Nomos, dem zugleich normierende Funktion zukommt, hat Heraklit eine kritische Instanz für die herrschenden Gesetze (νόμοι) geschaffen. Daher konnte er, anders als später die Sophisten, am Begriff und der Idee des Nomos festhalten, obwohl er der Sitte und den geltenden Gesetzen bisweilen distanziert gegenüberstand.[26] So sehen wir bei Heraklit bereits Naturphilosophie und Ethik aufeinander bezogen und darin „jene Verschränkung deskriptiver Erklärung und normativer Interpretation von Natur, die für die Folgezeit von so entscheidender Bedeutung werden sollte."[27]

Ein zweites Beispiel wirft bereits den Schatten der Abwertung des Nomos voraus. Im 5. Jahrhundert hielt die Ethnographie Einzug in die griechische Geschichtsschreibung, worüber vor allem Herodot reichlich Zeugnis ablegt.[28] Sie hatte durch umfangreiches Anschauungsmaterial vor Augen geführt, daß bei anderen Völkern andere Sitten herrschten. Dadurch wurde die Annahme der absoluten Verbindlichkeit des Nomos geschwächt.[29] Zunächst bedingte das Wissen um die Partikularität der jeweiligen Nomoi jedoch keinen Ansehensverlust. Der eigene Nomos wurde im Gegenteil zum Merkmal der Über-

---

23   Vgl. dazu Forschner, Natur, 10f. und Long, Heraklitus.
24   Vgl. dazu Heinimann, Nomos, 65ff.; Forschner, Ethik, 11f.
25   Fr. B 114 (Übersetzung Snell, Heraklit, 35).
26   Vgl. Forschner, Ethik, 11f. und Fr. A 1.2, aber auch B 33.44.
27   Forschner, Ethik, 11.
28   Vgl. Herodot, Historien.
29   Vgl. v.a. die Historien des Herodot, für den sich damit jedoch noch keine grundsätzliche Entwertung des Nomos verbindet. Maßgeblich ist vielmehr der jeweilige Inhalt des Nomos, der über seinen Wert entscheidet, vgl. Heinimann, Nomos, 79 und Forschner, Ethik, 14.

legenheit und diente so der selbstbewußten Abgrenzung gegen die „Barbaren". Den Athenern galten ihre Nomoi geradezu als „Inbegriff der Rechtsordnung, die sie als das Kennzeichen ihres freien, selbstgeschaffenen Gemeinschaftslebens empfanden, als den unverlierbaren Besitz, der ihnen die Überlegenheit über die Barbarenvölker sicherte."[30] So nennt Herodot mit gewissem Stolz den Nomos als Ursache für den angesichts der persischen Übermacht unbegreiflichen Sieg des spartanischen Heeres im Jahre 480. Der Nomos ist es, der den Sieg des physisch-zahlenmäßig unterlegenen Heeres sichert.[31]

Hier zeigt sich aber bereits ebenso, daß die Vorstellung von einem allgemeinen, absoluten Nomos brüchig zu werden begann. Das Bewußtsein, daß neben dem eigenen auch andere Nomoi existierten, ließ die Annahme der Einzigartigkeit und vor allem der absoluten Geltung des eigenen Gesetzes obsolet werden. Der „praktische Zerfall des traditionsbestimmten Ethos"[32] führte schließlich dazu, daß der Nomos als solcher in Frage gestellt wurde.[33]

Die weitere Auseinandersetzung mit den von den Sophisten aufgeworfenen Fragen, die dem stoischen Gedanken vom natürlichen Gesetz vorausging, können wir hier übergehen, da für unseren Zusammenhang nur das Verständnis des Problems wichtig ist.[34]

5.1.2 Die Überwindung der Physis-Nomos-Antithese im stoischen Begriff des natürlichen Gesetzes

Erst den Stoikern gelang es, den Nomos auf ein neues Fundament zu stellen. Dabei standen sie vor der doppelten Aufgabe, einerseits die menschliche Natur zu berücksichtigen und nicht ein Gesetz zu entwerfen, das der Natur des Menschen entgegenstand. Andererseits aber mußten sie einen Maßstab finden, der der Willkür der menschlichen Subjektivität Widerstand entgegensetzte und eine überindividuelle, verbindliche Norm schuf.[35] Dies gelang ihnen durch die Herleitung des Gesetzes aus der göttlich-universalen Physis. Die Voraussetzungen für den stoischen Begriff des Gesetzes liegen folglich in ihrem Verständnis der Natur, wie es oben skizziert wurde.[36] Die wichtigsten Punkte

---

30 Pohlenz, Nomos, 428.
31 Vgl. Heinimann, Nomos, 29-35.
32 Forschner, Ethik, 16.
33 Zu den negativen Auswirkungen der politischen Verhältnisse auf den Ansehensverlust des Nomos vgl. auch Pohlenz, Nomos, 429.
34 Vgl. dazu Forschner, Ethik, 17-22.
35 Vgl. dazu Forschner, Ethik, 22f.
36 S. dazu o. S. 19-26.

seien noch einmal benannt: Die göttliche Allnatur hat den Kosmos als ein teleologisch durchstrukturiertes Ganzes hervorgebracht. Ihr Logos durchwaltet
den Kosmos, der folglich als vollkommen rational zu gelten hat. Indem Natur
und Vernunft hier faktisch gleichgesetzt sind, wird die Natur zum Maßstab für
das Gute. An ihr kann der Mensch ablesen, was gut ist.[37] In dieser Identifikation liegt der Schlüssel für die stoische Vorstellung vom natürlichen Gesetz:
Die Natur als die reine, göttliche Vernunft, „gebietet", was recht ist und verbietet das Gegenteil.[38] Wiederum ist es Cicero, dem wir eine prägnante Definition verdanken:

> *Das wahre Gesetz ist die rechte Vernunft, die mit der Natur überein-*
> *stimmt. Es ist von universaler Geltung, unveränderlich und von ewiger*
> *Dauer. Es ruft zur Pflicht, indem es befiehlt, und hält vom Frevel fern,*
> *indem es verbietet.*[39]

Vier Bestimmungsmerkmale des stoischen Nomos seien hervorgehoben.

1. Durch die Herleitung des Nomos aus der göttlichen Allnatur haben die
Stoiker ein universales Gesetz geschaffen, das für alle Menschen gleichermaßen gilt. Als allgemeines Sittengesetz stellt es für jedes positive Recht den
Maßstab dar. Dabei sind die Stoiker von dem Ziel geleitet, eine überzeitliche,
gesellschaftlich invariante Norm für das rechte Handeln zu schaffen.[40] Der
Nomos konstituiert daher nicht mehr die räumlich begrenzte Polis. Er verbindet vielmehr alle Menschen im Kosmos zu Bürgern einer Rechtsgemeinschaft,
so daß an die Stelle einzelner Poleis die eine Kosmopolis tritt. Der stoische
Gedanke vom Weltbürgertum gründet folglich in der gemeinschaftlichen Partizipation an dem einen natürlichen Sittengesetz.[41]

2. Da der Nomos nicht mehr nur göttlichen *Ursprungs* ist, sondern zugleich
mit dem göttlichen *Logos* als dem rationalen Prinzip des Kosmos gleichgesetzt
wird, trifft der sophistische Vorwurf, die Gesetze seien willkürlich, auf den
stoischen Begriff des natürlichen Gesetzes nicht mehr zu. Mit ihrem Naturbegriff waren die Stoiker, anders als die Sophisten, in der Lage, das Ethos aus
der Natur abzuleiten. Hierfür sahen sie zwei Ansatzpunkte: die Universalnatur
des Kosmos als ganzen und die individuelle Natur des Menschen:

---

37 Vgl. auch Forschner, Natur, 9.
38 Vgl. auch SVF III 314.315.332.
39 SVF III 325 = Cicero, de republica III,27.33. Vgl. auch SVF III 317.
40 Vgl. SVF III 317-319.
41 Vgl. SVF III 325.

*Deshalb ist es auch so, daß das Ziel das der Natur gemäße Leben ist,
und zwar gemäß der eigenen Natur wie auch der Natur des Ganzen,
wobei man nichts tut, was das allgemeine Gesetz verbietet. Dieses ist
die rechte Vernunft, die durch alles hindurchgeht und identisch ist mit
Zeus, dem Herrscher über die Ordnung dessen, was existiert... Unter
der Natur aber, der gemäß man leben muß, versteht Chrysipp sowohl
die allgemeine wie auch die eigentümlich menschliche.*[42]

3. Da die Vernunft der universalen Physis im Menschen zu sich selbst gelangt, partizipiert der Mensch zugleich am universalen Gesetz:

*Das Gesetz ist die höchste Vernunft, die, eingegossen in die Natur, be-
fiehlt, was zu tun ist und das Gegenteil davon verbietet. Dieselbe Vernunft, wenn sie im Geist des Menschen gefestigt und vollendet ist, ist
das Gesetz.*[43]

Die Stoiker waren daher der Auffassung, daß sich Recht und Gerechtigkeit
aus den natürlichen Anlagen und Neigungen des Menschen herleiten läßt. Die
stoische Oikeiosislehre ist der Ort für diesen Gedanken.[44]

4. Der so bestimmte Begriff vom natürlichen Gesetz setzt voraus, daß der
Mensch in der Lage ist, die göttliche Vernunft in der Natur vollends zu erkennen. Allein auf dem Wege des Erkennens erschließt sich das universale Gesetz
dem Menschen. Dazu befähigt ihn seine Teilhabe an der göttlichen Vernunft.
Sie ist im Menschen keimhaft als Anlage bei der Geburt vorhanden und muß in
der Folgezeit ausgebildet werden. Mit der Erkenntnis der göttlichen Universalnatur kommt die Vernunft im Menschen zu sich selbst. Über die Gabe der
Vernunft partizipiert der Mensch darüber hinaus auch aktiv an der göttlichen
φύσις selbst. Mit dem auf der Erkenntnis beruhenden Gehorsam gegen deren
Gesetz verwirklicht der Mensch folglich seine Bestimmung.[45] Hier trifft sich
die Lehre vom natürlichen Gesetz mit dem stoischen Telos, dem „Leben im
Einklang mit der Natur" (ὁμολογουμένως τῆ φύσει ζῆν).[46]

---

42 SVF III 4 = DL VII,87. Zu diesem für die stoische Lehre zentralen Fragment s. bereits
    o. S. 14f.
43 SVF III 315 = Cicero, de legibus, I, 6.18.
44 Vgl. dazu SVF III 340-348. Die Hauptquellen für die stoische Oikeiosislehre stellen
    Cicero, de finibus III,6-18.20-21.62-68 und DL VII,85ff. dar, vgl. Forschner, Glück,
    45-79; ders., Natur, 51-54. Die Frage, wie sich nach stoischer Vorstellung konkrete
    Gesetze aus der Natur ableiten lassen, wird in der Stoaforschung derzeit diskutiert,
    vgl. Striker, Following Nature; Mitsis, Natural Law; Forschner, Natur, 31-49.
45 Vgl. SVF I 537.
46 SVF III 5, vgl. auch SVF III 2-19 und o. S. 48ff.

Die Stoiker gehen sogar noch einen Schritt weiter: Götter und Menschen bilden eine Gemeinschaft, die durch das allgemeine Gesetz der Vernunft begründet ist. Als Ausdruck der κοινὴ φύσις gilt der Nomos Menschen und Göttern gleichermaßen.

5.2 Weisheit und Gesetz bei Ben Sira

5.2.1 Zum Gang der Forschung

Die Frage, ob Ben Sira bei der Gleichsetzung von Weisheit und Gesetz möglicherweise von den Stoikern beeinflußt wurde, ist in der Forschung bereits gelegentlich gestellt, aber nicht eingehend geprüft worden. In der Beurteilung halten sich die Stimmen für und gegen eine mögliche Beziehung in etwa die Waage.

Zunächst überrascht es, daß R. Pautrel, den wir bereits als einen Befürworter stoischer Einflüsse bei Ben Sira kennengelernt haben, im Blick auf Ben Siras Weisheitsbegriff jeglichen stoischen Einfluß kategorisch ablehnt. Nach seiner Auffassung gibt sich der Siracide mit der in Sir 24 vollzogenen Identifikation von Weisheit und Gesetz gerade als der „plus Juif des sapientaux" zu erkennen.[47] Pautrel sieht hier daher eine Grenzziehung und keine Öffnung für stoische Einflüsse. Durch die Identifikation mit dem (israelitischen) Gesetz wird auch die Weisheit, die von ihrem empirisch-rationalen Zugang zur Wirklichkeit her naturgemäß eine größere Offenheit für Einflüsse aus der Umwelt mit sich bringt, eindeutig in den alttestamentlich-jüdischen Auslegungshorizont gestellt. Diese Interpretation überrascht, wenn man bedenkt, daß Pautrel andererseits feststellt, daß Ben Sira den Gedanken der Einheit der Welt und der Menschen von der Stoa übernommen und zu einem wichtigen Anliegen gemacht hat.[48]

Die entgegengesetzte Position vertritt K. Schubert. Er ordnet Ben Sira insgesamt dem größeren Kontext der jüdischen Auseinandersetzung mit der hellenistischen Philosophie zu. Dabei stellt er fest, daß nicht nur das „hellenisierte alexandrinische", sondern auch das „orthodoxe, rabbinische Judentum" vom Hellenismus beeinflußt wurde. Gleichwohl widerstand es der Gefahr der Assimilierung und nahm vielmehr Anregungen auf, um „auf jüdische Weise die

---

47 Pautrel, Stoïcisme, 544.
48 Vgl. dazu Pautrel, Stoïcisme, 541.544-547.

Fragen zu beantworten..., die der Zeitgeist stellt."[49] Den von den Rabbinen aufgegriffenen Anknüpfungspunkt findet Schubert im stoischen Weltgesetz: „Für einen offenbarungsgläubigen Juden lag natürlich nichts näher, als das Weltgesetz, das der Stoiker erst auf Grund der Beobachtung des gesamten Kosmos zu erfahren hoffte, mit dem ihm geoffenbarten Gesetz der Tora zu identifizieren."[50] Die Identifikation von Weisheit und Gesetz bei Ben Sira zählt der Autor zu den Vorläufern dieser Interpretation der Tora und urteilt, daß die hier vorliegende „Weisheit-Tora-Auffassung ... im wesentlichen der stoischen Konzeption vom Weltgesetz [entspricht]."[51] So interpretiert er die Weisheit beim Siraciden als dasjenige Prinzip, das gleichzeitig die Schöpfung ordnet und, in Gestalt der Tora, das Handeln des Menschen normiert. Dabei unterscheidet sich der Mensch von der übrigen Schöpfung durch die Fähigkeit, sich frei für oder gegen den Gehorsam gegenüber diesem Gesetz zu entscheiden und so seine Bestimmung zu erfüllen oder zu verfehlen.[52]

Blickt man zum Vergleich auf die oben skizzierte Auffassung Pautrels zurück, so kann man sagen, daß jener die Tora als das Bedeutung gebende Element in der Identifikation von Weisheit und Gesetz aufgefaßt hat, während Schubert umgekehrt die Tora stärker von der Weisheit her bestimmt sieht und unter dieser Voraussetzung Parallelen zur Stoa feststellt.

Zu einem ähnlichen Ergebnis wie Schubert gelangt Hengel.[53] Er nennt in etwa dieselben Anknüpfungspunkte: auf der einen Seite bei den Stoikern die Identität des Logos als „'allgemeine[s] Gesetz', das die harmonische Ordnung der Welt bewirkte," mit der „sittliche[n] Norm für das Verhalten des Menschen",[54] auf der anderen Seite bei Ben Sira das dem stoischen Logos vergleichbare Walten der Weisheit in der ganzen Schöpfung und die Identifikation dieser Weisheit mit der „sittlichen Norm des jüdischen Frommen, der Israel am Sinai exklusiv mitgeteilten *Tora*."[55] Allerdings implizierte dieser parallele Vorgang der Gleichsetzung nach Hengel nicht die Anpassung des Siraciden an stoisches Gedankengut, sondern ermöglichte vielmehr die Wahrung des Eigenen in einer Zeit der Krise:

---

49 Vgl. Schubert, Religion, 13. Ausgiebiges Material als Beleg für diese These hat Hengel mit seiner bahnbrechenden Arbeit „Judentum und Hellenismus" vorgelegt.
50 Schubert, Religion, 14.
51 Schubert, Religion, 17.
52 Vgl. Schubert, Religion, 16f.
53 Vgl. Hengel, Judentum, 284-292. Im Unterschied zu Schubert verifiziert Hengel seine Thesen an einigen stoischen Textbeispielen und kann auf diese Weise seiner Position größere Plausibilität verleihen.
54 Hengel, Judentum, 288f.
55 Hengel, Judentum, 289.

„Damit wurde die vielschichtige und mißdeutbare Vorstellung der kosmischen
Weisheit untrennbar mit der Geschichte Israels verbunden und umgekehrt der
zur Zeit Ben-Siras in Jerusalem angefochtenen Tora eine übergeschichtliche
und zugleich rationale Basis gegeben. "[56]

In dieser Beurteilung kehrt ein Motiv wieder, das Hengels Sirach-
Interpretation insgesamt begleitet. So sieht er auf der einen Seite das Werk
des Siraciden von einer antihellenistischen Polemik bestimmt, die Ben Sira
dazu veranlaßt, das universale Moment der Weisheit zugunsten einer stärkeren
Bindung an die Frömmigkeit zurücktreten zu lassen.[57] Auf der anderen Seite
findet Hengel reichlich Belege für hellenistische Einflüsse bei Jesus Sirach.[58]
Darin liegt nach seiner Auffassung jedoch kein Widerspruch zu der „im ganzen antihellenistischen Tendenz Ben-Siras",[59] sondern ist dieser vielmehr zuzuordnen:

„Daß man gerade in der Abwehr von Sprach- und Denkformen des Gegners
von diesem auch beeinflußt werden kann, ist eine häufige Erscheinung der Re-
ligions- und Geistesgeschichte. "[60]

Auch Marböck deutet Ben Siras Identifikation von Weisheit und Gesetz vor
dem Hintergrund der stoischen Philosophie. Allerdings ist er zurückhaltender
im Blick auf konkrete inhaltliche Übereinstimmungen zwischen dem stoischen
Nomos und der als Weisheit interpretierten Tora. In der „stoische(n) Popularphilosophie mit ihren Aussagen über den Nomos und die Weisheit" sieht er in
erster Linie den *Anlaß*, Weisheit und Gesetz zu verbinden.[61] So gelingt es Ben
Sira nach Marböcks Auffassung, die Tora durch ihre Rückbindung an die
vorweltliche und universale Weisheit als „dem stoischen Weltgesetz ebenbür-
tig" zu erweisen.[62] Der Bezug liegt mithin vor allem in der Herausforderung,
die Ben Sira zu einer Präzisierung der eigenen Position drängt, die er freilich
unter dem Eindruck des stoischen Vorbildes vornimmt. Einige neue Aspekte
stellt daher auch Marböck am Gesetzesbegriff des Siraciden fest. So erhält die
Tora durch die in Sir 24 vollzogene Identifikation „mit der vorangestellten
kosmischen Weisheit ... Anteil am universalen Charakter dieser Weisheit. ...
Sie bekommt damit einen Zug in Richtung eines umfassenden Weltgesetzes,

---

56 Hengel, Judentum, 289.
57 Vgl. Hengel, Judentum, 252ff. Hengel nimmt hier ausdrücklich den Interpretationsan-
    satz auf, den Smend zu Beginn des Jahrhunderts in seinem Sirachkommentar vertreten
    hat, vgl. Hengel, a.a.O., 252 und Smend, XX-XIV.
58 Vgl. Hengel, Judentum, 265-270.
59 Hengel, Judentum, 270.
60 Hengel, Judentum, 270.
61 Marböck, Gesetz, 20 = ders., Gottes Weisheit, 71
62 Marböck, Gesetz, 20 = ders., Gottes Weisheit, 71.

das Schöpfung und Geschichte durchwaltet."[63] Gleichzeitig hält Marböck jedoch auch das andere Moment fest. Er arbeitet es als eines der besonderen
Kennzeichen der Lehre Ben Siras heraus, daß dieser den Gedanken der Erwählung Israels in den weisheitlichen Denkhorizont aufnimmt. Wie im Alten
Testament ist das Gesetz Ausdruck der Erwählung Israels, die jedoch anders
expliziert wird. Die gedankliche Synthese wird verwirklicht, indem die Erwählung in der Tatsache zum Ausdruck kommt, daß im Gesetz Israels die
Fülle der universalen Weisheit gegenwärtig und offenbar ist.[64] Marböck hat
das damit verbundene Problem auf den Begriff gebracht, indem er von der
Spannung zwischen Universalität (Weisheit) und Partikularität (Gesetz Israels)
spricht. Ben Siras Lösung ist nach Marböcks Auslegung darin zu finden, daß
das Universale, die kosmische Weisheit, im Partikularen, nämlich im Gesetz
Israels sichtbar wird und ihren Ort in der Welt hat.

Von dieser Deutung hat sich Schnabel in seinem Beitrag „Law and Wisdom
from Ben Sira to Paul" ausdrücklich distanziert.[65] Er kritisiert, daß Marböck
dem universalen Element im Gesetzesverständnis Ben Siras zu große Bedeutung beimißt. Dem entgegen möchte Schnabel daran festhalten, daß das Gesetz hier in erster Linie die Tora des Mose oder den Pentateuch bezeichnet.
Zwar gesteht er zu, daß das Gesetz durch die Identifikation mit der Weisheit
auch an deren Universalität partizipiert. Er betont jedoch, daß die Tora diesen
Zug erst durch die Identifikation mit der Weisheit sekundär annimmt. Dies
dürfe nicht dazu verleiten, die Tora als ein kosmisch-universales Gesetz fehl-
zudeuten.

Mögliche Beziehungen zur Stoa verneint der Autor. Die Grundlage dieser
ablehnenden Haltung ist Schnabels Interpretation des stoischen Nomos als
„cosmic or universal law".[66] Da das Gesetz bei Ben Sira eindeutig als positives, geschriebenes Gesetz in Form der Tora des Mose aufgefaßt wird, sieht
Schnabel keine Vergleichsmöglichkeit mit dem stoischen Nomos.

In jüngster Zeit haben sich G. Boccaccini[67] (1991) und M. A. Jolley[68]
(1995) zum Verhältnis zwischen Weisheit und Gesetz bei Ben Sira geäußert.
Keiner von beiden geht dabei jedoch auf die Frage nach möglichen Bezügen
zur Stoa ein.[69] Anders ist dies bei J.J. Collins. In seiner 1997 erschienen Studie

---

63 Marböck, Gesetz, 8 = ders., Gottes Weisheit, 59.
64 Marböck, Gesetz, 12f. = ders., Gottes Weisheit, 62f.
65 Vgl. Schnabel, Law, 16-92, bes. 84ff.
66 Schnabel, Law, 85.
67 Vgl. Boccaccini, Judaism, 81-99.
68 Vgl. Jolley, Torah.
69 Boccaccini liest das Werk des Siraciden insgesamt als eine kritische Abgrenzung ge-
    gen zeitgenössische apokalyptische Entwürfe und ordnet auch die Verbindung von

zur „Jewish Wisdom in the Hellenistic Age" widmet er ein Kapitel dem Verhältnis von Weisheit und Gesetz bei Ben Sira und wirft dabei auch einen Seitenblick auf den stoischen Begriff des Nomos.[70] Ähnlich wie Marböck sieht Collins das Ziel der Identifikation von Weisheit und Gesetz in dem Aufweis, daß die Tora eine Verkörperung der universalen Weisheit darstellt. Ben Sira „is content to affirm in principle the general compatibility between the wisdom embedded in creation and proclaimed in Proverbs and the wisdom of the book of Moses."[71] Der Autor hält es für möglich, daß der Siracide bei dieser Interpretation von dem stoischen Verständnis des Gesetzes als „cosmic principle"[72] angeregt wurde, „since it provided a precedent for thinking of law in cosmic universal terms".[73] Allerdings trennt beide nach Collins Auffassung, daß Ben Sira selbst das Gesetz noch nicht als kosmisches Prinzip deutet. Diesen Schritt vollziehe die jüdische Tradition erst nach Ben Sira.[74]

Mit dem Überblick über die Forschung hat sich als Problemhorizont die Frage nach dem Verhältnis zwischen der Universalität der Weisheit und der durch die Bindung an einen geschichtlichen Ort bedingten Partikularität der Tora herauskristallisiert. Sucht man nach einer Antwort auf die Frage, so muß man feststellen, daß sich im Werk des Siraciden nur wenige Aussagen über Wesen und Inhalt des Gesetzes finden,[75] während der Weisheit mehrere Gedichte gewidmet sind.[76] Die Intention sowie die inhaltliche Bestimmtheit der Identifikation von Weisheit und Gesetz erschließt sich folglich primär von Ben Siras Aussagen über die Weisheit her, die daher den Ausgangspunkt der folgenden Analyse bilden.

5.2.2 Zum Begriff der Weisheit bei Ben Sira: eine Einführung

Die 'Weisheit' ist bei Ben Sira ein zentraler Begriff, der verschiedene Funktionen und Bedeutungen annimmt. So erscheint sie zum einen als eine 'objektive', dem Menschen gegenüberstehende Größe. Als göttliche Gabe liegt sie

---

Weisheit und Gesetz diesem Kontext zu. Dabei sieht er in der Betonung der weisheitlichen Ordnung der Schöpfung eine Reaktion auf die apokalyptische Auffassung von der gefallenen und damit ungeordneten Schöpfung, vgl. a.a.O., 90ff.

70 Vgl. Collins, Jewish Wisdom, 46-61, bes. 60f.
71 Collins, Jewish Wisdom, 58.
72 Collins, Jewish Wisdom, 61.
73 Collins, Jewish Wisdom, 61.
74 Vgl. Collins, Jewish Wisdom, 61.
75 Dies hat bereits v. Rad, Jesus Sirach, 117 = ders., Weisheit, 314f. festgestellt.
76 Vgl. Sir 1,1-10; 4,11-19; 6,18-37; 14,20-15,10; 24; 51,13-30.

den Werken der Schöpfung zugrunde und kann als ihr rationales Prinzip bezeichnet werden.

Zum anderen erfüllt die Weisheit eine wichtige alltagspraktische Funktion. Sie bietet Lebensregeln, die aus u. U. ganz gewöhnlichen Alltsagserfahrungen abstrahiert sind. Wer sich auf sie einläßt, ist den vielfältigen Anforderungen des Lebens gewachsen und wird mit einem gelingenden Leben belohnt. Der weitaus größte Teil des Buches handelt von dieser praktischen Weisheit.[77] So bietet das Werk eine Fülle ganz konkreter Ratschläge, z. B. über den Umgang mit Herrschern und Mächtigen (8,1ff.), über Sitten beim Gastmahl (31,12-32,13), über die Erziehung der Kinder (30,1-13), was man bei der Wahl von Freunden zu beachten hat (11,29-12,18) und vieles andere. Besonders eindringlich erklingt der Ruf, auf den Wegen der Weisheit zu wandeln, in einer Reihe von Weisheitsgedichten, die die poetisch personifizierte Weisheit als Führerin durch das Leben anpreisen und Mühe und Gewinn ihrer Nachfolge beschreiben.[78]

Nun sind jedoch beide: die Weisheit als Strukturmoment der Schöpfung und die praktische Weisheit für den Menschen nicht grundsätzlich voneinander verschieden. Treffender ist es, von zwei Erscheinungsformen der Weisheit zu sprechen. Dabei kommt der Reflexion über die Rolle der Weisheit in der Schöpfung die Funktion zu, den Ruf zur praktischen Lebensweisheit neu zu begründen. Diesem Begründungszusammenhang ist die Identifikation von Weisheit und Gesetz zuzuordnen, deren Verständnis daher bei den Gedichten über die 'kosmische' Weisheit (Sir 1,1-10; 24) seinen Ausgang nehmen muß.

5.2.2.1 Der göttliche Ursprung der universalen Weisheit (Sir 1,1-10[79])

(1)   Alle Weisheit kommt vom Herrn,
       und bei ihm ist sie bis in Ewigkeit.

(2)   Den Sand der Meere und die Regentropfen
       und die Tage der Ewigkeit, wer kann sie zählen?

---

77   Es ist daher treffend, wenn Di Lella, Meaning, 135f. zwischen den beiden Formen der
     Weisheit im Werk des Siraciden unterscheidet und sie als „practical" und „theoretical
     wisdom" bezeichnet.
78   Hierzu zählen 4,11-19; 6,18-37; 14,20-15,10 und schließlich 51,13-30.
79   Vgl. zu diesem Abschnitt Marböck, Weisheit, 17-34; Rickenbacher, Weisheitsperiko-
     pen, 4-34.

*(3) Die Höhe des Himmels und die Weite der Erde
     und die Tiefe der Flut,[80] wer kann sie ergründen?*

*(4) Eher als alles wurde die Weisheit geschaffen
     und die verständige Einsicht von Ewigkeit her.[81]*

*(6) Die Wurzel der Weisheit, wem wurde sie offenbart,
     und wer erkannte ihre Geheimnisse?*

*(8) Einer ist weise, gar sehr zu fürchten,
     er sitzt auf seinem Thron: der Herr.[82]*

*(9) Er schuf sie und sah sie und zählte sie
     und goß sie aus über alle seine Werke.[83]*

*(10) Bei allem Fleisch ist sie entsprechend seiner Gabe,
     und er gewährte sie denen, die ihn lieben.*

Dieses weisheitliche Lehrgedicht mit „hymnischem Charakter"[84] gliedert sich klar in zwei Teile mit jeweils vier Bikola:[85] V. 1-4 und 6-10. Eine *inclusio* durch μετ' αὐτοῦ in V. 1b und μετὰ πάσης σαρκός in V. 10a weist den Abschnitt als Einheit aus.[86]

Das Gedicht verbindet zwei Themen: Der erste Teil handelt von der göttlichen Abkunft der Weisheit und ihrem zeitlichen Vorrang vor der Schöpfung. Die zweite Hälfte sucht nach der Überwindung der Distanz und beschreibt den Weg der Weisheit in die Welt, ihr Verhältnis zur Schöpfung und zu den Menschen.

Ben Sira gibt seinem Werk mit diesem Gedicht eine bemerkenswerte Eröffnung. Geradezu programmatisch steht hier am Anfang ein Bekenntnis zu Gott als der einzigen Quelle der Weisheit.[87] Eine andere Weisheit als die Weisheit Gottes gibt es nicht. Gott ist der Herr über die Weisheit schlechthin.

---

80 So im Anschluß an S und L gegen G, der fälschlich σοφίαν einfügt, vgl. dazu Marböck, Weisheit, 19.

81 V. 5 ist der GII-Tradition zuzurechen: *Die Quelle der Weisheit ist das Wort Gottes in den Höhen, und ihre Wege sind die ewigen Gesetze.*

82 κύριος ist vom Anfang der Zeile in V. 9a an das Ende von V. 8b zu übernehmen, V. 9a-c zu einem Bikolon zusammenzuziehen, vgl. neben L und S auch Smend, 9; Skehan / Di Lella, 136, die entsprechend übersetzen, die Entscheidung jedoch unkommentiert lassen.

83 Zur Entscheidung, V. 9a-c zu einem Bikolon zusammenzuziehen vgl. die vorige Anmerkung.

84 Vgl. Marböck, Weisheit, 25f.

85 Zu V. 9 vgl. die Textkritik o. S. 203, Anm. 82.

86 Vgl. Marböck, Weisheit, 23; Skehan / Di Lella, 137.

87 Vgl. auch unten V. 8 und 42,18.20.

(1)   Alle Weisheit kommt vom Herrn,
*   und bei ihm ist sie auf ewig.*

(8)   Einer ist weise, sehr ist er zu fürchten,
*   er sitzt auf seinem Thron: der Herr*

Daß Ben Sira hier ausdrücklich Gott als alleinigen Ursprung der Weisheit nennt, ist im Alten Testament ohne Vorbild. Offenbar war diese Einsicht einmal selbstverständlich. Ihre Bekräftigung an einer so exponierten Stelle zeigt, daß sie in Ben Siras Umfeld zur Disposition stand.[88] Ein freilich leiser polemischer Unterton läßt sich aus dieser bekenntnisartigen Feststellung heraushören. Auf dem zeitgeschichtlichen Hintergrund kann man ihn - vorsichtig - als Seitenhieb gegen die hellenistische Popularphilosophie und deren geistige 'Verführungen' deuten. Zugleich schafft diese Einleitung die Rahmenbedingungen, die es Ben Sira ermöglichen, im folgenden unumwunden die Universalität der Weisheit zu preisen.

Indirekt geschieht dies zunächst durch zwei rhetorische Fragen in V. 2f.: Kein Mensch, so die Antwort auf die Frage „wer" (τίς, V. 2b.3b), ist in der Lage, die unendliche Größe der Schöpfung, der ganzen Welt (V. 3) zu erfassen. Die Weisheit aber wurde vor allem übrigen geschaffen und übertrifft damit noch die Schöpfung (V. 4).[89]

Von Beginn an waltet demnach die Weisheit in der Schöpfung. Vom Vergleich mit der Stoa her liegt es nahe, an den Logos, die stoische Weltvernunft, zu denken und die Weisheit als das rationale Prinzip zu interpretieren, das allem Geschaffenen vorausliegt. Tatsächlich bestätigt sich diese Deutung. So erhält die der Schöpfung durch die Weisheit mitgeteilte Rationalität einen besonderen Nachdruck durch den Parallelismus von 'Weisheit' und 'verständiger Einsicht' in V. 4a und b. Diese auf den ersten Blick nur verstärkende Doppelung der Aussage ist noch aus einem anderen Grund bemerkenswert. V. 4b schlägt mit dem Ausdruck σύνεσις φρονήσεως zugleich die Brücke von der kosmischen Weisheit zur Vernunft des Menschen. Zusammen mit γνῶσις und ἐπιστήμη bezeichnen σύνεσις und φρόνησις in der Übersetzung des Enkels in

---

88   Vgl. auch Marböck, Weisheit, 31.
89   Vgl. bereits Prov 8,22-31. Dort erzählt die Weisheit, daß sie als „Erstling" vor allem anderen geschaffen wurde (V.22-26) und daß sie dabei war, als Gott die Welt schuf (V. 27-31). Ihre Rolle bei der Schöpfung bleibt im masoretischen Text allerdings unklar. So berichtet die Weisheit in V. 31, daß sie „an der Seite" (אמון) Gottes war. Hingegen haben Septuaginta, Peschitta und Vulgata hier stattdessen offenbar אמן (Werkmeister) gelesen, was freilich auf eine spätere Interpretation zurückgehen kann. Vgl. dazu auch Weiss, Kosmologie, 191f.; Hengel, Judentum, 292f.; Gese, Johannesprolog, 177.

der Regel die Weisheit als menschliche Eigenschaft.[90] Kosmische und menschliche Weisheit werden damit parallelisiert und auf einen gemeinsamen Ursprung zurückgeführt.

Auch dieser Aspekt der Weisheit erinnert an den Logos der Stoiker. Wie die stoische Weltvernunft, so ist die Weisheit als von Gott kommendes Strukturprinzip überall in der Schöpfung gegenwärtig und zielt darauf, im Menschen vergegenwärtigt zu werden. Allerdings zeichnet sich bereits in diesem Eingangskapitel des Sirachbuches ein fundamentaler Unterschied zwischen dem stoischen Logos und der Weisheit des Siraciden ab, der sich auch in anderen Bereichen auswirkt. So bleiben die 'Wurzel' und die 'Geheimnisse' der Weisheit (1,6) dem menschlichen Betrachter zunächst verborgen. Diese Aussage steht im Hintergrund der dritten rhetorischen Frage (V. 6), die am Beginn des zweiten Teils des Gedichts steht. Anders als in V. 2 und 3 erhält die Frage „wer" hier jedoch eine positive Antwort. Der Herr nämlich, der allein weise ist, schuf und erkannte die Weisheit (V. 8f.). Er ist daher auch der Schlüssel zur Weisheit in der Welt. Während er die Weisheit in ihrer kosmischen Dimension über alle seine Werke goß und ihnen damit insgesamt und ein für alle Mal eine Ordnung verlieh,[91] teilt er sie den Menschen jeweils nach seiner Maßgabe zu. Gott bleibt Herr über die Weisheit, auch wenn sie in der Schöpfung gegenwärtig ist. Dieser Gedanke erhält nun zum Abschluß des Gedichts noch eine Zuspitzung (V. 10):

er gewährt sie denen, die ihn lieben.

Daß damit die gesetzestreuen Juden gemeint sind, liegt auf der Hand. Deutlicher noch kommt dieser Zusammenhang in 1,26 zum Ausdruck:

Wenn du Weisheit begehrst, halte die Gebote,
und der Herr wird sie dir gewähren.

Die Weisheit erschließt sich damit der erkennenden Vernunft des Menschen nicht vollständig. Erst der Gehorsam gegen das Gebot Gottes, die Unterordnung unter seinen Willen, führt zum Besitz der Weisheit. So kann man sagen: Während der Schlüssel zum Weltverhältnis des Menschen bei den Stoikern allein in der Vernunft und ihrer Befähigung zur Erkenntnis des Göttlichen in der Welt liegt, ist der Erkenntnis bei Ben Sira die willentliche Unterordnung unter das Gesetz Gottes vorgeordnet. Gott und mit ihm die göttliche Weisheit erschließt sich nicht vollends aus der Betrachtung der Welt. In der Weisheit

---

90 Vgl. 1,19; 17,7; 19,22ff.; vgl. auch συνετός und φρόνιμος z. B. in 21,11-28.
91 Vgl. auch 16,26ff; 39,12-35; 42,15-43,33.

begegnet darüber hinaus, anders als im stoischen Logos, nicht Gott selbst. Die Weisheit bleibt als eine göttliche Gabe von Gott unterschieden.

Zwei Aspekte der Weisheit bei Ben Sira, die für den Grundansatz des gesamten Werkes bestimmend sind, können bereits an dieser Stelle benannt werden. Zum einen begegnet die von Marböck auf die Identifikation von Weisheit und Gesetz bezogene Spannung zwischen Universalität und Partikularität hier im Weisheitsbegriff selbst. Zunächst vollzieht Ben Sira eine konsequente Durchführung des Gedankens der universalen Geltung der Weisheit, indem er die menschliche Vernunft in den Begriff der kosmischen Weisheit einbezieht. Die göttliche Weisheit erstreckt sich in ihrem Geltungsanspruch auf die ganze Welt und bestimmt die Vernunft und das Leben der Menschen. Gleichzeitig erfährt dieser Gedanke jedoch eine 'heilsgeschichtliche Brechung', indem der Zugang zur Weisheit an die Befolgung des göttlichen Willens gebunden wird. Die Frage in V. 6a „die Wurzel der Weisheit, wem wurde sie offenbar?" nimmt daher die Identifikation von Weisheit und Gesetz, wie sie im 24. Kapitel erfolgt, vorweg. Das Gesetz scheint als Quelle der Offenbarung der Weisheit auf. Zum anderen wird eine Dialektik zwischen göttlichem und menschlichem Handeln sichtbar. Die Weisheit ist eine göttliche Gabe an den Menschen. Gleichwohl hängt es vom Verhalten des Menschen ab, ob sie ihm gewährt wird. Wenige Verse weiter unten im selben Kapitel kommt diese Spannung noch stärker zum Ausdruck (1,14):

Der Anfang der Weisheit ist es, den Herrn zu fürchten,
und den Frommen wurde sie im Mutterleib anerschaffen.

Für den modernen Leser erscheint diese Vorstellung geradezu als ein Widerspruch. Hier erinnert sie daran, daß das göttliche Vorauswissen um das menschliche Handeln die freie Verantwortung des Geschöpfs nicht einschränkt.[92]

5.2.2.2 Die große Synthese: die Selbstpräsentation der Weisheit im Hymnus (Sir 24)

Zweifellos einer der bedeutendsten Texte des gesamten Sirachbuches ist der Hymnus der Weisheit in Kapitel 24, mit dem die Weisheit sich selbst rühmt. Seiner Bedeutung entsprechend, ist der Hymnus als Brennpunkt im Zentrum

---

92   Vgl. dazu o. S. 87f.

des Werkes plaziert.[93] Ben Sira vollzieht in diesem Kapitel mit der Gleichsetzung von Weisheit und Gesetz die große Synthese von Universalität und Partikularität.[94] Gleichzeitig werden 'objektive' und 'subjektive', kosmische und
menschliche Weisheit zusammengebracht.

Die Größe des Gegensatzes, die hier überwunden wird, erhält einen sym-
bolischen Ausdruck in dem weiten Weg, den die Weisheit in diesem Gedicht
zurücklegt, ehe sie ihren festen Wohnort in Jerusalem findet (V. 3-8). Einige
Stationen ihres Weges bis zur Identifikation mit dem Gesetz sollen in der folgenden Kurzauslegung aufgesucht werden.[95] Wie bereits im vorigen Abschnitt
zu Sir 1,1-10 seien hier nur jene Aspekte herausgearbeitet, die für die Gegenüberstellung des Gesetzesbegriffs der Stoa und Ben Siras von Bedeutung sind.

Lob der Weisheit

(1)   Die Weisheit preist sich selbst,
        und inmitten ihres Volkes rühmt sie sich.

(2)   In der Versammlung des Höchsten öffnet sie ihren Mund,
        und vor seiner Heerschar rühmt sie sich.

(3)   Ich ging aus vom Munde des Höchsten,
        und wie eine Nebelwolke bedeckte ich die Erde.

(4)   Ich wohnte in den Höhen,
        und mein Thron war auf einer Wolkensäule.

(5)   Den Himmelskreis durchzog ich allein;
        und in der Tiefe des Abgrundes wandelte ich.

(6)   Über die Wogen des Meeres und über die ganze Erde
        und über alle Völker und Nationen herrschte ich.[96]

(7)   Bei ihnen allen suchte ich Ruhe
        und in wessen Erbteil ich mich nierlassen könnte.

---

93   Auf die komplexe Frage, ob die Weisheit als Hypostase zu verstehen sei, kann hier
      nicht eingegangen werden, vgl. zum Problem Schmid, Wesen, 149-155 und die a.a.O.,
      S. 150, Anm. 36 genannte Literatur; Lang, Frau Weisheit, 154-157.
94   Zu diesen Begriffen s. o. S. 200.
95   Für eine darüber hinausgehende Analyse des Hymnus sei auf die umfangreiche Lite-
      ratur verwiesen, vgl. Marböck, Weisheit, 34-96; ders., Gottes Weisheit, 73-87; Rik-
      kenbacher, Weisheitsperikopen, 111-172; Gilbert, L'éloge; Lebram, Jerusalem;
      Sheppard, Interpretation.
96   Lies ἡγησάμην mit S und L, vgl. Ziegler, Sapientia, 237; anders entscheidet Sheppard,
      Wisdom 1980, 33, der an der Lesart ἐκτησάμην festhält.

(8)   Da befahl mir der Schöpfer des Alls,
        und der mich geschaffen hat ließ mein Zelt ruhen,
        und er sprach: „In Jakob schlage dein Zelt auf,
        und in Israel sei dein Erbteil."

(9)   Vor aller Zeit, am Anfang schuf er mich,
        und bis in Ewigkeit vergehe ich nicht.
(10)   Im heiligen Zelt diente ich vor ihm,
        und ebenso wurde ich auf dem Zion fest eingesetzt.
(11)   In der Stadt, die er wie mich liebt, ließ er mich Ruhe finden,
        und in Jerusalem ist mein Machtbereich.
(12)   Ich schlug Wurzeln in einem gepriesenen Volk,
        im Anteil des Herrn, in seinem Erbe.[97]

(13)   Wie eine Zeder auf dem Libanon wuchs ich empor
        und wie die Zypresse auf dem Hermongebirge.
(14)   Wie eine Palme in Engedi wuchs ich in die Höhe
        und wie Rosengewächse in Jericho,
        wie ein prächtiger Ölbaum in der Ebene,
        und wie eine Platane am Wasser[98] wuchs ich empor.
(15)   Wie Zimt und wohlriechender Aspalath
        und wie erlesene Myrrhe strömte ich Wohlgeruch aus,
        wie Galbanum, Onyx und Stakte
        und wie die Weihrauchwolke im heiligen Zelt.
(16)   Ich breitete wie eine Terebinthe meine Zweige aus,
        und meine Zweige waren Zweige von Pracht und Anmut.
(17)   Wie ein Weinstock trieb ich schöne Zweige,
        und meine Blüten wurden zu einer Frucht voller Herrlichkeit und
        Reichtum.[99]

(19)   Kommt her zu mir, die ihr mich begehrt,
        und sättigt euch an meinen Früchten.
(20)   Denn die Erinnerung an mich ist süßer als Honig,
        und mein Erbe ist besser als Honigwaben.
(21)   Die mich essen, haben Hunger nach mehr,
        und die mich trinken, sind weiterhin durstig.

---

97   Lies κληρονομίᾳ αὐτοῦ mit einigen Handschriften und S.
98   Ergänzung im Anschluß an S.
99   V. 18 zählt zur GII-Tradition.

(22) Wer mir gehorcht, wird nicht zu Schanden,
und die sich um mich mühen, werden nicht sündigen.

(23) Dies alles ist das Gesetz,[100] das uns Mose gebot,
als Erbe in der Gemeinde Jakobs.[101]

(25) Es[102] ist angefüllt mit Weisheit wie der Pischon
und wie der Tigris in den Tagen der Erstlinge.

(26) Es ist erfüllt mit Einsicht wie der Euphrat
und wie der Jordan in den Tagen der Ernte.

(27) Es strömt über von Bildung[103] wie der Nil,
wie der Gihon zur Zeit der Traubenlese.

(28) Der Erste wurde nicht fertig, es[104] zu erkennen,
und ebenso hat auch der Letzte es nicht ergründet.

(29) Mehr als das Meer ist angefüllt sein Sinn,
und sein Rat ist tiefer als die Urflut.[105]

(30) Und ich war wie der Bach, der von einem Fluß ausgeht
und wie eine Wasserleitung, die den Garten bewässert.

(31) Ich sprach: ich will meinen Garten tränken
und mein Beet wässern;
und siehe, der Bach wurde mir zum Strom,
und der Fluß wurde mir zum Meer.

(32) Ich will weiterhin Bildung ausstrahlen wie die Morgenröte
und will sie leuchten lassen bis in weite Ferne.

---

100 βίβλος διαθήκης θεοῦ ὑψίστου ist „eine frühe Erweiterung nach Bar 4,1" (Maröbck, Gottes Weisheit, 75 Anm. 5 im Anschluß an Rickenbacher, Weisheitsperikopen, 166; Gilbert, L'éloge, 336f. Aus stilistischer Sicht kann auch hier geltend gemacht werden, daß die Bildung von Trikola auf den griechischen Übersetzer zurückgeht, der hebräische Urtext hingegen in Bikola verfaßt ist, vgl. dazu auch u. S. 210, Anm. 109 und Kaiser, Freund, 118 = ders., Weisheit, 228.

101 Der Plural, den G bietet, dürfte auf die Übersetzung zurückgehen und als ein Tribut an die Gemeinden der Diaspora zu deuten sein. V. 24 gehört der GII-Tradition an: *Laßt nicht nach, im Herrn stark zu sein, schließt euch eng an ihn, damit er euch stärkt. Der allmächtige Herr ist der einzige Gott, und außer ihm gibt es keinen Retter.*

102 Es sei darauf hingewiesen, daß im Hebräischen Weisheit (חכמה) und Gesetz (תורה) beide feminin sind, so daß sich das Folgende sowohl auf die Weisheit als auch auf das Gesetz als Subjekt beziehen könnte, vgl. 15,1. Marböck, Gottes Weisheit, 75 nimmt dies in seiner Übersetzung auf, indem er νόμον (V.23) nicht durch Gesetz, sondern mit „Tora" wiedergibt und damit ein Subjekt im *Femininum* erhält.

103 Zur Übersetzung vgl. Marböck, Weisheit, 35.

104 Vgl. zu V. 25.

105 Zu dieser Wiedergabe von ἀβύσσου vgl. 1,3; 16,18; 24,5; 42,18; 43,23.

*(33) Weiterhin will ich Lehre ausgießen wie Prophetie
       und sie für künftige Geschlechter hinterlassen.*[106]

Den Hauptteil des Gedichts bildet die hymnische Ich-Rede der Weisheit, die
sich nach einer Einleitung in V. 1-2 von V. 3 bis V. 22 erstreckt und 22 Bikola
umfaßt.[107] Das Weisheitsgedicht läßt sich in vier Strophen mit abwechselnd
sieben und vier Bikola gliedern: V. 3-8.9-12.13-17.19-22.[108]
    Seine geistesgeschichtliche Bedeutung verdankt das Gedicht jedoch erst
der Identifikation von Weisheit und Gesetz in V. 23-29, durch die die weisheitliche Ich-Rede ihre besondere Deutung erhält. Hieran schließt sich ein per-
sönliches Bekenntnis Ben Siras an (V. 30-33[4]). Diese beiden Strophen, die
Marböck treffend als „Nachwort des Siraziden"[109] bezeichnet, umfassen zusammen elf Bikola[110] und sind damit halb so lang wie das eigentliche Weis-

---

106 Im Griechischen Text folgt ein weiterer Vers: *Seht, daß ich mich nicht für mich allein
     gemüht habe, sondern für alle, die sie suchen.* Er fehlt in S und ist als Dublette von
     Sir 33,18 zu streichen, vgl. auch Skehna / Di Lella, 330, anders Marböck, Weisheit,
     41; ders., Gottes Weisheit, 75; Rickenbacher, Weisheitsperikopen, 129f.; Gilbert,
     L'éloge, 341.
107 V. 18 gehört zu GII und wird daher nicht in die Rechnung einbezogen.
108 Diese Gliederung folgt einem Vorschlag von Marböck, Gottes Weisheit, 77 im An-
     schluß an Gilbert, L'éloge. Anders gliedern z. B. Peters, 194; Smend, 214f.; Rickenba-
     cher, Weisheitsperikopen, 118; Skehan / Di Lella, 331. Marböck legt in erster Linie
     kein formales, sondern das inhaltliche Kriterium der „Bewegung der Weisheit", die im
     „ständigen Wechsel von Ausdehnung und Konzentration" besteht, zugrunde (ebd.).
     Seine Argumentation läßt sich jedoch darüber hinaus durch formale Beobachtungen
     ergänzen. Die Verse 10-12 sind durch die Partikel ἐν jeweils am Versbeginn zur Ein-
     heit zusammengeschlossen (vgl. Sheppard, Wisdom 1980, 47), wobei sich V. 12a nur
     durch eine Inversion unterscheidet, V. 12b entspricht wieder ganz V. 10b.11b. Allein
     das Verb ἐρρίζωσα in V. 12a nimmt das Bild der folgenden Verse 13-17 vorweg. Dies
     rechtfertigt es jedoch nicht, V. 12 zum folgenden zu rechnen. Vielmehr handelt es sich
     um eine für Ben Sira typische Stichwortassoziation, die einen Übergang zwischen
     zwei Strophen schafft, vgl. auch Sir 17,24.25. Die Verse 13-17 verbindet nicht nur das
     Bild vom Baum (V. 13.14.16.17), sondern die parallele Struktur: Jeder der Verse be-
     ginnt mit ὡς, V. 16f. zusätzlich mit vorangestelltem ἐγώ. Diese Erweiterung in V. 16f.
     begründet jedoch keinen Einschnitt, sondern bildet mit ἐγώ in V. 3a.4a eine *inclusio*.
     Der eigentliche Lobpreis der Weisheit ist damit abgeschlossen. In V. 19ff. folgen
     Aufforderungen als Konsequenz aus dem Loblied.
109 Marböck, Weisheit, 47.
110 Diese Zählung setzt die Streichung von V. 34 als Dublette voraus, s. dazu o. S. 210,
     Anm. 105. Darüber hinaus ist V. 23 auf ein ursprüngliches Bikolon anstelle des von G
     gebotenen Trikolons zurückzuführen. Zur Tendenz des Griechen, hebräische Bikola in
     Trikola zu verwandeln, vgl. Kaiser, Freund, 118 = ders., Weisheit, 228. Daß im he-
     bräischen Urtext vermutlich keine Trikola vorhanden waren, stellt auch Rickenbacher,
     Weisheitsperikopen, 130f. fest.

heitsgedicht. Sie fügen sich somit in die Struktur des vorausgegangenen Hymnus ein.

Unverkennbar baut der Hymnus auf Prov 8,22-31 auf, geht aber in entscheidenden Punkten darüber hinaus.[111] Sieht man einmal von dem augenfälligsten Unterschied, der „interpretatio israelitica"[112] der Weisheit in Sir 24, ab, so bleibt die größere Eigenständigkeit, die die Weisheit in Sir 24 im Vergleich zu Prov 8,22-31 erhält.[113] Ihre Aufgabe nimmt konkretere Gestalt an. Dies bezieht sich zunächst auf ihre Rolle bei der Schöpfung, gilt aber besonders für ihr Verhältnis gegenüber den Menschen. Während es in Prov 8,31 lediglich heißt: „und meine Freude war es, bei den Menschen zu sein", tritt die Weisheit in Sir 24 als Herrscherin über alle Völker auf (V. 6b), deren Macht sich später in Israel konzentriert (V. 8.10ff.).

Daß die seit dem 3. Jahrhundert auch in Palästina verbreitete Isis-Verehrung[114] für die Bildung der Gestalt der personifizierten Weisheit hier wie in Prov 8,22-31 nicht ohne Einfluß war, ist wahrscheinlich. Vor allem auf die formale Parallele der ἐγώ-Verse Sir 24,3f.16f. zur Isis-Aretalogie wird immer wieder hingewiesen.[115] Von einer direkten Abhängigkeit kann angesichts der Unterschiede allerdings nicht gesprochen werden.[116] Dies schließt jedoch einen Einfluß auf einer früheren Entwicklungsstufe nicht aus.[117]

Zur Auslegung

Von Beginn des Gedichts an ist sowohl die Spannung als auch die Aufhebung des oben genannten Gegensatzes zwischen Universalität und Partikularität präsent. Bereits in der Einleitung (V.1-2), die den Lobpreis der Weisheit ankündigt und ihr Forum nennt, klingt sie an. So preist sich die Weisheit nach V. 1b „inmitten ihres Volkes", nämlich des Volkes Israel,[118] in V. 2b dagegen

---

111 Vgl. dazu auch Marböck, Weisheit, 55f.; Skehan, Structures; Collins, Jewish Wisdom, 51.
112 Marböck, Weisheit, 62.
113 Zur Personifikation der Weisheit in der alttestamentlich-frühjüdischen Tradition vgl. Murphy, Tree, 133-149, zu Prov 8 a.a.O., 135-139, zu Sir 24 a.a.O., 139f., vgl. weiterhin ders., Personification.
114 Vgl. dazu Hengel, Judentum, 287 und zum Isis-Kult allgemein Koch, Geschichte, 556-609.
115 Vgl. Conzelmann, Mutter; Marböck, Weisheit, 49-54; Hengel, Judentum, 284-287; Collins, Jewish Wisdom, 49f. und insgesamt Sanders, Mother Isis.
116 Anders Conzelmann, Mutter, der direkte Abhängigkeiten konstatiert
117 Vgl. auch Hengel, Judentum, 287.
118 Entsprechend deutet S den Ausdruck, wenn er übersetzt: „und inmitten des Volkes Gottes wird sie geehrt." Vgl. auch Skehan / Di Lella, 331. Smend, 216 hingegen hält

vor den Heerscharen Gottes und damit vor einer himmlischen Zuhörerschaft. Ihre Autorität erstreckt sich demnach bis in höchste Höhen, was jedoch ihre Selbstpräsentation im Volke Israel nicht ausschließt.

Die erste Strophe (V. 3-8) steht ganz unter dem Eindruck der Würde und Erhabenheit der Weisheit. Wie in den Isis-Aretalogien betont ein vorangestelltes ἐγώ in V. 3a.4a die Majestät der Weisheit.[119] Ihre Herkunft „aus dem Munde des Höchsten" (V. 3a)[120] weist sie als Geschöpf aus, bringt aber zugleich ihre Unmittelbarkeit gegenüber dem Schöpfer zum Ausdruck. Wenn sie in V. 3b von sich sagt, daß sie die Erde wie eine Wolke bedeckte, spielt sie damit auf ihre Gegenwart bei der Schöpfung an (vgl. Gen 1,2 und 2,6), bei der sie sich, Prov 8,22-31 überbietend, offenbar eine aktive Rolle zuschreibt.[121]

Auch im Himmel hat sie eine besondere Stellung: sie *thront* auf einer Wolkensäule (V. 4). Als himmlische Herrscherin ist sie damit in die unmittelbare Nähe Gottes gerückt.[122]

Unter dieser Vorgabe berichtet sie von ihrer Wanderschaft: Sie durchzieht den Himmelskreis wie den tiefen Abgrund (V. 5) und herrscht über die Wogen des Meeres sowie über die ganze Erde (V. 6), mit anderen Worten: Die Weisheit ist in der ganzen Welt gegenwärtig, sie ist schlechterdings universal.

λαὸς αὐτοῦ für die „himmlischen Genossen der Weisheit". Dagegen spricht jedoch einerseits, daß der Begriff λαός sonst nirgends himmlische Wesen bezeichnet. Andererseits ist überhaupt die Vorstellung von einem himmlischen Volk der Weisheit bei Sirach und im gesamten Alten Testament ohne Vorbild.

119 Vgl. Marböck, Weisheit, 49-54.

120 Marböck, Weisheit, 59 weist auf die terminologische und sachliche Parallele zum Wort Gottes bei Deuterojesaja hin, vgl. Jes 45,23; 48,3; 55,11. Vgl. die Diskussion bei Sheppard, Wisdom 1980, 21; Marböck, Gottes Weisheit, 79.

121 Vgl. Sheppard, Wisdom 1980, 22. Sheppard zeigt, daß der priesterliche und der jahwistische Schöpfungsbericht hier als „complementary" angesehen werden (vgl. a.a.O., 26). Die Verbindung zwischen Gen 1,2 und 2,6 in Sir 24,3b, die von der Mehrzahl der Kommentatoren angenommen wird, sieht er in ὁμίχλη als Wiedergabe von hebräisch ערפל begründet (S. 23), wobei ערפל sowohl das Moment der Finsternis aus Gen 1,2 wie das der Feuchtigkeit aus Gen 2,6 in sich vereint (S. 25). Die Pointe dieser Ableitung liegt darin, daß mit dieser Zusammenschau von Gen 1,2 und 2,6 auf jene Elemente in den beiden Schöpfungsberichten angespielt wird, die „cosmic agents of the first activity distinct from that of God himself in the creation of the world" benennen (S. 26). Damit erhält die Weisheit selbst eine eigene, konkrete Rolle im Schöpfungsakt (vgl. ebd.). Vgl. auch Collins, Jewish Wisdom, 51 der darauf hinweist, daß hier „language used of God in the Hebrew Bible is now applied to Wisdom". Zwar wird die Weisheit nirgends als göttlich bezeichnet; aber sie erscheint als „the instrument of God's presence and agency." (ebd, vgl. auch a.a.O., 54.)

122 Einen himmlischen Thron für die Weisheit kennt das gesamte Alte Testament nicht. Gott allein thront im Himmel. Erst in Sap 9,4 begegnet diese Vorstellung. Dort sitzt die Weisheit neben Gott auf dem Thron.

Bei dieser Wegbeschreibung liest man leicht über V. 6b hinweg:

und über jedes Volk und jede Nation herrschte ich.

Wie in Sir 1,4 wird auch hier die Weisheit als Prinzip verstanden, das nicht nur die Schöpfung, sondern in gleicher Weise den Menschen bestimmt. Im Anschluß an stoische Terminologie charakterisiert Hengel die Weisheit daher „als eine Art von Gott ausgehender *„Weltvernunft"*, die die ganze Schöpfung erfüllte und durchwaltete, den Höhepunkt ihrer Aufgabe aber darin fand, daß sie den Menschen zu einem vernünftigen Wesen machte".[123] Wie sich zeigen wird, geht es dabei um die *praktische* Vernunft, um die Weisheit, die sich im Handeln des Menschen verwirklicht (s. u. zu 24,19ff.).

Mit der Herrschaft über die Völker ist die Weisheit dem Ziel ihrer Wanderung durch den Kosmos sehr nahe gekommen. Nun sucht sie nach einem festen Wohnort (V. 7). Es springt in die Augen, daß die Beschreibung ihrer Suche in die Sprache des Deuteronomiums gekleidet ist. So erinnert sie an die Verheißung eines Wohnortes und Erbteils an Israel in Dtn 12,9f.[124] Der Vers bereitet damit die Wende vor, die der Schluß dieser Strophe bringt: Die Weisheit, die zuvor autonom die Welt durchzogen hat, nimmt auf göttliches Geheiß in Israel Wohnung (V. 8):[125]

Da befahl mir der Schöpfer des Alls,
und der mich geschaffen hat, ließ mein Zelt ruhen
und sprach: In Jakob lasse dich nieder
und in Israel sei dein Erbteil.

Zwei Gesichtspunkte seien hieran hervorgehoben. Zunächst wird die Weisheit mit diesem Vers gegenüber dem Schöpfer ins rechte Verhältnis gebracht: Wenngleich sie in der ganzen Welt ihre Macht ausübt, ist sie selbst doch der Befehlsgewalt des Herrschers des Alls untergeordnet, sie ist selbst Geschöpf - allerdings, wie der nächste Vers (V. 9) klar herausstreicht, vor aller Zeit und für alle Ewigkeit (vgl. 1,1.4). Zweitens erfährt der Wirkungskreis der Weisheit in diesem Vers eine Konzentration. Nachdem die Weisheit ihre „Mission" durch den Erdkreis beendet hat, ist sie einzig in Israel gegenwärtig.[126]

---

123 Hengel, Judentum, 288.
124 Vgl. Sheppard, Wisdom 1980, 42.
125 Vgl. i. U. dazu den Mythos von der Weisheit, die unter den Menschen eine Wohnung sucht, aber nirgends findet, so z. B. in 1 Hen 42, vgl. dazu Wilckens, Weisheit, 160-197, zu Sir 24: a.a.O., 166ff.; zur Kritik an Wilckens vgl. Marböck, Weisheit, 63.
126 Das Motiv der *Gegenwart* der Weisheit gewichtet Marböck sehr stark, vgl. ders., Gottes Weisheit, 78-84 und die a.a.O. Anm. 17 angegebene Literatur.

Wenngleich erst mit diesem Vers die Bindung der Weisheit an Israel explizit wird, enthielten bereits die Verse davor Anspielungen auf alttestamentliche Traditionen, die sich im folgenden fortsetzen.[127] So ruft die Wolkensäule in V. 4 die Wüstenwanderung in Erinnerung.[128] Sheppard hat hinter diesen Anspielungen das hermeneutische Prinzip erkannt, daß abwechselnd alttestamentliche Aussagen von Gott und von Israel auf die Weisheit übertragen werden, um die entsprechenden Traditionen im Lichte der Weisheit zu interpretieren. So wird suggeriert, daß die Weisheit von den ersten Anfängen an in Israels Geschichte präsent war und dort auch gegenwärtig noch im ursprünglichen Sinne beheimatet ist.[129]

Daß diese Verankerung im Partikularen die Weisheit nicht ihrer Macht beraubt und auch keine qualitative Beschränkung bedeutet, sondern im Gegenteil der Weisheit zu ihrer eigentlichen Blüte und Verwirklichung verhilft, zeigen die folgenden beiden Strophen. So wird in der dritten Strophe (V. 9-12) ausführlich beschrieben, wie die kosmische, ewige Weisheit in Jerusalem Wohnung nimmt. Es zeugt vom Selbstbewußtsein des Siraciden, daß er sich die Weisheit der Tatsache rühmen läßt, in Israel ihren festen Ort zugewiesen bekommen zu haben. Genau betrachtet ist es nämlich der Ruhm *Israels*, der auf die Weisheit zurückfällt, indem sie dort ihr Teil und ihr Erbe findet: Sie diente im heiligen Zelt vor dem Herrn und wurde in Zion eingesetzt (V. 10),[130] die Stadt, in der sie Ruhe fand, ist 'geliebt' (V. 11), das Volk, in dem sie Wurzeln schlug, ist ein 'gepriesenes' Volk, es ist der 'Anteil des Herrn' (V. 12). Die Weisheit darf sich rühmen, daß sie *hier* ihren Mittelpunkt gefunden hat. Hier

---

127 Vgl. die Anspielungen auf den Schöpfungsbericht in V. 3 (vgl.Gen 1,2;2,6).

128 Vgl. Ex 13,21f.; 14,19f.; 33,9ff. und dazu Sheppard, Wisdom 1980, 31ff.; Marböck, Weisheit, 60; Jolley, Torah, 32.

129 Vgl. Sheppard, Wisdom 1980, 19-71. Auf die Anspielungen im einzelnen wird in der vorliegenden Auslegung nicht weiter eingegangen. Es sei neben Sheppard auf Marböck, Weisheit, 57-68.74-80 hingewiesen.

130 Bemerkenswert ist es, daß der Weisheit hier eine Rolle im Kult zugewiesen wird, der im Denken Ben Siras eine besondere Wertschätzung erfährt, vgl. Perdue, Cult, 211; Stadelmann, Schriftgelehrter, 44-55. Dies läßt sich zum Beispiel an dem vergleichsweise ausführlichen Lob auf Aaron (45,6-22) und dem Hymnus auf den Hohenpriester Simon (50,1-21) ablesen, vgl. dazu Stadelmann, Schriftgelehrter, 274-284; Marböck, Weisheit, 65; ders., Gottes Weisheit, 80ff.; Perdue, Cult, 189f. Besondere Beachtung verdient, daß die Weisheit bereits im heiligen Zelt und damit während der Wüstenwanderung im Kult gegenwärtig war. So hat sie Israel von den Ursprüngen seiner Geschichte an begleitet, vgl. Sheppard, Wisdom 1980, 47f.

kann sie recht gedeihen, wie die nächste Strophe (V. 13-17) in facettenreichen Bildern ausmalt.[131]

Allerdings beruht dies auf Gegenseitigkeit. Auch Israel gereicht die Gegenwart der Weisheit zum Ruhm und dient seiner Verherrlichung. Es ist eine besondere Auszeichnung und ein Ausdruck der göttlichen Liebe (V. 11), daß die kosmische Weisheit in Israel wohnt und hier Frucht bringt (V. 13-17). Marböck bringt das Ungeheuerliche dieses Anspruchs auf den Punkt:

> *„Ben Sira, der als Weiser Alexandrien, die geistige Kapitale des Hellenismus kannte, stellt das kleine, politisch und auch kulturell bedeutungslose Jerusalem als Machtbereich der Weisheit hin."*[132]

Die Weisheit wird damit gleichsam zum „heilsgeschichtlichen Besitz"[133] und zu einem Zeichen der Erwählung Israels.[134]

So fällt der Glanz und die Herrlichkeit der Weisheit auch umgekehrt auf Israel als den Ort ihrer Blüte und ihres Wachstums zurück. War zuvor vom gepriesenen Volk (λαὸς δεδοξασμένος, V. 12) die Rede, so ist es jetzt die Weisheit, deren Zweige und Früchte Ehre und Ruhm verheißen (V. 16f.).

An diese Verheißung, die die eigentliche Lobrede der Weisheit beschließt, fügt sich daher bruchlos in der letzten Strophe der Aufruf der Weisheit, ihr zu folgen und sich an ihren Erzeugnissen zu sättigen (V. 19):

> *Kommt her zu mir, die ihr mich begehrt*
> *und füllt euch an mit meinen Erzeugnissen.*

Auch die Verheißung in den folgenden beiden Versen bleibt in diesem Bild (V. 20f.):

> *Die Erinnerung an mich ist süßer als Honig,*
> *und mein Erbe ist besser als Honigwaben.*
> *Die mich essen, haben Hunger nach mehr,*
> *und die mich trinken, sind weiterhin durstig.*

---

131 Zur Erläuterung vgl. Marböck, Weisheit, 74f. und besonders ders., Gottes Weisheit, 81f; Skehan / Di Lella, 334f.; Sheppard, Wisdom 1980, 52-60; Gilbert, L'éloge, 332ff.; Rickenbacher, Weisheitsperikopen, 123f.

132 Marböck, Weisheit, 66.

133 Weiss, Kosmologie, 197.

134 Vgl. Marböck, Weisheit, 66-71.; ders., Gottes Weisheit, 80ff. Der Gedanke der Erwählung wird durch die Terminologie in 24,7.10ff. nahegelegt, vgl. Dtn 12,1-11 und Marböck, Weisheit, 62 und besonders Sheppard, Wisdom 1980, 39-52.

Erst mit dem letzten Vers verläßt die weisheitliche Ich-Rede dieses Bild und wechselt damit zu einem anderen Kontext über (V. 22):

> *Wer mir gehorcht, wird nicht zu Schanden,*
> *und die sich um mich mühen, werden nicht sündigen.*

Von der Wende her, die der Siracide mit diesem Vers vollzieht, ist sein eigentliches Anliegen zu verstehen: Es geht ihm um die Sittlichkeit, genauer um die „Begründung der Sittlichkeit".[135] Seine Ausführungen über die Rolle der Weisheit in der Schöpfung entspringen daher nicht dem Interesse an einer gleichsam naturphilosophischen Spekulation. Sie zielen vielmehr auf die praktische Vernunft, auf die Ethik. So führt die Weisheit mit ihrer Selbstempfehlung zur Sittlichkeit hin. Durch den Nachweis, daß sie göttlichen Ursprungs und von kosmischer Universalität ist, sucht Ben Sira die Sittlichkeit neu zu fundieren. Die Weisheit, die in der konkreten Situation, an einem bestimmten geschichtlichen Ort zum Handeln ruft, begründet ihre Autorität mit dem Hinweis auf ihre göttliche Herkunft sowie ihre Präsenz und Wirksamkeit in der ganzen Welt und die Herrschaft über alle Völker. Mit dieser Autorität verheißt sie dem, der ihr nachfolgt, ein Leben in sittlicher Vollkommenheit.

Ein Schritt fehlt in diesem Begründungszusammenhang allerdings noch, die Gleichsetzung von Weisheit und Gesetz, die inzwischen aber greifbar nahe ist: Was die Weisheit in diesem Vers (V.22) fordert und verheißt, gilt andernorts im Sirachbuch vom Gesetz, wie die folgenden Beispiele belegen.

> *Die den Herrn fürchten, sind nicht ungehorsam gegen*
> *seine Worte. (2,15a)*
> *Wer die Tora befolgt, bewahrt sein Leben,*
> *und wer auf den Herrn vertraut, wird nicht zuschanden. (32,24)*[136]

In ihrer Bedeutung für den Menschen scheinen Weisheit und Gesetz demnach übereinzustimmen. Ben Sira geht nun noch den letzten Schritt, wenn er beide explizit miteinander gleichsetzt (V. 23):

> *Dies alles ist das Gesetz, das uns Mose gebot*
> *als Erbe in der Gemeinde Jakobs.*

---

135 Vgl. den gleichnamigen Aufsatz von Kaiser, Begründung der Sittlichkeit.
136 Diese Übersetzung folgt H^E. G liest in V. 24a einen abweichenden Text: *„Wer auf das Gesetz vertraut, hält sich an die Gebote"*. Diese Differenzierung zwischen dem Gesetz und den einzelnen Geboten kann man bei Ben Sira jedoch sonst nirgends finden, so daß der von H gebotene Text vertrauenswürdiger erscheint.

ταῦτα πάντα zu Beginn des Verses bezieht sich auf alles zuvor über die Weisheit Gesagte und steht folglich stellvertretend für den Begriff σοφία. Trotz ihrer kosmologischen Vorgeschichte kann kein Zweifel bestehen, daß die Weisheit hier nicht mit einem allgemeinen Vernunftgesetz, einer kosmischen Größe, identifiziert wird. Ausdrücklich wird vielmehr die Tora des Mose und damit das den Israeliten von Gott offenbarte Gesetz genannt. Ben Sira begründet mit dem Weg der Weisheit durch die Welt keinen Kosmopolitismus und unterscheidet sich darin von den Stoikern, deren Logosbegriff diese Konsequenz in sich trägt.[137] Sein Interesse weist in die entgegengesetzte Richtung. Da im Gesetz die Fülle der Weisheit gegenwärtig und vor allem greifbar ist, braucht der Blick nicht in die Ferne zu gehen. Die 'Weltvernunft' ist nicht irgendwo in der Welt anzutreffen, sondern in Israel, in seinem Gesetz. Die wenigen Stellen, an denen der Siracide auf die konkreten Weisungen und auf die Herkunft des Gesetzes eingeht, bestätigen dies: Ben Sira versteht unter dem Gesetz zum einen im engeren Sinne den Dekalog, zum anderen im weiteren Sinne offenbar bereits den gesamten Pentateuch.[138]

Bemerkenswert ist nun, daß das Gesetz in dieser Identifikation die bestimmende Rolle einnimmt. Obwohl Ben Sira seine inhaltliche Näherbestimmung und theologische Reflexion ausklammert, wird es der Weisheit *vor*geordnet. Nicht die Weisheit führt zum Gesetz, vielmehr ist umgekehrt der Gehorsam gegen das göttliche Gebot der Weg, der zur Weisheit führt.

Begehrst du Weisheit, so halte die Gebote,
und der Herr wird sie dir spenden. (1,26)
Wer den Herrn liebt, tut solches,
und wer die Tora festhält, wird sie (= die Weisheit) erreichen. (15,1)[139]

Gemeinsam mit der Haltung der 'Gottesfurcht'[140] stellt der Gebotsgehorsam und folglich die Unterordnung unter den göttlichen Willen die notwendige Bedingung dar, um weise zu werden. Das Gesetz wird damit zu einer Kategorie, die alle Lebensvollzüge bestimmt. Der Gehorsam gegen das Gebot setzt das Weltverhältnis des Menschen und ist damit jeder erkennenden oder handelnden Tätigkeit vorgeordnet.

---

137 S.dazu o. S. 195 und u. S. 221.
138 Vgl. dazu Kaiser, Begründung der Sittlichkeit, 57 = ders., Mensch, 115; Jolley, Torah, 23-26; Marböck, Weisheit, 88.
139 Vgl. auch Sir 6,37; 33,2f.; auch der weise Schriftgelehrte (Sir 38,24-39,11) legt seinem Studium das Gesetz zugrunde und baut darauf seine Weisheit auf, vgl. dazu auch Marböck, Der schriftgelehrte Weise und o. S. 62f.
140 Vgl. dazu die bereits mehrfach zitierte Studie von Haspecker, Gottesfurcht.

Wenngleich die Weisheit in dieser Identifikation an das partikulare Gesetz Israels gebunden wird, ist es jedoch nicht angemessen, darin ausschließlich eine Verengung der weisheitlich-universalistischen Perspektive zu sehen. Vielmehr erhält das Gesetz Anteil an der weisheitlichen Eigenschaft, die 'Vernunft' der ganzen Schöpfung und besonders auch der Welt der Menschen zu repräsentieren und zu vergegenwärtigen. Das mosaische Gesetz ist nicht weniger als der Ausdruck einer universalen Weltvernunft. Die Identifikation von Weisheit und Gesetz soll zeigen, daß das Ethos der jüdisch-israelitischen Tora einer mit der Schöpfung gegebenen weisen Ordnung entspricht, die sich gleichwohl nur durch Offenbarung erkennen läßt. Damit wird das Gesetz zu dem Ort, an dem die sittliche Weltordnung für den Menschen erkennbar wird. Hierzu fügt es sich, daß, wie schon mehrfach beobachtet wurde, Ben Sira jene Aspekte des Gesetzes übergeht, die die spezifisch israelitischen Kultvorschriften betreffen wie Reinheits- und Speisevorschriften und das Sabbatgebot.[141] Stattdessen treten ethische Forderungen in den Vordergrund.[142]

Diese Verschränkung der weisheitlichen und der offenbarungstheologischen Perspektive führt die vierte Strophe des Weisheitsgedichts (24,23-29) vor Augen. Während das Gesetz den Hymnus auf die Weisheit an entscheidenden Stellen in Form von Anspielungen auf den Pentateuch begleitete,[143] ist umgekehrt die Weisheit in dem nun folgenden Lob des Gesetzes in den Attributen gegenwärtig, mit denen die Fülle und der Reichtum des Gesetzes gepriesen werden. An erster Stelle steht die Weisheit (σοφία) selbst (V. 25a), dann folgen σύνεσις (V. 26a) und παιδεία (V. 27a). Hier wird die eigentliche Synthese vollzogen: „der Garten der Weisheit (24,13f.16f.), das vom Jordan durchströmte Land zwischen Nil und Euphrat, hat in der Tora eine Quelle

---

141 Vgl. hierzu Marböck, Gesetz, 10 = ders., Gottes Weisheit, 61. Daß Ben Sira über Speisevorschriften schweigt, ist um so bemerkenswerter, als er ausführlich auf das Verhalten beim Gastmahl eingeht, vgl. 31,12-31; 32,1-13. Vgl. dazu auch Gammie, Sage, 360-364, der die Auffassung vertritt, daß den Siraciden ein „dual attitude of openness to foreigners and ethnic pride" (364) kennzeichnet, das er mit dem „Chronicler" teilt. Kennzeichnend für diese Haltung ist neben dem bereits erwähnten Fehlen der Speisevorschriften nach Gammie besonders die Tatsache, daß Ben Sira nicht auf Mischehen eingeht, woraus der Autor zu Recht schließt, daß der Siracide sie nicht ablehnt. Dem entspricht es, daß er im Abschnitt über Salomo (Sir 47,13-23) lediglich dessen Promiskuität verurteilt und dabei das Faktum verschweigt, daß sich Salomo eine *fremde* Frau nahm.
142 Vgl. Marböck, Gesetz, 10 und auch Sir 21,11; 23,23; 28,6f.; 29,9ff. Auch jenes Kapitel, in dessen Zentrum die Praxis eines angemessenen Opferdienstes steht, ist vom Gedanken des rechten Verhaltens gegen den Nächsten bestimmt, vgl. Sir 34,21-35,20 und zu den genannten Stellen auch Schnabel, Law, 46-49.
143 S. dazu o. S. 214.

paradiesischer Fruchtbarkeit, wie die Paradiesesströme Pischon und Gihon
andeuten (vgl. Gen 2,10-14; Ez 47)."[144]
Wie die Weisheit selbst, so liegt auch die Fülle des weisheitlichen Gesetzes
außerhalb des menschlichen Fassungsvermögens, so daß weder „der erste"
noch „der letzte" (V. 28) sie vollends erkennen und ausschöpfen kann.[145] Anfang und Ende stehen im Gegensatz zur Ewigkeit des weisheitlichen Gesetzes.[146]
Zur Identifikation von Weisheit und Gesetz gehört schließlich das Bild des
Weisen, dessen Leben zum Zeugnis und zur Quelle für die hier vorgetragene
Lehre wird.[147] Daher beschließt eine autobiographische Notiz den großartigen
Hymnus (V. 30-33). Ben Sira nimmt die Flußmetaphorik aus V. 25ff. auf und
beschreibt, wie er an dem überfließenden, überschwemmungsartigen Reichtum
von Weisheit und Gesetz Anteil erhielt, so daß er selbst wiederum zur Quelle
für andere wurde (V. 31cd):

> *und siehe, der Bach wurde mir zum Strom,*
> *und der Fluß wurde mir zum Meer.*

So läßt er Bildung wie die Morgenröte aufscheinen und gießt Lehre aus wie
Prophetie, als Hinterlassenschaft für ewige Geschlechter (V. 33). Die Anrede
der Weisheit begegnet folglich unmittelbar in der Lehre Ben Siras. Der Weise
wird zum Inbegriff der Weisheit.[148] Noch einmal mehr wird hieran deutlich,
daß es um die Weisheit im konkreten Lebensvollzug geht, um die praktische
Weisheit.

---

144 Marböck, Gottes Weisheit, 83f.
145 Vgl. auch Collins, Jewish Wisdom, 52.
146 In V. 28f. erweckt der griechische Text den Eindruck, das Objekt sei hier wieder die
    Weisheit, nicht das Gesetz (vgl. das feminine Personalpronomen). Dies könnte aller-
    dings auf eine Fehldeutung des Griechen zurückgehen, da im Hebräischen Gesetz und
    Weisheit beide feminin sind. Das Hebräische bietet daher die Möglichkeit, hier die
    vollkommene Verschmelzung beider Größen anzudeuten, indem grammatisch keine
    Festlegung auf eine der beiden nötig ist.
147 Vgl. auch o. S. 62f. zum schriftgelehrten Weisen.
148 Vgl. auch 21,13.

5.3 Vernunft und Offenbarung: Ben Sira im Spiegel der Stoa

Einige Punkte der Berührung und der Abgrenzung zwischen Ben Sira und der Stoa wurden im Laufe der Darstellung bereits benannt. Sie sollen nun zusammengefaßt und ergänzt werden. Zunächst ist festzuhalten: Ben Sira verleiht dem Gesetz durch die Identifikation mit der Weisheit einen universalistischen Zug, wie bereits Marböck und Hengel festgestellt haben.[149] Da die Weisheit in Sir 1,1-10 und 24,1-7 als universale Schöpfungsweisheit dargestellt wird und zugleich für die Menschen bestimmend ist, läßt sie sich der mit der göttlichen Natur identifizierten stoischen Weltvernunft vergleichen. Obwohl für Sirach das Gesetz mit dem Pentateuch identisch ist, erhält es durch die Gleichsetzung Anteil an den Eigenschaften der Weisheit. Treffend ist folglich Hengels Feststellung: „Die 'Weisheit' bei Ben-Sira könnte daher auch in Analogie zu dem stoischen 'Logos' verstanden werden, der den Kosmos durchwaltet und gestaltet".[150] Auch die Gleichsetzung dieser 'Weltvernunft' mit dem Gesetz findet ihre Parallele in der Identifikation des stoischen Logos mit der „sittliche[n] Norm für das Verhalten des Menschen."[151]

Darüber dürfen jedoch die Unterschiede nicht übersehen werden. Es gilt vielmehr, Gemeinsamkeiten und Differenzen genau gegeneinander abzuwägen.

Den Brennpunkt der Unterschiede stellt der Offenbarungscharakter des Gesetzes und, so muß man hinzufügen, auch der Weisheit dar: Gesetz und Weisheit lassen sich anders als in der Stoa nicht allein mittels der Vernunft aus der teleologischen Verfaßtheit der Natur bzw. der Schöpfung ablesen. Ihre Erkenntnis basiert vielmehr auf der Urkunde, die die göttliche Erwählung Israels besiegelt, auf dem Gesetz, wie es im Pentateuch schriftlich Gestalt gewonnen hat.

Die schriftliche Fixierung des israelitischen Gesetzes bedeutet jedoch nicht, daß der Vergleichbarkeit zwischen jüdischem und stoischem Gesetz von vornherein der Boden entzogen ist, wie Schnabel meint.[152] Daß das jüdische Gesetz positives Recht ist, schließt den Anspruch nicht aus, die universale Weisheit zu verkörpern und so die Vernunft des göttlichen Gesetzgebers zu spiegeln. Nicht in erster Linie der Inhalt, sondern der Zugang zu diesem Gesetz unterscheidet den stoischen Nomos von der jüdischen Tora, wie sie im Werk des Siraciden vorkommt: Allein das Israel offenbarte Gesetz kann für sich in Anspruch nehmen, die universale Weisheit zu repräsentieren und den Weg zu ihr zu öffnen.

---

149 Vgl. Hengel, Judentum, 284-292; Marböck, Gesetz und dazu o. S. 198ff.
150 Hengel, Judentum, 288.
151 Hengel, Judentum, 289.
152 Vgl. Schnabel, Law, 85.

Dies verrät ein vom stoischen Gesetzesverständnis abweichendes Interesse. Dem Siraciden geht es nicht darum, alle Menschen der Welt durch ein gemeinsames Sittengesetz zu verbinden und damit den Gedanken der Einheit des Kosmos auch auf der anthropologischen und der moralischen Ebene zu begründen.[153] Seine Intention ist es vielmehr, dem partikularen Gesetz Israels die Würde eines universalen Vernunftgesetzes zu verleihen, ohne die Besonderheit, die in seinem exklusiven Offenbarungsanspruch besteht, preiszugeben. Dabei zielt er jedoch nicht darauf, sein Volk auf der Basis des Erwählungsanspruchs gegen die Welt abzuriegeln. Er beabsichtigt nicht in erster Linie eine Abgrenzung. Vielmehr ist er von dem positiven Interesse geleitet, durch die Identifikation von Weisheit und Gesetz seine Zeitgenossen von der Autorität und der bindenden Kraft der Tradition der Väter zu überzeugen. Die Nähe, die er in 17,1-14 zwischen der Schöpfung des Menschen, seiner Zweckbestimmung und der Gabe des Gesetzes herstellt, führt in diesem Zusammenhang die grundlegend anthropologische Bedeutung des göttlichen Gebotes vor Augen. So entsteht, wie wir im vorigen Kapitel sahen, der Eindruck, das Gesetz sei dem Menschen bei der Schöpfung verliehen worden und damit ein Teil seiner geschöpflichen Bestimmung.[154] Daß das Gesetz den Menschen fundamental angeht, wird dadurch begründet.

Um diese Zielrichtung der Verbindung von Weisheit und Gesetz zu verdeutlichen, muß noch einmal an die von Ben Sira zitierten gegnerischen Einwände erinnert werden.[155] Trotz der verschiedenen Nuancen, die in ihnen zum Ausdruck kommen, spricht sich darin übereinstimmend eine Haltung aus, die jegliche sittliche Bindung leugnet und offenbar kein die eigene Person transzendierendes, gemeinsames Gesetz anerkennt. Der in 16,17.20-22 zitierte hypothetische Gegner vermittelt zusätzlich den Eindruck, er sei der Auffassung, daß ihn das göttliche Gebot nichts angehe, daß es ihn nicht betreffe.

In dem Anliegen, diesem 'Zeitgeist' entgegen die Sittlichkeit in einem theologischen Kontext zu begründen, trifft sich Ben Sira wiederum mit den Stoikern. Wie wir sahen, suchten sie mit dem aus der Natur hergeleiteten Gesetz eine universale, überindividuelle Norm zu schaffen, die die Absolutsetzung des Individuums überwindet, aber gleichzeitig an der menschlichen Natur orientiert ist und mithin die unhintergehbare Bedeutsamkeit des Gesetzes für den Menschen vermittelt.[156] In diesem gemeinsamen Interesse liegt die größte Übereinstimmung zwischen der Gesetzesinterpretation des Siraciden und dem

---

153 Damit widersprechen wir Pautrel, Stoïcisme, 544-547, zu seiner Position s. bereits o. S. 197.
154 S. dazu o. S. 160-165.
155 Vgl. Sir 5,1-8; 11,23f.; 15,11f.; 16,17.20-22 und dazu o. S. 139ff.113ff.143-145.
156 S. dazu o. S. 192ff. und vgl. Forschner, Ethik, 22f.

stoischen Begriff vom natürlichen Gesetz. Darin kommt noch einmal mehr eine Gemeinsamkeit im Ansatz und in der 'Grundstimmung' des stoischen und des siracidischen Werkes zum Ausdruck, wie sie bereits an einigen anderen Stellen beobachtet werden konnte.[157]

Für die kosmopolitische Perspektive, die zwar nicht in Ben Siras Blickfeld liegt, bleibt daher gleichwohl eine Tür offen: Das Israel offenbarte Gesetz geht als das Gesetz des Lebens und der Erkenntnis (Sir 17,11f.) alle Menschen an und stellt folglich nicht nur die Norm für Israel dar. Setzt man diesen Gedanken fort, so würde dies bedeuten, daß, wer nach Jerusalem kommt und sich in das jüdische Gesetz vertieft und seine Wahrheit erkennt, dadurch ebenfalls an der universalen Weisheit partizipieren und in diesem Gesetz vor allem die Wahrheit für das eigene Leben entdecken könnte.

Daß allerdings die Erlangung der Weisheit auf das Gesetz und damit auf die Offenbarung angewiesen ist, deutet auf einen anderen fundamentalen Unterschied zwischen dem stoischen und dem israelitisch-jüdischen Ansatz. Nach der Lehre Ben Siras bleibt das göttliche Gesetz dem Menschen ohne Offenbarung verschlossen, da ihm, anders als bei den Stoikern, nur eine begrenzte Partizipation an der göttlichen Vernunft gewährt wird. Die zu Beginn des zweiten Kapitels genannte Differenz zwischen dem stoischen Naturbegriff und dem siracidischen Schöpfungsbegriff kommt darin zum Tragen. Zwar hat der Mensch auch im Denken Ben Siras teil an der göttlichen Vernunft (vgl. Sir 1,1-4.9). Doch bleibt diese Teilhabe begrenzt und unvollkommen. Darauf deutet bereits das Weisheitsgedicht hin, mit dem der Siracide sein Werk eröffnet. So heißt es einerseits (1,1.9):

(1)   Alle Weisheit kommt vom Herrn,
*   und bei ihm ist sie bis in Ewigkeit.*
(9)   Er schuf sie und sah sie und zählte sie
*   und goß sie aus über alle seine Werke.*

Andererseits fügt Ben Sira gewissermaßen als Einschränkung hinzu:

(10)   Bei allem Fleisch ist sie entsprechend seiner Gabe,
*   und er gewährte sie denen, die ihn lieben.*

Wegen ihrer Begrenztheit und Unvollkommenheit bleibt die Vernunft des Menschen, trotz ihres göttlichen Ursprungs, auf die *Mitteilung* des göttlichen Willens angewiesen. Die Trennung zwischen Gott und der Welt, an der der

---

157 S. dazu o. S. 88-102.138-142.180-187.

Siracide festhält, bedingt auch den kategorialen Unterschied zwischen der menschlichen und der göttlichen Vernunft. Auch jener Vers aus dem großen Hymnus auf die Gestirne (Sir 42,15-43,33), der gelegentlich als Hinweis auf pantheisierende Züge bei Ben Sira aufgefaßt wird, ist in diesem Horizont zu deuten (43,27):

Und das Ende der Rede sei: Er ist das Alles!

Ben Sira reicht die Einschränkung selbst nach, wenn er im zweiten Kolon ergänzt:

und er ist größer als alle seine Werke.

Wie wir sahen ist die Vernunftnatur des Menschen nach der Lehre der Stoiker ein wichtiger Ansatzpunkt für die Erkenntnis des universalen Gesetzes. Die menschliche Vernunft wird sogar selbst, wenn sie vollends zu sich gekommen ist, zum Träger des allgemeinen Gesetzes. Sie führt unmittelbar zum natürlichen Gesetz, und zwar wegen ihrer Partizipation an der göttlichen Vernunft.

In dieser Differenz ist es begründet, daß bei Ben Sira der Weg umgekehrt verläuft: Nicht die Weisheit führt zum Gesetz. Vielmehr ist es das Gesetz, genauer: der Gehorsam gegen das Gesetz (verbunden mit der Haltung der Gottesfurcht), der die Erlangung der Weisheit ermöglicht. Die Unterordnung unter den göttlichen Willen ist bei Ben Sira der Erkenntnis vorgeordnet und stellt deren Voraussetzung dar. Genau andersherum ist das Verhältnis bei den Stoikern: Die Einsicht in die teleologische Struktur des Ganzen, der Universalnatur, führt zur willentlichen Unterordnung unter die göttliche Weltvernunft und zum Gehorsam gegen ihr Gesetz. Auch wenn Ben Sira seinen Welt- und Gottesbezug denkend verantwortet, bleibt seine Grundorientierung von der vorlaufenden Gewißheit bestimmt, daß im Gehorsam gegen den Willen Gottes der Ausgangs- und der Zielpunkt der menschlichen Existenz in all ihren Vollzügen liegt.

6 Der souveräne Schöpfer und das Problem des Bösen: Sir 33,7-15

6.1 Einleitung

Die Untersuchung hat bislang gezeigt, daß im Denken Ben Siras die Vorsehung Gottes und die menschliche Verantwortung einander nicht ausschließen. Das Gegenteil ist der Fall: Gott hat es in seinem 'Plan' für die Schöpfung von vornherein so vorgesehen, daß der Mensch in der Lage ist, sich für das Gute und gegen das Böse zu entscheiden, und ihn auch mit der entsprechenden Fähigkeit ausgestattet. Mit dem יצר hat der Siracide dieser dem Menschen bei der Schöpfung verliehenen Fähigkeit einen Namen gegeben. Vom Kontext her ergab sich für den Begriff die Bedeutung „Wille".[1] Aber nicht nur beim Menschen selbst, sondern auch bei der Erschaffung der ihn umgebenden Natur hat Gott die menschliche Befähigung zur verantwortlichen Entscheidung vorgesehen und die Welt so eingerichtet, daß sie dem Menschen entsprechend seiner religiös-sittlichen Qualität entweder nützt oder schadet.[2] Auch der Gedanke von Lohn und Strafe, von der göttlichen Vergeltung also, setzt die Fähigkeit zur Entscheidung beim Menschen voraus. Gerade in der Gegenüberstellung mit den Stoikern wurde deutlich, daß Ben Sira dabei jeglicher deterministische Ansatz fremd ist.

Dennoch, so scheint es, ist damit nicht alles Fragen zum Schweigen gebracht. Hinter Sir 33,7-15 ist eine Beunruhigung zu spüren, die Ben Sira dazu nötigt, noch einen anderen Blick auf das Problem des Bösen freizugeben. Er greift hier die Frage auf, wie die Entzweiung der Welt in Gut und Böse grundsätzlich mit der gemeinsamen Herkunft aller Menschen von dem einen Schöpfer vereinbar sei.

Es entspricht sowohl der poetischen Dichte des Textes wie auch der Komplexität des erörterten Problems, daß die Auslegung von Sir 33,7-15 in der Forschung zu sehr unterschiedlichen, zum Teil einander entgegengesetzten Deutungen geführt hat.

---

1   Vgl. Sir 15,11-20 und dazu o. S. 111-122, bes. 115f. und auch Sir 17,1-14 und dazu o. S. 152-160.
2   S. o. S. 80-87 zu Sir 39,22-31, vgl. daraus bes. V. 25ff.

Bis in die jüngste Zeit greift die Forschung immer wieder auf die These zurück, Ben Sira vertrete hier zumindest in Ansätzen einen deterministischen
Gedanken, und zwar in Form einer Prädestination der Menschen zum Guten
oder Schlechten.[3] So sieht G. Maier in Sir 33,7-15 eine „prädestinatianische
Linie", die die gleichzeitige Existenz von Sündern und Gerechten auf eine Setzung Gottes zurückführt.[4] Die Konsequenz ist nach der Auffassung des Autors ein „hodegetischer Dualismus", ein Dualismus der Wege also, der „noch
nicht zur Konsequenz eines psychologischen (Dualismus, Verf.) vorangetrieben wurde.".[5] Diese Entwicklung vollzog sich nach Maier erst in Qumran,
gleichwohl sieht er in Ben Sira einen Vorläufer des Prädestinationsdenkens der
Qumrangemeinschaft. Diese von Maier hergestellte Verbindung ist nicht ohne
Einfluß auf seine Deutung von Sir 33,7-15 geblieben. So scheint er Ben Sira
bereits retrospektiv von der Begrifflichkeit und dem geistigen Horizont der
Qumrangemeinschaft her zu interpretieren, wie in der Auslegung der entsprechenden Textstellen genauer zu zeigen sein wird.[6] Es überrascht daher auch
kaum, daß der jüngste Vertreter einer prädestinatianischen Deutung von
Sir 33,7-15, A. Lange, den Abschnitt vor dem Hintergrund seiner Studie mit
dem Titel „Weisheit und Prädestination", die dem Gedanken der Prädestination in den Textfunden von Qumran gewidmet ist, interpretiert.[7]
    Die entgegengesetzte Auffassung vertritt Prato in seiner bereits mehrfach
zitierten Untersuchung zur Theodizee Ben Siras.[8] Er sieht in dem Text keinen
Anhalt, um von einer göttlichen Bestimmung zum Guten oder Bösen zu sprechen, die nicht zuerst vom Menschen selbst zu verantworten wäre. Prato konzentriert sich in seiner Auslegung daher auch auf einen anderen Aspekt: Nach
seiner Interpretation ist der gesamte Text von dem Versuch bestimmt, die als
störend empfundenen Gegensätze mit dem Gedanken der Schöpfung zu har-
monisieren. Danach liegt Ben Siras Lösung darin, daß die Gegensätze funk-
tional aufeinander bezogen und daher voneinander abhängig sind.[9] Die 'Güte'

---

3 Vgl. v. Rad, Sirach, 122 = ders., Weisheit, 321, der freilich vorsichtig bemerkt, daß
   hier „noch eine prädestinatianische Vorstellung im Spiele ist."; Kaiser, Begründung
   der Sittlichkeit, 60f. = ders., Mensch, 118f., vgl. aber auch seine Revision dieser Position in ders., Gottesgewißheit, 83 Anm. 29 = ders., Mensch, 130; Maier, Mensch,
   98-112; Lange, Prädestination, 39f.
4 Maier, Mensch, 115.
5 Maier, Mensch, 112.
6 Zum Gedanken der Prädestination in den Qumranschriften vgl. neben Maier, Mensch,
   165-263 auch Merill, Predestination; Lichtenberger, Menschenbild, 184-190; Röhser,
   Prädestination, 72-85; Lange, Prädestination.
7 Vgl. Lange, Prädestination, 39f.
8 Vgl. sein Kapitel zu Sir 33,7-15, S. 13-61.
9 Vgl. Prato, problema, 28f.31.60f.

dieser Struktur verbürgt dabei ihre Rückführung auf die Schöpfung. Um dies zu zeigen, versucht Prato, Bezüge des Lehrgedichts zu den Anfangskapiteln der Genesis herzustellen. So kann man die Urgeschichte als den hermeneutischen Horizont ansehen, in welchem Prato den Text auslegt. Besonders an seiner Interpretation von 33,11f. wird dies deutlich.[10]

Die mit dem Gegensatz von Gut und Böse verbundene Frage der menschlichen Verantwortung stellt nach Prato in diesem Text kein Problem dar. Ben Sira baue weder bewußt ein bestimmendes, prädestinatianisches Moment ein, noch sei ein solches Motiv unbeabsichtigt im Text enthalten. Er sieht im Gegenteil sogar deutliche Anspielungen auf die Verantwortung des Menschen für das Gute und das Böse.[11]

Schließlich findet auch die Deutung von Smend immer noch ihre Anhänger. Dieser las den Text im Rahmen seiner These vom Antihellenismus des Siraciden und wies das gesamte Lehrgedicht dem Ziel zu, die Erwählung Israels zu begründen.[12]

Da sich die skizzierte Kontroverse bis in die Gegenwart fortsetzt,[13] ist eine erneute Auseinandersetzung mit dem Text unter der Frage der Prädestination notwendig. Wie der kurze Überblick über die Auslegungsgeschichte des Textes gezeigt hat, wird das Lehrgedicht häufig durch von außen herangetragene Vorstellungen in ein Deutungskonzept 'eingepaßt'. Diese Engführungen lassen sich am ehesten durch gründliche Motiv- und Begriffsuntersuchungen vermeiden, für die der Sprachgebrauch und der theologische Kontext des Sirachbuches den Bezugsrahmen bilden.[14] Hier wird ein Schwerpunkt unserer Interpretation liegen. Demgegenüber trägt eine Formanalyse vergleichsweise wenig zur Deutung bei. Einige Grundzüge sind jedoch für die Auslegung aufschlußreich. Sie werden daher im Anschluß an die Übersetzung des Textes und die Textkritik skizziert.

---

10 S. dazu u. S. 245.
11 Vgl. Prato, problema, 40f.60.
12 Vgl. Smend, 297, vgl. auch Skehan / Di Lella, 400.
13 Vgl. Lange, Prädestination, 39f. einerseits und Argall, 1 Enoch, 138f. andererseits.
14 In diesem Zusammenhang sei auf eine entsprechende methodologische Bemerkung von Röhser, Prädestination, 27 hingewiesen: „So bleibt also nur, jeweils genau den Kontext einer Souveränitätsaussage zu prüfen, wenn man ihren Sinn ("deterministisch" oder nicht) ermitteln will."

6.2 Übersetzung und Textkritik

Die eingangs genannten Schwierigkeiten, die der Text dem Exegeten bereitet, finden bereits in den antiken Versionen ihren Nachhall: Sowohl die griechische Übersetzung als auch besonders der Syrer weisen einige interpretatorische Abweichungen vom hebräischen Original auf.[15] Besonders die Eingriffe, die der syrische Übersetzer vorgenommen hat, sind so gravierend und zugleich so aufschlußreich für die Deutung des Textes, daß hier, anders als in den vorigen Kapiteln, die syrische und die griechische Version je für sich in Übersetzung dargeboten werden sollen. Ein weiteres Problem ist der Textkritik mit der Tatsache aufgegeben, daß der hebräische Text (H^E) an einigen Stellen verderbt und zudem am Beginn der Zeilen lückenhaft ist.

Im Folgenden wird zunächst der bearbeitete hebräische Text in Übersetzung dargeboten. Textkritische Eingriffe und Ergänzungen werden dabei in den Anmerkungen notiert. Darauf folgt eine Übersetzung der griechischen und der syrischen Version, wobei die Abweichungen vom hebräischen Text durch besondere Schrifttypen gekennzeichnet werden, und zwar nach folgendem Muster:

Unterstrichen = Abweichungen, die sich nur in einer der beiden Versionen finden.

Fettgedruckt = G und S weichen gemeinsam von H^E ab.

Im Anschluß an die Übersetzungen werden die Besonderheiten von G und S kurz charakterisiert.

6.2.1 Der hebräische Text (H^E)

7   *(a) Warum ist ein Tag vom anderen unterschieden,*[16]
       (b) wo doch alles[17] *Licht des Jahres von der Sonne kommt?*

8   *(a) Durch die Weisheit des Herrn wurden sie unterschieden,*[18]

---

15   Dabei gilt auch hier, was Beyerle, Mosesegen, 44 in bezug auf Dtn 33 festgestellt hat: „Grundsätzlich zeigt sich, daß die augenfälligen Divergenzen in Textbereichen begegnen, in denen auch MT Anlaß zu Verständnisproblemen gab."

16   So im Anschluß an S, da H^E hier verderbt ist, vgl. auch Box / Oesterley, 429; Smend, 298; Prato, problema, 15f.; Segal. G folgen hingegen Hamp, 87; Snaith, 160; Skehan / Di Lella, 3944.396; Hadot, penchant, 154.

17   Ergänzt nach G. S liest כלהון im Plural und verändert im übrigen den Sinn.

18   So mit G und S. H^E liest ושפטו. Es ist jedoch sehr gut möglich, daß hier ursprüngliches נפרשו verlesen wurde. Marcus, Ben Sira, 15 und Prato, problema, 17 halten hingegen an ונשפטו fest. Das Verb פרש begegnet häufig in den Qumrantexten zur „Umschrei-

(b) und er bestimmte unter ihnen[19] Zeiten[20] und Feste.

9   (a) Einige von ihnen[21] segnete und heiligte er,[22]
      (b) und einige von ihnen machte er zu Alltagen.[23]

10   (a) Und jeder Mensch ist ein Gegenstand aus Ton,[24]
      (b) und aus Staub ist der Mensch geformt.

11   (a) Die Weisheit des Herrn unterschied sie,[25]
      (b) und er ließ ihre Wege verschieden sein.[26]

12   (a) Einige von ihnen segnete und erhöhte er,[27]
      (b) und einige von ihnen heiligte er und ließ sie zu sich nahen.[28]
      (c) Einige von ihnen verfluchte und erniedrigte er
      (d) und stieß sie aus ihren Posten.[29]

13   (a) Wie Ton in der Hand des Töpfers,

---

bung des trennenden göttlichen Schöpfungshandelns" (Lange, Prädestination, 63 Anm. 84), vgl. 4Q417 2 I,9; 11QtgJob 26,5.

19 Statt מהם יש lies וישם מהם, vgl. S und Marcus, Ben Sira, 15; anders: Prato, problema, 17. Skehan / Di Lella, 394 folgen in V. 8b insgesamt dem Syrer, den sie jedoch nicht ganz korrekt wiedergeben: von ‚feasts' ist beim Syrer nicht die Rede.

20 Ergänzt nach G. H^E bietet nur מעדים, das jedoch nur teilweise zu erkennen ist. Da V. 7f. insgesamt stark verderbt ist, sind die zahlreichen Rückgriffe auf G und den Syrer hier notwendig.

21 Ergänze מהם zu Beginn des Verses mit G und S.

22 Das an הקדש angehängte suff 3 m s ist zu streichen, vgl. G und S.

23 Wörtlich: zu Tagen der Zahl, d. h. zu Tagen, die nur durch die Zahl unterschieden werden (vgl. die Zählung der Tage der Schöpfung in Gen 1f.).

24 Ergänzung nach Marcus, Ben Sira, 16, vgl. auch Hamp, 87; Prato, problema, 18;

25 In H^E ist hier noch ein weiteres Kolon sekundär eingedrungen: „und er machte sie zu Bewohnern der Erde." Es ist im Anschluß an G als sekundär zu streichen, vgl. Skehan / Di Lella, 396. Prato, problema, 18f. hält hingegen an allen drei Kola fest. Dagegen spricht zum einen die Beobachtung, daß der hebräische Text ursprünglich Trikola vermeidet, wie Kaiser, Freund, 118 = ders., Weisheit, 228 treffend bemerkt hat, vgl. zum Problem auch Rickenbacher, Weisheitsperikopen, 130f. Zum anderen ist der Gedanke des Kolons im Kontext sperrig. So überrascht es auch nicht, daß S, der hingegen nur dieses Kolon bietet, den weiteren Text entsprechend verändert (vgl. V. 12d in der syrischen Version und dazu unten S. 233f.).

26 Zur Bedeutung des Verbs שנה vgl. Kronholm, Art. שנה I, 320-322. KBL³ führt unter Kal. 2c. die Bedeutung „verschieden sein von" (plus מן) an, die hier zugrundegelegt wird. Ben Sira verwendet das Verb relativ häufig, vgl. noch Sir 12,18; 13,25; 42,24.

27 Ergänzt nach G und S.

28 Die zweite Hälfte des Kolons fehlt in H^E und wurde daher nach G ergänzt.

29 Lies mit Marcus, Ben Sira, 16 מעמד anstelle von מעבד, vgl. auch Hamp, 88; Skehan / Di Lella, 396. Anders Prato, problema, 19 und Beentjes, Text Edition (1997), 106.

(b) daß er ihn formt[30] *nach seinem*[31] *Wohlgefallen,*
(c) so ist der Mensch in der Hand seines Schöpfers,
(d) daß von ihm das Geschick festgesetzt wird.[32]

14 *(a) Gegenüber dem Bösen ist das Gute,*[33] *gegenüber dem Leben der Tod,*[34]
  (b) und gegenüber dem guten Menschen ist der Frevler.[35]

15 *(a) Sieh*[36] *auf alle Werke*[37] *Gottes:*
  (b) Sie alle sind immer paarweise, eins gegenüber dem anderen.

---

30 Lies mit Skehan / Di Lella, 396 ליצור:
31 Ergänze das Suffix der dritten Person Singular an רצין.
32 Wörtlich: daß sich hinstelle von ihm das Geschick, s. dazu u. S 258f.
33 Der Beginn des Verses ist sinngemäß ergänzt nach G und S.
34 Mit Smend, Weisheit, 299 wurden V. 14ab zu einem Kolon zusammengezogen, so daß ein Bikolon entsteht, vgl. dazu im einzelnen die folgende Anmerkung.
35 Auf der Grundlage des erkennbaren hebräischen Textes ergänzt im Anschluß an S. Für den Vers insgesamt bietet H^E zwei Bikola, G und S hingegen jeweils ein Trikolon. Dabei fehlt G der Gegensatz von Licht und Finsternis, während S das -entscheidende-Gegensatzpaar guter Mensch-Sünder wegläßt. Folgende Überlegungen führen zum Text, wie er oben in der Übersetzung dargeboten wurde: Zunächst ist das nur von S und H^E bezeugte Gegensatzpaar ‚Licht und Finsternis' verdächtig. Während einerseits kein Grund benannt werden kann, warum G das Begriffspaar übergangen haben sollte (im Unterschied zum Syrer läßt der Enkel in der Regel keine Sinneinheiten gänzlich unter den Tisch fallen), ist andererseits jedoch sein sekundäres Eindringen in H^E durch die Annahme eines essenischen Einflusses plausibel zu machen (vgl. zur Bedeutung von Licht und Finsternis in den Texten der Qumrangemeinschaft vgl. Lichtenberger, Menschenbild, 126-131.190-196). Streicht man V. 14d, so wird der Vers nach H^E zu einem Trikolon. Das damit verbundene stilistische Problem, daß der hebräische Urtext Trikola vermeidet, läßt sich im Anschluß an Smend, Weisheit, 299 lösen, indem V. 14ab zu einem Kolon zusammengezogen werden. So gelangt man zu dem hier in der Übersetzung wiedergegebenen Bikolon. Die bei dieser Lösung entstehende Überlänge von V. 14a gegenüber V. 14b ist kein Gegenargument, entspricht sie doch dem Ungleichgewicht zwischen V. 15a und b. Eine kolometrische Aufschlüsselung der beiden Verse führt zu dem Ergebnis, daß V. 14a und 15b bzw. V. 14b und 15a einander in der Länge entsprechen.
36 Lies הבט für G ἔμβλεψον, vgl. Marcus, Ben Sira, 17 und im Anschluß an ihn Vattioni, Ecclesiastico, 175. Im übrigen verwendet der Enkel das griechische Verb ἐμβλεπεῖν bis auf eine Ausnahme (Sir 42,12; über Sir 2,10 läßt sich hingegen keine Aussage machen, da der hebräische Text fehlt) ausschließlich zur Wiedergabe von נבט, vgl. Sir 16,19; 31,14; 39,20; 42,18. Beentjes, Text Edition (1997), 106 läßt hier wie an einigen anderen unsicheren Stellen eine Lücke.
37 Lies Plural mit G und S, vgl. Segal, 208; Prato, problema, 21; Skehan / Di Lella, 394; anders Hamp, 88. Vgl. auch Sir 16,26; 42,15.16.22; 43,2.25(H^{Bmg}).28. Der Singular könnte eine nachträgliche Angleichung an Koh 7,13 sein, vgl. dazu Fischer, Skepsis, 103f.

6.2.2 Die griechische Version

7   (a) Weshalb *überragt* ein Tag einen Tag,
      (b) wo doch das ganze *Tageslicht* des Jahres von der Sonne
      (kommt)?
8   (a) Durch die *Einsicht* des Herrn wurden sie **unterschieden**,
      (b) und er *unterschied* **Zeiten** und Feste.
9   (a) Einige von ihnen *erhöhte* und heiligte er,
      (b) und einige davon bestimmte er zur **Zahl der Tage**.

10   (a) Und **die Menschen** sind alle aus *Staub*,
      (b) und aus *Erde* wurde Adam **geschaffen**.
11   (a) **In** *der Fülle der Erkenntnis* unterschied sie *der Herr*,
      (b') ...
      (b) und er ließ ihre Wege unterschiedlich sein.
12   (a) (Einige) von ihnen segnete und erhöhte er,
      (b) und (einige) von ihnen heiligte er und ließ sie zu sich nahen.
      (c) (Einige) von ihnen verfluchte und erniedrigte er
      (d) und stürzte sie aus ihrem Amt.

13   (a) Wie Ton *des Töpfers in seiner Hand*,
      (b) daß er ihn formt nach seinem Wohlgefallen,
      (c) so sind *die Menschen*[38] in der Hand ihres Schöpfers,
      (d) *daß er ihnen zuweist gemäß seiner Entscheidung.*[39]
14   (a) Gegenüber dem Schlechten (ist) das Gute
      (b) und gegenüber dem Leben ist der Tod,
      (c) *ebenso* ist gegenüber *dem Frommen* der Sünder.
      (d) ...
15   (a) Und so blicke auf alle Werke des Höchsten,
      (b) ...[40] zwei zwei, eins gegenüber dem anderen.

6.2.3 Die syrische Version[41]

7   (a) Warum *gibt es* einen Tag *im Jahr*, der von einem Tag
      unterschieden ist,

---

38   Abweichung des Numerus.
39   Zum Verhältnis zwischen G und H^B in diesem Kolon vgl. die Auslegung u. S. 258.
40   Lücke übereinstimmend mit S.
41   Unsere Übersetzung des Syrers folgt der Ausgabe von Lagarde.

(b) wo doch alle (Himmels-)Lichter die Tage des Jahres
zustandebringen?[42]

8   *Aber durch die Weisheit <u>Gottes</u> wurden sie **unterschieden**,*
    *(b) und <u>er machte</u> einige von ihnen zu (besonderen) **Zeiten und**
    <u>**Jahreszeiten.**</u>

9   *(a) Von ihnen segnete und heiligte er einige,*
    *(b) und von ihnen <u>machte</u> er einige für die **Zahl der Tage***

10   *(a) Und gewiß sind **alle Menschenkinder**[43] aus Ton <u>gemacht</u>,*
    *(b) und aus Staub ist der Mensch **geschaffen.***

11   *(a) Aber **durch** die Weisheit Gottes unterschied **er** sie,*
    (b') und er <u>machte</u> sie zu Bewohnern der Erde.
    (b) ...

12   *(a) Von ihnen segnete und erhöhte er (einige),*
    (b) und von ihnen heiligte er einige <u>und zwar so, daß sie bis zu</u>
    <u>*ihm gelangten.*</u>
    (c) Und von ihnen verfluchte und stürzte er einige
    (d) <u>und rottete sie aus aus ihren Wohnorten.</u>

13   *(a) Wie Ton, <u>der geformt wird in der Hand des Töpfers,</u>*
    (b) ...[44]
    (c) so ist der Mensch in der Hand seines Schöpfers,
    (d) <u>daß er ihn hinstelle unter all seine Werke.</u>[45]

14   *(a) Gegenüber dem Bösen ist das Gute <u>geschaffen</u>,*
    (b) und gegenüber dem Tod ist das Leben <u>geschaffen</u>,
    (c) ...
    (d) und gegenüber dem Licht ist die Finsternis <u>geschaffen</u>.

15   *So offenbart Gott alle seine Werke:*[46]
    ...[47] *zwei, zwei, eins gegenüber dem anderen.*

---

42   Wörtlich: ‚bedienen'. S hat vermutlich das Substantiv שמש mit dem aramäischen Verb
    שמש verwechselt, vgl. Ryssel, 396; Box / Oesterley, 429; Smend, 298.

43   Im Hebräischen steht der Singular.

44   Der Syrer hat V. 13a und b zu einem Kolon zusammengezogen.

45   Ryssel, 396 weist darauf hin, daß „ב אקים nicht ‚setzen über' bedeuten kann", so daß
    eine Deutung im Rahmen des Herrschaftsauftrages im priesterlichen Schöpfungsbe-
    richt ausgeschlossen ist, vgl. auch Sir 17,4 S. Anders Box / Oesterley, 430.

46   Die Erklärungsversuche von Smend, 300; Ryssel, 397 für diese von H[E] und G abwei-
    chende Wiedergabe haben sich durch die Entdeckung des hebräischen Textes als un-
    zutreffend erwiesen.

47   Zu Beginn des Verses bietet H[E] כולם und unterscheidet sich damit von G und S.

6.2.4 Das eigene Profil der griechischen und der syrischen Übersetzung

Wie sich auf den ersten Blick erkennen läßt, enthalten die Versionen eine Reihe von Abweichungen. Zunächst fällt auf, daß G und S an insgesamt sechs Stellen gegen H^E übereinstimmen. Der naheliegende Schluß, daß S ausschließlich von G abhängig ist, erübrigt sich jedoch durch die Tatsache, daß S andererseits mehrfach mit H^E gegen G liest. So bieten S und H^E in V. 10 Ton (V. 10a) und Staub (V. 10b) (חמר und עפר bzw. טינא und עפר), G hingegen Staub (V. 10a) und Erde (V. 10b) (ἔδαφος und γῆ).[48] Dies ist umso bemerkenswerter, als S und G in demselben Vers im zweiten Kolon 'schaffen' (κτίζειν bzw. ברא) gegen H^E 'formen' (יצר) lesen.[49] Darüber hinaus bietet S gemeinsam mit H^E in V. 11 und V. 14 je ein Kolon, das in G fehlt. Es bleibt festzuhalten, daß S sowohl von einer sekundären hebräischen Textform als auch von der Übersetzung des Enkels abhängig zu sein scheint, so daß man die Übereinstimmungen mit G als sekundäre Angleichungen erklären kann.[50]

Die Eingriffe in den Text, die der Grieche vornimmt, sind in erster Linie stilistischer Natur und verleihen dem Gedicht eine größere Ebenmäßigkeit in der Form. So gleicht er die Verse 8 und 11 stärker aneinander an, indem er, anders als H^E und S, dieselben Verben verwendet (V. 8a.11a διαχωρίζειν, V. 8b.11b ἀλλοιοῦν). Die auf den Inhalt abzielende Parallelität zwischen V. 7-9 und 10-12 wird durch die formale Parallelisierung noch unterstrichen. Ein ähnlicher Eingriff läßt sich in V. 13 beobachten. Hier gleicht der Enkel V. 13d in der grammatischen Struktur an V. 13b an und formt auf diese Weise zwei syntaktisch identische Kola. Auch hier dient die stilistische Bearbeitung der Akzentuierung des auf der inhaltlichen Ebene angesiedelten Vergleichs.[51]

Was die inhaltliche Seite betrifft, so zeigt der Grieche jedoch eine weitgehende Treue zum Urtext. Hier spiegelt sich, wie in den anderen bisher besprochenen Texten, sein Interesse, den Sinngehalt des hebräischen Originals möglichst genau zu treffen und in der Form schärfer herauszuarbeiten.

---

48 Zwar wird γῆ an einigen wenigen Stellen der LXX zur Wiedergabe von עפר verwendet (vgl. Gen 3,14.19). An der alttestamentlichen ‚Grundstelle', auf die Ben Sira sich hier offensichtlich bezieht, nämlich Gen 2,7 (vgl. Prato, problema, 34f.und unten S. 239), steht jedoch in der LXX γῆ für אדמה, während עפר durch χουν wiedergegeben wird.

49 An der ‚Grundstelle' (Gen 2,7) hingegen lesen LXX und Peshitta wie MT ‚formen' (πλασσειν bzw. גבל).

50 Vgl. auch die ähnliche Beobachtung und Vermutung von Kaiser, Freund, 112f. = ders., Weisheit, 222f. zu Sir 27,16.

51 Daß freilich auch H^E eine parallele syntaktische Struktur andeutet, wird u. S. 259, Anm. 166 zu zeigen sein. G ist dabei jedoch konsequenter.

Der Syrer entfernt sich hingegen in der inhaltlichen Ausrichtung stärker von der hebräischen Vorlage, was sich vor allem an der zweiten und dritten Strophe ablesen läßt. Es entsteht der Eindruck, daß er die Frage nach den Gründen für die gleichzeitige Existenz von Sündern und Gerechten bewußt oder unbewußt als Thema aus dem Text entfernt. So läßt er in V. 11 jenes Kolon weg, das von der Unterscheidung der menschlichen Wege durch Gott handelt und ersetzt es durch eine Glosse, so daß folgender Vers entsteht:

(a) Aber durch die Weisheit Gottes unterschied er sie,
(b') und er machte sie zu Bewohnern der Erde.

Die nach unserer Auffassung sekundär in den hebräischen Text eingedrungene Aussage vom Bewohnen der Erde stellt der Syrer in den Vordergrund. Sie erhält ein besonderes Gewicht, wenn der syrische Übersetzer V. 12d an diesen Themenkreis anpaßt, indem er das Wegstoßen von dem Posten als 'Ausrotten aus den Wohnorten' umdeutet.

Stärker noch sind die Spuren der Bearbeitung in der dritten Strophe. Der Syrer scheint diese Verse in den Horizont der Vorstellung von Gott als dem Schöpfer von Mensch und Welt zu stellen und die anthropologischen Feinheiten zu nivellieren. So ordnet er in V. 13d den Menschen in das Gesamtwerk der göttlichen Schöpfung ein, ohne auf eine besondere Spezifizierung des Schöpferhandelns am Menschen abzuheben. Daß darin jedoch sowohl bei H^E als auch bei G die Pointe liegt, wird in der Auslegung zu zeigen sein.[52] V. 14 schließlich weist zwei Eingriffe auf, die ebenfalls in diese Richtung deuten. Zum einen läßt der Syrer V. 14c und damit die eigentliche anthropologische Aussage vom Gegenüber zwischen dem guten Menschen und dem Frevler weg. Zum anderen fügt er in jedem Kolon das Verb ברא hinzu und verstärkt damit den Eindruck, daß er hier in erster Linie Gott als den Schöpfer zu profilieren sucht.

Damit beschränkt sich die Aussage des Gedichts nach der Version des Syrers auf eine Zusammenschau von Gott als Schöpfer und von Gottes Handeln in der Geschichte.

Unterstellt man dem syrischen Übersetzer nicht einfach ein Mißverstehen der Vorlage, sondern setzt eine eigene Aussageabsicht voraus, so kann man vermuten, daß er jede Möglichkeit einer deterministischen oder prädestinatianischen Deutung des Gedichts auszuklammern suchte. Wenn dies richtig beobachtet ist, so ist zu vermuten, daß der antike Bearbeiter diesen Gedanken aus dem hebräischen Original herausgelesen hatte.

---

52   S. dazu u. S. 256-266.

6.3 Kurze Formanalyse[53]

Der Abschnitt ist als Lehrgedicht anzusprechen. Es ist durch eine Frage im ersten Vers (V. 7) und den Imperativ in V. 15, der abschließend den Leser anspricht, deutlich als Einheit abgegrenzt. Es ist Teil eines Abschnittes, der von 32,14-33,18 reicht[54] und verschiedene kleinere Spruchgruppen über den Frommen und den Gesetzestreuen auf der einen und den Frevler auf der anderen Seite vereint. Neben diesem Gegensatz mögen folgende Stichworte zur Stellung unseres Lehrgedichts innerhalb dieser Texteinheit geführt haben: 32,20ff. und 33,11 teilen den Begriff דֶּרֶךְ, 33,1 und 33,14 verbindet רע, der אִישׁ חמס in 32,17 (H^Bmg) steht dem אִישׁ טוֹב in 33,14 gegenüber.

Der Aufbau des Lehrgedichts ist sehr klar und durchsichtig. Es umfaßt drei Strophen, deren erste (V. 7-9) aus sechs Bikola, die zweite (V. 10-12) und die dritte (V. 13-15) hingegen aus je acht Bikola bestehen.

Die ersten beiden Strophen sind parallel konstruiert. Dies gilt zunächst für die Argumentationsstruktur. So eröffnet in V. 7 eine Frage die Auseinandersetzung. Sie thematisiert den Gegensatz zwischen der Verschiedenheit der Tage (V. 7a) und der Gleichheit ihrer materiellen Quelle, des Sonnenlichtes (V. 7b). V. 8 beantwortet die Warum-Frage mit dem Hinweis auf die göttliche Weisheit (V. 8a) und benennt den Unterschied (V. 8b). V. 9 schließlich illustriert das der Weisheit Gottes entspringende unterscheidende Handeln.

Die zweite Strophe folgt, bis auf kleine Abweichungen, demselben Schema. In V. 10 fehlt die Frage, sie wird aus V. 7 auf die Menschen als den Gegenstand der zweiten Strophe übertragen. Stattdessen erstreckt sich die Veranschaulichung der Gleichheit der Menschen in V. 10 auf beide Vershälften. V. 11 kehrt wieder zum Schema der ersten Strophe zurück, indem in V. 11a die göttliche Weisheit als Urheber der Unterscheidung genannt wird,[55] während V. 11b das Unterscheiden konkretisiert. V. 12 dient wie V. 9 der Illustration, nimmt dafür jedoch die doppelte Länge (zwei Bikola) in Anspruch.

---

53 Vgl. die ausführliche Aufbauanalyse von Prato, problema, 21ff.59. Unsere Abweichungen von Prato sind zum einen durch textkritische Entscheidungen begründet: Während Prato in V. 11 und V. 15 je ein Trikolon zugrundelegt und in V. 14 zwei Bikola, konnten wir zeigen, daß für alle drei Verse eine ursprüngliche bikolische Struktur wahrscheinlich ist, vgl. o. S. 228, Anm. 25; 229, Anm. 35. Zum anderen berücksichtigt Prato die Parallelität zwischen den ersten beiden Strophen nicht ausreichend, indem er V. 13 noch zur zweiten Strophe hinzurechnet.

54 Vgl. die inclusio durch מוסר in 32,14a und 33,18b und dazu Skehan / Di Lella, 397.

55 Die Tatsache, daß hier die Weisheit und nicht Gott grammatisches Subjekt ist, hat für den Inhalt keine Bedeutung.

Die Entsprechungen betreffen jedoch nicht nur die Argumentationsstruktur, sondern erstrecken sich bis in die Terminologie[56] und den Satzbau hinein. V. 7b und V. 10 verbindet im Blick auf die Wortwahl die Partikel מן, die anzeigt, daß es hier jeweils um die materielle Herkunft geht. In V. 8a und 11a ist es die Weisheit (חכמה),[57] die das Band herstellt, in V. 9 und 12 erfüllen die Verben ברך und קדש diese Funktion. Zudem werden hier die Halbverse mit der suffigierten Partikel מהם eingeführt.[58]

Auf der syntaktischen Ebene arbeitet der Siracide in den ersten beiden Strophen vorwiegend mit Verbalsätzen. Dabei entsprechen in V. 9a und 12ac die Verben einander im Tempus (Perfekt), im Stamm (*kal* und *hif*) und im Numerus und Genus des Subjekts (=Gott). Lediglich V. 7b und V. 10 stellen die Gleichheit der Tage bzw. der Menschen als „eine allezeit in Kraft stehende Wahrheit" in Form von Nominalsätzen dar.[59]

Diese weitgehende Übereinstimmung ist für die Auslegung von Bedeutung: Sie untermauert die inhaltliche Parallele zwischen den beiden Strophen und deutet darauf hin, daß die Einsichten der ersten Strophe per analogiam auf das Problem der zweiten Strophe zu übertragen sind. Der damit hergestellte Zusammenhang zwischen einer Ordnung im Bereich der Natur und unter den Menschen ist besonders im Auge zu behalten. Er ist, wie die Schlußverse des Gedichtes zeigen werden, programmatisch.

Die dritte Strophe ist, abgesehen von der Anzahl der Bikola, ohne Formparallele zu den beiden vorangehenden Strophen. Im Gegensatz zu diesen dominieren hier die Nominalsätze.[60] Dies entspricht der resümierenden Funktion der Strophe. Es werden gleichsam feststehende Tatsachen vorgetragen, deren Wahrheit und Gültigkeit auch gegenüber der Dynamik des vielschichtigen Geschehens unter den Menschen bestehen bleibt und die sogar das der Bewegung zugrundeliegende, sie ermöglichende Prinzip benennen.

---

56 Daß G diese Tendenz noch verstärkt hat, konnten wir bereits in der Textkritik sehen, vgl. dazu o. S. 232f.

57 Daß G stattdessen ἐν γνώσει (V. 8a) bzw. ἐν πλήθει ἐπιστήης (V. 11a) liest, ist lediglich als stilistische Variante anzusehen und inhaltlich ohne Bedeutung. Über V. 8b und 11b läßt sich aufgrund der Textverderbtheit von V. 8b keine Aussage machen, vgl. dazu die Textkritik, o. S. 228, Anm. 19 und 20.

58 Lediglich am Beginn von V. 12d fehlt מהם.

59 Gesenius / Kautzsch, Grammatik, 374. Zu den „feststehende Tatsachen und Zustände beschreibenden ... Nominalsätzen" (ebd.) vgl. a.a.O., 471.

60 Neben den abhängigen Sätzen V. 13bd bildet lediglich V. 15a eine Ausnahme. Hier wird mit dem Imperativ הבט der Gesprächsfaden wieder aufgenommen und damit direkt auf die Frage im Eingangsteil Bezug genommen.

6.4 Auslegung

6.4.1 Festtage und Alltage: das Gesetz Gottes und das Gesetz der Natur (V. 7-9)

Ben Sira beginnt die erste Strophe mit einer Frage, die zum Aufhänger für die Problemstellung der gesamten Texteinheit wird: Warum sind die Tage unterschiedlich qualifiziert, wo sie doch, unter einem 'naturwissenschaftlichen' Blickwinkel, alle gleich sind: Sie alle empfangen ihr Licht von der Sonne.[61] Und doch sind bestimmte Tage im Kalender hervorgehoben: der Sabbat und die Festtage.

Die Antwort auf die Frage führt einen der Grundpfeiler ein, auf denen die Argumentation Ben Siras in diesem Gedicht ruht: Der *göttlichen Weisheit* entspringt die Bestimmung, die den Tagen unterschiedliche Bedeutung zuweist (V. 8). Daß hier nicht mit einer 'naturwissenschaftlichen' Erklärung geantwortet wird, sondern mit dem Hinweis auf die Weisheit Gottes, zeigt, daß die warum-Frage nicht, wie es auf den ersten Blick scheint, als eine *Informations*frage, sondern als eine *Sinn*frage aufzufassen ist. Es geht folglich um eine Spannung, deren Auflösung nicht auf der empirischen Ebene zu erwarten ist.

Daß es sich bei den in V. 8b genannten Zeiten um die Einteilungen und Anordnungen des Festkalenders handelt, wird durch den folgenden V. 9 zweifelsfrei sichtbar:

(a) Einige von ihnen segnete und heiligte er,
(b) und einige von ihnen bestimmte er zu Alltagen.

Wenngleich der Sabbat hier nicht genannt wird, weisen die Verben ברך und קדש dennoch eindeutig in diese Richtung.[62] Die offene Formulierung ermöglicht jedoch die Einbeziehung der über das Jahr verteilten Feste.[63]

---

61 Ben Sira legt offensichtlich einen Sonnenkalender zugrunde. Die Frage, ob der lunare oder der solare Kalender Gültigkeit besitzt, wurde im Frühjudentum kontrovers diskutiert. Die Brisanz dieser Frage lag in ihrer Bedeutung für den Festkalender, vgl. Aalen, Licht, 157f.; Stegemann, Essener, 238-241. Der Mondkalender wurde nachweisbar erst um die Mitte des 2. vorchristlichen Jahrhunderts eingeführt, dabei zunächst jedoch nicht dem Festkalender zugrundegelegt. Diesen Schritt vollzog erst der Makkabäer Jonathan im Jahr 152 v. Chr. Besonders die Essener wandten sich in der Folge gegen den Mondkalender, vgl. Stegemann, Essener, 237-241.

62 Vgl. Gen 2,4; Ex 20,11; Dtn 5,12.

63 Zum Festkalender vgl. Dtn 16,1-17. Damit ist zugleich eine andere Deutungsmöglichkeit ausgeschlossen, die die Verschiedenheit auf die unterschiedliche, jahreszeitlich bedingte Länge der Tage bezieht. Die Verschiedenheit wäre dann letztlich ebenfalls

Das Beispiel ist zum Einstieg in den Text mit Geschick und Bedacht gewählt. Zunächst konnte Ben Sira darauf vertrauen, daß die Unterbrechung des Arbeitsalltags durch den Sabbat und die übrigen Feste als Ausdruck der göttlichen Weisheit hohes Ansehen genoß. Für die Beantwortung der weit schwierigeren Frage nach der Begründung für die Unterschiede zwischen den Menschen in der folgenden Strophe bot dies eine gute Basis.

Dabei liegt ein wichtiges Motiv in dem Prädikat, mit dem Ben Sira die Unterscheidung der Tage begründet: Durch die *Weisheit* Gottes wurden sie unterschieden. Demnach geht die Polarität zwischen Festen und Alltagen nicht auf einen bloßen Akt göttlicher Macht oder Willkür zurück. Vielmehr verbürgt die göttliche Weisheit eine sinnvolle Ordnung hinter den Phänomenen.[64]

Zwar sind dem menschlichen Begreifen angesichts der Weisheit Gottes klare Grenzen gesetzt.[65] Dennoch hat Gott nach der Lehre des Siraciden dem Menschen die Weisheit in ausreichendem Maße mitgeteilt,[66] so daß sich ihm die Zweckmäßigkeit der göttlichen Werke grundsätzlich erschließt. So bietet die Weisheit als Urheber der Unterscheidung der Tage die Gewißheit, daß es sich um eine vernünftige, 'weise' Ordnung handelt, auch wenn sich ihr 'Rationale' der empirischen Betrachtung entzieht.

Die 'Weisheit' des Gegensatzes läßt sich zudem gerade an den Tagen plausibel machen. So stehen sich Alltage und Feste nicht als bloße Gegensätze gegenüber, sondern bestimmen einander gegenseitig. Prato gelangt zu diesem Ergebnis durch seine Deutung der schwierigen Wendung ימי מספר in V. 9b: Aus dem Vergleich mit zwei weiteren Stellen, an denen Ben Sira dieses Begriffspaar verwendet,[67] ermittelt er die Bedeutung 'begrenzte Tage'. Im vorliegenden Zusammenhang sind sie begrenzt durch den Sabbat bzw. die besonderen Feste. So erhalten die Arbeitstage ihren Sinn und ihre Bedeutung erst durch das Gegenüber der Feste, sie werden auf diese Weise im doppelten Wortsinn 'definiert'.[68] So definiert, bilden sie den äußeren Rahmen für den

---

wieder ein Naturphänomen. Dies widerspricht jedoch dem Duktus des Liedes: Es soll im Gegenteil gerade etwas begründet werden, was dem Anschein nach *im Gegensatz zur Natur* steht.

64   Vgl. Sir 1,8; 42,21.

65   Vgl. Sir 1,8; 18,1-7; 43,30f. und o. S. 178ff.

66   Vgl. die Weisheitsgedichte 4,11-19; 6,18-37; 14,20-15,10; 24; 51,13-30. Die wahre Weisheit ist freilich an Gottesfurcht und Gesetzesgehorsam gebunden, vgl. Sir 1,10; 15,7-10; 24,23f.; 43,33. Vgl. besonders auch den komparativen מוב-Spruch in 19,24, der dem Gottesfürchtigen, dem es an Verstand mangelt, gegenüber dem klugen Gesetzesübertreter den Vorzug gibt. Zu diesem Text vgl. Beentjes, Full Wisdom und Weber, Wisdom.

67   Vgl. Sir 37,25 und 41,13.

68   Vgl. Prato, problema, 31.

Wechsel von Arbeit und Feiertag im Leben der Menschen. Die Ordnung der Natur und die des menschlichen Lebens sind auf diese Weise miteinander verzahnt.

Daß Ben Sira schließlich ein Lehrstück über den Menschen mit einer Naturbetrachtung beginnt, ist nicht zufällig.[69] Vom Ende des Textes her wird deutlich werden, daß die Natur hier nicht lediglich als Anschauungsmaterial dient. Vielmehr werden die Unterschiede zwischen den Menschen analog zur übrigen Schöpfung erklärt, Mensch und Natur sind von einem gemeinsamen Gesetz bestimmt.

6.4.2 Die Menschen sind gleich und doch verschieden (V. 10-12)

Den sicheren Boden, auf dem sich der Siracide bei der Begründung für den Wechsel zwischen Alltagen und Festen bewegen konnte, verläßt er bei der weitaus schwierigeren Frage nach der Ursache für den Unterschied zwischen den Menschen. Ihr nähert er sich, indem er zunächst in der zweiten Strophe (V. 10-12) die Einsichten über die Unterscheidung der Tage auf den Menschen überträgt, was sich in der nahezu parallelen Struktur der beiden Strophen spiegelt.[70]

Diese Verse handeln von der Spannung zwischen der geschöpflich-materiellen Gleichheit der Menschen und ihrer unterschiedlichen Lebenswege. Die Erklärung für dieses Paradox liefert wie in der ersten Strophe die Weisheit Gottes (V. 11, vgl. V. 8). Ebenso wie Gott die Menschen aus Ton und Staub geformt hat, so hat er sie auf Grund seiner Weisheit voneinander gesondert und ihre Wege verschieden sein lassen.

Allerdings ist das Problem wesentlich komplexer als es auf den ersten Blick erscheinen mag. Vieles bleibt in der Formulierung offen bzw. uneindeutig. Es läßt sich in der Frage zusammenfassen, ob Gott in seinem unterscheidenden Handeln jeden einzelnen Lebensweg vorherbestimmt oder ob er vielmehr auf einer grundlegenderen strukturellen Ebene Welt und Mensch so geschaffen hat, daß sich dem einzelnen unterschiedliche Wege zur Wahl bieten. Eine Antwort darauf setzt eine gründliche Auseinandersetzung mit der Terminologie voraus.

---

69 Vgl. bereits 16,24-17,14 und dazu o. S. 146ff.

70 Vgl. dazu oben S. 234ff. Lediglich die beiden Halbverse 12bd fallen aus dem parallelen Aufbau heraus. Daß der Grieche in seiner Übersetzung das Moment der formalen Parallele durch die Wortwahl noch stärker hervorhebt, wurde in der Textkritik bereits gezeigt, s. dazu o. S. 232.

6.4.2.1 „Der Mensch ist ein Gefäß aus Ton" (V. 10)

Am Beginn der Strophe (V. 10) konstatiert Ben Sira in einem Chiasmus die materielle Gleichheit der Menschen, indem er die allen gemeinsame irdische Abkunft vergegenwärtigt. Im synonymen Parallelismus nennt er gleich zwei Bilder, die dies vor Augen führen.

Jeder Mensch ist ein Gefäß aus Ton,
und aus Staub ist der Mensch geformt.

Damit spielt der Vers nicht nur auf den jahwistischen Schöpfungsbericht an (V. 10b, vgl. Gen 2,7).[71] Mit dem Ausdruck כלי חמר nimmt er vielmehr das Töpfergleichnis aus V. 13 vorweg.[72] So deutet sich an, daß die Motivik des Töpferbildes und die darin enthaltene Betonung der Souveränität Gottes gegenüber seinem Geschöpf eine dominierende Stellung in diesem Lehrgedicht einnimmt. Bereits in V. 10 zeigt sich, daß Ben Sira das Verhältnis Gott-Mensch von der in diesem Bild dargestellten Relation her verstanden wissen will. So zeichnet sich ab, daß hier ein anthropologisches Problem aus der theologischen Perspektive heraus betrachtet wird. Es werden nicht die beim Menschen liegenden Ursachen für die Gegensätze und Unterschiede thematisiert.

Nun muß jedoch einem Mißverständnis entgegengetreten werden, das durch den Vergleich mit Qumran nahegelegt werden kann: Die göttliche Souveränität wird im Denken des Siraciden nicht zum Ausgangspunkt für eine 'pessimistische Anthropologie'.[73] So lehrt der Siracide, anders als z. B. später die Qumrangemeinschaft, nicht die prinzipielle Sündhaftigkeit des Menschen. Dies wurde besonders durch die Auslegung von Sir 15,11-20; 17,29f.; 18,8-14 deutlich.[74]

Maier setzt daher einen falschen Akzent, wenn er חמר hier von der negativen Bedeutung her deutet, die der Begriff in der Anthropologie des Hiobbuches erhält.[75] Er vertritt die Auffassung, daß der Parallelismus von חמר und

---

71 Vgl. dazu Prato, problema, 34f.
72 Über das Verb יצר klingt das Töpferbild auch in Gen 2,7 an, bleibt aber im Hintergrund, vgl. dazu Westermann, Genesis 1, 276-281 mit einem Überblick über die Bedeutung des Töpfermotivs in den Schöpfungsvorstellungen der Umwelt.
73 Maier, Mensch, 84f.114f. betont neben einer optimistischen die „pessimistische Linie" im Menschenbild Ben Siras, die er als weisheitlich vorgegeben ansieht. Nach der Auffassung des Autors resultiert daraus notwendig der Gedanke der Prädestination.
74 S. dazu o. S. 111-122.172ff.180.
75 Vgl. Maier, Mensch, 102f.

עפר in V. 10 die Niedrigkeit des Menschen besonders hervorhebt. So wird für ihn der Vers zum Beleg für die „Diastase Himmlisch-Ewig und Irdisch-Vergänglich", in der der Autor eine von zwei Seiten der Anthropologie Ben Siras sieht.[76]

Zwar trifft es zu, daß in der Vorstellung von der Schöpfung des Menschen aus Staub (עפר) das Wissen um seine Hinfälligkeit und Begrenztheit im Gegensatz zur Erhabenheit des Schöpfers eine besondere Rolle spielt.[77] Als Inbegriff seiner religiös-sittlichen Unzulänglichkeit wird die Herkunft des Menschen jedoch erst in der spätbiblischen „Niedrigkeitsredaktion" des Hiobbuches greifbar (Hi 4,17ff.):

> *(17)   Wie kann ein Mensch gerecht sein vor Gott*
> *   oder ein Mann rein sein vor dem, der ihn gemacht hat?*
> *(18)   Siehe, seinen Dienern traut er nicht,*
> *   und seinen Boten wirft er Torheit vor;*
> *(19)   Wieviel mehr denen, die in Lehmhäusern wohnen und*
> *   auf Staub gegründet sind*
> *   und wie Motten zerdrückt werden.*

Diese kleine Erzählung über die Unfähigkeit des Menschen, vor Gott gerecht zu sein, ordnet M. Witte der von ihm sogenannten Niedrigkeitsredaktion zu, die sie in die erste Rede des Eliphas eingefügt hat (Hi 4,12-21).[78] Das Kennzeichen dieser Redaktion ist die Auffassung, „daß der Mensch aufgrund seiner Geschöpflichkeit von dem allein gerechten und heiligen Gott in kreatürlicher Sündhaftigkeit geschieden ist."[79]

Zwar wird die Niedrigkeit des Menschen dabei durch dasselbe Begriffspaar versinnbildlicht, das auch in Sir 33,10 begegnet (חמר und עפר). Dies bedeutet jedoch nicht automatisch, daß der Siracide hier von demselben Grundgedanken bestimmt ist. Denn die negative Bedeutung wird in Hi 4,17ff. erst durch den Kontext festgelegt.

---

76 Maiers ‚prädestinatianische' Interpretation des Stückes baut wesentlich auf dieser Deutung der Anthropologie des Siraciden auf, vgl. Maier, Mensch, 84f.114f.

77 Vgl. zum jahwistischen Schöpfungsbericht Westermann, Genesis 1, 280f., vgl. auch Ps 103,14.

78 Vgl. dazu Witte, Leiden, 194ff.

79 Witte, Leiden, 194. Aus der Feder der Niedrigkeitsredaktion stammen nach Witte noch Hi 15,14-16; 25,4-6. Nur in Hi 4,19 wird jedoch die prinzipielle sittlich-religiöse Unzulänglichkeit des Menschen vor Gott durch seine minderwertige materielle Herkunft unter Verwendung des Begriffs חמר versinnbildlicht.

Alle übrigen Stellen im Alten Testament, die חמר in bezug auf den Menschen als Geschöpf führen, haben hingegen die Relation Schöpfer-Geschöpf und nicht die Schuldverfallenheit des Menschen zum Thema.[80] Zudem wird dort der Abstand zwischen Mensch und Gott nicht in erster Linie durch das Material, den חמר, sondern primär durch Gottes souveränen Schöpferakt zum Ausdruck gebracht. Beispielhaft sei hierfür Hi 10,8f. zitiert:

Deine Hände haben mich gebildet und geschaffen,
danach wendest du dich ab[81] *und willst mich verderben?*
Bedenke doch, daß du mich aus Lehm gemacht hast,
und zum Staub läßt du mich zurückkehren.

Besonders deutlich wird dies, wo die Schöpfungstradition eine Verbindung mit dem Töpferbild eingeht (Jes 29,19; 45,9). Die näheren Verwendungszusammenhänge sind dabei durchaus verschieden. So erfüllt das Bild auf der einen Seite die Funktion, den Menschen vor Überheblichkeit und Dreistigkeit gegenüber seinem Schöpfer zu warnen (Jes 29,16; 45,9, an beiden Stellen mit einem Wehe-Ruf verknüpft).[82] Auf der anderen Seite hat es seinen Sitz in der Klage und erinnert den Schöpfer an seine ursprüngliche Hinwendung zum Geschöpf, um damit erneut die gnädige Zuwendung zu erbitten (Hi 10,19; Jes 64,7). Die Geschöpflichkeit des Menschen kommt hier als Ausdruck für die Beziehung Gottes zum Menschen durchaus positiv in den Blick.[83]

Für Sir 33,10 ist schließlich ein dritter Verwendungszusammenhang bedeutsam: in Hi 33,6 verweist Eliphas ausdrücklich auf die Erschaffung aus Lehm, um die *Gleichheit* der Menschen coram Deo zu begründen:

Siehe, ich bin wie du vor Gott,
vom Lehm bin auch ich abgekniffen.

Zum festen anthropologischen Terminus wird חמר hingegen erst in den Schriften der Qumrangemeinde. Besonders in den Hodayot, aber auch in der Gemeinderegel steht יצר חמר als Begriff für die Niedrigkeit des Menschen.[84] Bemerkenswert ist dabei vor allem, daß der Terminus nicht nur die Hinfälligkeit, sondern auch die grundsätzliche Sündenverfallenheit des Menschen be-

---

80 Vgl. Hi 10,9; 33,6; Jes 29,16; 45,9; 64,7.
81 So im Anschluß an G, vgl. den kritischen Apparat in BHS.
82 Zu den Wehe-Rufen vgl. Janzen, Mourning Cry.
83 Dieser Gedanke wird auch in der Vita Adae et Evae aufgegriffen, vgl. Vita 27,2.
84 So besonders in den Hodayot, vgl. 1QH 1,21; 3,21; 4,29f.; 10,3.5; 11,3; 12,26; 13,13ff.; 18,12f.25f. und dazu Otzen, Qumran Literature, 339ff.; Lichtenberger, Menschenbild, 77-87; Maier, Mensch, 175ff.180; Holm-Nielsen, Hodayot, 274-277.

242   Der souveräne Schöpfer und das Problem des Bösen

zeichnet.[85] Wichtig ist die Beobachtung, daß ein unmittelbarer Zusammenhang zwischen dieser Radikalisierung der Sündhaftigkeit des Menschen und dem Prädestinationsgedanken der Qumrangemeinschaft besteht.[86] Diesen Zusammenhang scheint Maier auch auf Ben Sira zu übertragen, wenn er den Gedanken der Prädestination als eine Konsequenz aus dem Bewußtsein um den Abstand zwischen Gott und Mensch betrachtet.[87]

Bei Ben Sira selbst ist חמר an keiner weiteren Stelle bezeugt. Anders steht es allerdings mit עפר, das noch dreimal begegnet (Sir 10,9; 11,12; 40,3), davon jedoch lediglich in Sir 10,9 als bildliche Bezeichnung für den Menschen, und zwar als Vergänglichkeitsmotiv im Begriffspaar עפר ואפר (G: γῆ καὶ σποδός):[88]

> *Was überhebt sich Erde und Staub?*
> *Denn während sie leben, verfault (bereits) ihr Inneres.*

In dieser rhetorischen Frage mit anschließender Begründung wird geradezu abfällig über den Menschen in seiner Vergänglichkeit geurteilt, indem der postmortale Auflösungsprozeß des menschlichen Körpers in das Leben vorverlegt wird. Jedoch beklagt Ben Sira hier nicht die negativen Auswirkungen der körperlichen Hinfälligkeit auf das Leben des Menschen. Das Motiv erfüllt im vorliegenden Zusammenhang (Sir 10,6-11, vgl. auch V. 12-18) vielmehr die Funktion, dem Menschen den Spiegel vorzuhalten, um ihn zu einer realistischen Selbsteinschätzung zu bewegen und vor Hochmut und Überheblichkeit zu warnen. Als gedankliche Parallele ist an erster Stelle freilich Ps 90,12 zu nennen. Darüber hinaus kann jedoch darauf hingewiesen werden, daß im Lateinischen „mortalis" ein regelrechtes Synonym für Mensch ist.

Allerdings scheint auch Ben Sira das Niedrigkeitsmotiv zu kennen: In dem nur in G überlieferten Vers Sir 17,32 stehen γῆ καὶ σποδός für die moralische Unzulänglichkeit des Menschen, wie der Kontext lehrt (17,31f.):

---

85 Vgl. Lichtenberger, Menschenbild, 87; Merill, Predestination, 37ff.
86 Vgl. Merill, Predestination, 37.
87 Vgl. Maier, Mensch, 110f.
88 An den beiden anderen Stellen versinnbildlicht das Sitzen in Staub und Asche (40,3) bzw. nur im Staub (11,12) die Erniedrigung des Menschn, die in Armut und geringem Ansehen besteht. G interpretiert daher sinngemäß, wenn er in der Übersetzung ἕως ταπεινωμένου ergänzt (40,3) bzw. עפר durch ταπείνωσις ersetzt (11,12).

Was ist heller als die Sonne? Auch sie läßt nach in ihrem Licht;
so ersinnt Böses Fleisch und Blut.
Die Pracht des Himmels mustert er,
so auch alle Menschen, die Staub und Asche sind.

Witte sieht daher in diesem Vers den Anhaltspunkt, von einer Berührung zwischen Ben Sira und der von ihm sogenannten Niedrigkeitsredaktion des Hiobbuches zu sprechen.[89] Aber auch hier ist das Motiv abgeschwächt, indem es der Begründung der göttlichen Barmherzigkeit dient.[90]

Damit bietet weder der alttestamentliche Hintergrund noch der Kontext des Sirachbuches ein ausreichendes Fundament, aufgrund der Begriffe חמר und עפר eine pessimistische Anthropologie hinter Sir 33,10 zu begründen. Dieses Ergebnis wird durch einen Seitenblick auf Ben Siras Verhältnis zur Geschöpflichkeit des Menschen weiter gestützt. Hier können wir uns kurz fassen, da die einschlägigen Texte (Sir 15,14; 17,1-10) bereits ausgelegt wurden:[91] In Sir 15,14 zeigte sich, daß dem Menschen bei seiner Erschaffung der יצר als neutrales Instrument der Willensentscheidung gegeben wurde. Er befähigt ihn, sich selbst für den Weg des Guten, für den Wandel auf den Pfaden der Weisheit und des Gesetzes zu entscheiden.[92]

Diese positive Sicht wird durch 17,6-10 untermauert: Dem Menschen wurden mit der Erschaffung die Mittel zur Erkenntnis des Guten und Bösen gegeben, die ihn einerseits zum Bewundern der göttliche Werke (17,8f.), andererseits zum Gehorsam gegen das Gesetz der Erkenntnis und des Lebens (17,11-14) befähigen. Es sei daran erinnert, daß die Stoiker in dem Vermögen des Menschen zur contemplatio und imitatio der göttlichen Providenz den Höhepunkt seiner Überlegenheit gegenüber den vernunftlosen Tieren und geradezu den Inbegriff des Menschseins des Menschen sahen.[93] Ben Sira steht diesem Optimismus der stoischen Anthropologie näher als einer pessimistischen Anthropologie. Gerade die Welt- und die Gotteserkenntnis rechnet er zu den positiven Möglichkeiten des Menschen, die ihm im Rahmen der Selbst-

---

89 Vgl. Witte, Leiden, 195ff.; Reiterer, Verhältnis. Vgl. daneben noch Sir 7,17.
90 Vgl. 17,29f., wo zudem das Vergänglichkeitsmotiv einbezogen ist, und dazu Witte, Leiden, 195-198. In 18,8-14 dient allein die Vergänglichkeit der Begründung der Barmherzigkeit Gottes. Sirach verwendet das Motiv demnach in den Bahnen „der psalmistischen Tradition" (Witte, Leiden, 196). S. hierzu bereits o. S. 172.180.
91 S. oben S. 115ff und 154-160.
92 Vgl. auch Sir 15,14-17; 6,32f.
93 S. o. S. 31ff.50.

erkenntnis als durch Gott begrenztes Geschöpf den Weg zur Sittlichkeit eröffnen und damit auch ein im religiösen Horizont gelingendes Leben verheißen.

Zwar wußte auch der Siracide um die Fehlbarkeit des Menschen.[94] Wie wir
bereits sahen, begegnete er ihr jedoch mit der Möglichkeit der Umkehr, die
Gott dem Menschen offenhält.[95] Es sei schließlich daran erinnert, daß auch der
stoische Weise letztlich ein Ideal bleibt, so daß die faktische Fehlbarkeit des
Menschen auch bei den Stoikern dem Glauben an die Sittlichkeit des Menschen nicht entgegensteht.[96] So kann man sagen, daß weder die Souveränität
Gottes auf der einen noch das Wissen um die Begrenztheit des Menschen auf
der anderen Seite bereits auf eine 'pessimistische' Anthropologie schließen
lassen, die die totale Sündenverfallenheit des Menschen als notwendige Folge
seiner irdisch-materiellen Begrenztheit begreift.

Wir können also festhalten, daß Sir 33,10 die Herkunft des Menschen aus
irdischem Stoff nicht als Ausdruck seiner Niedrigkeit und Sündenverfallenheit
thematisiert. Wie in Hi 33,6 veranschaulicht das Bild vom Menschen aus Ton
und Staub, parallel zu Sir 33,7, vielmehr die geschöpfliche Gleichheit der
Menschen.

6.4.2.2 „Die Weisheit Gottes unterschied sie" (V. 11f.)

Zum Problem wird die gemeinsame Herkunft der Menschen erst durch ihre
scheinbar im Widerspruch dazu stehende Verschiedenheit. Wie in der ersten
Srophe begründet Ben Sira die Unterschiede von der Weisheit[97] Jahwes her.

Die Weisheit Gottes unterschied sie,
und er ließ ihre Wege unterschiedlich sein.

Die entscheidende Frage ist dabei allerdings, in welcher Hinsicht Gott die
Menschen unterscheidet.[98] Eine Antwort darauf muß sich an דרכיהם in V. 11b

---

94   S. o. S. 172ff. Wie sich Kohelet mit diesem Problem auseinandersetzt, beleuchtet neuerdings Lux, Recht.
95   S. o. S. 172.
96   Vgl. SVF III 662 = Plutarch, SR 1048e.
97   Gegenüber V. 8 fehlt hier die Partikel ב vor חכמה. Dabei entsprechen H^E und S einander gegen G, der ἐν πλήθει ἐπιστήμης liest. So ist in diesem Vers nicht, wie in V. 8a,
Jahwe das grammatische Subjekt, sondern die Weisheit Jahwes selbst. Gleichwohl ist
Jahwe in v. 11c als das Subjekt von שנה anzusehen, wie Prato, problema, 38 überzeugend dargelegt hat.
98   Mit dem Verb בדל spielt Ben Sira auf den priesterlichen Schöpfungsbericht an (vgl.
Gen 1,4.6) und verleiht der Unterscheidung der Wege damit indirekt die Beurteilung

festmachen. Die überwiegende Mehrheit der Kommentatoren interpretiert דרך hier als Schicksal, wonach die Unterscheidung der Wege in der Zuteilung von unterschiedlichen Lebensgeschicken bestünde.[99] Diese Deutung ist jedoch zu ungenau und wird zudem durch den weiteren Sprachgebrauch des Siraciden nicht gedeckt. So bedeutet דרך lediglich an einer Stelle, und zwar in Sir 46,20b, ausschließlich Schicksal. Sehr zahlreich sind hingegen die Belege für den 'Weg' als Inbegriff des Lebenswandels in religiös-sittlicher Hinsicht. In einem Wahrspruch zu Beginn des dreizehnten Kapitels heißt es:

Wer Pech berührt, an dessen Hand klebt es,
und wer sich dem Spötter zugesellt, wird dessen Weg lernen.[100]

Es ist daher angemessener, דרכיהם hier als die unterschiedlichen Wege zu verstehen, die die Rechtschaffenen und Frommen einerseits und die Frevler und Gottlosen andererseits einschlagen.[101] Da dem Lebenswandel freilich ein bestimmtes Ergehen entspricht, enthält der Begriff דרך auch das Moment des Lebensgeschicks, wovon der folgende Vers (Sir 33,12) Zeugnis ablegt. Entscheidend ist dabei jedoch der innere Bezug zum Lebenswandel: Gott belohnt und straft entsprechend dem Wandel der Menschen.[102]

Eine andere Deutung bietet Prato. Er legt den Vers im Horizont von V. 11b₁ aus (*und er machte sie zu Bewohnern der Erde*), einer Lesart, die wir

---

als ‚gut' (טוב). Zu den vielfältigen Bezügen zu Gen 1f. vgl. auch Prato, problema, 23-31.

99 Vgl. Skehan / Di Lella, 400; Box / Oesterley, 430; Smend, 298; Peters, 271; Hamp, 87.

100 Sir 13,1 (H^A); G übersetzt nicht wörtlich, sondern sinngemäß: *„Wer Pech anfaßt, wird schmutzig, und wer Gemeinschaft mit dem Hochmütigen pflegt, wird ihm gleich werden."* Weitere Belege sind Sir 2,6 (nur G); 10,6 (nur H^A, G anders); 11,26 (nur G, H^A verderbt); 16,20; 17,15.19 (nur G); 23,19 (nur G); 32,20f.; 37,15 (G; H^(B+D) lesen צעד). Dem korrespondieren die Wege Gottes bzw. der Weisheit, die dem Menschen als Richtschnur vorgegeben sind und denen er folgen soll, vgl. 2,15; 6,26; 14,21; 39,24 (G; H^B bietet ארחות).

101 Vgl. zu dieser Bedeutung von Weg auch Michaelis, Art. ὁδός, 50; Nötscher, Gotteswege, 47-52 und Koch, Art. דרך, 290.

102 Diese Beziehung zwischen Lebenswandel und Geschick zeigt sich z.B. in 3,31; 32,20f.; 21,10. Vgl. dazu auch Nötscher, Gotteswege, 61: „Der religiöse oder sittliche Lebenswandel bestimmt wesentlich das Lebensschicksal, er wird selbst sozusagen zum Schicksal, und beides wird infolgedessen auch terminologisch nicht immer scharf auseinandergehalten. Dem Rechtschaffenen wird es gut gehen." Entsprechend gilt für den Frevler: „Böses Verhalten und böses Ergehen liegen in einer Linie, sind sozusagen ein und derselbe Weg ins Verderben, sie werden begrifflich gar nicht mehr unterschieden." (ebd.)

als sekundär verworfen haben.[103] Dabei interpretiert er das Kolon vor dem
Hintergrund der Bedeutung, die das „Bewohnen der Erde" in Gen 1-11 hat.
Drei Momente hebt er daran hervor: Es geht auf göttliches Einwirken zurück,
als Ausdruck der Zerstreuung der Menschen über die Erde hat es einen negativen Akzent und ist die Folge menschlichen (Fehl-)Verhaltens (vgl. die Erzählung vom Turmbau, Gen 11,1-9). So resümiert er im Blick auf V. 11, daß
die Zerstreuung der Menschen über die Erde zwar auf die Weisheit Gottes
zurückgeht, daß sie aber als Folge menschlichen Tuns anzusehen sei. Auf die
Bedeutung von דרך geht er hingegen nicht ein. Aus seiner Auslegung geht
jedoch hervor, daß Prato die Unterscheidung der Wege als Zerstreuung über
die Erde deutet. Es ist jedoch anzumerken, daß diese Deutung abgesehen davon, daß sie sich allein auf ein textgeschichtlich umstrittenes Kolon stützt, zu
viel von außen in den Text hineinträgt. Die Aussage des Verses ist zu allgemein, als daß sie so eindeutig auf die Urgeschichte zu beziehen wäre. Auch
scheint die Folgerung, daß, wie in der Erzählung vom Turmbau zu Babel,
auch hier die Verantwortung des Menschen impliziert ist, vom Text her nicht
begründet. Die Frage nach dem Anteil des Menschen an Gottes unterschei-
dendem Handeln läßt sich damit nicht beantworten. Sie muß folglich vorerst
offenbleiben.

Im Folgenden knüpft Ben Sira zunächst an die genannte Dialektik von Lebenswandel und Lebensgeschick an,[104] indem er Segen und Fluch, Erhöhung
und Erniedrigung in V. 12 als Gegensätze des göttlichen Handelns einander
gegenüberstellt.

Vergleicht man diesen Vers mit seinem Gegenüber in der ersten Strophe
(V. 9), so fällt zunächst auf, daß sich die Gemeinsamkeiten auf das strukturbe-
stimende מהם zu Beginn der Kola und die Übernahme der Verben ברך und
קדש beschränken.[105] Darüber hinaus weist der Vers einige signifikante Unterschiede auf. So ist er um ein Bikolon erweitert, wobei die Verben ברך und
קדש nicht im selben Halbvers erscheinen, sondern auf V. 12ab aufgeteilt
sind. Wichtiger noch ist jedoch etwas anderes: Stärker als in V. 9 wird deutlich, daß sich das Unterscheiden in einander ausschließenden *Gegensätzen*
auswirkt, in Gut und Böse, Annahme und Verwerfung.

Anders als in V. 9 liegt es hier nicht so offensichtlich auf der Hand, auf wen
sich das unterscheidende Handeln Gottes bezieht, wen und unter welchen Be-

---

103 Vgl. Prato, problema, 36ff.
104 Vgl. auch 2,15f.; 3,30f.; 4,10.28; 7,1-3.32.35.; 11,26; 21,10; 32,20f.
105 Zwar fehlt in V. 12ac der Beginn des Kolon im hebräischen Text. Er läßt sich jedoch
     im Anschluß an G und S und wegen der Parallele in V. 9 mit großer Gewißheit er-
     schließen.

dingungen Gott segnet und erhöht, heiligt und zu sich nahen läßt, bzw. verflucht und erniedrigt und von dem Posten stößt.

Da Ben Sira in diesem Lehrgedicht insgesamt mehrfach auf die Schöpfung zurückgreift,[106] wird der Bezug zu V. 12 in der Forschung in der Regel ebenfalls in der Urgeschichte gesucht. So interpretiert die Mehrheit der Kommentatoren den Vers im Horizont der Fluch- und Segensverheißung über Kanaan und Sem in Gen 9,25ff. und deutet Sir 33,12a auf Israel und V. 12cd auf die Völker Kanaans.[107] Innerhalb Israels wird dabei noch einmal die Gruppe der Priester unterschieden (V. 12b). Danach wäre es das Interesse dieses Verses, die Erwählung Israels in der Schöpfungsordnung zu verankern und damit zu überhöhen. Diese Deutung geht auf R. Smend zurück, der hier einen weiteren Beleg für seine These findet, daß das Werk Ben Siras von einer antihellenistischen Tendenz bestimmt sei. Ausgehend von diesem Vers bestimmt Smend gar den Skopos des gesamten Gedichts: „Die Ausführung richtete sich gegen die Hellenisten, die die Auserwählung Israels bestreiten."[108] Mehrere Ausleger sind ihm darin gefolgt.[109]

Vor allem zwei Kritikpunkte geben den Anlaß, diese Deutung erneut zu überdenken. Einerseits wird sie der universellen, allgemein-menschlichen Zielrichtung des Textes nicht gerecht. Die Weite des Gedankens geht verloren, wenn man das Gedicht auf die Erwählungsthematik bzw. auf den Konflikt

---

106 Vgl. V. 7-9.10.

107 Vgl. Smend, 299; Peters, 273; Box / Oesterley, 430; Hamp, 87; Maier, Mensch, 105; Skehan / Di Lella, 400. Prato, problema, 40 bezieht V. 12ab insgesamt auf Israel, betont jedoch, daß sich demgegenüber der Fluch in V. 12cd weniger eindeutig einem bestimmten Volk zuordnen läßt. Dies bedeutet nach seiner Auffassung, daß die näheren historischen Umstände zweitrangig sind, da es vielmehr nur darum geht, die Erwählung Israels prinzipiell durch die Gegenüberstellung mit dem Fluch über die Völker stärker hervorzuheben. Hier liegt ein wichtiges Motiv, das Pratos Deutung des Polaritätsprinzips in diesem Text bestimmt: Bei sämtlichen Gegensätzen hat das negative Element für sich keine eigene Bedeutung, sondern erfüllt nur eine Funktion als Gegenstück für das Gute. Die Intention des gesamten Lehrgedichts sieht Prato freilich nicht in der Hervorhebung der Erwählung Israels. Er hat vielmehr die universale anthropologische Dimension des Gedichts erkannt.

108 Smend, 297.

109 Vgl. Box / Oesterley, 429; Skehan / Di Lella, 400. Nicht alle Kommentatoren übernehmen mit dem Bezug zu Gen 9,25f. Smends antihellenistische Deutung des Textes. So hat nach Peters, 272 Auffassung der Gedanke der Erwählung Israels hier nur die Funktion zu ‚beweisen', daß „In Gottes Hand ... die Bestimmung des Schicksals des Menschen [liegt].", vgl. auch a.a.O., 273. Auch für v. Rad, Weisheit, 342 ist die Anspielung auf Israels Erwählung hier nurmehr ein Beispiel.

zwischen Israel und dem Hellenismus beschränkt.[110] Andererseits trägt sie ihre Kategorien primär von außen in den Text, anstatt sie aus dem Abschnitt selbst bzw. aus dem Kontext des Sirachbuches zu ermitteln. Lediglich die Beobachtung Smends und einer Reihe weiterer Kommentatoren, daß in V. 12b auf die Erwählung der Priester angespielt wird, ist zutreffend. Auch hierfür läßt sich die Begründung jedoch im Sirachbuch selbst finden. Ehe wir uns der schwierigeren und zugleich wichtigeren Frage der Deutung von V. 12ac widmen, seien in aller Kürze die Argumente dargeboten.

Nach alttestamentlichem Sprachgebrauch sind es vor allem die Priester, die Gott zu sich nahen läßt, damit sie den Dienst am Heiligtum verrichten. Wichtiger als dieser alttestamentliche Hintergrund ist es, daß die Wurzel קדש in der Terminologie des Siraciden an zwei Stellen auf die Priester bezogen wird (7,29; 45,6),[111] wovon vor allem 45,6 für Ben Siras Stellung zum Priestertum aufschlußreich ist:

Und er erhöhte Aaron als heilig.

Hier und in den folgenden Versen (Sir 45,6-25) beschreibt Ben Sira sehr ausführlich, wie Aaron und seinen Nachfolgern die priesterlichen Privilegien verliehen wurden.[112] Daß der Siracide der Privilegierung des aaronidischen Geschlechtes eine außerordentlich große Bedeutung beimißt, erhellt nicht nur aus der Ausführlichkeit der Darstellung,[113] sondern auch aus der Begeisterung, mit der er den Schmuck und die Pracht der priesterlichen Gewänder schildert (45,7-13).[114]

---

110 Zudem stellt sich grundsätzlich die Frage, ob das Werk des Siraciden tatsächlich von einer antihellenistischen Grundtendenz bestimmt ist, s. bereits o. S. 131-142. und u. S. 275.281ff.

111 Ben Sira entspricht damit dem Heiligkeitsbegriff von P, nach welchem nur die Priester heilig sind, vgl. dazu Gunneweg, Leviten, 175f. Dies ist auch das entscheidende Argument gegen Prato, problema, 39f., der u. a. wegen קדש V. 12ab insgesamt auf Israel bezieht. Darüber hinaus übersieht Prato offenbar, daß zu Beginn von V. 12b מהם wiederholt wird, was darauf hindeutet, daß hier eine von V. 12a verschiedene Gruppe angesprochen wird.

112 Vgl. dazu Stadelmann, Schriftgelehrter, 271-284; Olyan, Priesthood, 267-272.

113 Die wenigen Verse, die Mose gewidmet sind (vgl. Sir 45,1-5), muten im Vergleich dazu eher nüchtern an.

114 Auch im Lobpreis des Hohenpriesters Simon (Sir 50,1-24) werden die Aaroniten als die Priester, die unter Simon den Dienst am Heiligtum leisten, zweimal erwähnt (vgl. Sir 50,13.16). Ein einfacher Hinweis auf die Priester hätte hier genügt. Ben Sira nutzt offensichtlich die Gelegenheit, um noch einmal hervorzuheben, daß es die Aaroniden sind, denen der Dienst am Heiligtum obliegt.

Unausgesprochen werden damit zugleich nicht-aaronidische levitische Ansprüche auf die Zugehörigkeit zur Priesterschaft zurückgewiesen, wie Saul M. Olyan in seiner Untersuchung zu „Ben Sira's Relationship to the Priesthood" gezeigt hat.[115] Olyan hat den Nachweis erbracht, daß Ben Sira in seinen Ausführungen zum priesterlichen Stand in der Nachfolge von P steht[116] und folgert, daß er auch dessen Ablehnung der nicht-aaronidischen levitischen Ansprüche auf das Priestertum übernommen hat.[117] Entgegen der opinio communis ist daher V. 12d als Gegenpart zu V. 12b zu deuten und als eine Anspielung auf die Verstoßung einer anderen Gruppe aus dem Priesteramt zu verstehen,[118] wie sie vergleichbar im Lobpreis Aarons in 45,18f. mit dem Untergang der Rotte Korach thematisiert wird.[119]

Nach dieser Deutung hat Ben Sira die Gelegenheit genutzt, die ihm besonders am Herzen liegende Erwählung des aaronidischen Priestergeschlechtes in der Schöpfungsordnung zu veranken und mittels der Lehre von den Gegensätzen zu begründen.[120] Den Anknüpfungspunkt für die Einbeziehung der Ordnung aus dem kultischen Bereich bot die Unterscheidung von Werktagen und heiligen Festen in V. 9. Mit der freilich verdeckten Anspielung auf den Untergang der Rotte Korach klingt zugleich das Prinzip der Vergeltung für ein un-

---

115 HTR 80 (1987), 261-86. Vgl. auch Wright, Priesthood, der Ben Sira als „Defender of the Jerusalem Priesthood" (so der Untertitel seines Beitrags) charakterisiert.

116 Vgl. Olyan, Priesthood, 267-272 und zum Verhältnis von Priestern und Leviten bei P Gunneweg, Leviten, 138-158.

117 Vgl. dazu Olyan, Priesthood, 272-276. Zwar bedient sich Olyan dabei eines argumentum e silentio, nämlich der Tatsache, daß Ben Sira die Leviten mit Schweigen übergeht. Seine Position erscheint dennoch plausibel, da er darüber hinaus gezeigt hat, daß Ben Sira sich in seinen Ausführungen zum Priestertum eng an Position und Begrifflichkeit von P anschließt.

118 Den Anhaltspunkt dafür bietet das Substantiv מעמד in V. 12d. Je nach Punktierung kommen dafür zwei Bedeutungen in Frage: Das alttestamentliche hapax legomenon מָעֳמָד, das den ‚Grund' oder ‚Boden' unter den Füßen bezeichnet (vgl. Ps 69,3 = LXX 68,3) scheidet jedoch aus, da es in der LXX mit ὑπόστασις wiedergegeben wird. מעמד in der hier zugrundegelegten Bedeutung von ‚Dienst' wird hingegen in der LXX an zahlreichen Stellen durch στάσις übersetzt (vgl. 1 Kö 10,5; 2 Chr 9,4; 30,16; 35,10; Neh 13,11) und entspricht damit G in Sir 33,12d. In der hier zugrundegelegten Bedeutung bezeichnet מעמד eine Stellung im Dienst vor dem König (vgl. 1 Kö 10,5; 2 Chr 9,4; Jes 22,19) oder am Heiligtum (vgl. 1 Chr 23,28; 2 Chr 35,15).

119 Vgl. auch die entsprechende Anspielung in 16,6 und dazu oben, S. 126. Zum Aufruhr der Rotte Korach vgl. noch Gunneweg, Leviten, 171-184.

120 Den zeitgeschichtlichen Hintergrund erläutert Hengel, Judentum, 245: „Sein (= Ben Siras, Verf.) nachdrückliches Eintreten für die Oniaden und darüber hinaus für die Privilegien der Nachkommen des Aaron und Pinehas überhaupt zeigt, daß dieselben bereits umstritten waren."

rechtes Tun an, womit die oben benannte Dialektik von Weg und Wandel ebenfalls durchscheint. Allerdings ist die Anspielung auf die Erwählung und die Verwerfung verschiedener Priestergeschlechter hier lediglich ein Nebengedanke. Die Priester stehen nicht im Zentrum des Interesses.[121] Dies tritt deutlicher mit V. 12ac und den dort genannten Gegensätzen zwischen Gottes Segnen und Erhöhen und seinem Verfluchen und Erniedrigen hervor.

Mit dem Thema Segen und Fluch bewegt sich Ben Sira zunächst weitgehend in den im Deuteronomium und den Proverbien vorgegebenen Bahnen, indem er sie als Folge eines bestimmten Verhaltens des Menschen bestimmt.[122] Dabei ist vorausgesetzt, daß Gott die Segnungen über den Menschen kommen läßt bzw., umgekehrt, den Fluch in Kraft setzt.[123] Dies gilt auch dann, wenn ein Mensch einen anderen segnet oder verflucht wie in Sir 3,8f.[124] und 4,5.

Segen erfährt der Gottesfürchtige (1,13; 40,27; vgl. auch 34,20), der Gerechte (11,22), wer sich sozial verhält (3,8f.; 7,32) und wer der Weisheit nachfolgt (4,13).[125] Für den Fluch nennt Ben Sira nur einige wenige Beispiele. Nach Sir 23,26 steht das Andenken der Ehebrecherin unter dem Fluch,[126] ebenso, wer sich dem Bedürftigen verschließt (4,5). Antithetisch in einem Vers verbunden wie in Sir 33,12 sind Segen und Fluch nur noch in Sir 3,9 im Rahmen eines Lehrgedichts über die Ehrung der Eltern (Sir 3,1-16):[127]

Der Segen eines Vaters legt den Wurzelgrund,
und der Fluch einer Mutter reißt die Pflanze aus.[128]

---

121 Anders beurteilt dies Graetz, 109.

122 Zum deuteronomisch-deuteronomistischen Begriff des Segens vgl. Wehmeyer, Segen, 206-211, zum Segen in den Proverbien a.a.O., 224-226; zum Segen im Alten Testament insgesamt Scharbert, Art. ברך, besonders 835-841. Ein Grundtext für Segen und Fluch im Alten Testament ist Dtn 27-29. Hier wird der göttliche Segen explizit an den Gebotsgehorsam gebunden.

123 Vgl. Sir 1,13; 4,13; 4,5f.; 11,22; 39,22.

124 Vgl. hierzu Bohlen, Ehrung, 224f.

125 Wie im Alten Testament beinhaltet der Segen langes Leben, Wohlstand und Nachkommen, vgl. Sir 3,3-6. Daß die dort aufgeführten Güter eine Folge des Segens sind, erhellt aus V. 8, vgl. dazu Bohlen, Ehrung, 165-204.224f. und zum Gegenstand des Segens im Alten Testament Scharbert, Art. ברך, 826.

126 Vgl. im Gegensatz dazu Sir 45,1; 46,11.

127 Vgl. dazu insgesamt die genannte Studie von Bohlen und Prov 30,11. Anders als in Sir 33,12 werden Segen und Fluch in 3,9 jedoch nicht verbal, sondern nominal gebraucht.

128 Vgl. dazu Bohlen, Ehrung, 224-232, der darauf hinweist, daß der im Gegensatz zum Segen des Vaters ungewöhnliche Fluch der Mutter in Sir 3,9b vermutlich auf ein verändertes soziales Klima zurückzuführen ist, in dem der Respekt vor der Elterngenera-

Sowohl das Dekaloggebot der Elternehrung,[129] wie die an Dtn 28,2 anklin-
gende Formulierung im vorangehenden Vers Sir 3,8 rufen den Kontext der
Segens- und Fluchankündigungen in Dtn 27f. in Erinnerung.[130] An diesen
Vorstellungszusammenhang scheint auch Sir 33,12 anzuknüpfen.[131] Jedoch
hat der Siracide vom geschichtlichen Kontext der Verheißungen an Israel abstrahiert und das Thema auf eine universal anthropologische Ebene hin trans-
poniert.

Allerdings unterscheidet sich unsere Stelle sowohl von Dtn 27f. als auch
von sämtlichen übrigen Sirach-Belegen in einem wesentlichen Punkt: Während
dort der unmittelbare Zusammenhang mit einem Tun oder einer Haltung des
Menschen genannt wird, zeichnet sich Sir 33,12 im Gegensatz dadurch aus,
daß hier allein vom Segnen und Verfluchen als einer göttlichen Handlung gesprochen wird. Von einem Handeln des Menschen ist hingegen nicht die Rede.

Auf derselben Linie liegt das zweite Gegensatzpaar des Verses, „Erhöhen"
und „Erniedrigen" (רום und שפל). Auch für diese beiden Begriffe gibt es reichlich Belege im Werk des Siraciden und damit Anhaltspunkte für eine werkim-
manente Deutung des Verses.[132] Wie bei dem Segen und dem Fluch wird dabei allenthalben der Zusammenhang mit dem Tun des Menschen und damit der
Kontext der gerechten Vergeltung sichtbar.[133] Allerdings bekommt der Gedanke hier noch eine andere Nuance. Der Akzent liegt stärker als bei Segen
und Fluch auf dem unerwarteten Eingreifen Gottes, wodurch die Souveränität
des göttlichen gegenüber dem menschlichen Handeln stärker betont wird. So
veranschaulicht Ben Sira die schnelle Wandelbarkeit des Geschicks am Beispiel des Armen, der ganz am Boden liegt, und zur Überraschung seiner Mitmenschen von Gott erhöht wird. Wichtig ist dabei der Gegensatz, der zwischen der Erwartung und dem Ereignis liegt (11,10-13):

---

    tion, ähnlich den Verhältnissen im Athen des 5. und 4. vorchristlichen Jahrhunderts,
    in Frage stand und erst wiederhergestellt werden mußte.

129 Vgl. Sir 3,2 und dazu Bohlen, Ehrung, 224f.

130 Zur Elternehrung vgl. Dtn 27,16, zum Zusammenhang zwischen Dtn 27f. und
    Sir 3,8f. vgl. Bohlen, Ehrung, 224f.227f.

131 Vgl. auch Argall, 1 Enoch, 139.

132 Vgl. Sir 1,19; 2,4f.; 7,11; 11,1.13; 15,5; 20,11; 34,20; 38,3; 44,21; 45,6; 47,5.11. Es
    überrascht, daß dem Thema angesichts seiner Bedeutung und seines Umfangs noch
    keine eigene Erörterung gewidmet wurde.

133 Vgl. dazu auch Hadot, penchant, 159-163, der Sir 33,12 insgesamt vor dem Hinter-
    grund des Gegensatzpaares שפל - רום deutet und zu dem Ergebnis gelangt, daß Ben Si-
    ra hier auf den Gegensatz zwischen den Hochmütigen und den Demütigen zielt. Al-
    lerdings erfaßt er damit lediglich einen Aspekt des Themas.

(10)   Mein Sohn, warum vermehrst du deinen Reichtum,
wo doch der, der (seinen Reichtum) schnell vermehrt, nicht
schuldlos bleibt?
Wenn du (ihm) nachjagst, wirst du (ihn) nicht einholen,
und nicht wirst du entkommen, wenn du fliehst.[134]

(11)   Da ist einer, der sich müht und eilt und arbeitet,
aber im selben Maße bleibt er zurück.

(12)   Da ist andererseits einer, der ist arm und geht müßig seinen Weg,
hat Mangel an allem und Überfluß an Unglück,
doch die Augen des Herrn blicken auf ihn zum Guten,
und er schüttelt ihn frei von Staub und Gestank.

(13)   Und er erhebt ihn an seinem Haupt und erhöht ihn,
und es staunen über ihn viele.[135]

Interessant sind die Verse zudem, da Ben Sira mit ihnen möglicherweise eine Erfahrung deutet, die für die Zeit des Hellenismus typisch war und im griechischen Bereich zur Entwicklung des Glaubens an die Tyche beigetragen hat: Unter dem Eindruck der immensen politischen und wirtschaftlichen Umwälzungen in der Folge des Alexanderfeldzuges, die sich bis in das Leben des einzelnen auswirkten, erfaßte ein irrationaler Schicksalsglaube, der sich von älteren griechischen Vorstellungen deutlich abhob, weite Teile der griechischen Bevölkerung.[136] Besonders die Erfahrung, daß Wohlstand und der völlige Verlust des Besitzes einander rasch abwechselten, trug hierzu bei. Aufschlußreich für den daraus entstandenen Glauben an die Macht des Schicksals ist die Begründung, mit der Nilsson die Ablösung des Begriffs der μοῖρα durch die τύχη in dieser Zeit erklärt:

> *„Das homerische Wort μοῖρα war ... unpassend geworden, denn an ihm haftete*
> *die Nebenbedeutung von gebührendem Anteil..., und von dem Gebührenden*
> *war in dieser Zeit der unbegrenzten Möglichkeiten keine Rede mehr.“*[137]

So wurde die Ungesichertheit der Existenz auf die Tyche als blinde,[138] unberechenbare, willkürliche und launenhafte Macht über die Geschicke der Men-

---

134   Für V. 10cd existieren zwei Textformen, H^A und H^{B2} auf der einen und H^{B1} auf der anderen Seite. Die hier zugrundegelegte (H^{B1}) entspricht G und kann als die ältere angesehen werden (vgl. Rüger, Textform, 70 und Skehan / Di Lella, 237). In der Textausgabe von Beentjes wird sie hinter V. 9 dargeboten.

135   Vgl. auch PapIns 7,13-19, ein Beispiel für die sogenannten „paradoxical chapter endings". Zu ihnen vgl. Lichtheim, Wisdom Literature, 138-150.

136   Zum älteren Begriff des Schicksals in der griechischen Geisteswelt vgl. auch Kranz, Schicksal, 1275.

137   Nilsson, Religion 2, 202.

schen zurückgeführt.[139] Dabei wertet Nilsson die „immer häufiger werdende Berufung auf die Tyche ... [als] ein Zeichen der Entgöttlichung der Welt":[140] An die Stelle des Götterglaubens war die unpersönliche Tyche getreten.[141]

Eine Annäherung an und Auseinandersetzung mit dem zeitgenössischen Schicksalsglauben ist in der demotischen Weisheit des Papyrus Insinger zu beobachten.[142] Sie hat in den sogenannten „paradoxical chapter endings"[143] ihren Ausdruck gefunden. Diese Paradoxien stehen im Gegensatz zum Grundgedanken der eigentlichen Unterweisungen des Papyrus Insinger, indem sie den Tat-Folge-Zusammenhang in seiner Eindeutigkeit aufheben. So wird hier die sonst vorausgesetzte Ordnung geradezu umgekehrt:

Mancher lebt bescheiden, um zu sparen, und wird doch arm.
Mancher versteht es nicht (zu sparen), und das Schicksal
gibt ihm Reichtum.
Es ist nicht (notwendig) der sparsame Weise, der einen
Vorrat vorfindet.
Es ist nicht immer ein Vergeuder, wer in Armut lebt.
Gott gibt (auch) reichen Vorrat ohne Einkommen
und Armut in der Börse ohne Vergeudung.[144]

---

138 So urteilt der Historiker Demetrios aus Phaleron über die Tyche, vgl. DL V 82 und dazu Nilsson, Religion 2, 204.

139 Die Hauptquelle für diese Vorstellung ist die Neue Komödie, „die ein Spiegelbild des bürgerlichen Lebens im Anfang der hellenistischen Zeit gibt." (Nilsson, Religion 2, 202). Vgl. zu ihr auch Lesky, Geschichte, 717-750, zur Tyche bei Menander, dem bedeutendsten Vertreter der Nea, a.a.O., 743f. Die Philosophie hingegen meidet den Begriff der Tyche. Sie versucht im Gegensatz, mit dem Begriff der Heimarmene die Rationalität auf dem Grund der Ereignisse zu zeigen, wie wir bereits an den Stoikern sehen konnten (s. o. S. 33-36). Wie sehr die damit verbundene Frage „um das, was der Mensch nicht in seiner Verfügungsgewalt hat, und ... inwieweit das Handeln des Menschen selbstbestimmt sein kann" (Kranz, Schicksal, 1275) auch die Philosophie beschäftigt hat, belegt die Fülle der überlieferten Schriften mit dem Titel περὶ εἱμαρμένης bzw. de fato (vgl. die Zusammenstellung bei Gundel, Heimarmene, 2624ff.).

140 Nilsson, Religion 2, 201.

141 Zu dem freilich weitaus vielschichtigeren Begriff und Prozeß der Ausbreitung des Tyche-Glaubens vgl. Nilsson, Religion 2, 201-210. Für unseren Zusammenhang ist zunächst nur das Dunkle der Schicksalhaftigkeit des Geschehens, für das der Begriff der Tyche steht und das zugleich ein Ausdruck des Lebensgefühls in der Zeit des Hellenismus ist, von Bedeutung.

142 Vgl. dazu Lichtheim, Wisdom Literature, 138-152.

143 Lichtheim, Wisdom Literature, 138, vgl. das gesamte Kapitel S. 138-150.

144 PapIns 7,13-18 = Z. 144-149 (Übersetzung: Brunner, Weisheit, 310).

Die Berührung mit der volkstümlichen griechischen Tyche zeigt jener Vers, der refrainartig diese wie die übrigen Paradoxien des Buches beschließt und die Ereignisse als ein Produkt von „Geschick und Glück" deutet:

Geschick und Glück, die kommen - Gott ist es, der sie sendet.[145]

Indem das Schicksal hier als „the unpredictable course of life governed by change"[146] aufgefaßt wird, unterscheidet sich PapIns von der altägyptischen Vorstellung, nach welcher „sich dieses Phänomen primär auf die Gabe der Lebenszeit [bezieht]".[147] Der griechische Einfluß ist dabei in der Terminologie greifbar.[148] So konnte Lichtheim zeigen, daß die demotischen Begriffe für „Geschick" und „Glück" in einigen Dokumenten τύχη und εἱμαρμένη bzw. ἀνάγκη wiedergeben.[149] Allerdings bleibt PapIns in den Bahnen der ägyptischen Tradition, wenn er Gott als den Urheber des Schicksals nennt. Die Tyche-Vorstellung wird mithin in den Gottesglauben integriert.[150]

Interessant ist dieser geistesgeschichtliche Hintergrund nun aber aus folgendem Grunde: Zwar scheint bei Ben Sira die ambivalente Erfahrung des plötzlichen Wechsels von Armut und Reichtum durch, und auch von der Tatsache, daß das Verschulden bzw. das Verdienst des Menschen dabei nicht immer auf der Hand liegt, ist etwas zu spüren.[151] Von einem Schicksalsbegriff findet sich jedoch keine Spur. Der Siracide deutet die Vorstellung vielmehr

---

145 PapIns 7,19 = Z. 150 (Übersetzung Brunner, Weisheit, 310). Andere Beispiele für diese „paradoxical chapter endings" finden sich bei Lichtheim, Wisdom Literature, 138-151.

146 Lichtheim, Wisdom Literature, 140.

147 Morenz / Müller, Schicksal, 35. Zum ägyptischen Schicksalsglauben vgl. auch Nötscher, Schicksalsglaube, 213-217. Eine Vorstufe der neuen Konzeption des Schicksals stellt die demotische Weisheit des Ankscheschonki dar, vgl. Lichtheim, Observations, 294f. Die dort vorzufindenden Auffassungen werden im PapIns systematisiert (vgl. a.a.O., 295). Vgl. auch dies., Wisdom Literature, 140: „Thus PInsinger was drawing on an existing concept which contained two elements: the old notion of the reversal of fortune discussed in the Instructions of Any (8/9-10) and Amenemope (6/18ff. & 24/13ff.) and the new idea of „fate" as the unpredictable course of life governed by change."

148 Zum griechisch-hellenistischen Einfluß auf den Begriff des Schicksals im PapIns vgl. auch Lichtheim, Observations, 303ff.

149 Vgl. Lichtheim, Wisdom Literature, 140.

150 Morenz / Müller, Schicksal, 35 haben es als wesentlichen Unterschied zwischen der altägyptischen und der griechischen Konzeption vom Schicksal herausgearbeitet, daß in der griechischen Geisteswelt von Anfang an das Schicksal als eine Macht neben den Göttern in der Vorstellung existierte, während es im ägyptischen Denken der Gottheit zugewiesen wurde.

151 Vgl. bes. V. 11.12a.

allein im Horizont des Gottesglaubens. Indem er Gott zum Urheber des unerwarteten Wandels macht, betont er dessen Souveränität gegenüber dem menschlichen Geschick.[152] Hierzu fügt es sich, daß er an einer anderen Stelle an Gottes Erhöhen und Erniedrigen erinnert, um den Menschen vor der Überheblichkeit zu warnen und zur Demut zu ermahnen (Sir 7,11):

Einen Menschen mit verbittertem Geist verachte nicht,
denke daran, daß es einen gibt, der erhöht und erniedrigt![153]

Gleichzeitig ist jedoch der Gedanke der Vergeltung präsent. Auch wenn Gott auf überraschende Weise erhöht und erniedrigt, steht letztlich im Hintergrund, daß er damit ein menschliches Verhalten, positiv oder negativ, vergilt. Daran erinnert Ben Sira im größeren Kontext der zitierten Belehrung über Armut und Reichtum, indem er den Abschnitt folgendermaßen beschließt (11,14.17-19):

(14) Gutes und Böses, Leben und Tod,
Armut und Reichtum: vom Herrn kommt es.
(17)[154]*Die Gabe des Herrn bleibt bei den Frommen,*[155]
und sein Wohlgefallen beschert Erfolg auf ewig.[156]
(18) Es gibt einen, der ist reich durch seine Sorgfalt und seine Gier,
und dies ist sein Anteil am Lohn:[157]
(19) Wenn er sagt: „ ich habe Ruhe gefunden,
und jetzt möchte ich von meinen Gütern essen ",
so weiß er nicht, was seine Frist ist,
und er wird alles seinen Nachkommen zurücklassen und sterben.

Auch in seiner Souveränität erweist Gott sich als der Gerechte und nicht als ein willkürlich Handelnder, was besonders mit 11,17 zum Ausdruck kommt. Dies bildet den Hintergrund zur Verwendung von רום und שפל in 33,12, wobei auch dieses Begriffspaar wie Segen und Fluch an dieser Stelle von den übrigen Vorkommen im Sirachbuch dadurch getrennt ist, daß nur hier jeder Zusam-

---

152 Vgl. zum Gedanken auch Nötscher, Schicksal, 460ff.
153 Vgl. dazu auch 1 Sam 2,6ff. Im Spiegel von Sir 7,11 bespricht Hadot, penchant, 159f. die Stelle.
154 V. 15f. stellen eine Glosse der GII-Tradition dar.
155 Die Übersetzung dieses Kolons folgt G, da H verderbt ist. S weicht nur insofern ab, als er „bei denen, die ihn fürchten" (לדחליהי) für εὐσεβέσιν liest.
156 Das göttliche Wohlgefallen (εὐδοκία αὐτοῦ bzw. רצנו) ist im Horizont von 15,15 als Reaktion auf ein Gott wohlgefälliges Verhalten zu interpretieren.
157 V. 18 ist in H verderbt und wird hier nach G wiedergegeben.

menhang mit einem menschlichen Verhalten ausgeklammert wird. Daß Gott erhöht und erniedrigt, wird an dieser Stelle schlicht als Faktum für sich konstatiert und nicht zum Handeln des Menschen in irgendeiner Weise in Beziehung gesetzt.

Die Ergebnisse für diese Strophe können daher folgendermaßen zusammengefaßt werden. Ben Sira erklärt die Verschiedenheit ebenso wie die Gleichheit der Menschen vom göttlichen Handeln her. Dabei bleibt im Wortlaut eine gewisse Uneindeutigkeit bestehen, ob es sich dabei um einen vorherbestimmenden Akt handelt. Der Abschnitt ist daher hermeneutisch zu lesen und in den Kontext des gesamten Werkes zu stellen. Von daher ergibt sich, daß Segen und Fluch, Erhöhung und Erniedrigung immer als Ausdruck der gerechten Vergeltung Gottes gedeutet werden und folglich keinem Determinismus das Wort reden. Der verbliebene 'Rest' an Uneindeutigkeit läßt sich damit erklären, daß Ben Sira hier die gegensätzlichen Erfahrungen, Wege und Geschicke der Menschen von der schöpferischen Souveränität Gottes her zu erklären sucht und den Anteil, den der Mensch selbst daran aufgrund seiner Verantwortung hat, nicht thematisiert. Hier geht es grundsätzlicher um die Frage, wie überhaupt die Unterschiede unter den Menschen mit dem einheitlichen Schöpferhandeln Gottes zu vereinbaren sind und ob sie von demselben Schöpfer her zu begründen sind.

6.4.3 Das Grundgesetz der Polarität und seine Bedeutung für den Menschen (V. 13-15)

In der dritten Strophe trägt Ben Sira sein Resümée vor: Die Hinführung zum Problem anhand einer Frage ist abgeschlossen. Auch in der Form unterscheidet sich die letzte Strophe daher von den beiden ersten.[158]

Mit dem Töpferbild greift der Siracide in V. 13 zunächst die Schöpfungsthematik auf und knüpft damit unmittelbar an V. 10 an. So deutlich wie an keiner anderen Stelle des Buches stellt er hier Gottes Verhältnis zum Menschen von der souveränen Macht des Schöpfers her dar. Hier wie sonst im Alten Testament erschöpft sich die Aussage des Töpfergleichnisses jedoch nicht in der Darstellung der göttlichen Souveränität.[159] Wie Prato gezeigt hat, enthält das Motiv in der Regel daneben eine weitere Bedeutung, über die der jeweilige Kontext entscheidet.[160]

---

158 Vgl. dazu o. S. 235.
159 Vgl. Jes 29,16; 45,9; 64,7; Jer 18,6; Hi 10,9.
160 Vgl. Prato, problema, 44.

Ein Vergleich von Sir 33,13 mit den verschiedenen alttestamentlichen Belegen des Motivs zeigt eine sehr weitgehende sprachliche Übereinstimmung mit Jer 18,6b.[161] Sieht man von der Dialogform zwischen Jahwe und Israel ab, so ist diese Stelle im Wortlaut beinahe identisch mit Sir 33,13ac:

הִנֵּה כַחֹמֶר בְּיַד הַיּוֹצֵר כֵּן־אַתֶּם בְּיָדִי בֵּית יִשְׂרָאֵל

Der hebräische Text von Sir 33,13ac ist zwar lückenhaft, er läßt sich jedoch aufgrund von G und S, die hier übereinstimmen, mit an Sicherheit grenzender Wahrscheinlichkeit folgendermaßen rekonstruieren:

כחומר ביד היוצר   כן אדם ביד עושׂהו[162]

Das Motiv steht bei Jeremia im Kontext der Gerichtsankündigung gegen Israel durch den Propheten und versinnbildlicht die Macht Gottes, das Volk im Gericht zu zerstören. Davon ist auch Jeremias Besuch in der Töpferwerkstatt bestimmt (Jer 18,4): Der Prophet beobachtet dort, wie der Töpfer nach Belieben ein mißratenes Gefäß wieder zum Tonklumpen zusammendrückt, um etwas Neues daraus zu formen. Für den vorliegenden Zusammenhang ist die Beobachtung wichtig, daß bei Jeremia das Handeln Gottes mit dem *nicht* vorherbestimmten Handeln des Menschen vermittelt ist: Den „mißratenen Gefäßen" droht Gott nur mit der Zerstörung, da sie durch ihr Fehlverhalten vor ihm schuldig geworden sind.

Die Verse in Jeremia 18,5-10 sind für das Gottesbild der biblischen Tradition besonders aufschlußreich. Sie zeigen, daß das Töpfergleichnis in seinem Bildgehalt nicht per se auf eine deterministische, „prädestinatianische" Linie festgelegt ist. Es gehört vielmehr zur Souveränität Gottes, daß seine Ratschlüsse nicht unabänderlich sind. Gott ist zum Sinneswandel bereit und fähig, wenn Menschen ihr Verhälten ändern – zur Güte, wenn sie sich von ihrer Bosheit „bekehren", zu strafender Härte, wenn sie seine Gebote mißachten. In der wörtlichen Form der Gottesrede wird dies mit entschiedener Vollmacht ausgesprochen (Jer 18,5-10):

(5)   Da geschah des Herrn Wort zu mir:
(6)   Kann ich nicht ebenso mit euch umgehen, ihr vom Hause Israel,
       wie dier Töpfer? Spricht der Herr. Siehe, wie der Ton in des
       Töpfers Hand, so seid auch ihr vom Hause Israel in meiner
       Hand.

---

161 Im frühjüdischen Schrifttum außerhalb des Alten Testaments begegnet das Töpferbild, wenn wir recht sehen, nur noch in Sap 15,7f. und TestNapht 2,2-5; vgl. auch Röm 9,20-23.

162 Vgl. auch Marcus, Ben Sira, 17, der jedoch den Artikel vor אדם einfügt; Segal, 260; Prato, problema, 15.

(7)   Bald rede ich über ein Volk und Königreich, daß ich es
*   ausreißen, einreißen und zerstören will;*
(8)   wenn es sich aber bekehrt von seiner Bosheit, gegen die ich rede,
*   so reut mich auch das Unheil, das ich ihm gedachte zu tun.*
(9)   Und bald rede ich über ein Volk und Königreich, daß ich es
*   bauen und pflanzen will;*
(10) wenn es aber tut, was mir mißfällt, daß es meiner Stimme nicht
*   gehorcht, so reut mich auch das Gute, das ich ihm verheißen*
*   hatte zu tun.*[163]

Der Gedanke der Souveränität der göttlichen Vergeltung steht auch im Hintergrund, wenn Ben Sira das jeremianische Töpfergleichnis zitiert, freilich ohne den Bezug zu Israel und ohne das Moment der Drohung. Damit führt Ben Sira eine Gedankenlinie fort, die mit der Entgegensetzung von Segen und Fluch als Lohn und Strafe in die Argumentation des Textes eingeflochten wurde (V. 12). G scheint den Vers auf das Motiv der göttlichen Vergeltung zu beschränken, wenn er in V. 13d das Verb ἀποδοῦναι verwendet, das in der Grundbedeutung „zurückgeben" heißt, beim Enkel des Siraciden aber häufig für „vergelten" steht:[164]

daß er ihnen vergelte gemäß seinem Urteil.

Der Siracide setzt dabei gleichwohl noch einen anderen Akzent, wie der hebräische Text erkennen läßt. Dieser erhellt aus den beiden Kola, um die Ben Sira das traditionell vorgegebene Töpferbild ergänzt (V. 13bd).

Wie Ton in der Hand des Töpfers,
daß er ihn forme nach seinem Wohlgefallen,
so ist der Mensch in der Hand seines Schöpfers,
daß von ihm das Teil festgesetzt werde[165]

Hier wird durch das Töpferbild nicht nur die *Souveränität* des Schöpfers hervorgehoben, Gott kommt vielmehr direkt in seiner Funktion als *Schöpfer* in

---

163 Übersetzung Lutherbibel (1984).
164 Vgl. Sir 11,26; 12,6; 17,23; 35,13. In der Grundbedeutung „zurückgeben" steht das Verb hingegen in 4,31; 29,2.5f. Zu G vgl. auch Skehan / Di Lella, 394.396, die dem Enkel hier gegenüber H^B den Vorzug geben.
165 Bereits die grammatische Form (ל mit *inf cstr* in final-konsekutiver Bedeutung) belegt, daß hier erläutert werden soll, mit welcher Zielrichtung der Töpfer bzw. der Schöpfer am Geschöpf handelt.

den Blick: So wie der Töpfer den Ton nach seinem Willen formt, [166] so bestimmt Gott, indem er den Menschen schafft, zugleich sein Leben, indem er
ihm sein 'Teil' festsetzt.[167] Wesentlich für die Auslegung des Verses ist der
Begriff חלק. Für ein angemessenes Verständnis des Begriffs bedarf zunächst
die Tatsache, daß חלק hier zu Gottes Schöpferhandeln in Beziehung gesetzt
wird, besonderer Berücksichtigung. Dadurch deutet sich der Zusammenhang
des Substantivs mit dem Verb derselben Wurzel an, das eine besondere Funktion in Ben Siras Schöpfungstheologie erfüllt. Gerade an diesem Begriff wird
deutlich, wie sehr für Ben Sira die Schöpfung als Ausdruck und Inbegriff der
göttlichen Weisheit von einer harmonischen Ordnung (und Schönheit) bestimmt ist.[168] Obwohl er dabei freilich an alttestamentlichen Sprachgebrauch
anknüpft,[169] kann man geradezu von einem eigens geprägten Terminus sprechen, der daher einer etwas ausführlicheren Erläuterung bedarf.[170]

---

166 Neben בחכמה ″ in V. 8a und חכמה ″ in V. 11a ist dies die dritte Näherbestimmung des
göttlichen Handelns in diesem Lehrgedicht, wobei in Sir 33,13 freilich כרצון auf den
Töpfer bezogen und nur indirekt aufgrund der Parallelität der Verse 13b und d von
Gott ausgesagt wird.

167 Entsprechend steht bereits in V. 13c עשהו. Pratos These, daß חלק hier nicht als Substantiv, sondern als Verb aufzufassen ist (vgl. Prato, problema, 15 und Segal, 260),
muß aus Gründen der syntaktischen Parallelität zwischen V. 13b und d abgelehnt
werden. In V. 13a steht der *inf cstr* in final-konsekutiver Bedeutung, so daß V. 13b
syntaktisch von V. 13a abhängig ist. Diese Konstruktion findet sich auch in V. 13d.
Mit חלק als Prädikat in V. 13d würde dieses Abhängigkeitsverhältnis zwischen V. 13d
und c jedoch aufgehoben. להיצב wäre dann nicht von V. 13c, sondern vom Verb
חלק abhängig, was nicht nur die syntaktische Struktur, sondern auch den Inhalt maßgeblich verändern würde.

168 Vgl. Sir 1,1-10; 16,24ff.; 24,3-6; 39,12-35; 42,15-43,33.

169 Vgl. dazu Tsevat, Art. חלק, 1015-1020 und den kurzen, aber prägnanten Überblick bei
Marböck, Weisheit, 142f.

170 Maier, Mensch, 108 deutet auch diesen Vers im Horizont der Prädestinationslehre, wie
sie in einigen Qumrantexten begegnet. So stellt er חלק im Anschluß an den Sprachgebrauch des Hiobbuches neben נחלה. Da letzteres in der „Qumran-Katechese" für „den
Anteil jedes Menschen an dem Bereich des guten oder bösen Geistes" steht (ebd.), urteilt er, daß auch חלק in Sir 33,13 eine vergleichbare Bedeutung annimmt, woraus er
die folgende, als Frage formulierte These ableitet: „Könnte es nicht sein, daß חלק hier
schon durch den, wie wir es nannten, hodegetischen Dualismus bestimmt ist? Kontext
und die unübersehbare Parallele zum „Weg" 11b zwingen u.E. zu dieser Annahme.
Dann ist also „Teil" in 13d konkret die Zugehörigkeit zur Klasse entweder der Angenommenen oder der Verworfenen." (a.a.O., 108f.) Diese These setzt zuviel voraus,
was von außen in den Text hineingelegt ist und sich aus dem Sirachbuch selbst nicht
erschließen läßt. Zur Kritik an Maier vgl. auch Prato, problema, 42, Anm. 60.

In der Grundbedeutung bezeichnet das Substantiv im Alten Testament den Anteil, der jemandem z. B. an Beute[171] oder an Land, besonders als Erbbesitz,[172] zusteht. Anstelle des Erbbesitzes im heiligen Land ist im Sakralrecht Jahwe der Anteil der Priester[173] bzw. der Leviten,[174] woraus sich schließlich in den Psalmen die Vorstellung von Jahwe als dem Anteil der Frommen bildet.[175]

Vor dem Hintergrund der an das Verb geknüpften Auffassung, daß Jahwe zuteilt,[176] entsteht vor allem in der Weisheitsliteratur die Bedeutung von חֵלֶק als Schicksal,[177] so im Hiobbuch[178] und bei Kohelet.[179] An diesen Sprachgebrauch knüpft der Siracide an, entwickelt ihn freilich im Rahmen der mit dem Verb verbundenen Schöpfungstheologie weiter, wie unten zu zeigen sein wird.

Interessant ist ferner, daß חֵלֶק in Dtn 32,8f. mit Gottes Aufteilung der Völker der Welt unter die Söhne Els[180] in Zusammenhang gebracht wird.[181] Dabei nahm Gott Israel für sich als seinen Anteil (חֵלֶק) und als Erbe (נחלה).[182] Es ist bemerkenswert, daß Ben Sira ausgerechnet diese Vorstellung, die das ordnende Aufteilen der Welt durch Gott voraussetzt, an zwei Stellen aufgreift, um die Beziehung zwischen Jahwe und Israel zu beschreiben.[183]

---

171 Vgl. Gen 14,24; Num 31,36; 1 Sam 30,24.

172 Parallel zu נחלה beispielsweise in Gen 31,14; Jos 13,7 (Verb); 18,2; 19,9; Dtn 10,9.

173 Vgl. Num 18,20.

174 So im dtr Bereich, vgl. Jos 14,4; 18,7; Dtn 10,9; 12,12; 14,27.29; 18,1. In der Praxis bedeutete dies vor allem, daß den Priestern und Leviten Anteile an den Opfergaben zustanden, vgl. Lev 6,10; Dtn 18,8; Sir 7,31 und Tsevat, Art. חלק, 1018. Zur Unterscheidung zwischen den aaronidischen Priestern und den übrigen Leviten bei P im Unterschied zu Dtr vgl. Grabbe, Priest, 42f.; Gunneweg, Leviten, 126-188.

175 Vgl. Ps 16,5; 73,26; 142,6 und dazu Marböck, Weisheit, 142; Tsevat, Art. חלק, 1018.

176 Vgl. Dtn 4,19; 29,25; Hi 39,17.

177 Vgl. auch Fischer, Skepsis, 75.

178 Vgl. Hi 20,29; 27,13; 31,2, ferner 39,17 (Verb): Hier ist von der Einsicht als einer geschöpflichen Gabe die Rede, die Gott der Straußenhenne verwehrt (לֹא חָלַק).

179 Vgl. Koh 2,10; 3,22; 5,17f.; 9,7-10 und dazu Whybray, Ecclesiastes, 55; Michel, Untersuchungen, 116-125; Fischer, Skepsis, 76-80, der hervorhebt, daß es sich dabei um einen *positiven* Schicksalsbegriff handelt. Demgegenüber ist der Begriff bei Hiob eher negativ gefärbt und Teil des göttlichen Strafhandelns. Vgl. daneben aber auch Jes 17,14; 57,6 und dazu Schmid, Art. חלק, 578.

180 Diese Lesart für Dtn 32,8bβ anstelle von בני ישראל (so MT) ist durch die LXX und eine in Qumran aufgefundene Abschrift des hebräischen Textes als ursprünglich belegt, vgl. Rose, 5. Mose 2, 568.

181 Sowohl die in diesem Text enthaltene polytheistische Anschauung als auch die Bezeichnung Jahwes mit dem „Titel für den Schöpfergott" (Braulik, Deuteronomium 2, 229) deuten darauf hin, daß es sich um eine archaische Vorstellung handelt, vgl. auch Dtn 4,19f.; 29,25 und Rose, 5. Mose 2, 497.568.

182 Vgl. auch Jer 10,16 und Ex 19,5: anstelle von חלק steht hier סגלה.

183 Vgl. Sir 17,17 und dazu o. S. 165f.; 24,12 (nur G).

Für Ben Siras Gebrauch des Verbs ist von der bereits inneralttestamentlich belegten Bedeutung 'zuteilen' auszugehen.[184] Das Verb zählt zu den Schlüsselbegriffen der siracidischen Vorstellung von der Ordnung, die Gott in die Schöpfung gelegt hat. Es bringt zum Ausdruck, daß Gott mit der Erschaffung von Welt und Mensch eine zweckmäßige Struktur hervorgebracht hat, in der nichts beliebig ist, sondern alles einer bestimmten Absicht ensprechend zugeteilt wurde und wird.

G und S übersetzen die Verbform, bis auf Ausnahmen,[185] mit κτίζειν bzw. ברא.[186] Damit treffen sie insofern den Sinn, als חלק eine mit der Schöpfung gleichursprüngliche Zuordnung und Zuteilung von Aufgaben und Funktionen durch den Schöpfer bezeichnet.[187] Allerdings geht mit der Wiedergabe durch „schaffen" die spezielle Pointe des mit חלק beschriebenen Vorgangs verloren: Gott bringt nicht nur hervor, sondern er ordnet das Geschaffene in vorausschauender und planender Weise,[188] so daß man, in Anlehnung an stoische Terminologie, geradezu von einer providentiellen Weltverwaltung sprechen kann.[189]

Dies bezieht sich einerseits auf die großen, universalen Strukturen wie das Todesgeschick, das alle Menschen gleichermaßen trifft (40,1), und die Bewegungen der Gestirnsbahnen (16,26ff.). Es wirkt aber andererseits auch im Kleinen und im Alltäglichen (Sir 7,15):

Verachte nicht die harte Arbeit,[190]
denn auch sie ist von Gott[191] *zugeteilt.*[192]

---

184 Vgl. Dtn 4,19; 29,25; Neh 13,13 und HAL[3] zu חלק II, *qal* 2.
185 Sir 15,9; 45,22. In 44,2 liest S פלג, währnd G hier ebenfalls κτίζειν liest.
186 Vgl. Sir 7,15 (nur G, S fehlt); 31,13.27; 38,1; 39,25; 40,1; 44,2.
187 Vgl. die adverbialen Bestimmungen ἐν κτίσει in 16,26 und מראש in 39,25.
188 Daß die Vorsorge Gottes für die Welt auf seinem Vorauswissen basiert, verdeutlichen Sir 23,20; 39,20; 42,18, vgl. dazu o. S. 75-78.
189 Daß sich diese providentielle Weltverwaltung nicht in einem Determinismus verwirklicht, sondern sich auf die Bereitstellung der Mittel für jeden Zweck zur rechten Zeit beschränkt, sei hier nur angemerkt, vgl. dazu ausführlich o. S. 80-88, bes. 87f.
190 So mit G, vgl. Smend, 66; Skehan / Di Lella, 197f.
191 Lies היא מאל, vgl. Skehan / Di Lella, 198.
192 Der Vers ist in H[A] zwischen V. 8 und 10 plaziert (vgl. Beentjes, Text Edition (1997), 30) und fehlt in S ganz. Den sozialgeschichtlichen Hintergrund bildet die Auflösung der Agrargesellschaft in hellenistischer Zeit, deren Konsequenzen für das soziale Gefüge und das Wertesystem der Gesellschaft Ben Sira kritisch sah (vgl. noch Sir 26,29-27,3), wenngleich er selbst in einer anderen Welt lebte (vgl. Wischmeyer, Kultur, 91f. und auch die Gegenüberstellung von Handwerkern und dem Schriftgelehrten in Sir 38,24-39,11); vgl. auch Skehan / Di Lella, 201.

Umgekehrt ist auch der Wein als Ausdruck für die schönen Seiten des Lebens von Gott zugeteilt und mithin - in Maßen genossen - gut (31,27):[193]

Lebenselixier[194] ist Wein für den Menschen,
wenn er ihn mit Maßen trinkt.
Was ist ein Leben ohne Wein?
denn er ist von Anfang an für die Freude bestimmt.[195]

Auch dem Arzt, dem offenbar mit Skepsis begegnet wurde,[196] gebührt nach der Auffassung des Siraciden Achtung und Anerkennung, da er als Teil des Ganzen einer besonderen, ihm eigenen Aufgabe von Gott 'zugeteilt' wurde (Sir 38,1.12). Auch er hat seinen 'Ort' (38,12).[197] Man könnte hier geradezu von der Berufung des Arztes als einer persönlichen Bestimmung sprechen.

Der Grundgedanke der zweckmäßigen Zuteilung durch den Schöpfer begegnet nun auch in Sir 39,25 bei dem Versuch, die Frage zu beantworten, ob Gutes und Böses die Guten und die Schlechten gleichermaßen trifft:[198]

Gutes wurde den Guten zugeteilt von Anfang an,
ebenso den Frevlern Gutes und Übles.[199]

Für das Substantiv sind verschiedene Bedeutungen belegt. Sie konvergieren jedoch alle in dem Veständnis vom Teil als dem, was jemandem zugemessen wird.[200] So bezeichnet das Nomen im Vergleich mit dem Verb stärker den Teil als die dem Menschen je individuell zugemessene Gabe. Hier rückt demnach der universale Aspekt gegenüber der individuellen Zuteilung in den Hinter-

---

193 Vgl. auch PapIns 32,12.
194 Wörtlich: Wasser des Lebens, so im Anschluß an S und durch Platzvertauschung von היין und חיים, vgl. Smend, 282. G deutet sinngemäß als ‚Antrieb' (ἔφισον).
195 Der Vers bietet im Hebräischen zum zweiten Bikolon eine Dublette, die statt נחלקה das Verb יצר (nif pt) bietet. Da חלק spezifisch siracidischen Sprachgebrauch spiegelt, ist diese Version vorzuziehen. Vgl. auch Ri 9,13; Ps 104,15; Prov 31,6f.; Koh 10,19.
196 Vgl. zur Arztperikope Lührmann, Arzt und Noorda, Illness.
197 Vgl. auch Haspecker, Gottesfurcht, 334 Anm. 32: „Die Forderung, den Arzt positiv zu schätzen, wird letztlich damit begründet, dass Gott ihn „zugeteilt" (hlq) hat, d. h. in seiner Schöpfungsordnung zum Nutzen des Menschen vorgesehen hat." Vgl. auch Noorda, Illness, 219 und PapIns 32,12. Lediglich als Ausdruck für das „Schaffen" faßt hingegen Tsevat, Art. חלק, 1019 das Verb in Sir 38,1 auf.
198 S. dazu ausführlich o. S. 80-87.
199 Vgl. neben den genannten Stellen auch Sir 5,14; 15,9.
200 Vgl. 7,31; 11,19; 14,9; 26,3; 41,4 (H^B; H^M jedoch anders); 44,23; 45,20.22. Da G an fünf Stellen mit μερίς übersetzt, seien die nur in G überlieferten Belege für dieses Substantiv hinzugenommen: 11,18: H anders; 16,26; 17,17; 24,12; 41,21.

grund. So erweist sich das Nomen als die auf das Individuum bezogene Ergänzung des Verbs. Dies gilt für die aus P und dem Dtn vertraute Bedeutung von חלק als dem den Priestern anstelle von Landbesitz (נחלה) Zustehenden, vgl. Sir 7,31; 45,22f.[201] wie für die oben bereits zitierte aus dem Dtn übernommene Vorstellung von Israel als dem Teil des Herrn, vgl. Sir 17,17; 24,12.[202]

Wichtiger sind für unseren Zusammenhang jedoch drei weitere Belege (Sir 11,18; 14,14; 26,3), da die Aussage dort nicht auf eine bestimme Gruppe von Menschen beschränkt ist. Zunächst bezeichnet חלק den Anteil an Gutem, an Lebensglück, der einem Menschen zukommt, womit Ben Sira das carpe-diem-Thema aufnimmt (Sir 14,14):[203]

Verweigere dir nicht das Glück eines Tages,
und an dem (dir bestimmten) Teil der Freude gehe nicht vorbei.[204]

In dieser Bedeutung ist חלק aus dem Buch des Predigers vertraut: Im Sinne des Horazischen *carpe diem* empfiehlt Kohelet dem Menschen, das Glück zu ergreifen, wenn es sich einstellt (Koh 9,7-9):[205]

---

201 Vgl. Lev 6,10; Dtn 18,1-8 und Tsevat, Art. חלק, 1017f. In Sir 7,31 ist vom Anteil der Priester ausschließlich im materiellen Sinn des gebührenden Anteils an den Opfern die Rede, während Sir 45,22f. die Vorstellung von Jahwe als Anteil der Aaroniden bewahrt.

202 Vgl. Dtn 32,8f. und dazu o. S. 260.

203 Zum *carpe diem* bei Ben Sira vgl. Schrader, Leiden, 278-283, der allerdings fälschlich von einem Pessimismus als Motiv des *carpe diem* ausgeht; Kaiser, *Carpe diem*, der besonders auch auf griechische Parallelen hinweist, ebenso Hengel, Judentum, 227f.

204 Der hebräische Text (H^A) bietet für V. 14b zwei Varianten, deren erste mit Rüger, Textform, 19 als die ältere anzusehen und folgendermaßen zu korrigieren ist: anstelle von ובהלקח אח lies ובחלק תאוה, vgl. G. Das negative Pendant zu diesem Vers findet sich in Sir 11,18 (G): Hier bezeichnet der Anteil das Todesgeschick des Menschen, wie der folgende Vers zeigt: *(18) Es gibt einen, der ist reich durch seine Mühe und seine Gier, und dies ist der Anteil seines Lohnes: (19) Wenn er sagt: „Ich habe Ruhe gefunden und werde jetzt von meinen Gütern essen", so weiß er nicht, wann (seine) Zeit kommt, und er wird seine Güter anderen hinterlassen und sterben.*

205 Zu חלק bei Kohelet vgl. Michel, Untersuchungen, 118-125; Whybray, Ecclesiastes, 55; Marböck, Weisheit, 142; im Kontext des *carpe diem*: vgl. Fischer, Skepsis, 74-86 und zum zitierten Text a.a.O., 137-146. Zum Vergleich des *carpe diem* bei Kohelet und Ben Sira vgl. Backhaus, Qohelet, 43.45ff.. In negativer Bedeutung steht μερίς in diesem Sinne in Sap 2,9 innerhalb des Liedes 2,1-20.

(7)   Auf iß dein Brot mit Freuden
und trink' fröhlich deinen Wein!
(8)   Allezeit seien deine Kleider weiß,
und an Öl soll's deinem Haupt nicht mangeln.
(9a)   Genieße das Leben mit einer Frau, die du lieb hast!
- alle Tage deines flüchtigen Lebens, die Gott dir unter
der Sonne schenkt.

Die Begründung läßt die Parallele zu Ben Sira sichtbar werden:

(9b)   Denn dies ist dein Anteil am Leben und für deine Mühe,
mit der du dich unter der Sonne mühst.[206]

Die Parallele gewinnt noch an Profil, wenn man berücksichtigt, daß beide hier
der gemeinsame Zusammenhang des *carpe diem*-Themas mit dem *memento
mori* verbindet.[207] Im Anschluß an Kohelet darf man daher auch den „Anteil"
an Lebensglück als eine dem Menschen schicksalhaft zukommende Gabe
Gottes ansehen.

Allerdings wird gerade am Begriff חלק ein wichtiger Unterschied zwischen
Ben Sira und Kohelet sichtbar, der die Auffassung des Siraciden zu profilieren
hilft. Das Denken Kohelets ist bestimmt von der Grundannahme, daß das
göttliche Walten für den Menschen gänzlich undurchschaubar ist. Der Mensch
kennt die 'Gesetze' nicht, nach denen Gott handelt und kann deshalb in keiner
Weise durch sein eigenes Verhalten auf das göttliche Handeln Einfluß nehmen.
Das Gelingen des menschlichen Strebens und Handelns ist zudem abhängig
vom Zusammentreffen mit dem rechten Zeitpunkt, den Gott bestimmt.[208]
Auch ihn kann der Mensch nicht selbst herausfinden. Sein eigenes Geschick
bleibt ihm entzogen. So „muß sich der Mensch eingestehen, daß er vollends
von Gottes Schicksalszuweisung abhängig ist und grundsätzlich keine Gewalt

---

206 Übersetzung nach Fischer, Skepsis, 116f. Vgl. noch Koh 2,10; 3,22; 5,17f.; 9,7-10 und
     zum *carpe diem*-Thema ohne den Begriff חלק 3,12f.; 7,14; 8,15; 11,9f.
207 Vgl. Sir 14,12 und Koh 9,10. Zum Zusammenhang von *carpe diem* und *memento mori*
     bei Ben Sira vgl. auch Kaiser, *Carpe diem*, der auch zahlreiche außerbiblische Paral-
     lelen nennt. Auf einen wichtigen Unterschied der Einordnung des *carpe diem*, der
     freilich für unsere Untersuchung ohne Bedeutung ist, sei hier kurz hingewiesen: Ben
     Sira verbindet die Aufforderung zum Lebensgenuß mit dem sozialethischen Appell,
     bei der Lebensfreude auch den Nächsten im Auge zu haben und ihm großzügig Anteil
     zu gewähren. Diese soziale Komponente fehlt bei Kohelet.
208 Vgl. die sogenannte Lehre von der göttlichen Determination der Zeiten Koh 3,1-9 und
     dazu Fischer, Skepsis, 217-225; Kaiser, Determination, 256f. = ders., Gottes und der
     Menschen Weisheit, 111f.

über das Geschehen hat."[209] Kohelet „vermag zwar die überall wirkende Macht und Kraft seines Gottes zu konstatieren, doch bleibt sie verborgen und so dem Menschen vollends unbegreiflich:"[210] Einzig, wenn Gott dem Menschen Glück und Freude zum Anteil gibt, tritt er aus dem Dunkel heraus und zeigt sich dem Menschen zugewandt.[211] Kohelets eindringlicher Rat zuzugreifen, wenn sich das Glück bietet, erhält auf diesem Hintergrund seine besondere Bedeutung: Denn darin liegt die Möglichkeit für den Menschen, aktiv zum Gelingen seines Lebens beizutragen, daß er die glückliche Stunde nutzt und für sein Leben fruchtbar werden läßt. Zwar spricht daraus weder ein den Menschen festlegender Determinismus noch die Auffassung, daß Gott willkürlich handelt.[212] Dennoch ist Kohelet von dem Bewußtsein bestimmt, daß dem Menschen sein Schicksal gänzlich entzogen ist und daß er dem Handeln Gottes unwissend gegenübersteht. Damit hat er den Gedanken von Gott als Schicksalsmacht gegenüber dem Alten Testament radikalisiert.[213]

Daß das zuweilen unbegreifliche schicksalhafte Walten Gottes auch Ben Sira beschäftigt hat, konnte der Abschnitt über Erhöhen und Erniedrigen zeigen. Ben Sira nimmt die mit dieser Erfahrung verbundene Herausforderung für den denkenden Gottesglauben jedoch auf andere Weise an als Kohelet. Sein Interesse ist es, gerade die Einsehbarkeit des göttlichen Handelns auch angesichts der unbegreiflichen Wechselfälle des Lebens aufzuzeigen. Daher überrascht es nicht, daß er den von Gott zugeteilten חלק auch mit einem menschlichen Verhalten in Zusammenhang bringt, wie Sir 26,3 zeigt:

Eine gute Frau ist ein guter Teil,
und sie wird dem Gottesfürchtigen als Anteil gegeben.

---

209 Fischer, Skepsis, 105. Fischer weist darauf hin, daß sich in dem Eindringen der Vorstellung von Gott als Schicksalsmacht in das Denken Kohelets hellenistische Einflüsse geltend machen (106).

210 Fischer, Skepsis, 107.

211 Vgl. Fischer, Skepsis, 74-86 und dazu auch Schwienhorst-Schönberger, Glück, 194-232.

212 Vgl. dazu Fischer, Skepsis, 107-111. Das Moment der Bestimmung beschränkt sich bei Kohelet auf die Determination der Zeiten: Erfolg und Mißerfolg des menschlichen Tuns sind abhängig vom rechten Zeitpunkt, dessen Kenntnis jedoch dem Menschen verschlossen bleibt. Hierin unterscheidet sich Kohelet nicht nur von der älteren Weisheit (vgl. Fischer, Skepsis, 108f.), sondern ebenso von Ben Sira, der einen Teil seiner Lehrbemühungen darauf verwendet, seine Leser dazu anzuleiten, den rechten Zeitpunkt herauszufinden und das Handeln darauf abzustimmen, s. dazu o. S. 102-104.

213 Vgl. auch Nötscher, Schicksal.

Allerdings ist das Schema von Lohn und Strafe nur die eine Seite der Argumentation. Wo dessen Wirksamkeit nicht mehr evident ist, erhält Ben Siras
Versuch, die prinzipielle Ordnung und Gerechtigkeit des göttlichen Handelns
in der Schöpfung sichtbar zu machen, entscheidendes Gewicht. Während dieser Gedanke an verschiedenen Stellen des Werkes durchscheint,[214] ruht er vor
allem auf dem Hymnus in 39,12-35, der von Gottes providentieller Sorge für
die Welt handelt. Seine oben konstatierte grundlegende Bedeutung für das
Werk des Siraciden erhält von hier aus eine weitere Bestätigung.

Wenn der Siracide in 33,13 folglich Gott im Bilde vom Töpfer die unterschiedlichen und wechselvollen Geschicke der Menschen festsetzen läßt,
bringt er damit zwei Dinge zum Ausdruck. Auf der einen Seite bekräftigt er
die Souveränität der göttlichen Macht über das Leben der Menschen. Auf der
anderen Seite zeigt er, daß die Macht Gottes in Form einer *planvollen Zuteilung* die Lebenswirklichkeit der Menschen bestimmt. Es liegt ein Prinzip zugrunde, das grundsätzlich in Beziehung zur sittlich-religiösen Qualität des
Menschen steht, wenngleich es sich nicht einfach mit dem Tun des Menschen
verrechnen läßt, sondern dem Urteil Gottes anheimgestellt bleibt. Die dabei
zugrundeliegende Ordnung decken die beiden Schlußverse (V. 14f.) auf.

Ben Sira gibt dort eine überraschende Antwort auf die Frage nach dem
Sinn der Entzweiung der Welt in Gut und Böse. Wie die Stoiker vertritt er die
Auffassung, daß es das Gute nicht ohne das Böse geben kann. Dies verdeutlicht er in V. 14a an den Gegensatzpaaren Böses und Gutes, Leben und Tod,
indem er zeigt, daß jeweils eine Beziehung zwischen den Gegensätzen besteht.
Sie stehen einander gegenüber (נוכח), mit anderen Worten: ohne das Böse
gäbe es das Gute ebensowenig wie ohne den Tod das Leben und, so kann man
vom Beginn her ergänzen, ohne die Alltage die Feste.

Interessant wird dieser Gedanke aber vor allem durch das zweite Kolon
(V. 14b):[215] Mit der Unterscheidung guter Mensch - Sünder wird das Prinzip
der polaren Beziehung auf den Menschen übertragen, so daß daraus ein anthropologisches Grundgesetz wird. Wie es das Leben nicht ohne den Tod gibt,
so bedingt die Existenz des Guten zugleich den Sünder, mehr noch: ohne den
Sünder gäbe es auch den guten Menschen nicht. Folglich ist nicht nur das außermoralische, sondern auch das moralische Übel notwendiger Gegenpart für
das Gute. Selbst wenn alle Menschen *in actu* gut wären, dann wäre, wegen
der menschlichen Freiheit, das Böse *potentialiter* notwendig.

---

214 Vgl. bes. Sir 16,26-17,14; 42,15-43,33.
215 Zur Zählung der Kola vgl. die Textkritik o. S. 229, Anm. 34.35.

In einem für die Aspekthaftigkeit des weisheitlichen Denkens erstaunlichen Abstraktionsgrad leitet Ben Sira in V. 15 aus der Beobachtung der Gegensätze ein Grundgesetz der Schöpfung ab:

Sieh auf alle Werke Gottes:
sie sind immer paarweise, eins gegenüber dem andern.[216]

Das Ergebnis steht jetzt fest. Die Einheit der Schöpfung Gottes besteht in ihrer Zweiheit.[217] Die gesamte Schöpfung, für deren Güte die Weisheit Gottes bürgt (vgl. V. 8.11),[218] besteht aus Gegensatzpaaren, alle Werke Gottes sind polar geordnet, jedes besitzt ein Gegenüber. Mit Recht bezeichnet Hengel den Gedanken der Polarität als „strukturelles Grundgesetz"[219] in der theologischen Kosmologie Ben Siras. Man kann daher sagen, daß es sich bei der Gegensatzbeziehung um eine quasi ontologische Notwendigkeit handelt.

Ben Sira wendet sich hier zum Abschluß mit dem Imperativ הבט direkt an seine Leser und lädt sie ein, seine Einsichten durch die eigene Betrachtung der Schöpfungswerke nachzuvollziehen.[220] Was bei der Erfahrung der Wechselfälle des menschlichen Lebens zunächst widersprüchlich erschien, wird nun im Aufblick zur Schönheit der gottgeschaffenen Natur als sinnvoll begründet. Bei genauem Hinsehen erschließt sich die hinter den Phänomenen liegende Ordnung.[221]

6.4 Ergebnisse: Göttliche Providenz als Prädestination?

Die Schlußverse bestätigen, was sich bereits im Rahmen der Auslegung von V. 11 andeutete: Die auf einem Akt der Prädestination beruhende Zuteilung der Menschen entweder zur Gruppe der Angenommenen oder der Verworfe-

---

216 Vgl. Jes 45,6 und dazu Widengren, Religionsphänomenologie, 143; Ringgren, Religion, 285ff. Sir 42,24 ist anders zu interpretieren, s. dazu u. S. 279, Anm. 12.
217 Vgl. auch Sir 11,14, zu Sir 42,24 vgl. die vorige Anmerkung.
218 Zur Weisheit Gottes in der Schöpfung vgl. auch Sir 1,1-10; 24 und dazu neben den einschlägigen Kommentaren vor allem Marböck, Weisheit, 17-96. Rickenbacher, Weisheitsperikopen, 4-34.111-172.
219 Hengel, Judentum, 264, vgl. auch Marböck, Weisheit, 152.
220 Zu dieser Form der Aufforderung vgl. TestAs 5,1.
221 Die sehr weitgehende sprachliche Übereinstimmung von Sir 33,15 mit Koh 7,13f. ist bereits mehrfach bemerkt worden und bedarf hier keiner weiteren Erörterung, vgl. dazu Prato, problema, 53ff.; Rüger, Siracide, 65; Middendorp, Stellung, 87f.; Backhaus, Qohelet, 41; Marböck, Kohelet, 279ff.

nen, der Gerechten oder der Sünder ist nicht Gegenstand dieses Lehrgedichts.
Dies wird besonders deutlich, wenn man Sir 33,7-15 dem Prädestinationsgedanken der Qumrangemeinschaft gegenüberstellt. Bei aller Verschiedenheit
der zahlreichen Zeugnisse aus Qumran lassen sich die folgenden beiden
grundlegenden Bestimmungsmerkmale festhalten: Erstens wird die Schöpfung
mit dem Gedanken von einem *vorzeitlichen* prädestinierenden Akt Gottes verbunden und alles irdische Geschehen als Ablauf des entsprechenden göttlichen
Plans gedeutet (1QS 3,15):

> *Vom Gott der Erkenntnisse (stammt) alles Seiende und Gewordene, und*
> *bevor sie ins Dasein getreten, setzte Er ihren ganzen Plan fest.*[222]

Damit geht zweitens die Vorstellung einher, daß nach diesem Plan vor aller
Zeit festgelegt wurde, wer zur Gruppe der Angenommen zählt und wer zu den
Verworfenen. Flankiert wird dieser Gedanke durch einen dezidierten Licht-
Finsternis-Dualismus, auf den wir unten zurückkommen werden. Beide
Merkmale fehlen in Sir 33,7-15. Bei Ben Sira geht es vielmehr auf einer
grundsätzlichen Ebene um die Frage, warum es überhaupt Sünder auf der einen und aufrechte Menschen auf der anderen Seite gibt. Zum Problem wird
die gleichzeitige Existenz von Sündern und Gerechten im Horizont des Glaubens an die Güte der Schöpfung und die Gerechtigkeit des Schöpfers. Diesen
Zusammenhang verdeutlicht der Ausgangspunkt bei der Erschaffung des Menschen, die zunächst alle Menschen gleich erscheinen läßt (V. 10). Auch der
letzte Vers, der ein für *alle* Werke Gottes gültiges Grundgesetz nennt, stellt
das Thema in diesen Horizont, der, wie bereits bei den Stoikern, mit der Frage
nach Gottes „Verantwortung für den Weltzustand"[223] umschrieben werden
kann.[224]

Die Lösung liegt in der Erkenntnis, daß alles in der Welt polar in Gegensätzen geordnet ist. Mit dieser „Theorie vom doppelten Aspekt der Wirklichkeit"
(Marböck)[225] wird folglich auch die Unterscheidung zwischen Gutem und
Bösem, zwischen Sündern und Gerechten erklärt. Auch die Existenz des Bösen ist folglich mit der Ordnung des Ganzen vereinbar und stellt diese nicht
grundsätzlich in Frage. Von einer vorzeitlichen Festlegung der Menschen auf
den einen oder den anderen Weg im Sinne einer „Urordnung" (v. Rad)[226] bzw.

222 Übersetzung: Maier, Qumran-Essener 1, 173.
223 Blumenberg, Teleologie, 674.
224 Vgl. o. S. 36ff.
225 Weisheit, 152. Marböck sieht in der Fixierung dieser Gesetzmäßigkeit gar das Haupt-
     interesse der gesamten Texteinheit.
226 Vgl. dazu v. Rad, Jesus Sirach, 118 = ders., Weisheit, 316.

von einem göttlichen Plan, der von den Menschen im einzelnen ausgeführt wird, ist dabei jedoch nicht die Rede.

Ist damit jedes Moment der unmittelbaren Bestimmung des Menschen durch Gott negiert? Dies ist nicht der Fall. Ein deterministisches Moment läßt sich in Sir 33,7-15 nicht vollkommen ausschließen. So erwies sich in V. 12 das zweite Gegensatzpaar, Erhöhen - Erniedrigen, als Ausdruck für die Undurchschaubarkeit des göttlichen Handelns am Menschen. Damit wurde darüber hinaus deutlich, daß die Frage des Textes nicht auf das Problem des moralischen Übels reduziert werden darf. Auch der Unterschied von Glück und Unglück im Leben der Menschen wird in die Frage einbezogen.

Zwar scheint in V. 12 hinter dem göttlichen Segnen und Verfluchen der Menschen auch der Gedanke der Vergeltung und damit der Korrelation zwischen göttlichem und menschlichem Handeln hindurch. Vor allem Prato legt Gewicht auf diesen Aspekt.[227] *Direkt kommt der Mensch als aktiver Teilnehmer am Geschehen jedoch an keiner Stelle des Textes zur Sprache.* Es fällt im Gegenteil auf, daß in dem gesamten Gedicht ausschließlich Gott handelt. Dies berechtigt zu dem Schluß, daß es gerade nicht um die beim Menschen liegenden Ursachen für das moralische wie auch für das außermoralische Böse geht. Gerade an V. 12 wurde schließlich deutlich, daß auch die Frage nach der oft überraschenden und unerklärlichen Lenkung der menschlichen Geschicke durch Gott in diesem Text einer Klärung zugeführt werden sollte. So wird dem als widrig erfahrenen, von Gott zugeteilten Ergehen des Menschen hier insofern ein Sinn verliehen, als auch diese ambivalente Erfahrung in die Ordnung der Schöpfung Gottes einbezogen wird, in der selbst das Böse seinen Ort hat.[228]

So ist der Text ein Dokument dafür, daß auch der Siracide bei seinem Versuch, göttliches und menschliches Handeln aufeinander zu beziehen und gegeneinander abzugrenzen, an jene Grenze stößt, die der endlichen Vernunft hierbei gesetzt sind.

Daß Ben Sira darüber hinaus offenbar ein Bewußtsein davon besaß, daß der Mensch auf seinem persönlichen Lebensweg auf den individuell zugeteilten göttlichen Segen angewiesen ist, läßt die biographische Notiz im Anschluß an dieses Lehrgedicht erkennen (Sir 33,16ff.):

---

227 Vgl. Prato, problema, 40, der bereits hinter V. 11 entsprechende Motive erkennen zu können glaubt. Daß er dabei freilich von einer problematischen textkritischen Entscheidung ausgeht, wurde o. S. 245 gezeigt.

228 Crenshaw, Theodicy, 53 verkennt diesen Versuch der Rationalisierung wenn er schreibt, daß der Segen Gottes „the result of an arbitrary decision on God's part" ist.

(16)   Und auch ich war schließlich wachsam,
und wie einer, der Nachlese hält, folgte ich den Winzern nach.
(17)   Durch den Segen Gottes kam auch ich voran,
und wie der Winzer füllte ich meine Kelter.
(18)   Seht zu, daß ich mich nicht für mich allein bemüht habe,
sondern für alle, die Weisheit suchen.

Auch der Erfolg des Schriftgelehrten hängt letztlich davon ab, daß es Gott gefällt, ihn mit dem Geist der Einsicht zu erfüllen (Sir 39,6).[229]

In moderner Terminologie könnte man daher sagen, daß Gott die Individualität der Menschen als Inbegriff ihrer Lebenswege, Entscheidungen und Geschicke in den Schöpfungsplan einbezogen hat. So scheint Ben Sira bereits eine Ahnung davon gehabt zu haben, „daß der Mensch, der den Spielraum der Freiheit besitzt, sich selbst schicksalhaft vorgegeben ist und sich selbst in jede anstehende Entscheidung als eben dieser einbringt."[230]

6.5 Das Gesetz der Polarität: ein Dualismus?

Für die Zuordnung des Gedankens der Zweiheit zur Schöpfungstheologie Ben Siras ist es aufschlußreich, zum Vergleich parallele Entwicklungen heranzuziehen.

Ben Siras Gesetz der Polarität besitzt eine frühjüdische Parallele. Das vermutlich aus der zweiten Hälfte des zweiten vorchristlichen Jahrhunderts stammende Testament Assers[231] bietet folgende Unterweisung (TestAs 1,2-5; 5,1f.):

(1,2)   Hört, Kinder Assers, auf euren Vater, und alles, was recht ist
vor Gott, will ich euch zeigen!
(3)   Zwei Wege hat Gott den Menschenkindern gegeben und zwei
Ratschlüsse und zwei Handlungen und zwei Plätze und zwei Ziele.
(4)   Deswegen ist alles zweierlei, eins gegenüber dem anderen.

---

229 Vgl. hierzu neben den einschlägigen Kommentaren vor allem Marböck, Schriftgelehrter, 307-311 = ders., Gottes Weisheit, 39-43; ders., Kohelet, 292ff. und s. o. S. 62f. Vgl. dazu auch 11QPs^a 154, XVII,5f. Ebenfalls in diese Richtung deuten Sir 1,14; 43,33.

230 Kaiser, Amor fati, 61 = ders., Mensch, 260.

231 Zur Datierung der 12 Testamente der Patriarchen vgl. Kee, Testaments, 777f.; Becker, Testamente, 23ff.

(5) Zwei Wege gibt es, den des Guten und den des Bösen; hierauf beruhen die zwei Ratschlüsse in unserer Brust, , die zwischen ihnen wählen.
(5,1) Seht nun, Kinder, wie in allem zweierlei ist, eins gegen das andere, und eins ist vor dem anderen verborgen.[232]

Vergleicht man den griechischen Text von 1,4 mit der Übersetzung des Enkels von Sir 33,15, so fällt die Parallele in die Augen. Im TestAs heißt es dort:

Διὰ τοῦτο πάντα δύο εἰσιν, ἓν κατέναντι τοῦ ἑνός.[233]

Zur Verdeutlichung sei Sir 33,15 in der griechischen Version noch einmal daneben gestellt:

καὶ οὕτως ἔμβλεψον εἰς πάντα τὰ ἔργα τοῦ ὑψίστου
δύο δύο, ἓν κατέναντι τοῦ ἑνός.

Trotz dieser sprachlichen Entsprechung[234] unterscheiden sich gleichwohl die Kontexte in einem wesentlichen Punkt: Im TestAs ist die Lehre von den Gegensätzen eingebettet in ein dualistisches Weltbild.[235] Das Böse in der Welt wird verkörpert von Beliar, der zusammen mit seinen Geistern (πνεύματα τῆς πλάνης)[236] die Menschen zu verführen sucht. Es ist die Aufgabe des Menschen, den richtigen Weg zu finden und Beliar und seinen Helfern zu widerstehen. Die Veranschaulichung des Gegensatzes dient hier dazu, die Vorsicht gegenüber dem Bösen einzuschärfen und die Notwendigkeit der Entscheidung für den einen, den richtigen Weg bewußt zu machen (vgl. bes. TestAs 2-4).[237]
Ein noch schrofferer Dualismus findet sich in der sogenannten Zwei-Geister-Lehre in 1QS 3,13-4,26,[238] die vermutlich voressenischen Ursprungs

---

232 Zur Übersetzung vgl. Schnapp, Testamente, 495.
233 Zwar fehlt der Handschrift O der zweite Versteil ἓν κατέναντι τοῦ ἑνός (vgl. Charles, Testaments, 172 und zu dieser Handschrift a.a.O., IX f.), er ist aber mit Schnapp, Testamente, 495 und Prato, problema, 56 beizubehalten.
234 Zu Einzelheiten der Gegenüberstellung vgl. Prato, problema, 56f.
235 Zum Dualismus der Patriarchen-Testamente insgesamt vgl. Hadot, penchant, 55-63; v. d. Osten-Sacken, Belial, 200-205; Kee, Testaments, 779.
236 TestAs 6,2, vgl. Röm 1,32.
237 Zu dualistischen Vorstellungen im Frühjudentum vgl. Widengren, Religionsphänomenologie, 144ff., zum AT a.a.O., 142ff. und Sach 3,1; Hi 1,6-12; 1 Chron 21,1, die zuletzt genannte Stelle bezeichnet Widengren, a.a.O., 143 als *„locus classicus"* für die Vorstellung von Satan als selbständigem Wesen im AT.
238 Vgl. dazu von der Osten-Sacken, Belial, 116-169; Maier, Mensch, 222-260; Lange, Prädestination, 121-170. Zur Prädestination in den Hodayot vgl. neben Lange, Präde-

ist und unverändert in die Gemeinderegel integriert wurde.[239] Die Datierung in die Zeit zwischen dem Ende des 3. und der Mitte oder dem Ende des 2. Jahrhunderts v. Chr.[240] rückt das dualistische Lehrstück in die zeitliche Nähe des Siraciden.[241]

Nach dieser Lehre schuf Gott die Welt mit einem Dualismus, der durch das Licht als das Prinzip des Guten und die Finsternis als das böse Prinzip konstituiert wird. Durch einen vorzeitlichen Akt der Prädestination hat Gott in seinem Schöpfungsplan festgesetzt, welche Menschen unter der Herrschaft des „Fürsten des Lichtes" stehen und damit im Geist der Wahrheit vor Gott wandeln werden und welche dem „Fürsten der Finsternis" in ihrer ganzen Existenz, in ihrem Tun und Leiden unterworfen sein und im Geiste des Frevels leben werden. Zwar ist der Dualismus dadurch abgeschwächt, daß auch das böse Prinzip auf Gott als den Schöpfer zurückgeht.[242] Mit welcher Konsequenz die Zwei-Geister-Lehre dennoch an dem dualistischen Auseinanderbrechen der Schöpfung festhielt, zeigt ihre Einbindung in ein eschatologisches Konzept: Die dualistische Weltordnung mit ihrer Einteilung der Menschen besteht, bis Gott zur bestimmten Zeit den Frevel im Gericht auf ewig vernichten und in einer *neuen* Schöpfung einen ewigen Bund mit den geläuterten Söhnen des Lichtes schließen wird. (1QS 4,18-25).[243]

---

stination, 195-232 auch Merrill, Predestination, der die gesamte Studie diesem Thema gewidmet hat.

239 Vgl. Stegemann, Essener, 154; Lange, Prädestination, 126f., der dieses Lehrstück den Verfasserkreisen von 4QSapA und Myst zuweist (vgl. a.a.O., 128ff.). Wiewohl die Zwei-Geister-Lehre einen in sich abgeschlossen Text voressenischen Ursprungs darstellt, ist der zugrundeliegende in ein dualistisches Weltbild eingebettete Prädestinationsgedanke von zentraler Bedeutung für die Theologie und das Selbstverständnis der Qumrangemeinschaft gewesen, wie die Aufnahme des Gedankens in anderen Schriften zeigt, vgl. Lange, Prädestination, 128-135.297.

240 So datiert Lange, Prädestination, 130 aufgrund seiner Zuordnung der Lehre zu den Verfasserkreisen von 4QSapA und Myst. Da 1QS anhand paläographischer Kriterien in das ausgehende zweite oder das beginnende erste vorchristliche Jahrhundert zu datieren ist, kann zumindest der *terminus ante quem* mit einiger Sicherheit behauptet werden, vgl. ebd.

241 Diese dualistische Lehre wird im Rahmen der Auslegung von Sir 33,14f. noch von einigen anderen Autoren ins Gespräch gebracht, vgl. z. B. Harrington, Approaches, 130.

242 Vgl. 1QS 3,17f.

243 Daß in diesen Dualismus vermutlich altiranische Einflüsse eingegangen sind, ist bereits mehrfach bemerkt worden, vgl. Widengren, Iran, 93-99; Kuhn, Sektenschrift, 296-310, zu Unterschied und Abgrenzung a.a.O., 310-313. Wichtig ist Widengrens Beurteilung der Aufnahme iranischer Elemente im frühjüdischen Schrifttum: „What I want to stress here is that readers of the O. T. Scriptures and other Jewish writings were seriously convinced that the new ideas they propagated were to be found in their

Denn Gott hat sie Seite an Seite[244] gesetzt bis zur letzten Zeit.
(1QS 4,17)[245]

In die entgegengesetzte Richtung geht die Deutung, die die Beobachtung des Gegensatzes zwischen Gutem und Bösem bei den Stoikern erfahren hat.[246] Dort erfüllte das Gesetz der Gegensatzbeziehung die Funktion, den Gedanken von der Güte und der *Einheit* der Welt auch angesichts des Bösen als des vermeintlichen Widerspruchs gegen die göttliche Vorsehung zu legitimieren. Gerade die Annahme der polaren Zweiheit in der Welt war demnach eine der Bedingungen für ihre Einheit. Damit gelang es den Stoikern, an der These festzuhalten, daß die Welt bis ins Letzte zweckmäßig gestaltet und vollkommen ist. Ein ähnlicher Gedanke ist aus den wenigen erhaltenen Fragmenten Heraklits zu erheben. Hier wird die Einheit der Gegensätze geradezu als Harmonie (ἁρμονίη) bezeichnet:

Das Widerstehende zusammenstimmend und aus dem Unstimmigen
die schönste Harmonie. (B8)[247]

Hierin scheint auch der Schlüssel für Ben Siras Verwendung des Polaritätsprinzips zu liegen. Wie die Stoiker widerlegt er mit dem Polaritätsprinzip die Infragestellung der Güte der Schöpfung durch die Existenz des Bösen (vgl. die למה-Frage in 33,7). Die Gegensatzbeziehung bietet eine plausible Erklärung für das Böse, indem sie dem Übel eine Funktion im geordneten Ganzen zuweist. Angesichts der genannten frühjüdischen Parallelen ist die Gemeinsamkeit des Kontextes und der Zielrichtung, die den Siraciden mit der Stoa verbindet, umso bemerkenswerter.[248]

---

own holy books. Such Iranian ideas as they bring are put forward first of all as an interpretation of well known O. T. doctrines." (a.a.O., 129)

244 Lange, Prädestination, 139 übersetzt: „zu gleichen Teilen".
245 Übersetzung: Lohse, Qumran, 15.
246 S. o. S. 37f. und SVF II 1169.1170.
247 Übersetzung Snell, Heraklit, 9.
248 Daran ändert auch die Tatsache nichts, daß Ben Sira nur mit TestAs den Gegensatz expressis verbis „auf alle Werke Gottes" (V. 15, vgl. TestAs 1,4; 5,1) bezieht, während ihn die Stoiker stärker auf jene Dinge und Gegebenheiten beziehen, die die Menschen betreffen. Die Formulierung ist vielmehr die sprachliche Form, mit der Ben Sira verdeutlichen konnte, daß es sich hierbei um ein ontologisches Grundgesetz mit universaler Gültigkeit handelt.

Zusammenfassung

Den Ausgangspunkt der vorliegenden Untersuchung bildet die Frage nach dem Verhältnis von Ben Sira zur Frühen Stoa. Die Möglichkeit einer solchen Beziehung wird schon durch den historischen Kontext nahegelegt. Die frühe Stoa, vertreten durch Zenon, Kleanthes und Chrysipp, wird bekanntlich in die Zeit zwischen 301 (Schulgründung durch Zenon) und 232 v. Chr. (Tod Chrysipps) datiert. Das Werk Ben Siras entstand zwischen 190 und 180 v. Chr., historisch gesehen also noch in unmittelbarer Nähe zur frühen Stoa. Lebensgeschichtlich dürfte der Abstand noch geringer gewesen sein, wenn die Vermutung zutrifft, daß die Schrift Ben Siras als Alterswerk des Autors anzusehen ist.

Die Frage nach einer möglichen Beziehung des Sirachbuches zur Stoa wurde in der jüngeren Ben-Sira-Forschung zuerst von Martin Hengel gestellt und mit einem hohen Grad an Wahrscheinlichkeit positiv beantwortet:

> „Mit der Annahme einer lediglich analogen Entwicklung zwischen jüdischer Weisheit und stoischer Philosophie wird man bei Ben-Sira kaum mehr auskommen, vielmehr muß man nicht nur bei seinen Gegnern, sondern auch bei ihm gewisse popularphilosophische Einflüsse voraussetzen..."[1]

Allerdings entnimmt Hengel dem zeitkritischen Duktus der Argumentation Ben Siras eine antihellenistische Tendenz. Im Blick etwa auf Epikur (Schulgründung in Athen 306 v. Chr.) enthält diese These sicher einen Wahrheitskern, bezogen auf die Stoa, das gegenläufige Modell der hellenistischen Philosophie jener Zeit, erweist sie sich jedoch als sehr problematisch. Im Gegensatz dazu hat die vorliegende Untersuchung ergeben, daß eine fruchtbare Begegnung Ben Siras zumindest mit einigen Grundgedanken der alten Stoa mit hoher Wahrscheinlichkeit stattgefunden hat.

Die *eine* Erwartung hat sich freilich nicht erfüllt: daß sich nämlich die Beziehung Ben Siras zur Stoa auf einer philologischen Basis in Form von Zitaten, Anspielungen oder Anklängen [positiv] sichern und gleichsam dingfest machen lasse. Die Fragmente der Alten Stoa bieten dafür ebensowenig Anhaltspunkte wie die komplizierte Überlieferung des Sirabuches. Unmittelbare sprachliche oder literarische Einflüsse lassen sich kaum nachweisen.

---

1   Hengel, Judentum, 267.

Trotzdem hat sich das intensive Quellenstudium gelohnt: Auf der Ebene
der philosophisch-theologischen *Systematik* sind die Berührungen zwischen
beiden Positionen kaum zu übersehen. Dieser Ausgangslage folgt die Methodik der vorliegenden Untersuchung: Ben Sira und die frühe Stoa werden in einem *Systemvergleich* einander gegenübergestellt mit dem Ziel, beide von ihrem jeweiligen gedanklichen Ansatz her miteinander ins Gespräch zu bringen.

Die Wahl dieser Methodik hat jedoch nicht nur in der problematischen
Textüberlieferung ihren Grund. Ihr liegt vielmehr die Einsicht zugrunde, daß
nur der Vergleich ganzer Vorstellungszusammenhänge zu einem tieferen Verständnis der Intention des Sirachbuches führt und folglich auch eine begründete Bewertung seiner Einstellung zum Hellenismus ermöglicht. So sind die
inneren Beziehungen auf der systematischen Ebene das eigentlich Interessante.
Es ist erstaunlich, wie nah sich Ben Sira und die Stoa hier kommen. Wie wir
sahen, finden sich im Werk des Siraciden derart zahlreiche und enge Parallelen
zum stoischen Gedanken von der göttlichen Pronoia, daß eine (wie auch immer vermittelte) Bekanntschaft Ben Siras mit der stoischen Philosophie kaum
verneint werden kann. Entscheidend ist dabei jedoch die Beobachtung, daß
Ben Sira in der Übernahme fremder Gedanken das Eigene nicht preisgegeben
hat. Vielmehr hat er stoisches Gedankengut verwendet, um Probleme zu bear-
beiten, die ihm die eigene, jüdische Tradition in einer gewandelten geistig-
kulturellen Situation aufgab. So reagierte er auf die Herausforderung, die die
Begegnung mit dem Hellenismus für die jüdische Religion darstellte, mit dem
Versuch, das Erbe der Väter neu zu gewinnen und auf diese Weise für die
nachfolgenden Generationen zu bewahren.

Ben Sira und die Stoa verbindet der Gedanke, daß die Welt als ganze
zweckmäßig und vernünftig eingerichtet ist. Beide führen dies auf einen göttlichen Ursprung zurück, Ben Sira auf den Gott Israels, die Stoiker auf das göttliche Prinzip in der Natur.

Grundlegend für den Vergleich war zunächst die freilich in großen Teilen
der Stoa-Forschung bis in die jüngste Zeit hinein negierte Einsicht, daß die
stoische Physik in ihrem Kern als rationalistische *Theologie* zu interpretieren
ist. Als zentral erwies sich dabei die Lehre von der göttlichen Pronoia, deren
Werk nach stoischer Auffassung in der vernünftigen und zweckmäßigen Einrichtung des Kosmos besteht. Im Gedanken der Pronoia liegt zugleich der
Schlüssel für den Zusammenhang zwischen Physik und Ethik im stoischen
System: So basiert das Ziel der stoischen Ethik, das Leben im Einklang mit
der Natur, auf der Voraussetzung, daß die Natur selbst als vollkommen vernünftig und zweckmäßig anzusehen ist, da in ihr das göttliche Prinzip wirksam
ist, das den Kosmos in seiner teleologischen Gestalt hervorbringt.

Eine ebenso fundamentale wie systembestimmende Bedeutung der göttlichen Providenz ließ sich auch in Ben Siras Werk erkennen, selbst wenn ein

entsprechender Terminus hier fehlt. Die vorliegende Gegenüberstellung hat deshalb bei diesem Themenkreis ihren Ausgangspunkt genommen (vgl. c.1 und 2).

Dem Vergleich mußte jedoch zunächst eine Einschränkung vorangehen: Ben Siras Vorstellung von Gott als dem Schöpfer unterscheidet sich grundlegend von dem stoischen Begriff eines in der Welt immanenten göttlichen Prinzips. Während der theologische Naturbegriff der Stoa eine Verschmelzung des Göttlichen mit dem Kosmos beinhaltet, bleibt nach der Vorstellung des Siraciden Gott als der Schöpfer der Welt äußerlich. Ben Sira hält an der Trennung zwischen Schöpfer und Geschöpf fest und bleibt damit auf dem Boden der alttestamentlichen Tradition.

Läßt man diese Differenz aus methodischen Gründen einmal beiseite, so kann man eine sehr weitgehende Übereinstimmung zwischen Ben Siras Lehre von Gottes Handeln in der Schöpfung und bestimmten Aspekten der stoischen Vorstellung von der Wirksamkeit der göttlichen Natur im Kosmos entdecken. So ist beiden die Auffassung gemeinsam, daß alles in der Schöpfung bzw. im Kosmos eine besondere Aufgabe hat, nichts ohne Sinn und Funktion, sondern alles zweckmäßig eingerichtet ist. Gegenüber der alttestamentlichen Tradition führt Ben Sira bei der Interpretation des Pronoia-Gedankens zumindest einen neuen Gesichtspunkt ein. Der Glaube an die Vorsehung Gottes ist grundsätzlich auch im Alten Testament fest verwurzelt, bezogen aber stets auf das Volk Israel oder einzelne Israeliten. Dem Siraciden blieb es vorbehalten, den Gedanken einer universalen, die gesamte Schöpfung einschließlich der Geschichte umgreifenden Providenz zu formulieren.[2]

In der Durchführung dieses Gedankens zeigen sich nun deutliche Parallelen zur Stoa. Beide, Ben Sira ebenso wie die Stoiker, sehen im gestirnten Himmel, und zwar in der Regelmäßigkeit der Gerstirnsbahnen, den überwältigenden Hinweis auf dieses göttliche Werk. Dies zeigt sich nicht nur in der Zweckmäßigkeit, sondern besonders auch an der *Schönheit* der Gestirne und der übrigen Natur, die beide auf die göttliche Vorsehung zurückgeführt werden. Auch diesen für die Teleologie der Stoiker zentralen Gedanken teilt der Siracide. So ist der Hinweis auf die Schönheit der Schöpfung ein wichtiges Argument in Ben Siras Versuch einer Theodizee, wie Prato in seiner Studie dargelegt hat.[3] Dabei erschließt der Siracide dem Leser die Schöpfung Gottes in ihrer Schönheit und Ordnung als Ausdruck der unermeßlichen Weisheit Gottes, die ebenso groß ist wie seine Macht. Wie ein theologisches 'Programm' liest sich die Strophe, mit der der Siracide den großen Hymnus in 42,15-43,33 einleitet.

---

2   Vgl. Sir 39,12-35 und dazu o. S. 57f.70-80.
3   Vgl. besonders Sir 42,15-43,33 und dazu Prato, problema, 116-208.

(42,15) Gedenken will ich der Werke Gottes,
    und was ich geschaut habe, das will ich einschärfen.[4]
    Durch das Wort des Herrn entstanden seine Werke,
    und ein Werk seines Wohlgefallens ist seine Lehre.[5]
    Wie die glänzende Sonne in ihrer Klarheit über allem liegt,
    so liegt die Herrlichkeit des Herrn auf all seinen Werken.
(17) Nicht genügen die Heiligen Gottes,
    all seine Wunderwerke aufzuzählen,
    obwohl der Herr[6] *seinen Heeren Stärke verliehen hat,*
    daß sie feststehen im Angesicht seiner Herrlichkeit.
(18) Den Abgrund und das Herz erforscht er,
    und in ihre Geheimnisse[7] *hat er Einsicht;*
    denn der Höchste besitzt (jede) Erkenntnis,
    und er blickt auf das, was kommt, bis in Ewigkeit.
(19) Er tut kund, was war und was sein wird,
    und er offenbart die tiefsten Geheimnisse.[8]
(20) Nicht fehlt ihm irgendeine Einsicht,
    und nichts entgeht ihm.
(21) Er setzt der Kraft seiner Weisheit das Maß,
    einer ist er von Ewigkeit her.
    Nichts ist hinzuzufügen und nichts wegzunehmen;
    er braucht keinen Ratgeber.
(22) Sind nicht all seine Werke begehrenswert?
    Schon der kleinste Funke läßt die Schönheit schauen.[9]

---

4   Lies אשננה mit H^M gegen H^B (ואספרה). Der Text, den H^M bietet, vermittelt die Dring-
    lichkeit besser, mit der Ben Sira seine Einsichten im Rahmen dieses Hymnus zu ver-
    mitteln sucht.

5   Das letzte Bikolon des Verses war offensichtlich bereits für die antiken Übersetzer
    schwer verständlich. G ist nur schwach bezeugt und hat den Vers mißverstanden, in-
    dem er hinter לקחו offenbar das Substantiv חק vermutet und es durch κρίμα wiedergibt.
    Für רצונו ist εὐλογια überliefert, was Ziegler, Sapientia, 324 im Anschluß an H in εὐδό
    κια korrigiert. Auch der Syrer deutet den Vers um: *und alle seine Werke tun seinen*
    Willen. Die hier gebotene Übersetzung deutet das Kolon im Kontext des Hymnus: Ben
    Sira beschreibt dort die Schönheit und Ordnung der Werke Gottes am Himmel und
    macht sie dabei transparent für die Einsicht in die Macht und Weisheit ihres Schöp-
    fers.

6   So mit H^M, H^B liest אלהים.

7   So mit G und H^M gegen H^B.

8   Zur Übersetzung von חקר נסתרות vgl. Hi 38,16.

9   Wörtlich: *bis in den (kleinsten) Funken und im Anblick der Schönheit.*

(23) Alles[10] lebt und besteht für immer,
und für jeden Zweck wird alles bewahrt.[11]
(24) Sie alle unterscheiden sich, eins vom anderen,[12]
und nichts davon hat er vergeblich hervorgebracht.
(25) Sie ergänzen sich gegenseitig in ihrer Güte,[13]
und wer kann sich an ihrer Schönheit sattsehen?

Ben Sira verdankt diese „Schau"[14] dem göttlichen Wohlgefallen (V. 15d). Es entspricht dem göttlichen Willen, daß sich der menschlichen Vernunft das Werk Gottes in seiner 'teleologischen Gestalt' erschließt. Diese 'ästhetische Theodizee' läßt in ihrem spezifischen Profil das Gemeinsame zwischen dem Siraciden und der Stoa besonders stark hervortreten. Stoischer Einfluß ist hier greifbar nahe.

Für beide, den Siraciden wie die Stoiker, folgt daraus, daß nichts am göttlichen Werk als schlecht zu bezeichnen ist. Geradezu bekenntnisartig formuliert Ben Sira daher in dem Hymnus auf die göttliche Vorsehung (Sir 39,12-35) den folgenden Vers (39,16):

---

10 Lies H^M gegen H^B und vgl. G. Sinngemäß wird der Masada-Text auch durch S (*Sie alle leben und stehen für immer*) bestätigt. Daß הכל hier nicht für „das All" steht, wird durch G (τὰ πάντα) bestätigt.

11 So mit H^M, vgl. auch Yadin, Ben Sira Scroll, 28; Prato, problema, 126; Skehan / Di Lella, 488. G scheint auf H^M zurückzugehen, den er jedoch falsch versteht. So läßt er ἐν πάσαις χρείαις (V. 23b) von μένει (V. 23a) abhängig sein. Der Bezug ist jedoch das Prädikat von V. 23b, für das er zudem wie H^B „gehorchen" (ὑπακούειν, vgl. שמע in H^B) bietet anstelle von שׁמר (H^M). S bietet einen abweichenden Text.

12 Mit Prato, problema, 126f.169f. folgen wir hier nicht H^M, der sonst als der zuverlässigere Textzeuge gelten kann, sondern H^B. Der von H^M gebotene und durch S bestätigte Text scheint an 33,15b (H^B) angeglichen zu sein. Allerdings ist die Frage, wie Prato treffend bemerkt, nicht allein auf dem Wege der Textkritik zu entscheiden. Vielmehr sind inhaltliche Gründe ausschlaggebend. Da im Kontext, anders als in Sir 33,7-15, nicht die Gegensätze in der Schöpfung behandelt werden, sondern vielmehr ihre große Vielfalt, kommt H^B dem Grundgedanken des Hymnus näher, vgl. Prato, problema, 169f. Zudem ist V. 25a nur auf der Basis von V. 24a H^B verständlich und vor allem sinnvoll. Anders entscheiden Skehan / Di Lella, 488.

13 Wörtlich: *Eins tauscht mit dem anderen sein (besonderes) Gut.*

14 חזיתי, V. 15b, vgl. den griechischen Begriff der θεωρία und zu ihrer Bedeutung Forschner, Ethik, 255f.: „Nun hat ein stoisches Leben gemäß (wissender) Erfahrung der von Natur geschehenden Dinge gewiß seine moralisch-praktischen Aspekte. Aber es gründet in einer durch Theoria vermittelten Einstellung zur Weltordnung, und es hat (wohl nicht gerade an letzter Stelle) auch die kontemplativ-wissenschaftliche Beschäftigung mit dem Kosmos und seinen Phänomenen zum Inhalt."

Die Werke Gottes sind alle gut,
und für jeden Zweck trägt er Sorge zu seiner Zeit.

Auch in der Auffassung, daß dem Menschen ein vorzüglicher Platz in diesem göttlichen 'Weltenplan' zukommt, stimmen Ben Sira und die Stoiker überein. Alles in der Schöpfung bzw. in der Natur ist zum Nutzen des Menschen da und steht für seinen Gebrauch bereit. Diese besondere Stellung verdankt der Mensch nach stoischer wie siracidischer Lehre der Gabe der Vernunft, mit der ihn die göttliche Pronoia bzw. Gott der Schöpfer ausgestattet hat. Sie zeichnet ihn vor den übrigen Lebewesen aus (vgl. c. 4).

Allerdings liegt in der Zuspitzung des Zweckgedankens auf den Menschen zugleich ein wesentlicher Unterschied zwischen Ben Sira und den Stoikern, der ein Licht auf die eigenständige Aneignung des Gedankens durch den Siraciden wirft. So verwendet Ben Sira den Gedanken der Zweckmäßigkeit auch dazu, um dem Glauben an die gerechte Vergeltung Gottes eine rationale Basis zu verleihen. Er legt dar, daß Gott die Welt in weiser Voraussicht so eingerichtet hat, daß ihre Elemente dem Menschen je nach seiner religiös-sittlichen Qualität entweder zum Guten oder zum Schlechten gereichen (vgl. c. 2).

Wie wir sahen, verwendet der Siracide damit den stoischen Grundgedanken der teleologischen Gestalt der Welt zur Lösung eines Problems, das die Stoiker selbst sogar *als Problem* negieren: die Frage nämlich, wie angesichts des Leidens frommer, rechtschaffener Menschen an der Gerechtigkeit Gottes festzuhalten sei. Zwar mußten sich auch die Stoiker mit dem freilich von außen an ihr System herangetragenen Einwand auseinandersetzen, daß die göttliche Physis, wenn sie denn alles im Kosmos hervorbringt, auch die Verantwortung für das Böse trägt, besonders für das außermoralische Böse, das Leid der guten Menschen. Dem stellen die Stoiker jedoch die Auffassung entgegen, daß auch das Übel ein notwendiger, unverzichtbarer Bestandteil des Ganzen sei und mithin zur Harmonie und Zweckmäßigkeit des Kosmos beitrage. Wer die Vernunft und Zweckmäßigkeit des Ganzen erkenne, wisse, daß auch das Böse, das ihn trifft, im Gesamtplan der göttlichen Physis seinen Zweck hat. Wer diese Einsicht besitzt, ist in der Lage, sein Geschick auf das Ganze hin zu transzendieren, als dessen Teil er sich aufgrund seiner Vernunft begreift. Die Begriffe des Guten wie des Bösen beschränken die Stoiker daher auf die Sittlichkeit: nur die Tugend ist ein Gut, und nur das moralisch Verwerfliche ist ein Übel.

Im Gegensatz dazu hält Ben Sira an der alttestamentlichen Grundgleichung von „Gerechtigkeit und Leben" fest, allerdings in einer weiteren, über den Augenblick des Geschehens hinausgehenden Perspektive: *Zu seiner Zeit* wird Gott jedem Einzelnen zuteil werden lassen, was ihm nach seinen Taten zusteht. Der personale Gottesbegriff hält den Siraciden davon ab, den Einzelnen auf die Harmonie des Ganzen zu verweisen und ihn diesem unterzuordnen.

Wie die Stoiker verteidigt Ben Sira den Grundgedanken der göttlichen Providenz gegen zwei Einwände: gegen den Vorwurf, Gott sei der Urheber des moralischen Bösen (c. 3) und, umgekehrt, er kümmere sich nicht um das Geschehen auf Erden (c. 4). Für den Vergleich mit der Stoa waren diese beiden Themenbereiche insofern aufschlußreich, als sie eine vergleichbare Diskussionslage in Athen und Jerusalem spiegelten, bei der, cum grano salis, Ben Sira und die Stoiker auf derselben Seite der Argumentation standen. Damit zeigte sich, daß Ben Siras Apologetik nur bedingt auf antihellenistische Motive zurückzuführen ist. Zwar ergab die Untersuchung, daß sich der von Ben Sira zitierte gegnerische Einwand, die Verantwortung für das moralische Übel liege bei Gott, vermutlich unter hellenistischem Einfluß gebildet hat (c. 3). Gegen die Deutung, Ben Sira wende sich gegen diesen Einwand aus einer dezidiert antihellenistischen Frontstellung heraus, spricht jedoch die andere Beobachtung, daß er in der Abwehr des Einwandes von Motiven geleitet ist, die jenen vergleichbar sind, die die Stoiker veranlaßten, das auch gegen ihre Lehre vorgebrachte Argument, „das Göttliche sei Miturssache des Schändlichen" (SVF II 1125), zurückzuweisen. Für beide, für Ben Sira ebenso wie für die Stoiker, war das Festhalten an der Verantwortung des Menschen auch für das moralisch Böse ein Kernpunkt ihrer Ethik. Die stoische Gleichsetzung des Glücks mit der Tugend, verstanden als ein Leben im Einklang mit der Natur, ruht ebenso wie die Entscheidungsethik Ben Siras auf der Voraussetzung, daß der Mensch zur Sittlichkeit fähig ist und mithin für sein Tun die Verantwortung trägt.

Zu einem ähnlichen Ergebnis führte das vierte Kapitel, das sich mit Sir 16,17-18,14 auseinandersetzte. Hier konnten wir sehen, wie Ben Sira der gegnerischen Position, daß Gott sich um das Treiben der Menschen nicht kümmere und folglich nicht über die sittliche Weltordnung wache, eine Argumentation entgegensetzte, die in ihrem Grundgedanken der stoischen Auseinandersetzung mit den Epikureern vergleichbar ist. Der Konvergenzpunkt liegt dabei in der teleologischen Ausrichtung der Schöpfungslehre Ben Siras bzw. der Kosmologie der Stoa, die jeweils auf das Handeln Gottes bzw. die Wirksamkeit der göttlichen Physis im Kosmos zurückgeführt wird: Alles in der Welt, von den Himmelskörpern über die Pflanzen und Tiere bis hin zum Menschen, hat von Gott eine besondere Funktion zugewiesen bekommen. Dem Menschen kommt dabei eine dreifache Aufgabe zu, nämlich: das Wunder des göttlichen Werkes zu erkennen, seinem Urheber zu lobsingen und das Gesetz Gottes bzw. der göttlichen Vernunft zu befolgen. Diese besondere Zuwendung zur Welt schließt Gottes Allwissenheit ein: So wie Gott schon bei der Schöpfung alles bedacht hat, entgeht ihm auch im Ablauf der Welt nicht das

Geringste, so daß sich niemand in der Sicherheit wiegen kann, mit seinen Freveltaten unbemerkt zu bleiben. Auch hier ist Ben Sira von den Stoikern durch
die Lehre von der göttlichen Vergeltung getrennt, die der Siracide aus der
Tradition übernommen und in einen neuen Begründungszusammenhang gestellt hat.

Im Rahmen des vierten Kapitels zeichnete sich zudem stärker ab, wie der
Gedanke von Gottes providentiellem Handeln und die Ethik im Werk Ben
Siras aufeinander bezogen sind, so daß die Vorstellung von der göttlichen
Providenz einmal mehr ihren systembestimmenden Charakter zeigt. So wurde
der Hinweis auf die vollkommene und zweckmäßige Struktur und Ordnung
der Schöpfung für den Siraciden zum Argument dafür, daß sich auch der
Mensch der für ihn geschaffenen Ordnung einfügen und seine geschöpfliche
Bestimmung durch die Unterordnung unter den im Gesetz zugänglichen Willen Gottes erfüllen solle. Dabei stellte sich die Frage, was „Gesetz" in diesem
Kontext bedeutet: Ist es, vergleichbar dem stoischen Nomos, als Inbegriff der
Schöpfungsordnung, als universales Weltgesetz zu verstehen, oder liegt ihm
die alttestamentliche Bedeutung des von Gott geoffenbarten Gesetzes zugrunde? Den Schlüssel zu dieser Frage fanden wir in der Verhältnisbestimmung
von Weisheit und Gesetz bei Ben Sira, die wir im Horizont der stoischen
Identifikation von Nomos und Physis vornahmen (c.5). Auch hier bestätigte
die Gegenüberstellung mit der Stoa den Eindruck, daß Ben Sira die Auseinandersetzung mit dem Fremden als Bereicherung auffaßte und durch sie zu einer
Neubegründung des Eigenen fand.

Im einzelnen konnten wir vor allem zweierlei feststellen. Einerseits erhält
das Gesetz bei Ben Sira durch die Identifikation mit der Weisheit einen universalistischen Zug. Ähnlich dem stoischen Nomos läßt sich das Gesetz daher als
Ausdruck der göttlichen Weltvernunft auffassen. Andererseits gibt der Siracide jedoch die offenbarungstheologische Perspektive nicht preis: Der Zugang
zu diesem Gesetz ist an die Offenbarung gebunden, das Gesetz bleibt somit
exklusive Gabe Gottes an Israel. So sucht Ben Sira, anders als die Stoiker, mit
der Interpretation des Gesetzes von der universalen göttlichen Weisheit her
keinen Kosmopolitismus zu begründen. Seine Perspektive bleibt auch hier das
jüdische Gegenüber. Wohl intendiert er jedoch, den Anspruch zu begründen,
daß das Israel offenbarte Gesetz die universale Weisheit verkörpert und die
Vernunft des göttlichen Gesetzgebers spiegelt. Auf diesem Wege versucht er
seine jüdischen Zeitgenossen von der Autoriät und der bindenden Kraft der
Tradition der Väter zu überzeugen. Er berührt sich dabei mit den Stoikern in
dem Versuch, die Sittlichkeit in doppelter Perspektive zu begründen: zum
einen im Blick auf den universalen Geltungsanspruch des Gesetzes, zum anderen durch den Nachweis, daß das Gesetz für den Menschen unmittelbar bedeutsam ist, da seine Befolgung der geschöpflichen Bestimmung des Men

schen entspricht. Eine vergleichbare Intention ließ sich hinter der stoischen Überwindung der Physis-Nomos-Antithese entdecken, nämlich die Schaffung einer überindividuellen Norm, die zugleich an der menschlichen Natur orientiert, mithin für den Menschen selbst unmittelbar bedeutsam und ihm nicht als ein heteronomes Gesetz von außen vorgegeben ist. In diesem gemeinsamen Interesse liegt die größte Übereinstimmung zwischen der Gesetzesinterpretation des Siraciden und dem stoischen Begriff vom natürlichen Gesetz.

Aufschlußreich war der Vergleich schließlich im Blick auf die Frage, wie der Siracide das Verhältnis zwischen göttlicher Providenz und menschlicher Verantwortung interpretiert. Hier lag der Gewinn gerade in der Wahrnehmung einer Differenz: Es fällt auf, daß Ben Sira sich zwar offensichtlich vom stoischen Gedanken der Pronoia hat anregen lassen, daß er aber vom Kausalitätsdenken der Heimarmene-Lehre vollkommen unberührt geblieben ist. Dies gibt zunächst Auskunft über die stoische Physik. Zwar sind nach stoischer Auffassung Pronoia und Heimarmene nicht ohneeinander zu denken; sie sind jedoch begrifflich wie auch in ihrem Wirken im Kosmos klar voneinander unterschieden. Für sich genommen impliziert die göttliche Pronoia *keinen* Determinismus. Die Pronoia ist ausschließlich für die zweckmäßge Gestalt des Kosmos und damit für seine rationalen Strukturen verantwortlich. Erst die stoische These, daß ausnahmslos *alles* im Kosmos an dieser Zweckmäßigkeit partizipiert und von der Pronoia zur vernünftigen Einheit zusammengeschlossen wird, macht den Gedanken der vollständigen Determination aller Vorgänge notwendig. Obwohl im Ansatz nicht enthalten, folgt dieser, vermittelt durch das Hinzutreten der Heimarmene, in letzter Konsequenz dennoch aus der Pronoia-Lehre der Stoa. Zugleich führt er jedoch, wie wir sahen, den stoischen Naturbegriff in seiner Verschränkung mit der Ethik in die Aporie: Das Telos der stoischen Ethik, das Leben im Einklang mit der Natur, setzt den Menschen als ein zur Tugend fähiges Handlungssubjekt voraus. Dessen Entscheidungsfreiheit ist jedoch durch den Gedanken der Determination in unerträglicher Weise eingeschränkt. Freilich konnten wir auch sehen, daß die Stoiker, jedenfalls Chrysipp, das logische Problem nicht im Sinne eines einfachen Systemfehlers selbst geschaffen haben, daß sie vielmehr als erste die Aporie ans Tageslicht brachten, in die die endliche Vernunft gerät, wenn sie sich über die Voraussetzungen ihrer Freiheit Rechenschaft abzulegen versucht. Damit haben die Stoiker zu einem tieferen Selbst-Verständnis der endlichen Vernunft beigetragen.

Man kann zwar das Werk der Pronoia und das der Heimarmene in ihrer Bedeutung nicht einfach gegeneinander gewichten, da beide zu den unaufgebbaren Bestandteilen der stoischen Physik zählen. Dennoch hat es den Anschein, daß die Pronoia in dieser Verbindung den leitenden Gedanken darstellt, während das Kausalitätsprinzip gleichsam eine dienende Funktion für den Gedanken der teleologisch verfaßten Einheit des Ganzen erfüllt, der das Werk der Pronoia ist.

Die getrennte Analyse der stoischen Vorstellung von Pronoia und Heimarmene hat sich auch für die Gegenüberstellung mit Ben Sira als fruchtbar erwiesen. Sie konnte dazu beitragen, die Frage nach dem Verhältnis von „Determination und Freiheit" im Werk des Siraciden zu klären. So lehrte die Auseinandersetzung mit dem stoischen Naturbegriff, den Gedanken der Vorsehung Gottes unabhängig von der Frage der Determination in seiner ursprünglichen Intention zu erfassen. Auf dem stoischen Untergrund konnte das Profil der Vorstellung von der göttlichen Providenz bei Ben Sira klarer erfaßt werden. Zugleich wurde deutlich, inwiefern Ben Siras Denken von einer deterministischen Sichtweise zu unterscheiden ist. So ist der Gedanke des göttlichen Vorherwissens und seiner Für- und Vorsorge für Welt und Mensch nicht mit der vorgängigen Festlegung alles Geschehens in der Welt verbunden. Da sich Gott bei seiner gerechten Vergeltung am Verhalten des Menschen orientiert und seinen Wandel dementsprechend entweder unter den Segen oder unter den Fluch stellt, ist der Ablauf der Welt im einzelnen trotz der Voraussicht Gottes prinzipiell offen. Daher ließ sich auch die „prädestinatianische" Interpretation des kleinen Gedichts in Sir 33,7-15 nicht bestätigen (vgl. c. 6). Zwar ließe das Gedicht in seiner poetischen Dichte und der Offenheit seines sprachlichen Duktus, wenn es isoliert betrachtet würde, eine deterministische Deutung zu. Eine Auslegung im Kontext des gesamten Sirachbuches schloß diese Interpretation jedoch aus. Die göttliche „Providenz" impliziert bei Ben Sira folglich nicht die Determination des Weltgeschehens und des menschlichen Handelns. Sie befreit den Menschen vielmehr dazu, sich seiner Vernunft zu bedienen und den Weg eines Gott wohlgefälligen und damit zugleich sittlichen Lebens zu wählen. Daß, wer diesen Weg einschlägt, nicht nur Gott, sondern auch den Menschen dient, versteht sich für Ben Sira von selbst. Es geht aus nahezu jeder Zeile des Buches hervor.[15] Daß der stoische Weg freilich der gedanklich stringentere ist, sei hier nur angemerkt.

Diese Beobachtung führt auf eine andere Differenz: Das Werk des Siraciden ist seinem eigenen Selbstverständnis nach kein philosophisch-theoretischer Traktat. Sein Ziel ist vielmehr eine praktische Lehre, die seinen Lesern den

---

15 Verdichtet wird dieser Zusammenhang zwischen dem Gehorsam gegen Gott und dem Dienst am Nächsten in Sir 34,21-35,26 dargestellt. Corley, Friendship, 70f. hat ihn als den theologischen Hintergrund der Freundschaftsperikopen im Sirachbuch (vgl. Sir 6,5-17; 12,8-12; 19,6-19; 22,19-26; 25,1-11; 27,16-21; 37,1-6 und dazu die von Reiterer edierte Dokumentation eines Symposions in Salzburg = Reiterer, Freundschaft) herausgearbeitet. Vgl. auch insgesamt die Studie von Corley, Teaching on Friendship und besonders auch Sir 17,14.

Weg zu einem frommen und gelungenen Leben zu weisen sucht und sie auf diesem Wege begleiten möchte. Den Kern bildet dabei der Ruf zum Gehorsam gegen die Tora Gottes, der von der Gewißheit begleitet wird, daß der Gott der Väter auch in der Gegenwart Gerechtigkeit schafft und damit jeden Einzelnen unmittelbar angeht. Gerade hier zeigt sich, daß Ben Sira in der Begegnung mit der Stoa seine religiöse Identität nicht preisgegeben hat. Die gedankliche Auseinandersetzung mit den Stoikern hat ihm vielmehr dazu verholfen, seinen von der Tradition bestimmten Standpunkt in größerer Klarheit zu formulieren und damit zugleich zu seiner Festigung beizutragen. Bei aller Annäherung an die vernunftbestimmte Weisheit der Stoa hat sich Ben Sira den Sinn dafür bewahrt, daß im Gesetz Gottes etwas ist, das die menschliche Vernunft, auch wenn sie als göttlich inspiriert gedacht wird, in der Unbedingtheit und in der zwingenden Gewalt des Anspruchs nicht aus sich allein hervorbringen kann.

Abkürzungsverzeichnis

Die Abkürzungen folgen M. Schwertner, Internationales Abkürzungsverzeichnis für Theologie und Grenzgebiete, Berlin/ New York 1992². Kommentare werden nur mit dem Autor zitiert, alle übrigen Titel mit dem Autor und einem charakteristischen Stichwort. Darüber hinaus gelten folgende Abkürzungen:

Alex. Aphr.	Alexander von Aphrodisias, de fato
Cicero, ND	Cicero, De natura deorum
DL	Diogenes Laertius, Leben und Meinungen berühmter Philosophen
Gellius, NA	Gellius, Noctes Atticae
L/S	Long, A.A./ Sedley, D.N., Hellenistic Philosophers - die dort versammelten Fragmente werden durch Long/ Sedley mit Nummern und Buchstaben gekennzeichnet und hier entsprechend zitiert (z.B: L/S 54R)
Plutarch, CN	Plutarch, De communibus notitiis contra Stoicos
Plutarch, SR	Plutarch, De Stoicorum repugnantiis
Sext. Emp.	Sextus Empiricus, Adversus Mathematicos
SVF I-III	Arnim, H.v., Stoicorum Veterum Fragmenta, Bd. 1-3
H^A, H^B etc.	Bezeichnung der verschiedenen Fragmente des hebräischen Sirach
G	Griechische Übersetzung des Sirachbuches
GII	Sekundäre Zusätze zu G
S	Syrische Übersetzung des Sirachbuches
L	Lateinische Version des Sirachbuches

Literaturverzeichnis

1. Jüdische Quellen

Altes Testament:
Biblia Hebraica Stuttgartensia, ed. K. Elliger et W. Rudolph, Stuttgart
1967/77
Ceriani, A.M. (Hg.), Translatio Syra Pescitto Veteris Testamenti ex codice
Ambrosiano sec. fere VI photolithographice edita 2,4, Mailand 1878
Ceriani, A.M., Codex syro-hexaplaris Ambrosianus photolithographice editus
curante et adnotante, MSP 7, Mailand 1874
Septuaginta. Id est Vetus Testamentum Graece iuxta LXX interpretes,
A. Rahlfs (Hg.), 2 Bde. in einem, Stuttgart 1935 (ND 1979)
The Old Testament in Syriac According to the Peshitta Version, Eidted on
behalf of the International Organisation for the Study of the Od Testament
by the Peshitta Institute Leiden 1.1, Leiden 1977

Ben Sira:
Lagarde, P.A. (Hg.), Libri Veteris Testamenti Apocryphi Syriace, Leipzig/
London 1861 (ND Osnabrück 1971)
Peters, N., Der jüngst wiederaufgefundene hebräische Text des Buches
Ecclesiasticus, untersucht, herausgegeben, übersetzt und mit kritischer
Note versehen, Freiburg 1902
Ryssel, V., Die Sprüche Jesus', des Sohnes Sirachs, in: E. Kautzsch (Hg.),
Die Apokryphen und Pseudepigraphen des Alten Testaments, Bd. 1,
Tübingen 1900 (4. ND Darmstadt 1975), 230-475
Sauer, G., Jesus Sirach (Ben Sira), JSHRZ 3.5, Gütersloh 1981
Smend, R., Die Weisheit des Jesus Sirach. Hebräisch und deutsch. Mit einem
hebräischen Glossar, Berlin 1906
The Academy of the Hebrew Language and the Shrine of the Book (Hg.) The
Book of Ben Sira. Text, Concordance and an Analysis of the Vocabulary,
Jerusalem 1973
Thiele, W., Sirach (Ecclesiasticus), VL 11.2, Freiburg 1987ff.
Vattioni, F., Ecclesiastico. Testo ebraico con apparato critico e versioni greca,
latina e siriaca, Publicazioni del Seminario di Semitistica. Testi 1, Neapel
1968

Ziegler, J., Sapientia Iesu Filii Sirach, Septuaginta. Vetus Testamentum
    Graecum auctoritate Societatis Litterarum Gottingensis editum XII,2,
    Göttingen 1980[2]

Henoch:
Black, M., The Book of Enoch or 1 Enoch. A New English Edition with
    Commentary and Textual Notes, SVTP 7, Leiden 1985
Isaac, E., 1 Enoch, in: J.H. Charlesworth, The Old Testament
    Pseudepigrapha, Bd. 1, New York/ London/ Toronto u.a. 1983, 5-89
Uhlig, S., Das Äthiopische Henochbuch, JSHRZ 5.6, Gütersloh 1984

Josephus:
Josephus, Flavius, Jüdische Altertümer. Übersetzt und mit Einleitung und
    Anmerkungen versehen von H. Clementz, Wiesbaden 1990[10]
Josephus, Flavius, Geschichte des Jüdischen Krieges. Übersetzt und mit
    Einleitung und Anmerkung versehen von H. Clementz, Wiesbaden 1988[8]

Jubiläen:
Berger, K., Das Buch der Jubiläen, JSHRZ 2.3, Gütersloh 1981

Leben Adams und Evas:
Merk, O./ Meiser, M. (Hg.), Das Leben Adams und Evas, JSHRZ 2.5,
    Gütersloh 1998

Qumran:
García Martínez, F./ Watson, G.E. (Übersetzung), The Dead Sea Scrolls
    Translated. The Qumran Texts in English, Leiden/ New York/ Köln 1996[2]
Lohse, E., Die Texte aus Qumran. Hebräisch und Deutsch, Darmstadt 1986[4]
Maier, J., Die Qumran-Essener: Die Texte vom Toten Meer, 2 Bde.,
    München/ Basel 1995

Testamente der 12 Patriarchen:
Becker, J., Die Testamente der zwölf Patriarchen, JSHRZ 3.1, Gütersloh 1974
Charles, R.H., The Greek Versions of the Testaments of the Twelve
    Patriarchs, Oxford 1908
Kee, H.C., Testaments of the Twelve Patriarchs, in: J.H. Charlesworth (Hg.),
    The Old Testament Pseudepigrapha, Bd. 1, New York/ London/ Toronto
    1983, 775-828
Schnapp, F., Die Testamente der 12 Patriarchen, in: E. Kautzsch (Hg.), Die
    Apokryphen und Pseudepigraphen des Alten Testaments, Bd. 2, Tübingen
    1900 (ND Darmstadt 1975), 458-506

Weisheitsschrift aus der Kairoer Geniza:
Berger, K., Die Weisheitsschrift aus der Kairoer Geniza. Erstedition,
Kommentar und Übersetzung, TANZ 1, Tübingen 1989
Rüger, H.P., Die Weisheitsschrift aus der Kairoer Geniza. Text, Übersetzung
und philologischer Kommentar, WUNT 53, Tübingen 1991

Sammelausgaben:
Charlesworth, J.H., The Old Testament Pseudepigrapha, 2 Bde., London/
New York/ Toronto u.a. 1983/1985
Fragmenta Pseudepigraphorum quae supersunt Graeca una cum historicorum
et auctorum Iudaeorum Hellenistarum Fragmentis, Denis, A.-M. (Hg.),
Pseudepigrapha Veteris Testamenti Graece 3, Leiden 1970
Kaiser, O. (Hg.), Texte aus der Umwelt des Alten Testaments, Bd. 3:
Weisheitstexte, Mythen, Epen, Gütersloh 1990-1997
Kautzsch, E. (Hg.), Die Apokryphen und Pseudepigraphen des Alten
Testaments, 2 Bde., Tübingen 1900 (4. unver. ND Darmstadt 1975)
Kümmel, W.G./ Habicht, Chr./ Kaiser, O. u.a. (Hg.), Jüdische Schriften aus
hellenistisch-römischer Zeit, 6 Bde., Gütersloh 1973-1999
Rießler, P., Altjüdisches Schrifttum außerhalb der Bibel, Freiburg/ Heidelberg,
1988[6]

2. Griechische Quellen

Alexander of Aphrodisias, On Fate, R.W. Sharples (Hg.), London 1983
Aratos, Phainomena: Sternbilder und Wetterzeichen. Griechisch und deutsch,
M. Erren (Hg.), München 1971
Aristoteles, Nikomachische Ethik, in: Aristoteles. Werke in deutscher Über-
setzung, Bd. 6, E. Grumach (Hg.)/ F. Dirlmeier (Übersetzung), Berlin 1956
Arnim, H.v., Stoicorum Veterum Fragmenta, 4 Bde., Leipzig 1903-24 (ND
Stuttgart 1964)

Cicero, Vom rechten Handeln (De officiis). Griechisch und deutsch,
K. Büchner (Hg.), Sammlung Tusculum, Düsseldorf/ Zürich 1994[4]
Cicero, Über die Wahrsagung (De divinatione). Griechisch und deutsch,
Chr. Schäublin (Hg.), Sammlung Tusculum, Düsseldorf/ München 1991
Cicero, De natura deorum, A.S. Pease (Hg.), 2 Bde., Cambridge
(Massachusetts) 1955/1958
Cicero, Der Staat (De re publica). Lateinisch und deutsch, K. Büchner (Hg.),
Sammlung Tusculum, Düsseldorf/ Zürich 1993[5]

Cicero, Über die Gesetze / Stoische Paradoxien (De legibus / Paradoxa Stoicorum). Lateinisch und deutsch, R. Nickel (Hg.), Sammlung Tusculum, Darmstadt 1994

Cicero, Über die Ziele des menschlichen Handelns (De finibus bonorum et malorum). Lateinisch und deutsch, O. Gigon/ L. Straume-Zimmermann (Hg.), Sammlung Tusculum, Düsseldorf/ Zürich 1988

Cicero, Vom Wesen der Götter (De natura deorum). Lateinisch und deutsch, W. Gerlach/ K. Bayer (Hg.), Sammlung Tusculum, Darmstadt 1990[3]

Cicero, Über das Schicksal (De fato). Lateinisch und deutsch, K. Bayer (Hg.), Sammlung Tusculum, München 1963

Diels, H., Die Fragmente der Vorsokratiker. Griechisch und deutsch, W. Kranz (Hg.), 3 Bde., Berlin 1974[17]

Diogenes Laertius, Leben und Meinungen berühmter Philosophen. Aus dem Griechischen übersetzt von O. Apelt. Unter Mitarbeit von H.G. Zekl neu hrsg. von K. Reich, PhB 53/54, Hamburg 1990[3]

Diogenes Laertius, Vitae philosophorum 2, H.S. Long (Hg.), SCBO, Oxford 1964

Diogenes Laertius, Lives of Eminent Philosophers 2, R.D. Hicks (Hg.), LCL, London 1979

Epicurea, H. Usener (Hg.), Leipzig 1888 (ND Stuttgart 1966)

Epiktet, Teles, Musonius: Schriften. Griechisch und deutsch, R. Nickel (Hg.), Sammlung Tusculum, Zürich/ München 1994

Eusebius, praeparatio evangelica, in: K. Mras (Hg.), Die griechischen christlichen Schriftsteller der ersten Jahrhunderte, Bd. 8.1 u. 2, Berlin 1954-56

Galen, On the Doctrines of Hippocrates and Plato, P. de Lacy (Hg.), Corpus medicorum Graecorum 5.4,1,2, 3 Bde., Berlin 1978-84

Gellius, Noctes Atticae, P.K. Marshall (Hg.), Oxford 1968

Gercke, A., Chrysippea, Jahrbuch für klassische Philologie Suppl., 1885, 710f.

Heraklit, Fragmente. Griechisch und deutsch, B. Snell (Hg.), Sammlung Tusculum, München/ Zürich 1989[10]

Herodot, Historien. Griechisch-deutsch, J. Feix (Hg.), Tusculum-Bücherei, 2 Bde., München 1963

Hesiod, Theogonie. Werke und Tage. Griechisch und deutsch, hg. und übers. v. A.v. Schirnding. Mit einer Einnführung von E.G. Schmidt, Sammlung Tusculum, München/ Zürich 1989

Homer, Odyssee. Griechisch und deutsch, übertr. v. A. Weiher mit einer Einführung von A. Heubeck, Sammlung Tusculum, München/ Zürich 1986[8]

Homer, Ilias. Griechisch und deutsch, übertr. von H. Rupé, Sammlung
Tusculum, München/ Zürich 1989[9]

Homer, Ilias - Odyssee. In der Übertragung von J.H. Voß, insel taschenbuch
1204, Frankfurt 1990

Hülser, K., Die Fragmente zur Dialektik der Stoiker. Neue Sammlung der
Texte mit deutscher Übersetzung und Kommentaren, 4 Bde., Stuttgart
1987f.

Philo, de providentia, in: F.H. Colson/ G.H. Whitaker (Hg.), Philo in ten
volumes with an English translation, Bd. 9, LCL, Cambridge
(Massachusetts) 1941 (ND 1960), 447-507

Platon, Phaidon, in: ders., Werke in acht Bänden. Griechisch und deutsch,
G. Eigler (Hg.), Bd. 3 (bearb. v. D. Kurz), Darmstadt 1990[3], 1-207

Platon, Nomoi, in: ders., Werke in acht Bänden. Griechisch und deutsch,
G. Eigler (Hg.), Bd. 8.1 und 2 (bearb. v. K. Schöpsdau), Darmstadt 1990[2]

Platon, Timaios.Kritias.Philebos, in: ders., Werke in acht Bänden. Griechisch
und deutsch, G. Eigler (Hg.), Bd. 7 (bearb. v. K. Widdra), Darmstadt
1990[2]

Plutarch, De communibus notitiis, in: ders., Moralia 13.2. Griechisch und
englisch, H. Cherniss/ E.N. O'Neil (Hg.), LCL London 1976, 621-873

Plutarch, De Stoicorum repugnantiis, in: ders., Moralia 13.2. Griechisch und
englisch, H. Cherniss/ E.N. O'Neil (Hg.), LCL, London 1976, 369-603

Samaritanischer Anonymus, in: F. Jacoby, Die Fragmente der griechischen
Historiker 3/C.2, Leiden 1958, 678f.

Seneca, L. Annaeus, De providentia, in: ders., Philosophische Schriften.
Seneca-Studienausgabe. Lateinisch und deutsch, M. Rosenbach (Hg.),
Bd. 1, Darmstadt 1995[5], 1-41

Seneca, L. Annaeus, De clementia. De beneficiis, in: ders., Philosophische
Schriften. Seneca-Studienausgabe. Lateinisch und deutsch, M. Rosenbach
(Hg.), Bd. 5, Darmstadt 1995[2]

Seneca, L. Annaeus, Ad Lucilium epistulae morales, 2 Bde., in: ders.,
Philosophische Schriften. Seneca-Studienausgabe. Lateinisch und deutsch,
M. Rosenbach (Hg.), Bd. 3 und 4, Darmstadt 1995[4] und 1987[2]

Sextus Empiricus, Adversus Mathematicos, R.G. Bury (Hg.), 4 Bde., LCL,
Cambridge (Massachusetts)/ London 1935-49

Stoici Antichi, A cura di M. Isnardi Parente, 2 Bde., Turin 1989

Straton von Lampsakos, F. Wehrli, Die Schule des Aristoteles. Texte und
Kommentar, Heft 5: Straton von Lampsakos, Basel 1950

Theognis. Ps.-Pythagoras. Ps.-Phocylides. Chares. Anonymi aulodia.
Fragmenta teliambicum, post E. Diehl ed. D. Young, BiTeu, Leipzig 1971[2]

Titi Lucreti Cari De rerum natura libri sex, C. Bailey (Hg.), 3 Bde., Oxford 1947

Xenophon, Erinnerungen an Sokrates. Griechisch und deutsch, P. Jaerich (Hg.), Sammlung Tunsculum, München/ Zürich 1987[4]

3. Hilfsmittel

Barthélemy, D./ Rickenbacher, O., Konkordanz zum hebräischen Sirach mit syrisch-hebräischem Index, Göttingen 1973

Baumgartner, W./ Köhler, L., Hebräisches und Aramäisches Lexikon zum Alten Testament, dritte Auflage neu bearbeitet von W. Baumgartner u.a., ab Lieferung 4 von J.J. Stamm u.a., Leiden 1967-1995

Brown, F./ Driver, S.R./ Briggs, Ch.A. (Hg.), A Hebrew and English Lexicon of the Old Testament with an Appendix Containing the Biblical Aramaic, Oxford 1972[8]

Charlesworth, J.H., Graphic Concordance to the Dead Sea Scrolls, Tübingen 1991

Denis, A.-M. (Hg.), Concordance Greque des Pseudépigraphes d'Ancien Testament. Concordance, Corpus des Textes, Indices. Université Catholique de Louvain, Louvain-la-Neuve 1987

Even-Shoshan, A. (Hg.), A New Concordance of the Bible, Jerusalem 1989[2]

Gesenius, W., Hebräisches und Aramäisches Handwörterbuch über das Alte Testament, bearb. von F. Buhl, Berlin/ Göttingen/ Heidelberg 1915[17] (ND 1962)

Gesenius, W., Hebräische Grammatik, völlig umgearb. von E. Kautzsch, Leipzig 1909[28], (ND zusammen mit G. Bergsträsser, Hebräische Grammatik, Darmstadt 1995)

Hatch, E./ Redpath, H.A., A Concordance to the Septuagint, 3 Bde., Oxford 1897 (ND in zwei Bänden Grand Rapids [Michigan] 1991)

Kuhn, K.G., Konkordanz zu den Qumrantexten, Göttingen 1960

Liddell, H.G./, Scott, R.A./ Jones, H.S., A Greek-English Lexicon. With a Supplement ed. by E.A. Barber, Oxford 1968

Lisowski, G./ Rost, L., Konkordanz zum Hebräischen Alten Testament, Stuttgart 1966²

Mandelkern, S., Veteris Testamenti Concordantiae Hebraicae atque Chaldaicae, I-II, edition altera locupletissime aucta et emendata cura F. Margolin, Schocken 1937 (ND Graz 1955)
Meyer, R., Hebräische Grammatik, 4 Bde., Studienausgabe in einem Band, Berlin 1992

Payne Smith, J., A Compendious Syriac Dictionary, Oxford 1903 (ND 1976)

Rehkopf, F., Septuaginta-Vokabular, Göttingen 1989

Smend, R., Griechisch-syrisch-hebräischer Index zur Weisheit des Jesus Sirach, Berlin 1907

Ungnad, A., Syrische Grammatik mit Übungsbuch, München 1913

Winter, M.M., A Concordance to the Peshitta Version of Ben Sira, MPIL 2, Leiden 1976

4. Übrige Literatur

Aalen, S., Die Begriffe 'Licht' und 'Finsternis' im Alten Testament, im Spätjudentum und im Rabbinismus, SNVAO.HF 1, Oslo 1951
Albani, M., Astronomie und Schöpfungsglaube. Untersuchungen zum Astronomischen Henochbuch, WMANT 68, Neukirchen-Vluyn 1994
Alonso Schökel, L., The Vision of Man in Sirach 16,24-17,14, in: J.G. Gammie/ W.A. Brueggemann/ W.L. Humphreys u.a. (Hg.), Israelite Wisdom. Theological and Literary Essays, FS S. Terrien, Missoula 1978, 234-245
Alonso Schökel, L., Eclesiástico, in: ders., Proverbios y Eclesiástico, LiSa VIII.1, Madrid 1968, 137-332
Argall, R.A., Reflections on 1 Enoch and Sirach: A Comparative Literary and Conceptual Analysis of the Themes of Revelation, Creation and Judgment, SBL.SP 34 (1995), 337-351
Argall, R.A., 1 Enoch and Sirach. A Comparative Literary and Conceptual Analysis of the Themes of Revelation, Creation and Judgment, SBL 8, Atlanta (Georgia) 1995

Assmann, J., Ma'at. Gerechtigkeit und Unsterblichkeit im Alten Ägypten, München 1990

Audi, R., Moral Responsibility, Freedom, and Compulsion, APQ 11 (1974), 1-14

Backhaus, F.J., Qohelet und Sirach, BN 69 (1993), 32-55

Barr, J., Biblical Faith and Natural Theology, Oxford 1993

Barstad, H.M., Art. רצה, ThWAT 7, 640-652

Bartuschat, W., Gesetz, moralisches, in: HWP 3, 516-523

Bauckmann, E.G., Die Proverbien und die Sprüche des Jesus Sirach. Eine Untersuchung zum Strukturwandel der israelitischen Weisheitslehre, ZAW 72 (1960), 33-63

Baumgarten, J., Some Notes on the Ben Sira Scroll from Masada, JQR 58 (1967/68), 232-327 = in: ders., Studies in Qumran Law, SJLA 24, Leiden 1977, 187-192

Baumgartner, W., Die literarischen Gattungen in der Weisheit des Jesus Sirach, ZAW 34 (1914), 161-198

Becker, J., 1 Chronik, NEB 18, Würzburg 1986

Becker, J., Gottesfurcht im Alten Testament, AnBib 25, Rom 1965

Beckner, M., Teleology, in: EncPh 8, 88-91

Beentjes, P.C. (Hg.), The Book of Ben Sira in Modern Research. Proceedings of the First International Ben Sira Conference 28-31 July 1996 Soesterberg, Netherlands, BZAW 255, Berlin/ New York 1997

Beentjes, P.C., The Book of Ben Sira in Hebrew. A Text Edition of all Extant Hebrew Manuscripts and A Synopsis of all Parallel Hebrew Ben Sira Texts, VT.S 68, Leiden 1997

Beentjes, P.C., Hermeneutics in the Book of Ben Sira. Some Observations on the Hebrew Ms. C, EstB 46 (1988), 45-61

Beentjes, P.C., „Full Wisdom is Fear of the Lord". Ben Sira 19,20-20,31: Context, Composition and Concept, EstB 47 (1989), S. 27-45

Beentjes, P.C., The Book of Ben Sira in Hebrew. Preliminary Remarks towards a New Text Edition and Synopsis, in: F.I. Andersen (Hg.), Actes du Troisième Colloque International: „Bible et informatique: interprétation, herméneutique, compétence informatique, Tübingen 26.-30.8. 1991, Ravaux de Linguïstique Quantitative 49 = Collection Debora 7, Paris/ Genf 1992, 471-484

Beentjes, P.C., „How can a jug be friends with a kettle?" A Note on the Structure of Ben Sira Chapter 13, BZ NF 36 (1992), 87-93

Beentjes, P.C., Jesus Sirach en Tenach; een onderzoek naar en een classificatie van parallellen, met bijzondere aandacht voor hun functie in Sirach 45:6-26, Nieuwegein 1981

Beentjes, P.C., Recent publications on the Wisdom of Jesus Ben Sira (Ecclesiasticus), Bijdr. 43 (1982), 188-198

Behm, J., Art. διαθήκη, B. Der griechische Begriff διαθήκη, ThWNT 2, 127-137

Bengtson, H., Griechische Geschichte. Von den Anfängen bis in die Römische Kaiserzeit, HAW 3.4, München 1977[5]

Bengtson, H., Die hellenistische Weltkultur, Stuttgart 1988

Bergmeier, R., Glaube als Gabe nach Johannes. Religions- und theologiegeschichtliche Studien zum prädestinatianischen Dualismus im vierten Evangelium, BWANT 112, Stuttgart 1980

Berofsky, B., Freedom from Necessity. The metaphysical basis of responsibility, New York/ London 1987

Beyerle, St., Der Mosesegen im Deuteronomium. Eine text-, kompositions- und formkritische Studie zu Deuteronomium 33, Berlin/ New York 1997

Bichler, R., Hellenismus: Geschichte und Problematik eines Epochenbegriffs, Impulse der Forschung 41, Darmstadt 1981

Bickermann, E.J, Der Gott der Makkabäer. Untersuchungen über Sinn und Ursprung der makkabäischen Erhebung, Berlin 1937

Bickermann, E.J., The Jews in the Greek Age, Cambridge (Mass.)/ London 1988

Bigot, L., Ecclésiastique (Livre de L'), in: DThC 4.2, 2043-2054

Bilde, P., Begrebet 'hellenisme', DTT 52 (1989), 204-215

Billerbeck, P./ Strack, H.L., Kommentar zum Neuen Testament aus Talmud und Midrasch. Bd. 4: Exkurse zu einzelnen Stellen des Neuen Testaments in zwei Teilen, München 1956[2]

Blenkinsopp, J., Wisdom and Law in the Old Testament. The ordering of life in Israel and early Judaism, Oxford Bible Series, Oxford 1995[2]

Bloch, E., Über den Begriff Weisheit, in: ders., Pädagogica, Frankfurt (Main) 1971, 96-145

Bloos, L., Probleme der Stoischen Physik, Hamburg 1973

Blumenberg, H., Teleologie, in: RGG[3] 6, 674-677

Boccaccini, G., Middle Judaism. Jewish Thought, 300 B.C.E. to 200 C.E, Minneapolis 1991

Boccaccini, G., Origine del male, libertà dell'uomo e retribuzione nella Sapienza di Ben Sira, Henoch 8 (1986), 1-37

Bockmuehl, M., Natural Law in Second Temple Judaism, VT 45 (1995), 17-44

Boston, J.R., The Wisdom Influence upon the Song of Moses, JBL 87 (1968), 198-202

Botha, P.J., Through the Figure of a Woman Many Have Perished: Ben Sira's view of women, OTEs 9 (1996), 20-34

Botros, S., Freedom, Causality, Fatalism and Early Stoic Philosophy, Phron. 30 (1985), 274-304

Bousset, W./ Gressmann, H., Die Religion des Judentums im späthelle-nistischen Zeitalter, HNT 21, Tübingen 1966[4]

Box, G.H./ Oesterley, W.O.E., The Book of Sirach, in: R.H. Charles (Hg.), The Apocrypha and Pseudepigrapha of the Old Testament in English, with Introductions and Critical and Explanatory Notes to the Several Books 1: Apcrypha, Oxford 1971[5], 268-517

Boyancée, P., Les preuves stoïciennes de l'existence des Dieux d'après Cicéron, Hermes 90 (1962), 45-71

Brandenburg, E., Adam und Christus. Exegetisch-religionsgeschichtliche Un-tersuchung zu Röm. 5,12-21 (1. Kor. 15), WMANT 7, Neukirchen 1962

Braulik, G., Deuteronomium 1: 1-16,17, NEB 15, Würzburg 1986

Braulik, G., Deuteronomium 2: 16,18-34,12, NEB 28, Würzburg 1992

Braulik, G., Weisheit, Gottesnähe und Gesetz - Zum Kerygma von Deutero-nomium 4,5-8, in: ders., (Hg.), Studien zum Pentateuch, FS W. Kornfeld, Wien/ Freiburg/ Basel 1977, 165-195

Braulik, G., Die Ausdrücke für „Gesetz" im Buch Deuteronomium, Bib. 51 (1970), 29-66

Brekelmans, C., Wisdom Influence in Deuteronomy, in: M. Gilbert (Hg.), La Sagesse de l'Ancien Testament, BEThL 51, Leuven 1979, 28-38

Bremmer, J.N., Götter, Mythen und Heiligtümer im antiken Griechenland. Übersetzt von Kai Brodersen, Darmstadt 1996

Bringmann, K., Hellenistische Reform und Religionsverfolgung in Judäa. Eine Untersuchung zur jüdisch-hellenistischen Geschichte (175-163 v. Chr.), AAWG.PH 132, Göttingen 1983

Brockington, L.H., A Critical Introduction to the Apocrypha, London 1961

Brunner, H., Altägyptische Weisheit. Lehren für das Leben. Eingeleitet, übersetzt und erläutert von H. Brunner, BAW, Zürich/ München 1988

Bryce, G.E., A Legacy of Wisdom. The Egyptian Contribution to the Wisdom of Israel, London 1979

Büchler, A., Ben Sira's Conception of Sin and Atonement, JQR NS 14 (1923/24), 53-83

Büchler, A., Ben Sira's Conception of Sin and Atonement, JQR NS 13 (1922/23), 303-335.461-501

Burton, K.W., Sirach and the Judaic Doctrine of Creation, Glasgow 1987

Busto Saiz, J.R., Sabiduría y Torá en Jesús Ben Sira, EstB 52 (1994), 229-239

Caird, G.B., Ben Sira and the Dating of the Septuagint, in: E.A. Livingstone (Hg.), Studia Evangelica VII. Papers Presented to the Fifth International Congress on Biblical Studies Held at Oxford 1973, Berlin 1982, 95-100

Calduch-Benages, N., En el crisol de la prueba. Estudio exegético de
Sir 2,1-18, Asociación Bíblica Española 32, Estella (Navarra) 1997
Calduch-Benages, N., Trial Motif in the Book of Ben Sira with Special
Reference to Sir 2,1-6, in: P.C. Beentjes (Hg.), The Book of Ben Sira in
Modern Research. Proceedings of the First International Conference 28-31
July 1996 Soesterberg, Netherlands, BZAW 255, Berlin/ New York 1997,
135-151
Calduch-Benages, N., Elementos d'inculturació hellenista en el libro de Ben
Sira: Los viajes, EstB 54 (1996), 289-298
Calduch-Benages, N., En el crisol de la Prueba. Estudio exegético de Sir 2,
Rom 1995
Camp, C.V., Honor and Shame in Ben Sira: Anthropological and Theological
Reflections, in: P.C. Beentjes (Hg.), The Book of Ben Sira in Modern
Research. Proceedings of the First International Ben Sira Conference 28-31
July 1996 Soesterberg, Netherlands, BZAW 255, Berlin/ New York 1997,
171-187
Camp, C.V., Understanding a Patriarchy: Women in Second Century
Jerusalem through the Eyes of Ben Sira, in: A.-J. Levine (Hg.), „Women
Like This". New Perspectives on Jewish Women in the Greco-Roman
World, SBL 1, Atlanta (Georgia) 1991, 1-39
Camp, C.V., Woman Wisdom as a Root Metaphor: A Theological
Consideration, in: K.G. Hoglund u.a. (Hg.), The Listening Heart,
FS R.E. Murphy, JSOT.S 58, Sheffield 1987, 45-76
Caquot, A., Ben Sira et le Messianisme, Sem. 16 (1966), 43-68
Carmignac, J., Les rapports entre l'Ecclésiastique et Qumrân, RdQ 3 (1961),
209-218
Childs, B.S., Isaiah and the Assyrian Crisis, London 1967
Clements, R.E., Wisdom for a Changing World. Wisdom in Old Testament
Theology, Berkeley Lectures 2, Berkeley 1990
Collins, J.J., Jewish Wisdom in the Hellenistic Age, OTL, Louisville
(Kentucky) 1997
Collins, J.J., Between Athens and Jerusalem. Jewish Identity in the Hellenistic
Diaspora, New York 1986
Conzelmann, H., Die Mutter der Weisheit, in: E. Dinkler (Hg.), Zeit und
Geschichte. FS R. Bultmann, Tübingen 1964, 225-234
Corley, J., Ben Sira's Teaching on Friendship, Washington 1996
Corley, J., Friendship According to Ben Sira, in: R. Egger-Wenzel/
I. Krammer (Hg.), Der Einzelne und seine Gemeinschaft bei Ben Sira,
BZAW 270, Berlin/ New York 1998,65-72
Cornford, F.M., Plato's Cosmology. The Timaeus of Plato translated with a
running commentary, London 1956[4]
Crenshaw, J.L., Old Testament Wisdom, Atlanta 1981

Crenshaw, J.L., The Problem of Theodicy in Sirach: On Human Bondage, JBL 94 (1975), 47-64

Crenshaw, J.L., Popular Questioning of the Justice of God in Ancient Israel, in: ders. (Hg.), Studies in Ancient Israelite Wisdom, New York 1976, 289-395

Crenshaw, J.L., Method in Determining Wisdom Influence upon „Historical" Literature, JBL 88 (1969), 129-142

Crowe, M.B., The Changing Profile of the Natural Law, Den Haag 1977

Crüsemann, F., Studien zur Formgeschichte von Hymnus und Danklied in Israel, WMANT 32, Neukirchen-Vluyn 1969

Davidson, R., Wisdom and Worship, London 1990

Davies, W.D./ Finkelstein, L. (Hg.), The Cambridge History of Judaism 2: The Hellenistic Age, Cambridge/ London/ New York u.a. 1989

De Filippo, J./ Mitsis, Ph., Socrates and Stoic Natural Law, in: P.A. Vander Waerdt (Hg.), The Socratic Movement, Ithaca/ New York 1994, 252-271

Deitz, L., Physis/ Nomos, in: HWP 7, 967-971

Delcor, M., Ecclesiasticus or Sirach (The Wisdom of Jesus Ben Sira), in: W.D. Davies/ L. Finkelstein (Hg.), The Cambridge History of Judaism 2, Cambridge/ London/ New York u.a. 1989, 415-422

Delcor, M., Le texte hébreu du Cantique de Siracide 51,13ss et les anciennes versions, Textus 6, (1968), 24-47

Delling, G., Perspektiven der Erforschung des Hellenistischen Judentums, HUCA 45 (1974), 133-176

Denis, A.-M., Introduction aux Pseudépigraphes Grecs d'Ancien Testament, SVTP 1, Leiden 1970

Dequeker, L., Jason's Gymnasium in Jerusalem (2Mac 4,7-17): The Failure of a Cultural Experiment, Bijdr. 54 (1993), 371-392

Desecar, A., La necedad en Sirac 23,12-15, SBFLA 20 (1970), 264-272

Deutsch, C., The Sirach 51 Acrostic: Confession and Exhortation, ZAW 94 (1982), 400-409

Dexinger, F., Erwählung III: Judentum, in: TRE 10, 189-192

Di Lella, A.A., The Wisdom of Ben Sira: Resources and Recent Research. Currents in Research, Biblical Studies 4 (1996), 161-181

Di Lella, A.A., Sirach, in: New Jerome Bible Commentary, London 1991, 498-509

Di Lella, A.A. Authenticity of the Geniza Fragments of Sirach, Bib. 44 (1963), 171-200

Di Lella, A.A., The Newly Discovered Sixth Manuscript of Ben Sira from the Cairo Geniza, Bib. 69 (1988), 226-238

Di Lella, A.A., The Hebrew Text of Sirach. A Text-Critical and Historical Study, Studies in Classical Literature 1, Den Haag 1966

Di Lella, A.A., The Search of Wisdom in Ben Sira, in: J. Knight/ L. Sinclair (Hg.), The Psalms and Other Studies on the Old Testament, FS J.I. Hunt, Nashota (Wisconsin) 1990, 185-196

Di Lella, A.A., The Meaning of Wisdom in Ben Sira, in: L.G. Perdue/ B.B. Scott/ W.J. Wiseman (Hg.), In Search of Wisdom, FS J.G. Gammie, Louisville (Kentucky) 1993, 133-148

Di Lella, A.A., Conservative and Progressive Theology: Sirach and Wisdom, CBQ 28 (1966), 139-154 = J.L. Crenshaw (Hg.), Studies in Ancient Israelite Wisdom, Library of Biblical Studies, New York 1976, 401-416

Di Lella, A.A., The Recently Identified Leaves of Sirach in Hebrew, Bib. 45 (1964), 153-167

Di Lella, A.A./ Hartmann, L.F., The Book of Daniel, AncB 23, New York 1978

Di Lella, A.A. / Skehan, P.W., The Wisdom of Ben Sira, AncB 39, New York 1987

Dietrich, E.K., Die Umkehr (Bekehrung und Buße) im Alten Testament und im Judentum bei besonderer Berücksichtigung der neutestamentlichen Zeit, Stuttgart 1936

Dihle, A., The Theory of Will in Classical Antiquitiy, Sather Classical Lectures 49, Berkeley (California) 1982

Dihle, A., Die Vorstellung vom Willen in der Antike, Göttingen 1985

Dohmen, Chr./ Oeming, M., Biblischer Kanon, warum und wozu? Eine Kanontheologie, QD 137, Freiburg 1992

Doll, P., Menschenschöpfung und Weltschöpfung in der alttestamentlichen Weisheit, SBS 117, Stuttgart 1985

Dommershausen, W., Zum Vergeltungsdenken des Ben Sira, in: H. Gese/ H.P. Rüger (Hg.), Wort und Geschichte, FS K. Elliger, Neukirchen-Vluyn 1973, 37-43

Dragona-Monachou, M., Providence and Fate in Stoicism and prae-Neoplatonism: Calcidius as an Authority on Cleanthes' Theodicy (SVF 2.933), Phil(J) 3 (1973), 262-306

Dragona-Monachou, M., The Stoic Argtuments for the Existence and the Providence of the Gods, Athen 1976

Duesberg, A./ Fransen, I., Ecclesiastico, SB(T) 19, Turin/ Rom 1966

Duesberg, H., Il est le Tout. Siracide 43,27-33, BVC 54 (1963), 29-32

Duesberg, H., La dignité de l'homme. Siracide 16,24-17,14 BVC 82 (1968), 15-21

Duesberg, H./ Auvray, P., Le livre de l'Ecclésiastique, SB(J) 20, Paris 1958(2)

Eberharter, A., Exegetische Bemerkungen zu Ekkli. 16,1-5, Kath. 37 (1908), 386-369

Eberharter, A., Zu Ekkli 16,14, BZ 6 (1908), 162f.

Eberharter, A., Das Buch Jesus Sirach oder Ecclesiasticus, übersetzt und erklärt, HSAT VI,5, Bonn 1925

Effe, B., Hellenismus. Die griechische Literatur in Text und Darstellung 4, Stuttgart 1985

Eichrodt, W., Vorsehungsglaube und Theodizee im Alten Testament, in: A. Alt/ F. Baumgärtel u.a. (Hg.), FS O. Procksch, Leipzig 1934, 45-70

Engberg-Pedersen, T., The Stoic Theory of Oikeiosis. Moral Development and Social Interaction in Early Stoic Philosophy, Studies in Hellenistic Civilization 2, Aarhus 1990

Erskine, A., The Hellenistic Stoa. Political Thought and Action, Ithaca 1990

Executive Committee of the Editorial Board, YEZER HA-RA', JE 12, 601f.

Fabry, H.-J., Art. רוח VII-VIII, ThWAT 7, 419-425

Fang Che-Yong, M., Usus nominis divini in Sirach, VD 42 (1964), 153-168

Fang Che-Yong, M., Ben Sira de novissimis hominis, VD 41 (1963),21-28

Fauré, P., Comme une fleuve qui irrigue. Ben Sira 24,30-34, RB 102 (1995), 5-27

Feldmann, L.H., How Much Hellenism in Jewish Palestine?, HUCA 57 (1986), 83-111

Festugière, A.J., La révélation d'Hermès Trismégiste II, Paris 1949

Fichtner, J., Die altorientalische Weisheit in ihrer israelitisch-jüdischen Ausprägung. Eine Studie zur Nationalisierung der Weisheit in Israel, BZAW 62, Gießen 1933

Fiddes, P.S., The Hiddenness of Wisdom in the Old Testament and Later Judaism, Oxford 1976

Fischer, A.A., Skepsis oder Furcht Gottes? Studien zur Komposition und Theologie des Buches Kohelet, BZAW 247, Berlin/ New York 1997

Fischer, J., טוב ורע in der Erzählung von Paradies und Sündenfall, BZ 22 (1934), 323-331

Flashar, H. (Hg.), Grundriß der Geschichte der Philosophie, begründet von F. Ueberweg, völlig neu bearbeitete Ausgabe, Bd. 4: Die hellenistische Philosophie, M. Erler (Hg.), 2 Bde., Basel 1994

Forschner, M., Über das Handeln im Einklang mit der Natur. Grundlagen ethischer Verständigung, Darmstadt 1998

Forschner, M., Über das Glück des Menschen. Aristoteles, Epikur, Stoa, Thomas von Aquin, Kant, Darmstadt 1994 (2)

Forschner, M., Die stoische Ethik. Über den Zusammenhang von Natur-, Sprach- und Moralphilosophie im altstoischen System, Darmstadt 1995(2)

Forschner, M., Neues zur Philosophie des Hellenismus, PhR 35 (1988), 96-109

Forschner, M., Das Gute und die Güter. Zur Aktualität der stoischen Ethik, in: H. Flashar/ O. Gigon (Hg.), Aspects de la philosophie Hellénistique, Genf 1986, 325-350.351-359

Fournier-Bidoz, A., Siracide 24,10-17, VT 34 (1984), 1-10

Frankemölle, H., Zum Thema des Jakobusbriefes im Kontext der Rezeption von Sir 2,1-18 und 15,11-20, BN 48 (1989), 21-49

Frankfurt, H.G., Freedom of the Will and the Concept of a Person, JPh 68 (1971), 5-20

Friedländer, M., Griechische Philosophie im Alten Testament, Berlin 1904

Fritzsche, O.F., Die Weisheit Jesus-Sirach's. Erklärt und übersetzt, Kurzgefaßtes exegetisches Handbuch zu den Apokryphen des Alten Testaments 5, Leipzig 1859

Funck, B. (Hg.), Hellenismus: Beiträge zur Erforschung von Akkulturation und politischer Ordnung in den Staaten des hellenistischen Zeitalters: Akten des Internationalen Hellenismus-Kolloquiums, 9.-14. März 1994 in Berlin, Tübingen 1996

Fuß, W., Tradition und Komposition im Buche Jesus Sirach, ThLZ 88 (1963), 948f.

Fuß, W., Tradition und Komposition im Buche Jesus Sirach, Tübingen 1962

Gammie, J.G., The Sage in Sirach, in: ders./ L.G. Perdue (Hg.), The Sage in Israel and the Ancient Near East, Winona Lake (Indiana) 1990, 355-372

Gammie, J.G./ Perdue, L.G. (Hg.), The Sage in Israel and the Ancient Near East, Winona Lake (Indiana) 1990

Garrone, D., Alleanza e libertà, PSV 23 (1991), 35-48

Gehrke, H.-J., Geschichte des Hellenismus, Oldenburg Grundriss der Geschichte 1A, München 1989 (ND 1995)

Gerlemann, G., Art. רצה, ThAT 2, Sp. 810-813

Gerson, L.P., God and Greek Philosophy. Studies in the early history of natural theology, London/ New York 1990

Gese, H., Lehre und Wirklichkeit in der Alten Weisheit. Studien zu den Sprüchen Salomos und dem Buche Hiob, Tübingen 1958

Gese, H., Der Johannesprolog, in: ders., Zur biblischen Theologie. Alttestamentliche Vorträge, BEvTh 78, München 1977, 152-201

Gevaryahu, H.M.I., Biblical Colophons: A Source for the „Biography" of Authors, Texts and Books, in: Congress Volume Edinburgh 1974, VT.S 28, Leiden/ New York/ Köln 1975, 42-59

Gilbert, M. (Hg.), La Sagesse de l'Ancien Testament, BEThL 51, Löwen 1990²

Gilbert, M., Introduction au livre de Ben Sira ou Siracide ou Ecclésiastique, Rom 1985 (ND 1989)

Gilbert, M., Wisdom of the Poor: Ben Sira 10,19-11,6, in: P.C. Beentjes (Hg.), The Book of Ben Sira in Modern Research. Proceedings of the First International Ben Sira Conference 28-31 July 1996 Soesterberg, Netherlands, BZAW 255, Berlin/ New York 1997, 153-169

Gilbert, M., Jesus Sirach, in: RAC 17, 878-906

Gilbert, M., Siracide, in: DBS 12, 1389-1438

Gilbert, M., L'éloge de la Sagesse (Siracide 24), RTL 5 (1974), 326-348

Glasson, T.F., Greek Influence in Jewish Eschatology, London 1961

Goldstein, J., Jewish Acceptance and Rejection of Hellenism, in: E.P. Sanders/ A.I. Baumgarten/ A. Mendelson (Hg.), Jewish and Christian Self-Definition 2, Philadelphia 1981, 64-87.318-326

Görler, W., 'Hauptursachen' bei Chrysipp und Cicero? Philologische Marginalien zu einem vieldiskutierten Gleichnis (De fato 41-44), RMP 130 (1987), 254-274

Gould, J.B., The Stoic Conception of Fate, JHI 35 (1974), 17-32

Gould, J.B., The Philosophy of Chrysippus, Leiden 1970

Grabbe, L.L., Judaism from Cyrus to Hadrian 1: The Persian and Greek Periods, Minneapolis 1992

Grabbe, L.L., Priests, Prophets, Diviners, Sages: A Socio-historical Study of Religious Specialists in Ancient Israel, Valley Forge 1995

Graeser, A., Zenon von Kition. Positionen und Probleme, Berlin 1975

Graeser, A., Zur Funktion des Begriffes 'gut' in der stoischen Ethik, ZPhF 26 (1972), 417-425

Graetz, H., Geschichte der Juden von den ältesten Zeiten bis auf die Gegenwart, Bd. 2.1 und 2: Geschichte der Israeliten vom Tode des Königs Salomo bis zum Tode des Juda Makkabi, Leipzig 1875 (ND Berlin 1996)

Greene, W.Ch., Moira. Fate, Good, and Evil in Greek Thought, Cambridge (Massachusetts) 1948

Griffith, G.T./ Tarn, W., Hellenistic Civilisation, London 1959[3] (ND 1966)

Grumach, E., Physis und Agathon in der Alten Stoa, Problemata. Forschungen zur Klassischen Philologie 6, Berlin 1932

Gundel, F., Heimarmene, in: RECA 7, 2622-2645

Gunneweg, A.H.J., Leviten und Priester. Hauptlinien der Traditionsbildung und Geschichte des israelitisch-jüdischen Kultpersonals, FRLANT 89, Göttingen 1965

Gurwitsch, A., Leibniz. Philosophie des Panlogismus, Berlin/ New York 1974

Habicht, Chr., The Seleucids and their Rivals, in: The Cambridge History of the Ancient World 8, Cambridge 1989[2] (ND 1993), 324-387

Hadot, J., Penchant mauvais et volonté libre dans la sagesse de Ben Sira (L'Ecclésiastique), Brüssel 1970

Hager, F.P., Natur I: Antike, in: HWP 6, 421-441

Hahm, D.E., The Origins of Stoic Cosmology, Ohio 1970

Halbe, J., „Altorientalisches Weltordnungsdenken" und alttestamentliche Theologie. Zur Kritik eines Ideologems am Beispiel des israelitischen Rechts, ZThK 76 (1979), 381-418

Hamp, V., Das Buch Sirach oder Ecclesiasticus, in: Die Heilige Schrift in deutscher Übersetzung, EB 4, Würzburg 1959, 569-717

Hamp, V., Zukunft und Jenseits im Buche Sirach, in: H. Junker/ J. Botterweck (Hg.), Alttestamentliche Studien, FS Fr. Nötscher, BBB 1, Bonn 1950, 86-97, = in: ders., Weisheit und Gottesfurcht. Aufsätze zur alttestamentlichen Einleitung, Exegese und Theologie, G. Schuttermayer (Hg.), St. Ottilien 1990, 251-64

Hanhart, R., Textgeschichtliche Probleme der LXX von ihrer Entstehung bis Origines in: M. Hengel/ A.M. Schwemer (Hg.), Die Septuaginta zwischen Judentum und Christentum, WUNT 72, Tübingen 1994, 1-19

Hanhart, R., Der status confessionis Israels in hellenistischer Zeit, ZThK 92 (1995), 315-328

Hardmeier, Chr., „Denn im Tod ist kein Gedenken an dich..." (Psalm 6,6). Der Tod des Menschen - Gottes Tod? EvTh 48 (1988), 292-311

Harnisch, W., Verhängnis und Verheißung der Geschichte. Untersuchungen zum Zeit- und Geschichtsverständnis im 4. Buch Esra und in der syr. Baruchapokalypse, FRLANT 97, Göttingen 1969

Harrington, D.J., The Wisdom of the Scribe According to Ben Sira, in: J.J. Collins (Hg.), Ideal Figures in Ancient Judaism. Profiles and Paradigms, SBL 12, Ann Arbor (Michigan) 1980, 181-188

Harrington, D.J., Two Early Approaches to Wisdom: Sirach and Qumran Sapiential Work A, SBL.SP 35 (1996), 123-132 = JSPE 16 (1997), 25-38

Harvey, J.D., Toward a Degree of Order in Ben Sira's Book, ZAW 105 (1993), 52-62

Haspecker, J., Gottesfurcht bei Jesus Sirach. Ihre religiöse Struktur und ihre literarische und doktrinäre Bedeutung, AnBib 30, Rom 1967

Hausmann, J., Studien zum Menschenbild der älteren Weisheit, FAT 7, Tübingen 1994

Hebblethwaite, B.L., Some Reflections on Predestination, Providence and Divine Foreknowledge, RelSt 15 (1979), 433-448

Heinimann, F., Nomos und Physis. Herkunft und Bedeutung einer Antithese im griechischen Denken des 5. Jahrhunderts, SBA 1, Basel 1945, (5. ND Darmstadt 1987)

Hengel, M., Judentum und Hellenismus. Studien zu ihrer Begegnung unter besonderer Berücksichtigung Palästinas bis zur Mitte des 2. Jh.s v. Chr., WUNT 10, Tübingen 1973[2]

Hengel, M., Juden, Griechen und Barbaren. Aspekte der Hellenisierung des Judentums in vorchristlicher Zeit, SBS 76, Stuttgart 1976

Hengel, M., Rezension: Th. Middendorp, Die Stellung Jesu Ben Sira zwischen Judentum und Hellenismus, JSJ 5 (1974), 83-87

Hengel, M., „Schriftauslegung" und „Schriftwerdung" in der Zeit des Zweiten Tempels, in: ders./ H. Löhr (Hg.), Schriftauslegung im antiken Judentum und im Urchristentum, WUNT 73, Tübingen 1994, 1-71

Hengel, M., Zum Problem der „Hellenisierung" Judäas im 1. Jahrhundert nach Christus, in: ders., Kleine Schriften, Tübingen 1996, 1-90

Hentschel, G., 2 Samuel, NEB 34, Würzburg 1994

Hermisson, H.-J., Studien zur israelitischen Spruchweisheit, WMANT 28, Neukirchen 1968

Herold, N., Gesetz III, in: HWP 3, 501-514

Herrmann, J., Art. ἰλάσκομαι, ThWNT 3, 301-311

Hershbell, J.P., Plutarch and Stoicism, in: ANRW II 36.5, 3336-3352

Hesse, F., Das Verstockungsproblem im Alten Testament. Eine frömmigkeits-geschichtliche Untersuchung, BZAW 74, Berlin 1955

Hijmans, B.L., Epictetus and the Teleological Explanation of Nature, Proceedings of the African Classical Association 2 (1959), 15-21

Hoglund, K.G., The Fool and the Wise in Dialogue, in: ders./ E.F. Huwiler/ J.T. Glass u.a. (Hg.), The Listening Heart. Essays in Wisdom and the Psalms, FS R.E. Murphy, JSOT.S 58, Sheffield 1987, 161-180

Hollander, H.W./ de Jonge, M., The Testaments of the Twelve Patriarchs. A Commentary, SVTP 8, Leiden 1985

Holm-Nielsen, S., Hodayot. Psalms from Qumran, AThD 2, AArhus 1960

Hossenfelder, M., Stoa, Epikureismus und Skepsis. Die Philosophie der Antike 3, München 1985

Höver-Johag, I., Art. טוב, ThWAT 3, 315-339

Humbert, P., Emploi et portée bibliques du verbe yasar et de ses dérivés substantifs, in: J. Hempel/ L. Rost (Hg.), Von Ugarit nach Qumran. Beiträge zur alttestamentlichen und altorientalischen Forschung, FS O. Eissfeldt, BZAW 77, Berlin 1958, 82-89

Ilting, K.H., Naturrecht und Sittlichkeit. Begriffsgeschichtliche Studien, Sprache und Geschichte 7, Stuttgart 1983

Inwood, B., Ethics and Human Action in Early Stoicism, Oxford 1987[2]

Ioppolo, A.M., Le cause antecedenti in Cic. de fato 40, in: J. Barnes/ M. Mignucci (Hg.), Matter and Metaphysics. Fourth Symposium Hellenisticum, Elenchos 14, Bibliopolis 1988, 397-424

Irsigler, H., „Umsonst ist es, daß ihr früh aufsteht ..." Psalm 127 und die Kritik der Arbeit in Israels Weisheitsliteratur, BN 37 (1987), 48-72

Irwin, W.H., Fear of God, the Analogy of Friendship and Ben Sira's Theodicy, Bib. 76 (1995), 551-559

Iwry, S., A New Designation for the Luminaries in Ben Sira and in the Manual of Discipline (1QS), BASOR 200 (1970), 41-47

Jacob, E., Wisdom and Religion in Sirach, in: J.G. Gammie/ W.A. Brueggemann/ W.L. Humphreys u.a. (Hg.), Israelite Wisdom. Theological and Literary Essays, FS S. Terrien, New York 1978, 247-260

Jäger, W., Paideia. Die Formung des griechischen Menschen, Bd. 1, Berlin 1959⁴

James, A.W., The Zeus Hymns of Cleanthes and Aratus, Antichthon 6 (1972), 28-38

Janowski, B., Die Tat kehrt zum Täter zurück. Offene Fragen im Umkreis des „Tun-Ergehen-Zusammenhangs", ZThK 91 (1994), 247-271

Jansen, H.L., Die spätjüdische Psalmendichtung, ihr Entstehungskreis, ihr 'Sitz im Leben'. Eine literaturgeschichtlich-soziologische Untersuchung, SNVAO.HF 3, Oslo 1937

Janssen, E., Das Gottesvolk und seine Geschichte. Geschichtsbild und Selbstverständnis im palästinischen Schrifttum von Jesus Sirach bis Jehuda ha-Nasi, Neukirchen-Vluyn 1971

Janzen, W., Mourning Cry and Woe Oracle, BZAW 125, Berlin/ New York 1972

Jenni, E., Art. עת, in: ThAT 2, 370-385

Jenni, E., Das Wort 'olam (Umschrift) im Alten Testament, ZAW 64 (1952), 197-248 und ZAW 65 (1953), 1-35

Jenni, E., Art. עולם, in: ThAT 2, 228-243

Jeremias, J., Die Reue Gottes. Aspekte alttestamentlicher Gottesvorstellung, BSt 65, Neukirchen-Vluyn 1975

Jeremias, J., Theophanie. Die Geschichte einer alttestamentlichen Gattung, WMANT 10, Neukirchen-Vluyn 1977²

Jervell, J., Imago Dei. Gen 1,26f. im Spätjudentum, in der Gnosis und in den paulinischen Briefen, FRLANT 76, Göttingen 1960

Jolley, M.A., The Function of Torah in Sirach (Wisdom Literature), Southern Baptist Theological Seminary, Louisville (Kentucky) 1993 (Ann Arbor [Michigan] 1995)

Jüngling, H.-W., Der Bauplan des Buches Jesus Sirach, in: J. Hainz/ H.W. Jüngling / R. Sebott (Hg.), Den Armen eine frohe Botschaft, FS F. Kamphaus, Frankfurt (Main) 1997, 89-105

Kahle, P.E., The Cairo Geniza, Oxford 1959²

Kaiser, O., Die Rezeption der stoischen Providenz bei Ben Sira, JNWSL 24 (1998), 41-54

Kaiser, O., Der Mensch als Geschöpf Gottes - Aspekte der Anthropologie Ben Siras, in: R. Egger-Wenzel/ I. Krammer (Hg.), Der Einzelne und seine Gemeinschaft bei Ben Sira, BZAW 270, Berlin/ New York 1988, 1-22

Kaiser, O., Was ein Freund nicht tun darf. Eine Auslegung von Sir 27,16-21, in: F.V. Reiterer (Hg.), Freundschaft bei Ben Sira. Beiträge des Symposions zu Ben Sira - Salzburg 1995, BZAW 244, Berlin/ New York 1996, 107-122

Kaiser, O., Das Buch des Propheten Jesaja 1: Kapitel 1-12, ATD 17, Göttingen 1981[5]

Kaiser, O., Der Prophet Jesaja 2: Kapitel 13-39, ATD 18, Göttingen 1983[3]

Kaiser, O., Grundriß der Einleitung in die kanonischen und deuterokanonischen Schriften des Alten Testaments. Bd. 1: Die erzählenden Werke, Gütersloh 1992

Kaiser, O., Grundriß der Einleitung in die kanonischen und deuterokanonischen Schriften des Alten Testaments Bd. 3: Die poetischen und weisheitlichen Werke, Gütersloh 1994

Kaiser, O., Ideologie und Glaube. Eine Gefährdung christlichen Glaubens am alttestamentlichen Beispiel aufgezeigt, Stuttgart 1984

Kaiser, O., Einleitung in das Alte Testament, Gütersloh 1984[5]

Kaiser, O., Gottes und der Menschen Weisheit. Gesammelte Aufsätze, BZAW 261, Berlin/ New York 1998

Kaiser, O., Der Gott des Alten Testaments. Wesen und Wirken, Theologie des AT 2, UTB 2024, Göttingen 1998

Kaiser, O., Der Tod als Schicksal und Aufgabe bei Ben Sira, in: G. Ahn/ M. Dietrich (Hg.), Engel und Dämonen. Theologische, Anthropologische und Religionsgeschichtliche Aspekte des Guten und Bösen, Akten des Gemeinsamen Symposiums der Theologischen Faultät der Universität Tartu und der Deutschen Religionsgeschichtlichen Studiengesellschaft am 7. und 8. April zu Tartu/ Estland, FARG 29, Münster 1997, 75-89

Kaiser, O., Einfache Sittlichkeit und theonome Ethik in der alttestamentlichen Weisheit, NZSTh 39 (1997), 115-139

Kaiser, O., Carpe diem und Memento mori bei Ben Sira, in: M. Dietrich/ O. Loretz (Hg.), dubsar anta-men. Studien zur Altorientalistik, FS W.H.Ph. Römer, AOAT 253, Münster 1998, 185-203

Kaiser, O., Amor fati und Amor Dei, NZSTh 23 (1981), 57-73 = in: ders., Der Mensch unter dem Schicksal. Studien zur Geschichte, Theologie und Gegenwartsbedeutung der Weisheit, BZAW 161, Berlin/ New York 1985, 256-272

Kaiser, O., Dike und Sedaqa. Zur Frage nach der sittlichen Weltordnung, NZSTh 7 (1965), 251-273 = in: ders., Der Mensch unter dem Schicksal. Studien zur Geschichte, Theologie und Gegenwartsbedeutung der Weisheit, BZAW 161, Berlin/ New York 1985, 1-23

Kaiser, O., Anknüpfung und Widerspruch. Die Antwort der jüdischen Weisheit auf die Herausforderung durch den Hellenismus, in: J. Mehlhausen (Hg.), Pluralismus und Identität, VWGTh 8, Gütersloh 1995, 54-69 = in: ders., Gottes und der Menschen Weisheit. Gesammelte Aufsätze, Berlin/ New York 1998, 201-216

Kaiser, O., Judentum und Hellenismus. Ein Beitrag zur Frage nach dem hellenistischen Einfluß auf Kohelet und Jesus Sirach, VuF 27 (1982), 68-86 = in: ders., Der Mensch unter dem Schicksal. Studien zur Geschichte, Theologie und Gegenwartsbedeutung der Weisheit, BZAW 161, Berlin/ New York 1985, 135-153

Kaiser, O., Gottesgewißheit und Weltbewußtsein in der frühhellenistischen jüdischen Weisheit, in: Glaube und Toleranz. Das theologische Erbe der Aufklärung, T. Rendtorff (Hrsg.), Gütersloh 1982, 76-88 = in: ders., Der Mensch unter dem Schicksal. Studien zur Geschichte, Theologie und Gegenwartsbedeutung der Weisheit, BZAW 161, Berlin/ New York 1985, 122-134

Kaiser, O., Die Begründung der Sittlichkeit im Buche Jesus Sirach, ZThK 55 (1985), 51-63 = in: ders., Der Mensch unter dem Schicksal, BZAW 161, Berlin/ New York 1985, 110-121

Kaiser, O., Die Sinnkrise bei Kohelet, in: G. Müller (Hg.), Rechtfertigung, Realismus, Universalismus in biblischer Sicht. FS A. Köberle, Darmstadt 1987, 3-21 = in: ders., Der Mensch unter dem Schicksal. Studien zur Geschichte, Theologie und Gegenwartsbedeutung der Weisheit, BZAW 161, Berlin/ New York 1985, 91-109

Kaiser, O., Der Mensch unter dem Schicksal, NZSTh 14 (1972), 1-28 = in: ders., Der Mensch unter dem Schicksal, BZAW 161, Berlin/ New York 1985, 63-90

Kaiser, O., The Law as Center of the Hebrew Bible, in: M. Fishbane/ E. Tov (Hg.), „Sha'arei Talmon". Studies in the Bible, Qumran, and the Ancient Near East, FS Sh. Talmon, Winona Lake (Indiana) 1992, 93-103

Kaiser, O., Der Mensch, Gottes Ebenbild und Statthalter auf Erden, NZSTh 33 (1991), 99-111 = in: ders., Gottes und der Menschen Weisheit. Gesammelte Aufsätze, BZAW 261, Berlin/ New York 1998, 43-55

Kaiser, O., Der Gott des Alten Testaments. Theologie des AT 1: Grundlegung, UTB 1747, Göttingen 1993

Kaiser, O., Determination und Freiheit beim Kohelet / Prediger Salomo und in der Frühen Stoa, NZSTh 31 (1989), 251-270 = in: ders., Gottes und der Menschen Weisheit. Gesammelte Aufsätze, BZAW 261, Berlin/ New York 1998, 106-125

Kant, I., Über Pädagogik, D.F.Th. Rink (Hg.), Königsberg 1803, in: ders., Werke Bd. 12: Schriften zur Anthropologie, Geschichtsphilosophie, Politik und Pädagogik 2, W. Weischedel (Hg.), Frankfurt 1964, 693-761

308 Literaturverzeichnis

Kayatz, Chr., Studien zu Proverbien 1-9. Eine form- und motivgeschichtliche Untersuchung unter Einbeziehung ägyptischen Vergelichsmaterials, WMANT 22, Neukirchen-Vluyn 1966

Kearns, C., Ecclesiasticus, or the Wisdom of Jesus the Son of Sirach, in: R.C. Fuller/ L. Johnston/ C. Kearns (Hg.), A New Catholic Commentary on the Holy Scripture, London 1969, 541-562

Kellermann, U., Überwindung des Todesgeschicks in der alttestamentlichen Frömmigkeit vor und neben dem Auferstehungsglauben, ZThK 73 (1976), 259-282

Kenny, A., Divine Foreknowledge and Human Freedom, in: ders. (Hg.), Aquinas: A Collection of Critical Essays, New York 1969, 255-270

Kerferd, G.B., What Does the Wise Man Know?, in: J.M. Rist (Hg.), The Stoics, Berkeley/ Los Angeles/ London 1978, 125-136

Kerferd, G.B., The Origin of Evil in Stoic Thought, BJRL 60 (1978), 482-494

Kidd, I.G., Moral Actions and Rules in Stoic Ethics, in: J.M. Rist (Hg.), The Stoics, Berkeley/ Los Angeles/ London 1978, 247-257

Kieweler, H.V., Ben Sira zwischen Judentum und Hellenismus. Eine Auseinandersetzung mit Th. Middendorp, BEAT 30, Frankfurt/ Berlin/ Bern u.a. 1992

Kleinknecht, H., Art. νόμος A: Der νόμος im Griechentum und Hellenismus, in: ThWNT 4, 1016-1029

Klopfenstein, M.A., Art. בגד, in: ThAT 1, 261-264

Knapp, D., Deuteronomium 4. Literarische Analyse und theologische Interpretation, GTA 35, Göttingen 1987

Koch, K., Art דרך, ThWAT 2, 288-312

Koch, K., Zur Geschichte der Erwählungsvorstellung in Israel, ZAW 67 (1956), 205-226

Koch, K., Geschichte/Geschichtsschreibung/Geschichtsphilosophie II: Altes Testament, in: TRE 21, 569-586

Koch, K., Geschichte der ägyptischen Religion. Von den Pyramiden bis zu den Mysterien der Isis, Stuttgart/ Berlin/ Köln 1993

Koch, K., Gibt es ein Vergeltungsdogma im Alten Testament?, ZThK 52 (1955), 1-42

Kranz, M., Schicksal, in: HWP 8, 1275-1289

Kraus, H.-J., Psalmen 2, BKAT 15.2, Neukirchen-Vluyn 1966³

Krawietz, W., Gesetz I, in: HWP 3, 480-493

Kronholm, T., Art. עת, in: ThWAT 6, 463-482

Küchler, M., Frühjüdische Weisheitstraditionen. Zum Fortgang weisheitlichen Denkens im Bereich des frühjüdischen Jahweglaubens, OBO 26, Freiburg (Schweiz)/ Göttingen 1980

Kuhn, K.G., Die Sektenschrift und die iranische Religion, ZThK 49 (1952), 296-316

Kutsch, E., Verheißung und Gesetz. Untersuchungen zum sogenannten „Bund" im Alten Testament, BZAW 131, Berlin/ New York 1973

Lang, B., Frau Weisheit. Deutung einer biblischen Gestalt, Düsseldorf 1975
Lang, B., Art. כפר, ThWAT 6, 303-318
Lang, B., Die weisheitliche Lehrrede. Eine Untersuchung von Sprüche 1-7, SBS 54, Stuttgart 1972
Lang, B., Schule und Unterricht im Alten Israel, in: M. Gilbert (Hg.), La Sagesse de l'Ancien Testament, BEThL 51, Löwen 1990², 186-201
Lange, A., Weisheit und Prädestination, StTDJ 18, Leiden 1995
Lapidge, M., Archai and Stoicheia. A Problem in Stoic Cosmology, Phron. 18 (1973), 240-278
Lapidge, M., Stoic Cosmology, in: J. M. Rist (Hg.), The Stoics, Berkeley/ Los Angeles/ London 1978, 161-185
Lebram, J.C.H., Nachbiblische Weisheitstraditionen, VT 15 (1965), 167-237
Lebram, J.C.H., Jerusalem, Wohnsitz der Weisheit, in: M.J. Vermaseren (Hg.), Studies in Hellenistic Religions, Leiden 1979, 103-128
Lehmann, M.R., Ben Sira and the Qumran Literature, RdQ 3 (1961), 103-116
Leibniz, G.W., Die Theodizee, übersetzt von A. Buchenau, mit einem einführenden Essay von M. Stockhammer, PhB 71, Hamburg 1968²
Lempp, O., Das Problem der Theodicee in der Philosophie und Literatur des 18. Jahrhunderts bis auf Kant und Schiller, Leipzig 1920 (ND Hildesheim 1976)
Lesky, A., Geschichte der griechischen Literatur, München 1971³
Lévi, I., Le péché originel dans les anciennes sources Juives, École Pratique des Hautes Études. Section des sciences religieuses, Paris 1907
Lévi, I., L'Ecclésiastique ou la sagesse de Jésus, fils de Sira. Texte original hébreu édité traduit et commenté. Deuxième partie (III,6 à XVI,26; extraits de XVIII, XIX, XXV et XXVI; XXXI,11, à XXXIII,3; XXXV,19, à XXXVIII,27; XLIX,11, à fin.), BEHE.R 10.2, Paris 1901
Lévi, I., Un nouveau fragment de Ben Sira, REJ 92 (1932), 136-145
Lévi, I., L'Ecclésiastique ou La Sagesse de Jésus, fils de Sira. Texte originale hébreu, édite traduit et commenté. Première partie (ch. XXXIX,15 à XLIX,11), BEHE.R 10.1, Paris 1898
Levin, Chr., Der Jahwist, FRLANT 157, Göttingen 1993
Levin, Chr., Das Gebetbuch der Gerechten. Literargeschichtliche Beobachtungen am Psalter, ZThK 90 (1993), 355-381
Levin, Chr., Tatbericht und Wortbericht in der priesterschriftlichen Schöpfungserzählung, ZThK 91 (1994), 115-133
Levine, E., The Aramaic Version of the Bible. Contents and Context, BZAW 174, Berlin/ New York 1988

Levison, J., Is Eve to Blame? A Contextual Analysis of Sirach 25,24, CBQ 47 (1985), 617-623

Lichtenberger, H., Studien zum Menschenbild in Texten der Qumrangemeinde, StUNT 15, Göttingen 1980

Lichtheim, M., Observations on Papyrus Insinger, in: E. Hornung/ O. Keel (Hg.), Studien zur altägyptischen Lebenslehre, OBO 28, Freiburg (Schweiz),/ Göttingen 1979, 283-305

Lichtheim, M., Maat in Egyptian Autobiographies and Related Studies, OBO 120, Freiburg (Schweiz)/ Göttingen 1992

Lichtheim, M., Late Egyptian Wisdom Literature in the International Context. A Study of Demotic Instructions, OBO 52, Freiburg (Schweiz)/ Göttingen 1983

Liedke, G., Art. חקק, ThAT 1, 626-633

Liedke, G., Art. שפט, ThAT 2, 999-1009

Limbeck, M., Die Ordnung des Heils. Untersuchungen zum Gesetzesverständnis des Frühjudentums, Düsseldorf 1971

Loader, J.A., Polar Structures in the Book of Qohelet, BZAW 152, Berlin/ New York 1979

Löhr, M., Bildung aus dem Glauben. Beiträge zum Verständnis der Lehrreden des Buches Jesus Sirach, Bonn 1975

Long, A.A. The Harmonics of Stoic Virtue, in: H. Blumenthal/ H. Robinson (Hg.), Aristotle and the Later Tradition, OSAP.S, Oxford 1991, 97-116

Long, A.A. (Hg.), Problems in Stoicism, London 1970

Long, A.A., The Stoic Concept of Evil, PhQ 18 (1968), 329-343

Long, A.A., The Early Stoic Concept of Moral Choice, in: Images of Man in Ancient and Medieval Thought, FS G. Verbeke, Löwen 1976, 77-92

Long, A.A., Stoic Determinism and Alexander of Aphrodisias De Fato (I-XIV), AGPh 52 (1970), 247-268

Long, A.A., Freedom and Determinism in the Stoic Theory of Human Action, in: ders. (Hg.), Problems in Stoicism, London 1971, 173-199

Long, A.A., The Logical Basis of Stoic Ethics, PAS 71 (1970-71), 85-104

Long, A.A., Heraclitus and Stoicism, Phil(J) 5/6 (1975/6), 133-156

Long, A.A., Hellenistic Philosophy. Stoics, Epicureans, Sceptics, London 1974

Long, A.A./ Sedley, D.N., The Hellenistic Philosphers, 2 Bde., Cambridge 1987 (4. ND Cambridge 1992)

Loretz, O./ Kottsieper, I., Colometry in Ugaritic and Biblical Poetry. Introduction, Illustrations and Topical Bibliography, UBL 5, Altenberge 1987

Lührmann, D., Aber auch dem Arzt gib Raum (Sir 38,1-15), WuD 15 (1979), 55-78

Luschnat, O., Das Problem des ethischen Fortschritts in der Alten Stoa, Ph. 102 (1958), 178-214

Lux, R., „Denn es ist kein Mensch so gerecht auf Erden, daß er nur Gutes tue..." Recht und Gerechtigkeit aus der Sicht des Predigers Salomo, ZThK 94 (1997), 263-287

Mack, B.L., Logos und Sophia. Untersuchungen zur Weisheitstheologie im hellenistischen Judentum, StUNT 10, Göttingen 1973

Mack, B.L., Wisdom and the Hebrew Epic. Ben Sira's Hymn in Praise of the Fathers, Chicago/ London 1985

Mahlmann, Th., Prädestination, in: HWP 7, 1172-1178

Maier, G., Mensch und freier Wille. Nach den jüdischen Religionsparteien zwischen Ben Sira und Paulus, WUNT 12, Tübingen 1971

Maier, J., Zwischen den Testamenten, NEB.E 3 AT, Würzburg 1990

Malfroy, J., Sagesse et loi dans le Deuteronome, VT 15 (1965), 49-65

Mansfeld, J., Providence and the Destruction of the Universe in Early Stoic Thought. With Some Remarks on the „Mysteries of Philosophy", in: M.J. Vermarseren (Hg.), Studies in Hellenistic Religions, Leiden 1979, 129-188

Marböck, J., Die jüngere Weisheit im Alten Testament. Zu einigen Ansätzen in der neueren Forschungsgeschichte, in: ders., Gottes Weisheit unter uns. Zur Theologie des Buches Sirach, I. Fischer (Hg.), Herders Biblische Studien 6, Freiburg/ Basel/ Wien u.a. 1995, 3-22

Marböck, J., Structure and Redaction History in the Book of Ben Sira. Review and Prospects, in: P.C. Beentjes (Hg.), The Book of Ben Sira in Modern Research. Proceedings of the First International Ben Sira Conference 28-31 July 1996 Soesterberg, Netherlands, BZAW 255, Berlin/ New York 1997, 61-79

Marböck, J., Sir 15,9f - Ansätze zu einer Theologie des Gotteslobes bei Jesus Sirach, in: I. Seybold (Hg.), *Meqor hajjim*, FS G. Molin, Graz 1983, 267-276 = in: ders., Gottes Weisheit unter uns. Zur Theologie des Buches Sirach, I. Fischer (Hg.), Herders Biblische Studien 6, Freiburg/ Basel/ Wien u.a. 1995, 167-175

Marböck, J., Sir. 38,24-39,11: Der schriftgelehrte Weise. Ein Beitrag zu Gestalt und Werk Ben Siras, in: M. Gilbert (Hg.), La sagesse de l'Ancien Testament. Nouvelle édition mise à jour, BEThL 51, Löwen 1990², 293-316.421ff.

Marböck, J., Das Gebet um die Rettung Zions Sir 36,1-22 (G33,1-13a; 36,16b-22) im Zusammenhang der Geschichtsschau Ben Siras, in: J.B. Bauer/ J. Marböck (Hg.), Memoria Jerusalem, FS F. Sauer, Graz 1977, 93-115 = in: ders., Gottes Weisheit unter uns. Zur Theologie des Buches Sirach, I. Fischer (Hg.), Herders Biblische Studien 6, Freiburg/ Basel/ Wien u.a. 1995, 149-166

Marböck, J., Das Buch Jesus Sirach, in: E. Zenger/ G. Braulik/ H. Niehr u.a. (Hg.), Einleitung in das Alte Testament, DStTh 1.1, Stuttgart/ Berlin/ Köln 1995, 285-292

Marböck, J., Weisheit im Wandel. Untersuchungen zur Weisheitstheologie bei Ben Sira, BBB 37, Bonn 1971 (um einen Literaturnachtrag und ein Nachwort ergänzter ND BZAW 272, Berlin/ New York 1999)

Marböck, J., Sündenvergebung bei Jesus Sirach. Eine Notiz zur Theologie und Frömmigkeit der deuterokanonischen Schriften, ZKTh 116 (1994), 480-486 = in: ders., Gottes Weisheit unter uns. Zur Theologie des Buches Sirach, I. Fischer (Hg.), Herders Biblische Studien 6, Freiburg/ Basel/ Wien u.a. 1995, 176-184

Marböck, J., Kohelet und Sirach. Eine vielschichtige Beziehung, in: L. Schwienhorst-Schönberger (Hg.), Das Buch Kohelet. Studien zur Struktur, Geschichte, Rezeption und Theologie, BZAW 254, Berlin/ New York 1997, 275-301

Marböck, J., Die „Geschichte Israels" als „Bundesgeschichte" nach dem Sirachbuch, in: E. Zenger (Hg.), Der Neue Bund im Alten. Studien zur Bundestheologie der beiden Testamente, QD 146, Freiburg/ Basel/ Wien 1993, 177-197 = in: ders., Gottes Weisheit unter uns. Zur Theologie des Buches Sirach, hrsg. v. I. Fischer, Herders Biblische Studien 6, Freiburg/ Basel/ Wien u.a. 1995, 103-123

Marböck, J., Zur frühen Wirkungsgeschichte von Ps 1, in: E. Haag/ F.-L. Hossfeld (Hg.), Freude an der Weisung des Herrn. Beiträge zur Theoloie der Psalmen, FS H. Groß, SBB 13, Stuttgart 1986, 207-222 = in: ders., Gottes Weisheit unter uns. Zur Theologie des Buches Sirach, hrsg. v. I. Fischer, Herders Biblische Studien 6, Freiburg/ Basel/ Wien u.a. 1995, 88-100

Marböck, J., Gottes Weisheit unter uns. Zur Theologie des Buches Sirach, I. Fischer (Hg.), Herders Biblische Studien 6, Freiburg/ Basel/ Wien u.a. 1995

Marböck, J., Gottes Weisheit unter uns: Sir 24 als Beitrag zur Biblischen Theologie, in: ders./ H. Schürmann u.a. (Hg.), Verbum caro factum est, FS A. Stöger, St. Polten/ Wien 1984, 55-65 = in: ders., Gottes Weisheit unter uns. Zur Theologie des Buches Sirach, I. Fischer (Hg.), Herders Biblische Studien 6, Freiburg/ Basel/ Wien u.a. 1995, 73-87

Marböck, J., Gesetz und Weisheit. Zum Verständnis des Gesetzes bei Jesus Ben Sira, BZ NF 20 (1976), 1-21 = in: ders., Gottes Weisheit unter uns. Zur Theologie des Buches Sirach, I. Fischer (Hg.), Herders Biblische Studien 6, Freiburg/ Basel/ Wien u.a. 1995, 52-72

Marböck, J., Sirachliteratur seit 1966. Ein Überblick, ThRv 71 (1975), 177-184

Marböck, J., Henoch - Adam - der Thronwagen. Zu frühjüdischen pseudepigraphischen Traditionen bei Ben Sira, BZ NF 25 (1981), 103-111 = in: ders., Gottes Weisheit unter uns. Zur Theologie des Buches Sirach, I. Fischer (Hg.), Herders Biblische Studien 6, Freiburg/ Basel/ Wien u.a. 1995, 133-143

Marcovich, M., Zum Zeushymnus des Kleanthes, Hermes 94 (1966), 245-250

Marcus, J., The Newly Discovered Original Hebrew of Ben Sira (Ecclesiasticus xxxii,16-xxxiv,1). A Fifth Ms. of Ben Sira, Philadelphia 1931

Marcus, R., On Biblical Hypostases of Wisdom, HUCA 23,1 (1950/51), 151-171

Marrou, H.I., Geschichte der Erziehung im klassischen Altertum, Freiburg 1957

Martin, J.D., Ben Sira - a Child of His Time, in: ders./ Ph.R. Davis (Hg.), A Word in Season, FS W. McKane, JSOT.S 42, Sheffield 1986, 141-161

Martin, J.D., Ben Sira's Hymn to the Fathers. A Messianic Perspective, in: Crises and Perspectives. Studies in Ancient Near Eastern Polytheism, Biblical Theology, Palestinian Archeology and Intertestamental Literature. Papers Read at the Joint British-Dutch Old Testament Conference Held at Cambridge, U.K. 1985, OTS 24, Leiden 1986, 107-123

Mateus, F., A figura do pastor e do rebanho en Eclo 18,13, RCB 14 (1990), 68-73

Mayer, G./ Plumpe, G./ Pinomaa, L. u.a., Gesetz II, in: HWP 3, 494-501

McCarthy, D., Rezension: M. Weinfeld, Deuteronomy and the Deuteronomic School, Oxford 1972, Bib. 54 (1973), 448-452

Meinhold, A., Die Sprüche, 2 Bde., ZBK.AT 16.1 und 2, Zürich 1991

Merki, H., Ebenbildlichkeit, in: RAC 4, 459-479

Merrill, E.H., Qumran and Predestination. A Theological Study of the Thanksgiving Hymns, StTDJ 8, Leiden 1975

Michaelis, D., Das Buch Jesus Sirach als typischer Ausdruck für das Gottesverhältnis des nachalttestamentlichen Menschen, ThLZ 83 (1958), 601-608

Michaelis, W., Art. ὁδός, ThWNT 5, 43-101

Michel, D., Untersuchungen zur Eigenart des Buches Qohelet, BZAW 183, Berlin/ New York 1989

Middendorp, Th., Die Stellung Jesu Ben Siras zwischen Judentum und Hellenismus, Leiden, 1973

Miller, P.D., Sin and Judgment in the Prophets: A Stylistic and Theological Analysis, SBL.MS 27, Chico 1982

Minissale, A., La versione greca del Siracide. Confronto con il testo ebraico alla luce dell'attività midrascica e del metodo targumico, AnBib 133, Rom 1995

Mitsis, Ph., Natural Law and Natural Right in Post-Aristotelian Philosophy. The Stoics and Their Critics, in: ANRW 2/36.7, 4812-4850

Moore, G.F., Judaism in the First Centuries of the Christian Era. The Age of the Tannaim 1, Cambridge 1970[11]

Moore, G.F., Fate and Free Will in the Jewish Philosophies According to Josephus, HThR 22 (1929), 371-389

Morenz, S./ Müller, D., Untersuchungen zur Rolle des Schicksals in der ägyptischen Religion, ASAW.PH 52, Berlin 1960

Muraoka, T., Sir 51,13-30, An Erotic Hymn to Wisdom?, JSJ 10-12 (1979), 166-179

Murphy, R.E., Sin, Repentance, and Forgiveness in Sirach, in: R. Egger-Wenzel/ I. Krammer (Hg.), Der Einzelne und seine Gemeinschaft bei Ben Sira, BZAW 270, Berlin/ New York 1998, 261-270

Murphy, R.E., The Tree of Life. An Exploration of Biblical Wisdom Literature, The Anchor Bible Reference Library, New York 1996[2]

Murphy, R.E., Wisdom and Creation, JBL 104 (1985), 3-11

Murphy, R.E., The Personification of Wisdom, in: J. Day/ R.P. Gordon/ H.G.M. Williamson (Hg.), Wisdom in Ancient Israel, FS J.A. Emerton, Cambridge 1995, 222-223

Murphy, R.E., Israel's Wisdom: A Biblical Model of Salvation, SMU 30 (1981), 1-43

Murphy, R.E., Assumptions and Problems in Old Testament Wisdom Research, CBQ 29 (1967), 101-112

Murphy, R.E., Yeser in the Qumran Literature, Bib. 39 (1958), 334-344

Nel, P.J., The Structure and Ethos of the Wisdom Admonitions in Proverbs, BZAW 158, Berlin/ New York 1982

Nelson, M.D., The Syriac Version of the Wisdom of Ben Sira Compared to the Greek and Hebrew Materials, SBL.DS 107, Atlanta (Georgia) 1988

Neustadt, E., Der Zeushymnos des Kleanthes, Hermes 66 (1931), 387-401

Newsom, C., Songs of the Sabbath Sacrifice: A Critical Edition, Harvard Semitic Studies 27, Atlanta (Georgia) 1985

Nicholson, E.W., God and His People. Covenant and Theology in the Old Testament, Oxford 1986

Nickelsburg, G.W.E., Jewish Literature Between the Bible and the Mishnah. A Historical and Literary Introduction, Philadelphia 1981

Nilsson, M.P., Geschichte der Griechischen Religion, 2 Bde., HAW 5/2.1 und 2, München 1955/1961

Nissen, A., Gott und der Nächste im antiken Judentum. Untersuchungen zum Doppelgebot der Liebe, WUNT 15, Tübingen 1974

Noorda, S., Illness and Sin, Forgiving and Healing. The Connection of Medical Treatment and Religious Beliefs in Ben Sira 38,1-15, in: M.J. Vermaseren (Hg.), Studies in Hellenistic Religions, EPRO 78, Leiden 1979, 215-224

Nötscher, F., Schicksal und Freiheit, Bib. 40 (1959), 446-462

Nötscher, F., Schicksalsglaube in Qumran und Umwelt, BZ NF 3 (1959), 205-234

Nötscher, F., Gotteswege und Menschenwege in der Bibel und in Qumran, BBB 15, Bonn 1958

Olyan, S.M., Ben Sira's Relationship to the Priesthood, HThR 80 (1987), 261-286

Orlinsky, H.M., Some Terms in the Prologue to Ben Sira and the Hebrew Canon, JBL 110 (1991), 483-490

Osten-Sacken, P.v.d., Gott und Belial. Traditionsgeschichtliche Untersuchungen zum Dualismus in den Texten aus Qumran, StUNT 6, Göttingen 1969

Otto, E., Die Integration der offenbarungstheologischen Begründung der Ethik in die weisheitliche Ethik der Ordnungen, in: ders., Thelogische Ethik des Alten Testaments, ThW 3.2, Stuttgart/ Berlin/ Köln 1994, 256-263

Otto, E., Ägyptische Gedanken zur menschlichen Verantwortung, WO 3 (1964), 19-26

Otto, E., Der Mensch als Geschöpf und Bild Gottes in Ägypten, in: H.W. Wolff (Hg.), Probleme biblischer Theologie, FS G.v. Rad, München 1971, 335-348

Otzen, B., Art. יצר, ThWAT 3, 830-839

Otzen, B., Old Testament Wisdom Literature and Dualistic Thinking in Late Judaism, in: Congress Volume Edinburgh 1974, VT.S 28, Leiden 1975, 146-157

Owen, H.P., Providence, in: EncPh 6, 509-510

Owens, R.J., The Early Syriac Text of Ben Sira in the Demonstrations of Aphrahat, JSSt 34 (1989), 39-75

Pautrel, R., Ben Sira et le Stoïcisme, RSR 51 (1963), 535-549

Pearson, A.C., The Fragments of Zeno and Cleanthes. With Introduction and Explanatory Notes, London 1891

Penar, T., Northwest Semitic Philology and the Hebrew Fragments of Ben Sira, BibOr 28, Rom 1975

Perdue, L.G., „I Covered the Earth Like a Mist". Cosmos and History in Ben Sira, in: ders., Wisdom and Creation. The Theology of Wisdom Literature, Nashville 1994, 243-290

Perdue, L.G., Cosmology and the Social Order in the Wisdom Tradition, in: ders./ J.G. Gammie (Hg.), The Sage in Israel and the Ancient Near East, Winona Lake 1990, 457-478

Perdue, L.G., Wisdom and Cult. A Critical Analysis of the Views of Cult in the Wisdom Literatures of Israel and the Ancient Near East, SBL.DS 30, Missoula (Montana) 1977

Perdue, L.G., Wisdom and Creation: the Theology of Wisdom Literature, Nashville 1994

Perdue, L.G./ Scott, B.B./ Wiseman, W.J. (Hg.), In Search of Wisdom: Essays in Memory of John G. Gammie, Louisville (Kentucky) 1993

Perlitt, L., Bundestheologie im Alten Testament, WMANT 36, Neukirchen-Vluyn 1969

Peters, N., Zu Eccli 17,31II; 20,22; 3,25, ThGl 3 (1911), 755f.

Peters, N., Das Buch Jesus Sirach oder Ecclesiasticus, EHAT 25, Münster 1913

Pfeiffer, G., Ursprung und Wesen der Hypostasenvorstellung im Judentum, AzTh 1.31, Stuttgart 1967

Pfeiffer, R.H., A History of the New Testament Times with an Introduction to the Apocrypha, New York 1949

Philippson, R., Cicero, De natura deorum Buch II und III. Eine Quellenuntersuchung, SO 22 (1942), 8-39

Philonenko, M., Sur une interpolation essénisante dans le Siracide (16,15-16), OrSuec 33 (1986), 317-321

Ploeg, J.P.M. v.d., Le Psaume 119 et la sagesse, in: M. Gilbert (Hg.), La Sagesse de l'Ancien Testament, BEThL 51, Löwen 1990², 82-87

Pohlenz, M., Kleanthes' Zeus-Hymnus, Hermes 75 (1940), 117-123

Pohlenz, M., Plutarchs Schriften gegen die Stoiker, Hermes 74 (1939), 1-33

Pohlenz, M., Die Stoa. Geschichte einer geistigen Bewegung, Bd. 1, Göttingen 1978⁵

Pohlenz, M., Die Stoa. Geschichte einer geistigen Bewegung, Bd. 2: Erläuterungen, Göttingen 1980⁵

Pohlenz, M., Nomos und Physis, Hermes 81 (1953), 418-438

Porter, F.C., The Yeçer Hara, Yale Biblical and Semitic Studies (1901), 91-156

Powell, J.U., Collectanea Alexandrina, Oxford 1925

Prato, G.L., La lumière interprète de la sagesse dans la tradition textuelle de Ben Sira, in: M. Gilbert (Hg.), La Sagesse de l'Ancien Testament. Nouvelle édition mise à jour, BEThL 51, Löwen 1990(2), S. 317-346

Prato, G.L., Il problema della teodicea in Ben Sira. Composizione dei contrari e richiamo alle origini, AnBib 65, Rom 1975

Prato, G.L., L'universo come ordine e come disordine, RivBib 30 (1982), 51-77

Prato, G.L., Classi lavorative e „otium" sapientiale. - Il significato theologico di una dicotomia sociale secondo Ben Sira (38,24-39,11), in: G. de Gennaro (Hg.), Lavoro e riposo nella Bibbia, Neapel 1987, 149-175

Preul, R., Problemskizze zur Rede vom Handeln Gottes, MJTh 1 (1987), 3-11

Preuß, H.D., Art. עולם, ThWAT 5, 1144-1159

Preuß, H.D., Einführung in die alttestamentliche Weisheitsliteratur, Stuttgart/ Berlin/ Köln u.a. 1987

Preuß, H.D., Art. תועבה, ThWAT 8, 580-592

Prockter, L.J., Torah as a Fence against Apocalyptic Speculation. Ben Sira 3,17-24, in: D. Assaf (Hg.), Proceedings of the Tenth World Congress of Jewish Studies, Jerusalem, August 16-24, 1989, Division A: The Bible and its World, Jerusalem 1990, 245-252

Quell, G., Art. διαθήκη A: Der alttestamentliche Begriff ברית, ThWNT 2, 106-127

Rad, G.v., Weisheit in Israel, Neukirchen-Vluyn 1982²

Rad, G.v., Theologie des Alten Testaments, Bd. 1: Die Theologie der geschichtlichen Überlieferungen Israels, München 1987⁹

Rad, G.v., Die Weisheit des Jesus Sirach, EvTh 29 (1969), 113-133 = in: ders., Weisheit in Israel, Neukirchen-Vluyn 1982², 309-336

Rad, G.v., Hiob 38 und die altägyptische Weisheit, VT 3 (1955), 293-301

Rankin, O.S., Israel's Wisdom Literature. Its Bearing on Theology and the History of Religion, Edinburgh 1964²

Reesor, M.E., Fate and Possibility in Early Stoic Philosophy, Phoenix 19 (1965), 285-297

Reesor, M.E., The Nature of Man in Early Stoic Philosophy, London 1989

Reesor, M.E., Necessity and Fate in Stoic Philosophy, in: J. M. Rist (Hg.), The Stoics, Berkeley/ Los Angeles/ London 1978, 187-202

Reinhardt, K., Poseidonios, München 1921

Reiterer, F.V. (Hg.), Freundschaft bei Ben Sira. Beiträge des Symposions zu Ben Sira - Salzburg 1995, BZAW 244, Berlin/ New York 1996

Reiterer, F.V. (Hg.), Bibliographie zu Ben Sira. Gemeinsam mit N. Calduch-Benages, R. Egger-Wenzel, A. Fersterer, I. Krammer, BZAW 266, Berlin/ New York 1998

Reiterer, F.V., „Urtext" und Übersetzungen. Sprachstudie über Sir 44,16-45,26 als Beitrag zur Siraforschung, ATSAT 12, St. Ottilien 1980

Reiterer, F.V., Review of Recent Research on the Book of Ben Sira, in: P.C. Beentjes (Hg.), The Book of Ben Sira in Modern Research. Proceedings of the First International Ben Siura Conference 28-31 July 1996 Soesterberg, Netherlands, BZAW 255, Berlin/ New York 1997, 23-60

Reiterer, F.V., Deutung und Wertung des Todes durch Ben Sira, in: J. Zmijewski (Hg.), Die alttestamentliche Botschaft als Wegweisung, FS H. Reinelt, Stuttgart 1990, 203-236

Reiterer, F.V., Das Verhältnis Ijobs und Ben Siras, in: W.A.M. Beuken (Hg.), The Book of Job, BEThL 114, Löwen 1994, 405-429

Reuter, E., „Nimm nichts davon weg und füge nichts hinzu!". Dtn 13,1, seine alttestamentlichen Parallelen und seine altorientalischen Vorbilder, BN 47 (1989), 107-114

Richter, W., Recht und Ethos. Versuch einer Ortung des weisheitlichen Mahnspruches, StANT 15, München 1966

Ricken, F., Philosophie der Antike, Grundkurs Philosophie 6, Stuttgart/ Berlin/ Köln 1993²

Ricken, F., Allgemeine Ethik, Grundkurs Philosophie 4, Berlin/ Köln/ Stuttgart 1989²

Rickenbacher, O., Nachträge zum „griechisch-syrisch-hebräischen Index zur Weisheit des Jesus Sirach von Rudolf Smend", Werthenstein 1970

Rickenbacher, O., Weisheitsperikopen bei Ben Sira, OBO 1, Freiburg (Schweiz)/ Göttingen 1973

Riessler, P., Altjüdisches Schrifttum außerhalb der Bibel, Freiburg/ Heidelberg 1988⁶

Rieth, O., Grundbegriffe der stoischen Ethik. Eine traditionsgeschichtliche Untersuchung, Problemata 9, Berlin 1933

Rieth, O., Über das Telos der Stoiker, Hermes 69 (1934), 13-45

Ringgren, H., Art. חקק, ThWAT 3, 149-157

Ringgren, H., Sprüche, ATD 16/1, Göttingen 1980³, 1-120

Ringgren, H., Israelitische Religion, Stuttgart 1963

Rist, J.M. (Hg.), The Stoics, Berkeley/ Los Angeles/ London 1978

Rist, J.M., Stoic Philosophy, Cambridge 1969

Rivkin, E., Ben Sira - The Bridge between the Aaronide and Pharisaic Revolutions, ErIs 12 (1975), 95-103

Röhser, G., Prädestination und Verstockung. Untersuchungen zur frühjüdischen, paulinischen und johanneischen Theologie, TANZ 14, Tübingen/ Basel 1994

Römheld, D., Die Weisheitslehre im Alten Orient. Elemente einer Formgeschichte, BN.B 4, München 1989

Römheld, D., Wege der Weisheit. Die Lehren Amenemopes und Proverbien 22,17-24,22, BZAW 184, Berlin/ New York 1989

Rose, M. 5. Mose, 2 Bde., ZBK.AT 5.1 und 2, Zürich 1994

Rösel, M., Übersetzung als Volldendung der Auslegung. Studien zur Genesis-Septuaginta, BZAW 223, Berlin/ New York 1994

Rost, L., Einleitung in die alttestamentlichen Apokryphen und Pseudepigraphen einschließlich der großen Qumran-Handschriften, Heidelberg 1985³, 47-50

Rostovtzeff, M., Gesellschafts- und Wirtschaftsgeschichte der hellenistischen Welt, 3 Bde., Darmstadt 1955f. (ND Darmstadt 1984)

Roth, W., God's Glory Fills Creation. A Study of Sirach's Praise of God's Works (42,15-50,24), Explor 6 (1981), 85-95

Roth, W., On the Gnomic-Discursive Wisdom of Jesus Ben Sirach, Semeia 17 (1980), 59-79

Rowley, H.H., The Biblical Doctrine of Election, London 1950

Rudolph, W., Chronikbücher, HAT 1.21, Tübingen 1955

Rüger, H.P., Text und Textform im hebräischen Sirach. Untersuchungen zur Textgeschichte und Textkritik der hebräischen Sirachfragmente aus der Kairoer Geniza, BZAW 112, Berlin 1970

Rüger, H.P., Zum Text von Sir 40,10 und Ex 10,21, ZAW 82 (1970), 103-109

Rüger, H.P., Apokryphen I, in: TRE 3, 289-316

Rüger, H.P., Le Siracide: un livre à la frontière du canon, in: J.-D. Kaestli/ O. Wermelinger (Hg.), Le canon de l'Ancien Testament, sa formation et son histoire, MoBi, Genf 1984, 47-69

Sambursky, S., Das physikalische Weltbild der Antike, Zürich/ Stuttgart 1965

Sambursky, S., Physics of the Stoics, London 1959

Sandbach, F.H., Aristotle and the Stoics, Cambridge 1985

Sandbach, F.H., The Stoics, London 1975

Sanders, J.A., The Psalms Scroll of Qumrân Cave 11 (11QPsᵃ), DJD 4, Oxford 1965

Sanders, J.T., On Ben Sira 24 and Wisdom's Mother Isis, PWCJS Divion A, Jerusalem 1982

Sanders, J.T., Ben Sira and Demotic Wisdom, SBL.MS 28, Chico (California) 1983

Sanders, J.T., Ben Sira's Ethics of Caution, HUCA 50 (1979), 73-106

Saracino, F., Resurrezione in Ben Sira? Henoch 4 (1982), 185-203

Sawyer, J.F.A., Was Jeshua Ben Sira a Priest?, in: PWCJS Division A, Jerusalem 1982, 65-71

Schaller, J.B., Gen 1-2 im antiken Judentum. Untersuchung über Verwendung und Deutung der Schöpfungsaussagen von Gen 1.2 im antiken Judentum, Göttingen 1961

Scharbert, J., Art. ברך, ThWAT 1, 808-841

Scharbert, J., Der Mensch als Ebenbild Gottes in der neueren Auslegung von Gen 1,26, in: W. Baier (Hg.), Weisheit Gottes, Weisheit der Welt 1, FS J. Kardinal Ratzinger, St. Ottilien 1987

Schechter, S./ Taylor, Ch., The Wisdom of Ben Sira. Portions of the Book Ecclesiasticus, from Hebrew Manuscripts in the Cairo Genizah Collection Presented to the University of Cambridge by the Editors, Cambridge 1899 (ND Amsterdam 1979)

Scheiber, A., A New Leaf of the Fourth Manuscript of the Ben Sira from the Geniza, Magyar Könyvszemle 98 (1982), 179-185

Schmid, H.H., Wesen und Geschichte der Weisheit. Eine Untersuchung zur altorientalischen und israelitischen Weisheitsliteratur, BZAW 101, Berlin 1966

Schmid, H.H., Gerechtigkeit als Weltordnung. Hintergrund und Geschichte des alttestamentlichen Gerechtigkeitsbegriffes, BHTh 40, Tübingen 1968

Schmid, H.H., Art. חלק, ThAT 1, 576-579

Schmidt, L., Literarische Studien zur Josephsgeschichte, in: Aejmeläus, A., The Traditional Prayer in the Psalms, BZAW 167, Berlin/ New York 1986, 121-297.307-310

Schmidt, W.H., Art. יצר, ThAT 1, 761-765

Schmidt, W.H., Die Schöpfungsgeschichte der Priesterschrift. Zur Überlieferungsgeschichte von Genesis 1,1-2,4a und 2,4b-3,24, WMANT 17, Neukirchen-Vluyn 1973³

Schnabel, E.H., Law and Wisdom from Ben Sira to Paul. A Tradition-Historical Enquiry into the Relation of Law, Wisdom, and Ethics, WUNT 1.16, Tübingen 1985

Schofield, M./ Striker, G., The Norms of Nature. Studies in Hellenistic Ethics, Cambridge/ London/ New York u.a. Paris 1986

Schottroff, W., Art. ידע, ThAT 1, 682-701

Schrader, L., Leiden und Gerechtigkeit. Studien zur Theologie und Textgeschichte des Sirachbuches, BET 27, Frankfurt/ Berlin/ Bern 1994

Schubert, K., Die Religion des nachbiblischen Judentums, Freiburg/ Wien 1955

Schumacher, Th., Theodizee. Bedeutung und Anspruch eines Begriffs, Europäische Hochschulschriften 20.435, Frankfurt 1994

Schürer, E., The History of the Jewish People in the Age of Jesus Christ (175 B.C.-A.D 135). A New English Version Revised and Edited by G. Vermes/ F. Millar/ M. Black, Edinburgh Bd. 2 1979 (ND 1986), Bd. 3.1 1986, Bd. 3.2 1987

Schwienhorst-Schönberger, L., „Nicht im Menschen gründet das Glück"
    (Koh 2,24). Kohelet im Spannaungsfeld jüdischer Weisheit und
    hellenistischer Philosophie, HBS 2, Freiburg/ Basel/ Wien u. a. 1994
Scott, R.B.Y., The Way of Wisdom in the Old Testament, New York 1971
Scott, R.B.Y., The Study of the Wisdom Literature, Interp. 24 (1970), 20-45
Scott, R.B.Y., Wise and Foolish, Righteous and Wicked, in: Studies in the
    Religion of Ancient Israel, VT.S 23, Leiden 1972, 146-165
Segal, F., Torah and Nomos in Recent Scholarly Discussion, in: ders., The
    Other Judaism in Late Antiquity, Atlanta (Georgia) 1987, 131-145
Segal, M.Z., ספר בן סירא השלם, Jerusalem 1972³
Sharples, R., Soft Determinism and Freedom in Early Stoicism, Phron. 31
    (1986), 266-279
Sheppard, G.T., Wisdom and Torah: The Interpretation of Duteronomy
    Underlying Sirach 24:23, in: G. A. Tuttle (Hg.), Biblical and Near Eastern
    Studies, FS W.S. LaSor, Grand Rapids 1978, 166-176
Sheppard, G.T., Wisdom as a Hermeneutical Construct. A Study of the
    Sapientializing of the Old Testament, BZAW 151, Berlin/ New York 1980
Siebeneck, R.T., May Their Bones Return to Life! Sirach's Praise of the
    Fathers, CBQ 21 (1959), 411-428
Sjöberg, E., Gott und die Sünder im palästinischen Judentum nach dem
    Zeugnis der Tannaiten und der apokryphisch-pseudepigraphischen
    Literatur, BWANT 4.27, Stuttgart 1939
Skehan, P.W., Sirach 40,11-17, CBQ 30 (1968), 570-572
Skehan, P.W., Structures in Poems on Wisdom: Proverbs 8 and Sirach 24,
    CBQ 41 (1979), 365-379
Slote, M.A., Understanding Free Will, JPh 75 (1980), 136-151
Smend, R., Die Weisheit des Jesus Sirach erklärt, Berlin 1906
Smend, R., Das hebräische Fragment der Weisheit des Jesus Sirach,
    AGWP.PH 2.2, Berlin 1897
Snaith, J.G., Ecclesiasticus or the Wisdom of Jesus Son of Sirach, CNEB,
    Cambridge 1974
Snaith, J.G., Biblical Quotations in the Hebrew of Ecclesiasticus, JThS 18
    (1967), 1-12
Snaith, J.G., Ben Sira's Supposed Love of Liturgy, VT 25 (1975), 167-174
Soden, W.v., Das Fragen nach der Gerechtigkeit Gottes im Alten Orient, in:
    ders., Bibel und Alter Orient. Altorientalische Beiträge zum Alten Testa-
    ment, H.-P. Müller (Hg.), BZAW 162, Berlin/ New York 1985, 57-75
Solmsen, F., Cleanthes or Posidonius? The Basis of Stoic Physics,
    MNAW. L 24, Amsterdam 1961, 265-281 = in: ders., Kleine Schriften,
    Hildesheim 1968, 436-461
Solmsen, F., Nature as Craftsman in Greek Thought, JHI 24 (1963), 473-496

Sorabji, R., Causation, Laws, and Necessity, in: M. Schofield/ M. Burnyeat/ J. Barnes (Hg.), Doubt and Dogmatism. Studies in Hellenistic Epistemology, Oxford 1980, 250-282

Spicq, C., L'Écclesiastique, traduit et commenté, in: L. Pirot/ A. Clamer (Hg.), SB(PC) 6, Paris 1951, 529-195

Stadelmann, H., Ben Sira als Schriftgelehrter. Eine Untersuchung zum Berufsbild des vormakkabäischen Sofer unter Berücksichtigung seines Verhältnisses zu Priester-, Propheten- und Weisheitslehrertum, WUNT 6, Tübingen 1980

Stamm, J.J., Die Gottebenbildlichkeit des Menschen im Alten Testament, Theologische Studien 54, Zollikon/ Zürich 1959

Stamm, J.J., Die Theodizee in Babylon und Israel, Ex Oriente Lux 9 (1944), 99-107

Steck, O.H., Israels Gott statt anderer Götter - Israels Gesetz statt fremder Weisheit. Beobachtungen zur Rezeption von Hi 28 in Bar 3,9-4,4, in: I. Kottsieper/ J.v. Oorschot/ H.M. Wahl (Hg.), „Wer ist wie du, Herr, unter den Göttern?": Studien zur Theologie und Reigionsgeschichte Israels, FS O. Kaiser, Göttingen 1994, 457-471

Steck, O.H., Israel und das gewaltsame Geschick der Propheten. Untersuchungen zur Überlieferung des deuteronomistischen Geschichtsbildes im Alten Testament, Spätjudentum und Urchristentum, WMANT 23, Neukirchen-Vluyn 1967

Steck, O.H., Das apokryphe Baruchbuch, FRLANT 160, Göttingen 1993

Steck, O.H., Der Schöpfungsbericht der Priesterschrift, FRLANT 115, Göttingen 1981[2]

Steck, O.H., Zukunft des einzelnen - Zukunft des Gottesvolkes. Beobachtungen zur Annäherung von weisheitlichen und eschatologischen Lebensperspektiven im Israel der hellenistischen Zeit, in: W. Groß/ H. Irsigler/ Th. Seidl (Hg.), Text, Methode und Grammatik, FS W. Richter, St. Ottilien 1991, 471-482

Stegemann, H., Die Essener, Qumran, Johannes der Täufer und Jesus, Freiburg/ Basel/ Wien, 1993[2]

Stegemann, H., Zu Textbestand und Grundgedanken von 1QS III,13-IV,26, RdQ 13 (1988), 95-130

Stegemann, H., Die Gottesbezeichnungen in den Qumrantexten, in: M. Delcor (Hg.), Qumrân: Sa piété, sa théologie et son milieu, Paris 1978, 195-217

Steinmetz, P., Die Stoa, in: H. Flashar (Hg.), Grundriß der Geschichte der Philosophie, begründet von F. Ueberweg, völlig neu bearbeitete Ausgabe, Bd. 4: Die hellenistische Philosophie, M. Erler (Hg.), 2 Bde., Basel 1994, 495-716

Stern, H.S., The Knowledge of Good and Evil, VT 8 (1958), 405-418

Stern, M., Aspects of Jewish Society: The Priesthood and Other Classes, in: The Jewish People in the First Century, S. Safrai/ M. Stern (Hg.), CRINT 1.2, Phiadelphia 1976, 561-630

Stough, Ch., Stoic Determinism and Moral Responsibility, in: J.M. Rist (Hg.), The Stoics, Berkeley/ Los Angeles/ London 1978, 203-231

Strack, H.L./ Stemberger, G. Einleitung in Talmud und Midrasch, München 1982[7]

Striker, G., Plato's Socrates and the Stoics, in: P.A. Vander Waerdt (Hg.), The Socratic Movement, Ithaca/ London 1994, 241-251

Striker, G., Following Nature: A Study in Stoic Ethics, OSAP 9, Oxford 1991, 1-73

Striker, G., Greek Ethics and Moral Theory, The Tanner Lectures on Human Values 9 (1988), 183-202

Striker, G., Origins of the Concept of Natural Law, Proceedings of the Boston Area Colloquium in Ancient Philosophy 2 (1987), 79-101

Striker, G., The Role of Oikeiosis in Stoic Ethics, OSAP 1 (1983), 145-167

Strugnell, J., Notes and Queries on „The Ben Sira Scroll from Masada", ErIs 9 (1969), 109-119

Talbott, Th., Providence, Freedom, and Human Destiny, RelSt 26 (1990/91), 227-245

Talmon, S. (Hg.), Jewish Civilisation in the Hellenistic-Roman Period, JSPE.S, Sheffield 1991

Tcherikover, V., Hellenistic Civilization and the Jews, New York 1970[2]

Tennant, F.R., The Teaching of Ecclesiasticus and Wisdom on the Introduction of Sin and Death, JThS 2 (1901), 207-223

Tennant, F.R., The Sources of the Doctrines of the Fall and Original Sin, New York 1968[2]

Theiler, W., Tacitus und die antike Schicksalslehre, in: Phyllobolia für Peter von der Mühll, Basel 1945 = in: ders., Forschungen zum Neuplatonismus, Berlin 1966, 46-103

Theiler, W., Zur Geschichte der teleologischen Naturbetrachtung bis auf Aristoteles, Berlin 1965[2]

Todd, R.B., Alexander of Aphrodisias on Stoic Physics. A Study of the de mixtione with Preliminary Essays, Text, Translation and Commentary, Leiden 1976

Todd, R.B., Monism and Immanence. The Foundations of Stoic Physics, in: J. M. Rist (Hg.), The Stoics, Berkeley/ Los Angeles/ London 1978, 137 160

Treves, M., Studi su Gesù ben Sirach, RasIsr 22 (1956), 387-397.464-473

Tsevat, M., Art. קלה, ThWAT 2, 1015-1020

Vander Waerdt, P.A., The Stoic Theory of Natural Law, Princeton 1989

Vander Waerdt, P.A., Philosophical Influence on Roman Jurisprudence? The Case of Stoicism and Natural Law, ANRW II 36.7 (1994), 4851-4900

Vattioni, F., Genesi 1,1 ed Eccli. 15,14, Aug. 4 (1964), 105-108

Verbeke, G., Gesetz, natürliches, in: HWP 3, 523-531

Verbeke, G., Aristotelisme et Stoïcisme dans le De Fato d'Alexandre d'Aphrodisias, AGPh 50 (1968), 73-100

Vermes, G., Genesis 1-3 in Post-Biblical Hebrew and Aramaic Literature before the Mishnah, JSOT 43 (1992), 221-225

Vogt, E., Novum folium Hebr. Sir 15,1-16,7 MS B, Bib. 40 (1959), 1060-1062

Vollenweider, S., Freiheit als neue Schöpfung. Eine Untersuchung zur Eleutheria bei Paulus und in seiner Umwelt, FRLANT 147, Göttingen 1989

Volz, P., Weisheit (Das Buch Hiob, Sprüche und Jesus Sirach, Prediger), SAT 3.2, Göttingen 1921[2]

Wagner, S., Zur Theologie des Psalms CXXXIX, in: Congress Volume Göttingen 1977, VT.S 29, Leiden 1978, 357-376 = in: ders., Ausgewählte Aufsätze zum Alten Testament, D. Mathias (Hg.), BZAW 240, Berlin/ New York 1996, 131-150

Wahl, H.-M. Ein Beitrag zum alttestamentlichen Vergeltungsglauben am Beispiel von Hiob 32-37, BZ 36 (1992), 250-255

Wahl, H.-M., Psalm 90,12: Text, Tradition und Interpretation, ZAW 106 (1994), 116-123

Wahl, O., Der Sirach-Text der Sacra Parallela, FzB 16, Würzburg 1974

Watson, G., The Natural Law and Stoicism, in: A.A. Long (Hg.), Problems in Stoicism, London 1971, 216-238

Weber, K., Wisdom False and True (Sir 19,20-30), Biblica 77 (1996), 330-348

Wehmeier, G., Der Segen im Alten Testament. Eine semasiologische Untersuchung der Wurzel brk, Basel 1970

Weinfeld, M., Deuteronomy 1-11. A New Translation with Introduction and Commentary, AncB 5, New York/ London/ Toronto/ u.a. 1991

Weiss, H.-F., Untersuchungen zur Kosmologie des hellenistischen und palästinischen Judentums, Theologische Untersuchungen 97, Berlin 1966

Westermann, C., Weisheit und Theologie, in: ders., Das mündliche Wort. Erkundungen im Alten Testament, AzTh 82, Stuttgart 1996, 160-175

Westermann, C., Genesis. Bd. 1: Genesis 1-11, BKAT 1.1, Neukirchen-Vluyn 1974

Westermann, C., Art. קוה, ThAT 2, 619-629

Westermann, C., Wurzeln der Weisheit. Die ältesten Sprüche Israels und anderer Völker, Göttingen 1990

White, N., The Role of Physics in Stoic Ethics, The Southern Journal of Philosophy Suppl. 23 (1985), 57-74

Whybray, R.N., Ecclesiastes, NCBC, London 1989

Widengren, G., Religionsphänomenologie, Berlin 1969

Wilch, J.R., Time and Event. An Exegetical Study of the Use of עת in the Old Testament in Comparison to Other Temporal Expressions in Clarification of the Concept of Time, Leiden 1969

Wilckens, U., Weisheit und Torheit, BHTh 26, Tübingen 1959

Wildberg, Chr., Ursprung, Funktion und Inhalt der Weisheit bei Jesus Sirach und in den Sentenzen des Menander, Magisterarbeit Marburg 1985

Wildberger, H., Jahwes Eigentumsvolk. Eine Studie zur Traditionsgeschichte und Theologie des Erwählungsgedankens, AThANT 37, Zürich 1960

Wildberger, H., Art. בחר, ThAT 1, 275-300

Wildberger, H., Art. אמן, ThAT 1, 177-209

Williams, D.S., The Date of Ecclesiasticus, VT 44 (1994), 563-566

Williams, N.P., The Ideas of the Fall and of Original Sin. A Historical and Critical Study, London 1927

Winston, D., Theodicy in Ben Sira and Stoic Philosophy, in: R. Link-Salinger (Hg.), Of Scholars, Savants, and Their Texts. Studies in Philosophy and Religious Thought, FS A. Hyman, New York/ Bern/ Frankfurt u.a. 1989, 239-249

Winston, D.S., Freedom and Determinism in Greek Philosophy and Jewish Hellenistic Wisdom, SPhilo 2 (1973), 40-50

Winter, M.M., Ben Sira in Syriac. An Ebionite Translation?, in: E.A. Livingstone (Hg.), Studia Patristica XVI. Papers Presented to the Seventh International Conference on Patristic Studies Held in Oxford 1975 XVI, Oxford 1984, 121ff.

Winter, M.M., The Origins of Ben Sira in Syriac (Part I.II), VT 27 (1977), 237-253.494-507

Winter, P., Ben Sira and the Teaching of the „Two Ways", VT 5 (1955), 315-318

Wischmeyer, O., Die Kultur des Buches Jesus Sirach, BZNW 77, Berlin/ New York 1995

Witte, M., Vom Leiden zur Lehre. Der dritte Redegang (Hiob 21-27) und die Redaktionsgeschichte des Hiobbuches, BZAW 230, Berlin/ New York 1994

Wolf, S., Asymmetrical Freedom, JPh 75 (1980), 151-166

Worsley, R., Human Freedom and the Logic of Evil. Prolegomenon to a Chrsitian Theology of Evil, London/ New York 1996

Wright, B.G., No Small Difference. Sirach's Relationship to Its Hebrew Parent Text, SBL.SCS 26, Antlanta (Georgia) 1989

Wright, B.G., „Fear the Lord and Honor the Priest". Ben Sira as Defender of the Jerusalem Priesthood, in: P.C. Beentjes (Hg.), Ben Sira in Modern Research. Proceedings of the First International Ben Sira Conference 28-31 July 1996 Soesterberg, Netherlands, BZAW 255, Berlin/ New York 1997, 189-222

Yadin, Y., The Ben Sira Scroll from Masada, with Introduction, Emendations and Commentary, Jerusalem 1965

Zappella, M., L'immagine di Israele in Sir 33(36),1-19 secondo il ms. ebraico B e la tradizione manoscritta greca: Analisi letteraria e lessicale, RivBib 42 (1994), 409-446

Zatelli, I., Astrology and the Worship of the Stars in the Bible, ZAW 103 (1991), 86-99

Zeller, E., Die Philosophie der Griechen in ihrer geschichtlichen Entwicklung, Bd. 3.1, Leipzig 1909[4]

Zenger, E., Gottes Bogen in den Wolken. Untersuchungen zu Komposition und Theologie der priesterschriftlichen Urgeschichte, SBS 112, Suttgart 1983

Zenger, E., Die späte Weisheit und das Gesetz, in: J. Maier/ J. Schreiner (Hg.), Literatur und Religion des Frühjudentums, Würzburg/ Gütersloh 1973, 43-56

Ziegler, J., Zum Wortschatz des griechischen Sirach, in: J. Hempel/ L. Rost (Hg.), Von Ugarit nach Qumran, FS O. Eissfeldt, BZAW 77, Berlin 1958, 274-287

Zimmerli, W., Zur Struktur der alttestamentlichen Weisheit, ZAW 51 (1933), 177-204

Zuntz, G., Vers 4 des Kleanthes-Hymnus, RMP 122 (1979), 97-98

Zuntz, G., Zum Kleanthes-Hymnus, HSCP 63 (1958), 298-308

Stellenregister

1. Altes Testament

Gen

1	72
1,2	246
1,28	157
1,4.	70
1,10	70
1,11-13	152
1,12	70
1,14-20	152
1,18	70
1,21	70
1,24ff.	152
1,25	70
1,31	70f.
1-3	147
2,6	246
2,7	155.239
2,9	158
2,10-14	219
2,17	158
3,5	158
3,14	232
3,15ff.	156
3,19	155f.232
3,22	158
6,5	135
8,21	135
9,1	157
9,2	157
9,25ff.	247
11,1-9	246
31,14	260
37,10	140
49,11	82
50,19f.	58

Exodus

7,3	134
12,37	126
13,21f.	214
14,19f.	214
19	163
19f.	161
19,2-20,17	163
19,3	162
19,5	260
19,9	162
24	163
20,6	63
20,11	236
21,5	140
23,33	126
33,9ff.	214
34,11-16	126

Leviticus

6,10	260
17-26	132
18,22	132
18,26-30	132
26,3-13	95

Numeri

11,21	126
16f.	126
18,20	260
20,24	86
27,14	86
31,36	260
33,51-56	126

2. Apokryphen des Alten Testaments

39,12-35	9.12.55-106.	43,28	229
	113.115.129.	43,28-32	179
	130.145.149.	43,30f.	237
	151.181.183.	43,33	63.88.237.270
	259.277.279	44,2	83.261
39,16	71.103.183.279	44,15	59
39,18ff.	122	44,19	125
39,19f.	75	44,21	251
39,20	72.229.261	45,1	250
39,21	71.103.183	45,1-5	248
39,22	250	45,5	120.164.190
39,22-31	224	45,6	251
39,24	245	45,6-25	248
39,25	98.116.261f.	45,18f.	81
39,28ff.	130	45,22	261
39,30	71	45,22f.	263
39,31	151	46,8	126
39,33	71.103	46,11	250
39,34	183	46,20	245
39,5	63	47,5	251
40,1	83.261	47,8	63
40,1-11	130	47,11	251
40,1-17	9	47,13-23	218
40,3	242	47,22	63
40,8ff.	99.130	48,5	59
40,10	11	50,1-24	248
40,26f.	96	50,13	248
40,27	250	50,16	248
41,1	100	50,27	5
41,1-13	9	51,13-30	55.69.201.237
41,3f.	156	51,30	103f.131
41,13	237		
41,5-10	124.95	**1 Makk**	
42,12	229	1,13	2
42,15	229	3,28	71
42,15-43,33	9.12.31.66.	10,37	71
	91f.93.223.259.	10,41	71
	266.277	10,42	71
42,16	229	11,63	71
42,18	92.72.75.229.	12,45	71
	261	13,15	71
42,21	71.178.237	13,37	71
42,22	229		
42,23	71	**2 Makk**	
42,24	91.228.267	2,15	71
43,2	229	4,9	2
43,6f.	148	4,13	1
43,25	229	7,24	71
43,27	223		

3. Pseudepigraphien und andere jüdische Quellen

4. Neues Testament

Römerbrief

1,32	271
9,20-23	257

5. Griechische Quellen

Stoiker (SVF)

I 85-96	22		II 475	24
I 85-177	19		II 528	52.191
I 88	22		II 618	23
I 102	23		II 633	23
I 111-114	23		II 634	23
I 157	21		II 636	23
I 159	34		II 744	21
I 162	192		II 823-833	153
I 163	23		II 836	153
I 171f.	21		II 841	28
I 175	34		II 912-1216	19
I 218	49		II 913	33.35
I 222	49		II 917	34
I 298	44		II 919	34
I 493-496	22		II 921	34
I 493-551	19		II 933	44
I 495	23		II 939	34
I 499	33		II 944ff.	34
I 527	47		II 956ff.	93
I 527-551	19		II 967	35
I 533	23		II 974	46f.
I 537	15.28.33.42.		II 975	47
	44.51.54.87f.		II 979	44
	187.196		II 984	46
			II 1000	34
			II 1002	44
II 83	28		II 1003	44
II 105	28		II 1005	34
II 299-329	22		II 1011-1027	25
II 313	22		II 1022	23
II 413	23		II 1024	21
II 416	23		II 1027	23f.
II 422	21		II 1029	24
II 423	21		II 1041	23
II 439-462	23		II 1044	22
II 458	24		II 1076	23
II 471	23		II 1077	52
II 473	23		II 1107	93